U0448365

英国的刑事法官

正当性、法院与国家诱导的认罪答辩

〔英〕麦高伟 路加·马什 著
付 欣 译
马庆林 冯卫国 校

Mike McConville and Luke Marsh
CRIMINAL JUDGES
Legitimacy, Courts and State-induced Guilty Pleas in Britain

Copyright © 2014 by Mike McConville and Luke Marsh
根据英国爱德华·埃尔加出版社 2014 年版译出

作者简介

麦高伟(Mike McConville)教授,是英国知名的法社会学专家,现为香港中文大学法律学院荣退教授。

曾获得英国伦敦大学法学学士学位和诺丁汉大学哲学博士学位。曾任英国伯明翰大学高级导师和讲师(1981—1987),美国纽约大学 W. E. Meyer 讲座教授(1984—1985)、华威大学法律学院助理教授(1988—1989)、教授(1989—2005)、院长(1993—2001),香港城市大学法律学院院长、教授(2001—2004),香港中文大学法律学院主任(2004—2008)、首任院长(2008—2011)等职。其教学与科研兴趣包括刑事司法、刑事程序、证据学、警察学、法律援助、司法公正、陪审团制度、辩诉交易和法制史。在英国、美国、土耳其、中国等国家开展了刑事司法、协商式司法、刑事辩护律师工作、审前程序与起诉程序、认罪口供、陪审团审判等方面的实证研究。

出版了《中国刑事司法之实证研究》(2011)、《法律研究的方法》(2007)、《陪审制度与辩诉交易》(2005)、《英国刑事司法程序》(2002)、《起诉的案件》(1991)、《站立的被告》(1984)、《陪审团审判》(1979)、《协商式司法》(1977)、《法庭起诉与定罪》(1981)等 20 余部英文著作;在《刑事法评论》《英国法与社会期刊》《现代法律评论》《英国犯罪学期刊》等刊物发表了 200 余篇论文。其中《英国刑事司法程序》《陪审制度与辩诉交易》和《法律研究的方法》已在中国出版。

作者简介

路加·马什(Luke Marsh),香港中文大学法律学院副教授兼人权与公义研究中心副主任,主要从事刑法与刑事诉讼法、人权保护、模拟法庭、庭审辩护等方面的教学与科研工作。

曾在英国知名律师事务所工作,担任刑事案件的出庭辩护律师。先后获得伦敦国王学院法学学士、诺森比亚大学法学硕士、牛津大学国际人权法硕士。曾于 2015 年获得香港中文大学法学院突出教研奖。美国哥伦比亚大学、英国诺丁汉大学、剑桥大学等高校的访问学者。先后发表论文 20 余篇,著作(含章节)20 余部。

译者简介

付欣,法学博士,西北政法大学讲师,曾任香港中文大学法律学院副研究员。1994 年毕业于兰州大学外语系,2001 年获法国艾克斯－马赛法律、经济与科技大学欧盟商法硕士,2002—2005 年师从麦高伟教授,获香港城市大学法学博士学位。

先后在中国大陆、香港、台湾地区,以及美国等法律刊物发表论文 10 余篇,主译《欧洲劳动法》(商务印书馆)、翻译《欧盟劳动法》(第 2 版,中国法制出版社)、合译《法学院:19 世纪 50 年代到 20 世纪 80 年代的美国法学教育》(中国政法大学出版社)等。

主要研究方向:刑事司法、欧盟商法、法律英语。

联系方式:fuxinadr@163.com。

译 者 序

2014年年底,我收到了我的导师麦高伟教授的新作 Criminal Judges—Legitimacy, Courts and State-induced Guilty Pleas in Britain,在经过两三个月的仔细阅读后,颇受启发,产生了想把这本好书翻译成中文并介绍给国内读者的冲动,而且也得到了导师的肯定答复。之后,与国内数家出版社沟通协商,最终于2016年年底与商务印书馆签约。

《英国的刑事法官》是英国知名学者麦高伟教授和马什教授在长期从事研究辩诉交易制度之后,发表的最新研究成果。作者认为,英国刑事司法制度的法律规定与司法实践之间存在严重的差距,尤其是"国家诱导下的认罪答辩"程序在实践中的运作问题。他们从实践、文化和传统等角度对英国刑事司法程序提供了批判性的评述,揭示出国家诱导的被告人认罪实践正在破坏英国传统的对抗式刑事司法制度。作者收集了大量的法律和实证材料,质疑当代英国法官、律师、政治家和被告人之间的合法性关系。他们通过仔细研究被称为"辩诉交易"的现有法律结构和法院的司法实践,解释英国强迫被告人认罪的方式来处理案件所导致的不当歧视,以及扭曲了应有司法职能的原因。这是目前为止对英格兰、威尔士和苏格兰案件处理方法最全面的研究,属于一种新的社会法理论在刑事诉讼程序中的强化应用。

本书获得了英国国内外的专家、学者和实务工作者的好评。例如，美国芝加哥大学知名法学教授阿尔伯特·艾尔舒勒尔认为，两位知识渊博而且有洞察力的学者提供了对英国刑事司法制度的批判性研究。英国牛津大学荣退教授安德鲁·埃斯沃斯高度评价两位作者对英国刑事司法制度的猛烈抨击。英国王室法律顾问迈克尔·曼斯菲尔德律师认为，这是一本难得的律师教材，系统地分析了已被严重侵蚀和削弱的英国刑事司法制度；每位支持正当程序原则并把法治作为民主制度支柱的公民必须仔细阅读这本有研究深度和精彩论证的著作。瑞士苏黎世大学教授萨拉·萨默斯则称赞本书是对英国刑事司法制度现实版的及时与冷静描述。

本书的内容对于我国的司法改革具有一定的参考价值。党的十八大报告指出："法治是治国理政的基本方式。要推进科学立法、严格执法、公正司法、全民守法，坚持法律面前人人平等，保证有法必依、执法必严、违法必究。"要"进一步深化司法体制改革，坚持和完善中国特色社会主义司法制度，确保审判机关、检察机关依法独立公正行使审判权、检察权"。十九大报告又进一步强调了深化依法治国实践以及公正司法等要求。在司法实践中，聂树斌案、佘祥林案、呼格吉勒图案、赵作海案等一系列冤假错案曾引起过全社会的关注。他山之石，可以攻玉。例如，本书第三章以特纳案为例，分析了国家诱导的被告人认罪答辩程序存在的问题。英国鼓励被告人认罪的做法在实践中导致刑事司法中很少会出现由双方当事人和证人等出庭的普通审判程序的案件，而另一方面司法不公案件却成倍增加。本书第四章进一步讨论了这一程序在特纳案中导致冤假错案的根本原因，尤其是在"财政危机"背景下，司法机关和律师共同向被告人施压要求后者认罪，以节约有限的司法成本。同时，英国司法腐败，尤其是警察腐败或违规办案等现象,已经引起了政府的注意,正在积极考虑采取改革措施来完善"辩诉交易"程序。

  本书第六章分析了辩护律师在这一程序中所起的作用以及与法官和检察官之间的互动关系。我们国家目前存在立法上的不完善问题。依据《刑事诉讼法》第七条规定,公、检、法三机关实行分工负责、互相配合、互相制约原则。其中,侦查机关处于打击犯罪的最前沿,公诉机关则处于传递的中间地位,而审判机关则是负责最后一道程序。同西方国家"审判中心"的构造相比,我国流水线模式属于典型的"侦查中心"架构。此外,公、检、法三机关地位、职能不平衡,制约机制难以有效运行,控辩力量不平等。我们欣喜地看到,国家目前已经采取了一系列改革措施,正在逐步从"以侦查为中心"向"以审判为中心"的庭审实质化方向迈进,尽管可能需要一个循序渐进的过程。但是,英国的经验也告诉我们国情的重要性,没有一种制度是完美的,应该相互借鉴。因此,本书对于我们国家完善立法和司法制度具有积极的意义。

  其次,本书对于司法工作者和包括律师在内的实务工作者改变法治理念有所帮助。众所周知,"疑罪从有"、"疑罪从轻"、"重口供、轻客观证据"等错误刑事司法观念,以及由此而来的刑讯逼供恶习,是我国绝大多数刑事冤假错案发生的主要根源和成因。本书对英国伯明翰六罪犯案和特纳案等冤假错案的分析,有利于我们借鉴并且逐步改变理念。

  本书的出版还遇到了一个好契机。全国人民代表大会常务委员会于 2016 年 9 月 3 日决定在北上广等 18 个城市开展刑事案件认罪认罚从宽制度试点工作,对犯罪嫌疑人、刑事被告人自愿如实供述自己的罪行,对指控的犯罪事实没有异议,同意人民检察院量刑建议并签署具结书的案件，可以依法从宽处理。那么在司法实践中，这种认罪从宽有什么样的适用范围？会不会出现同罪不同罚的现象？如何避免可能存在的权钱交易？会不会导致被告人被迫认罪？如何保障被害人权益？如何发挥辩护人在刑事案件中的作用？

虽然认罪认罚从宽制度与西方的辩诉交易制度不同，但有一些可以相互借鉴之处。本书的研究表明，被告人的故事很少有人愿意去倾听，被告人的真实需求通常会被忽略，从而使法庭快速处理案件。在有双方当事人参加的庭审中，出示的证据通常会对被告人在量刑方面不利。国家诱导下的认罪答辩记录恰恰表明有相反的结果：更加准确地提供对被告人有罪描述以及可能会掩盖胁迫性认罪程序的缺陷等。我们是否可以借鉴本书的经验？这需要读者在阅读完之后才能找到自己的答案。

然而，翻译好本书有相当大的难度。第一，本书的第一位作者麦高伟教授是我的恩师，在国际上享有盛誉，有三本书已由国内出版社出版；而第二位作者马什教授，曾是我在香港中文大学法律学院的同事，他对英国诉讼法的理论与实践也深有研究。因此，在思想上有一定的压力，唯恐翻译质量影响了他们的学术声望。好在两位作者一直鼓励我，肯定我，令我感动。

第二，虽然说我在博士阶段学习时接触过普通法中的辩诉交易，但本书涉及英国具体的案例和社会背景信息则是译者较为匮乏的，在翻译时也出现了个别字句拿捏不准的情况。例如书中数次提及的"Newton hearing"，字面意思是像牛顿案件那样的审理，而我们的读者其实并不理解，它实际上是指被告人认罪答辩的一种特殊情形，控辩双方虽然达成认罪协议，但双方对于案件事实的描述或者是出示证据所表达的意思则截然相反，最终由主审法官设法摆平双方分歧的问题。幸运的是，我在两位作者的帮助下，逐一解决了此类问题。

第三，长句在法律英语中比较常见，而严格对应翻译则会造成阅读困难。我根据自己的翻译经验，对文中个别较长的句子、分类和注释合在一起过多而影响读者阅读习惯的情形，进行了分解处理，尽力保证读者阅读的流畅。

第四，部分单词没有对应的汉语意思或者和我们中文常见的意思不一致。例如，书中多次出现的"Sentence/sentencing discount"，它实际上既包含从轻处罚也包括减轻处罚的情形，而英文"Discount"则是指"打折，折扣，折抵"。同样，"Cracked trials"，英文是指控辩双方在没有达成辩诉交易的情况下，等到案件安排好开庭时间，一切就绪后，因为被告人最后一刻认罪或控方因证据不足等理由撤诉而导致庭审不必继续进行的情形。我经过考虑后，采用了简单易懂的意思"折扣"和"戛然而止的庭审"。

第五，本书英文原版出现了极个别的印刷错误和没有上下文背景的缩写词，造成了理解困难。例如 Auld（2001）和 Auld（1991），在参考文献中则只找到了第一个文献，而没有发现第二个对应的文献。经过和作者沟通核实后，在中译文径直做了更正。其次，个别缩写词，例如"CCRC"，可以对应好多意思，但实际上最恰当的意思是"刑事案件评估委员会"（Criminal Cases Review Commission, CCRC）。对于这些没有全称的缩写词，译者补齐了全称，以方便读者理解。同时，为了保持体例的统一，译者将案例的年份全部修改为中括号。

本书的出版首先要感谢恩师麦高伟教授。他不仅授权译者和出版社中文版权，而且慷慨解囊，为本书的出版提供了部分资助。麦高伟教授学术造诣高深，性格平易近人，而且对待同事和学生颇有耐心。他不仅定期与我保持联系,了解本书的出版进展情况,而且不厌其烦地、及时地解答译者在翻译过程中出现的理解问题。能遇到这样的老师、同事和朋友,译者深感荣幸。同样,译者要感谢本书的第二作者马什教授。马什教授除了协助处理授权之外,还努力协助译者解决在翻译他本人负责撰写的章节中所遇到的问题。

在翻译过程中,我得到了单位领导、同事、朋友、家人和学生的帮助。西北政法大学外国语学院院长马庆林教授从法律外语的角度、刑事法学院院长冯卫国教授从法学的角度认真地审校了本书的译文。我的同事孟超老师花费了数月时间,认真细致地通读了译文,帮助校对出不少翻译错误。令我感动的是,他在每个重大修改建议后面,还专门附上网址和相关佐证材料。西安市中级人民法院副院长常青法官、刑一庭庭长张燕萍法官和副庭长王全谋法官,在繁忙工作之余耐心地与译者讨论主要术语以及最接近中国语境的汉语意思。陕西省高级人民法院法官马党库博士帮助我通读全文,提出了不少修改建议,使译文更加通顺流畅。贤妻辛娜除了承担更多的家务之外,还抽空帮助校对译文,以实际行动和我一起表达对本书第一作者的敬爱,确保从一个外行人的角度能看懂本书想要表达的内容,为译文添色。我的学生们,原西北政法大学外国语学院2012级本科生刘思玉、周煜鑫、王婷、余业辉,2013级本科生张昆,2015级本科生石百楠和沈静,2015级研究生董欢、王朵朵和王新,以及西南政法大学2017级博士生陈洁等同学,均参与了本书的译文草稿翻译或者校对工作,包括术语一览表的协助制作过程。我对此深表谢意。I thank and love you all!

本书为高校及科研机构的师生,立法机关、司法机关和检察机关的工作人员以及律师等从业人员提供了第一手的国外刑事司法研究资料。同时，书中出现了大量的专业词汇。例如，仅涉及律师的词汇就有"Advocate"，"Defence counsel"，"Barrister"，"Solicitor"，"Prosecution Counsel"，"Lawyer"，"In-house advocate"等多种说法，它们之间的意思如何区分？本书对于这一问题也提供了部分答案。因此，它也是从事法律英语、法律翻译教学、研究与实践者的必备参考。

俗话说，没有最好，只有更好，翻译也是如此。由于时间紧迫，加上我水平有限，书中存在翻译错误在所难免。我欢迎各位读者批评指正，以便在本书再版时予以修订。

付欣

2018 年 3 月于古城西安

目　　录

前言与鸣谢 …………………………………………………………… 1

第一章　刑事司法：制度、程序与合法性 ……………………………… 4

　一、公正审判权 ……………………………………………………… 6

　二、对抗制司法与形式法律理性 …………………………………… 8

　三、"非正常"的情形与制度性背离 ………………………………… 13

　四、反欺诈行动 ……………………………………………………… 14

　五、矿工罢工事件 …………………………………………………… 22

　六、城市骚乱事件 …………………………………………………… 28

　七、"正常"案件：法院的反应 ……………………………………… 41

　八、国家诱导的被告人认罪答辩及本书章节安排 ………………… 42

第二章　协助警方的调查 ……………………………………………… 44

　一、概述 ……………………………………………………………… 44

　二、拦截与搜查 ……………………………………………………… 46

　三、《法官裁判规则》 ………………………………………………… 60

　四、《法官裁判规则》：逮捕与羁押性讯问 ………………………… 63

　五、《法官裁判规则》：被告人获得法律援助与享有沉默权 ……… 65

　六、未获司法令状，不得搜查与没收财物 ………………………… 67

　七、没收不得超过司法令状所批准的范围 ………………………… 68

　八、交叉询问 ………………………………………………………… 70

九、审判法庭：陪审团还是治安法官？ ················· 74
十、举证责任 ··· 76
十一、司法意识形态 ·· 79
十二、在上诉法院的陈述 ·································· 81
十三、法庭上的总结陈词 ·································· 83
十四、上诉法庭 ·· 85
十五、官方要求 ·· 87
十六、合法性的技术运作 ·································· 88
　（一）模糊边界 ·· 88
　（二）"法律"渊源：警方的执法实践 ··············· 89
　（三）新"法"的正当理由 ······························ 90
　（四）不法行为的置换及个案化 ···················· 92
　（五）法院没有审查的内容 ·························· 95
　（六）诚实与公众的信任：官方话语 ··············· 96
十七、进一步，退两步 ···································· 97
十八、制度性后果 ··· 99
十九、结语 ·· 102

第三章　国家诱导的被告人认罪答辩及其合法性 ······ 103
一、概述 ··· 103
二、被告人的认罪答辩率 ·································· 104
三、早期的实证研究 ·· 105
四、合法性与正当性 ·· 108
五、"外行人"莱蒂对专业人士 ··························· 110
六、第一项合法化工程 ····································· 116
　（一）特纳案与三项自由 ······························ 116

（二）特纳案与四大欺骗 ································· 119
　　（三）特纳案与五大后果 ································· 120
　　（四）律师启动的辩诉交易 ······························· 122
　　（五）法官启动的辩诉交易 ······························· 123
　　（六）国家诱导的被告人认罪答辩作为一种实践 ············· 124
　　（七）上诉法院空洞的声明 ······························· 126
　　（八）个别但尚可允许的偏差 ····························· 127
　　（九）把困惑排除在核心事项之外 ························· 128
　　（十）把危险排除在核心事项之外 ························· 132
　　（十一）赞美对抗式司法的言词 ··························· 136
　　（十二）寻求"合法性" ·································· 138
　七、结语 ··· 142

第四章　降低律师界的地位 ····································· 144
　一、概述 ··· 144
　二、皇家刑事司法委员会 ··································· 144
　三、《奥尔德的调查报告》 ·································· 149
　四、奥尔德的基本理念 ····································· 150
　五、奥尔德与政客们 ······································· 154
　六、古德伊尔案 ··· 155
　七、古德伊尔案的指导原则 ································· 156
　八、"戛然而止"的审判 ···································· 161
　　（一）被告人的决定 ····································· 165
　　（二）控方公诉案件的准备 ······························· 170
　　（三）"戛然而止的庭审"与"［资源］浪费" ················ 171
　九、"无效"审判 ·· 182

十、避免"浪费"与费用的节约……………………………… 185

十一、被告人的配合与对被告人的诋毁……………………… 189

十二、逐渐隐身的法官………………………………………… 198

十三、辩护律师………………………………………………… 206

十四、结语……………………………………………………… 207

第五章 体制性困境：国家 …………………………………… 209

一、概述………………………………………………………… 209

二、检察官……………………………………………………… 210

（一）皇家检控署的组织结构与政治背景 ……………… 212

（二）技能低下 …………………………………………… 217

（三）太低级别的公诉 …………………………………… 222

（四）辩诉交易的事实依据 ……………………………… 234

（五）独立性 ……………………………………………… 239

三、法官………………………………………………………… 242

四、结语………………………………………………………… 251

第六章 制度性困境：辩方 …………………………………… 254

一、概述………………………………………………………… 254

二、出庭律师：技术能力 ……………………………………… 256

三、律师界：技术能力 ………………………………………… 265

四、律师职业的司法重构 ……………………………………… 269

（一）打击犯罪的合伙人：职业性的配合 ……………… 269

（二）辩护律师的义务：历史性的立场 ………………… 270

（三）辩护律师与"巨大的变革" ……………………… 272

（四）首要目标 …………………………………………… 275

（五）案件管理 …………………………………………… 290

五、法律援助 294
　　　（一）关上大门 295
　　　（二）财政方面的迫切需要 297
　　　（三）紧缩性司法："各项改革" 299
　　　（四）新的税收制度 303
　　六、结语 306
第七章　苏格兰：胁迫与话语 307
　　一、概述 307
　　二、下级法院的非正式实践 307
　　三、正式参与认罪协商 311
　　四、"功利主义"的正当性：一个简短的插曲 321
　　五、格默尔案 324
　　六、自由裁量权与政策：哲学鸿沟 328
　　七、实践现状 335
　　八、默里案："哲学鸿沟"的消除 338
　　九、"标签式"正义的注释：财政处置权力的升级 341
　　十、结语 344
第八章　结论 347
　　一、概述 347
　　二、影子制度 347
　　三、体制内的隔阂 351
　　四、问题的浮现 351
　　五、合法性需要 353
　　六、合法化工程 355
　　　（一）节约公共开支 356

（二）保护被害人和证人免受作证的痛苦 …………………… 362
（三）帮助认罪者尽可能争取到最有利的案件结果 …………… 367
七、"有罪"与"无罪"：诋毁性的政治 ……………………………… 368
八、公众的信任 ……………………………………………………… 373
九、体制性的腐败 …………………………………………………… 375
十、腐败、警察与法官 ……………………………………………… 382
十一、意识形态与规则 ……………………………………………… 389
十二、官僚化的司法 ………………………………………………… 390
十三、法庭工作组 …………………………………………………… 391
十四、管理主义 ……………………………………………………… 392
十五、准纠问式的司法制度 ………………………………………… 393
十六、惩戒性司法：国家、合法性与法官 ………………………… 395
十七、诸多理论模式与经验现实 …………………………………… 402

参考文献 ………………………………………………………………… 407
案例一览表 ……………………………………………………………… 448
相关法律一览表 ………………………………………………………… 468
索引 ……………………………………………………………………… 470
术语一览表 ……………………………………………………………… 528

前言与鸣谢

本书致力于详尽研究英国刑事司法制度的根源与背景,挑战该制度中对各机构及参与者所扮角色的相关基本假设。作者通过批判性的视角对本论题展开讨论,有时候甚至表现出了少有的苛刻。他们从自身的角度表达了自己看到的英国刑事司法制度所发生的根本转变,这种转变不仅反映在法官对国家诱导的被告人认罪答辩(state-induced guilty plea)的量刑方式(sentencing bandwagon)部分,而且更多地体现在法律语言方面。该制度对于被其捕捉到的个人(犯罪嫌疑人和被告人)所表达出的反感之情,恰好与其对刑事辩护律师越来越多的公开不敬相匹配。此外,它还公开蔑视那种(包括法官在内的)政府官员的行为应具有正当性的传统观念。因此,本书的一个目标就是揭露这种所谓带来"巨大改变"(sea-change)的僵化教条与独断专行(dogmatic and high-handed)。然而,此类改变经常是采取含糊不清的(unintelligible)并且无知的(unintelligent)方式来实现。假如本研究可以如愿实现其目标,那么来自各方的慷慨相助则真正促成了本书的问世。

在本研究的过程中,我们始终受益于香港中文大学人权与公义研究中心及法律学院各位同事的大力支持。其中,艾华(Eva Pils)教授在本研究项目的早期阶段给予了诸多指导和信心。香港中文大学图书馆法律部馆员约翰·巴励志(John Bahrij)及其助理郭莉莉

(Lily Ko)则非常擅长协助我们检索晦涩难懂的参考资料,并随时准备为我们提供相关建议和帮助。同样,林肯律师学院(Lincoln's Inn)图书馆的莎拉·惠勒(Sarah Wheeler)和英国出庭律师公会(Bar Council)的詹姆斯·伍尔夫(James Woolf)及艾玛·佩特曼(Emma Pateman)帮助我们搜集到了各种几乎被人遗忘的相关论著。

我们想进一步对约翰·杰克逊(John Jackson)教授和加里·埃德蒙德(Gary Edmond)教授表示感谢,他们的评论有助于我们探索和分析本书所包含的一些主题。在本书第一作者麦高伟教授于2013年冬季学期作为美国哥伦比亚大学法学院的访问学者期间,该学院的芭芭拉·沙茨(Barbara Schatz)教授和埃德温·瑞考什(Edwin Rekosh)教授等人对本书的研究和写作提供了极为重要的帮助。

我们还需要向伦敦那些优秀的刑事法律执业者表示感谢,他们对整个律师界所面临的困难提供了持续性的洞察意见;尤其是阿努佳·迪尔(HHJ Anuja Dhir)王室法律顾问、丹尼斯·巴里(Denis Barry)和本·道格拉斯-琼斯(Ben Douglas-Jones)等知名人物,他们给予了我们源源不断的支持、鼓励和(或许是不等量的)耐心。这里通常需要提及免责声明:我们在本书中所表达的完全属于自己的观点,由此出现的任何错误应由我们作者来负责。

从总体上讲,我们要衷心地感谢那些在过去50多年甚至更长的时间里出版或发表有关辩诉交易(plea bargaining)论著的学者们。我们一如既往地从他们的努力中汲取到了智慧和启示,本书中已经大量地添加了国家司法官员在刑事司法实践中的认知。

我们还要感谢爱德华·埃尔加出版社的蒂姆·威廉姆斯(Tim

Williams)对本项目的信任,感谢其同事约翰－保罗·麦克唐纳(John-Paul McDonald)和维多利亚·尼科斯(Victoria Nicols)等人在本书出版过程中所给予的指导。没有他们的参与,本项目研究成果的出版就无法成为现实。

最重要的是,我们必须要感谢各位朋友,尤其是感谢艾丽卡·麦克弗森(Erica McPherson)、奈杰尔·珀费克特(Nigel Perfect)和迪帕莉·乔希(Deepali Joshi)等人原谅我们因为工作任务艰巨而错过了他们几个人的婚礼;感谢在本书创作过程中一直支持和鼓励我们工作的家人:索尼亚·麦康维尔(Sonia McConville)一直陪伴着我们并在本书的关键阶段提供帮助,卡斯帕·麦康维尔(Caspar McConville)和王淑平(Victoria Wang)夫妇的数次拜访令人开心;吉姆·怀尔斯(Kim Wiles)为支持本书的出版做出了诸多努力,而迈克尔·马什(Michael Marsh)和玛格丽特·麦基(Margaret McGee)则提供给我们及时、平和的鼓励。

第一章 刑事司法：
制度、程序与合法性

亚历山大·汉密尔顿在其《联邦党人文集》(Writing in the Federalist,第 78 篇)中曾描述道,在民主社会中,司法机构是力量最弱、危险性最小的政府部门。而在两百多年之后,我认为其论述仍然可以准确地描述出司法机构在我国治理中的作用。

（英国上议院大法官 斯坦恩爵士 1997 年）

总体而言,如果从其获得相当程度的公众信任角度来看,英格兰和苏格兰的最高法院所享有的权威地位源远流长、传承了数百年的历史。它们不仅获得了事实上的权威,而且以深思熟虑、发人深省的判决等方式获得了"规范且正当的权威性"(normative-justificatory authority)。[①] 简而言之,法院已经颇具说服力地向人们解释了应当尊重其角色及判决结果的理由。在此过程中,尽管法院在某些特定案件中的判决仍存争议,但它依然赢得了公众的尊重、遵从与信任。如果用政治学术语来表达,这就相当于获得了"广泛的支持"(diffuse

---

[①] 那些相较无形的考量因素,例如接触的符号和法律仪式,无疑有助于获取公众的信任。

support），也就是说，一种对该机构的忠诚，而非取决于是否对最直接的判决结果感到满意。①

本研究在本书中的关注点超出了公众信任这一话题。相反，我们的兴趣在于，以国家诱导的认罪答辩作为视角，参照其在刑事司法领域所发挥的法律或政策制定等职能来研究英国法院的合法性（legitimacy）问题。我们在这里提及的国家诱导的认罪答辩通常包括所有被称之为"辩诉交易"的实践——这也是我们偶尔也会使用的术语来表达相同的意思——以涵盖来自警察、检察官和法官等国家司法官员（state official）直接或间接地以被告人认罪为条件来换取其获得减刑的机会，减少指控罪名的项数，从一项较为严重的罪名降格为不太严重的罪名，或者是从更有利于被告人的角度出示"案件事实"（认罪的基础）等提议。

法院通过巩固从其内部产生的原则和价值观来指引具有形式法律理性（formal legal rationality）的决定，试图以此确保其权威性。这些原则和价值观声称要独立于政府的其他部门，不受"政治"影响。"形式法律理性"这一概念的关键因素包括保护公正审判权，确保法律行为人（legal actor）的自主权，通过有说理的判决（reasoned judgment）提供个案性而非聚合性的决定，并通过立法者与公诉人可证明其合理性的要求而对自己的行为负责。

然而，合法性并不能简单地与普遍流行的法律秩序正式诉求联系到一起。由于包括法院"解释性"决定在内的各种原因，形式法律理性可能不会尊重个人的权利。因此，合法性必须有可尊重公民基

---

① J. Gibson, 'Judicial institutions', in R. Rhodes, S. Binder and B. Rockman (eds), *The Oxford Handbook of Political Institutions*, (2006) Oxford: Oxford University Press.

本权利的道德基础,例如对个人自由权与隐私权的保护等。罗纳德·弗雷将道德性权利界定为"一种不属于欧洲共同体立法或社会惯例的产物,但规定了个人与社会可以追求其整体结果时无法超越该边界的权利"[①]。因此,我们对刑事司法的分析超越了正式诉求的范畴,其探究涉及英国司法制度内在的理论基础及其与公民的道德权利之间的关系。

一、公正审判权

《欧洲人权公约》(European Convention on Human Rights, ECHR)第6条规定,审判刑事案件的一项核心道德依据是公平审判权:

第6条

1.在确定其公民权利和义务或者在确定针对其提出的任何刑事指控时,每个人都有权在合理的时间内获得由依法设立的、独立而公正的法庭所进行的公平与公开的审讯……

2.每位受到刑事犯罪指控的个人,在未经法庭依法被证明有罪之前,应当被推定为无罪。

3.每位受到刑事犯罪指控的个人均享有以下最低限度的权利:

(a)以其所了解的语言迅速、详细地被告知所涉指控罪名的

---

① Ronald Frey, *Interests and Rights: The Case Against Animals*, (1980) Oxford: Clarendon Press.

性质以及被指控的原因;

(b)有适当的时间和便利条件准备其辩护;

(c)由其本人辩护,或者通过由其本人选择的律师协助自己进行辩护;或者,假如其无力支付法律协助所需费用,但基于公平利益考虑有此要求时,则应当由国家免费提供相关法律援助;

(d)询问不利于自己案情的证人,并且在与不利于自己的证人相同的条件下,请求有利于自己的证人出庭,接受各方询问;

(e)假如其不懂得或者不会讲法庭所使用的语言,应当有权免费获得翻译的协助。

人们对审判权的理解基础在于,任何对公民个人道德权利(如自由权)[①]的侵犯或消减必须由国家官员通过权威性和公正的第三方(裁判法庭)及较高的证明标准来证明其正当性。[②] 正如理查德·利普克所声称的,法庭审判会对公众和个人产生广泛的影响。[③] 例如,它可以促进判决或事实的准确性,确认对那些被视为非减损性(non-derogable)的原则,[④]可令无辜者清白,并曝光那些不称职的、有渎职或腐败行为的国家司法人员,对通过正当法律程序可证明事实和法律上有罪的个人定罪,按照与罪行相适应的原则对罪犯进行惩罚,

---

① 又可参见:J. Feinberg,'In defence of moral rights',(1992) *Oxford Journal of Legal Studies*,12:149。
② 参见:*Barbera*,*Messegue and Jabardo v Spain* (1989)。有关这一方面全面详尽的论述,参见:Richard Lippke,*The Ethics of Plea Bargaining*,(2011) Oxford:Oxford University Press。
③ Richard Lippke,*The Ethics of Plea Bargaining*,(2011) Oxford:Oxford University Press。
④ 例如,严禁通过刑讯逼供的方式来取证。

创建完整的[庭审]记录以提供可检查并纠正错误的资源,通过其公开的示范行为来加强治理的基本准则。①

二、对抗制司法与形式法律理性

在英国,公平审判的概念据说是在由陪审团参与的审判中可以找到其理想化的表达方式。② 宾厄姆(Bingham)大法官在女王诉CCRC[代表一方当事人皮尔逊](*R v CCRC ex parte Pearson* [2000])一案第145段中总结了他所认为的、公正审判可提供给个人的保护:

> 任何被指控犯罪的公民均应有权获得公平审判及充分保护,使其免受错判的风险与后果,这对于现代民主社会的健康与正常运作来说必不可少。为此,警方侦查犯罪和讯问犯罪嫌疑人的行动严格地受到法律、法规和规则的限制;而起诉的行为则被委托给一个独立和专业行使起诉权的权威机构;法律援助则

---

① 又可参见:A. Alschuler,'The changing plea bargaining debate',(1981) *California Law Review*, 69:652。艾伯特认为,法庭审判鼓励辩护律师参与真正的辩护,从而有可能暴露国家在起诉案件时本可以遮掩的缺陷和不规范之处,通过确保刑法及其执法实施不要过于背离公共道德规范来限制国家对立法权与行政权的滥用,加强人民参与其自身事务的治理,并教育人民这些原则和权利的重要性。

② 英国绝大多数进入诉讼程序的刑事案件都由治安法院(Magistrate's Court)来审理。参见:P. Carlen, *Magistrates' Justice*,(1976) London:Martin Robertson;D. McBarnet, *Conviction*:*Law, the State and the Construction of Justice*, 2nd edn,(1983) London:Macmillan。他们曾对此进行过批判性的评估。事实上,许多刑事违法(Infraction)案件越来越多地在法庭之外(以非司法程序)被处理掉,因为警方和控方设法完成强加给他们的打击犯罪的目标。有关内容,可详见本书第五章和第八章。

可用来资助除了非常富有者之外的其他所有在被指控严重罪行的案件中为自己辩护的被告人。然而,我们可在由法官和陪审团进行审判的制度中找到对被控犯严重罪行的公民的主要保护……该审判程序具有对抗性……法官的职能在于告知陪审团相关法律规定并且(或许非常简短地)总结案件证据,界定控辩双方所提出的问题。这也包括可能由辩方证据所披露的任何辩护事由,即使是被告人并不依赖的事项。法官不需要,也不应该对此作进一步的说明。其次,应当是在持续多天的法庭审判之后,由那些在诉讼程序开始之前或结束之后不负有责任的人员但专为审理该案而组成的陪审团作出被告人是否有罪的决定。

蕴含在公正审判权理念之中的总体原则是,"代表国家提出的诉求不得超越对个人自由的保护。"① 对抗制的证据与程序规则源自社会组织关于个人的诸多利益与道德权利应与国家利益相分离的某一特定观念。② 社会应予保护的主要利益当属个人利益。因此,应赋予被告人一些基本权利。每位公民都享有个人自主权,其作为个体应当受到尊重,而不应当被视为一种资源。而且,任何个人的权利都不应当屈服于集体利益之下,例如,具有成本效益的案件处理方式。

然而,上述理解并不能成为将国家想象为仁慈宽大、毫无威胁的理由;恰恰相反,国家应被视为一种潜在的侵入性势力。这种侵入性

---

① The Royal Commission on Police Powers and Procedure (RCPPP) (1929), Report, Cmd.3297, p.10, para.25. 参见大法官艾肯斯(Aikens)在雷吉纳诉安东尼·皮尔斯和安德鲁·丹尼尔·威廉·加洛威(Regina v Anthony Pearce, Andrew Daniel William Galloway [2013])一案中的意见。

② 当然,人们也认可的是,国家的许多利益——如提供有序、安全的环境等——也属于公民的利益。

势力的可能性无所不在,在刑事司法领域更是具有夸张性。因为国家可通过起诉个人的这一事实,声称其有权指责并惩罚其中某位公民。在此背景下,公民个人享有的主要权利之一就是有权免受因为其未曾犯下的[莫须有的]罪行而被国家宣布为违法并受到惩罚。

因为国家声称其有权惩罚其中某位公民,所以它就需要证明其主张以及每一种与此相关的干扰行为——如拦截、人身搜查、财产搜查、拘留、逮捕、收集[犯罪嫌疑人的]体内样本(intimate sample)、电话窃听(telephone tapping)、电子监控(electronic surveillance)和指控等——具有正当性。与此要求直接相关的就是无罪推定原则(presumption of innocence)。据此,国家负有举证责任,并且必须在没有强迫被告人提供协助的情况下,通过提供在法律上属于充分、可被采纳的证据,证明其所有指控行为的正当性。换而言之,如果国家无法证明其指控的被告人所犯罪行的每一项犯罪构成要素成立——无论该罪行的任何构成因素最初看起来是如何无足轻重,那么它就不能判决该人有罪并予以惩罚。反过来,被告人在举证方面无须承担任何义务——但是,假如其自愿选择,也可以提供证据;其辩护可以期待国家未能履行相关举证责任来完成。

国家在履行其证明惩罚某位公民的这一诉求合理性的义务时,需要承担相当严格的举证责任:原告在民事案件的举证责任是必须证明其案件发生的可能性大小,而刑事案件与民事案件有所不同的是,国家必须履行排除合理怀疑(beyond reasonable doubt)的举证责任标准。如果对控方已经起诉的刑事案件[证据]存在合理的怀疑,不论其来源如何,被指控犯罪的个人均有权获得无罪判决。

因此,在最理想的状态下,法官们应当已经清楚地意识到,刑事司法制度是专门被设计用来确保事实上有罪的个人只有在有充分的法律证据、正确适用的法律程序之后被定罪的可能性。这不仅意味着该制度正式认可"程序性价值",而且也意味着会偶尔出现,事实上有罪的被告人可能因为国家无法履行举证责任而被判决无罪的情形。虽然有些人认为,这种可能性的存在属于对被害人或其他可成为未来犯罪受害者的公民的保护不足,但事实上有罪与法律上有罪之间的区别则是对抗制的核心事项。

而且,这一框架也存在深度的道德层面问题。德沃金曾指出,那些由社会早先作出的判决主要表明其对道德危害的特别关注。这不仅仅为决定的准确性付出了高昂的代价。而且,特别是为了避免出现更多涉及危害社会道德的错判而在准确性方面付出的高昂代价,这并非属于另一个方向的错误:[1]

> 例如,必须通过排除合理怀疑而非事件发生可能性的举证规则,并且,由诸如不得强迫被告人作证,其复杂的理由包括以准确性为代价来衡量对被告人有利的程度,以及避免被告人不会受到某些种类的错误及可能以准确性作出妥协的错误印象等。此类规则都可以表明这一点。[2]

如果借用德沃金的术语,那么前述刑事案件的规则框架建立在保护以下个人权利的基础之上:(i)享有正确重视道德危害风险的刑事诉讼程序的权利;(ii)与该评估相关,但实际上更重要的平等待遇权。这两项权利都属于实质性的权利,也就是说,此类观点支持功利

---

[1] R. Dworkin, 'Principle, policy, procedure', in R. Dworkin, *A Matter of Principle*, Cambridge, (1985) MA: Harvard University Press.
[2] 参见:同上注,第89页。

主义的标准推断,即在纯粹的得失计算中寻求平衡。①

根据法院对形式法律理性的传统表达方式,构成这一模式基础的各项原则和价值观已经深入到制度的每一个环节和方方面面。②对抗式司法制度的基础是当事人意思自治,审判法官——他们不同于其纠问式审判制度中的同行——充当裁判,③而案件的准备和陈述则留给控辩双方。每一起案件都被赋予某一独特的身份。每一位犯罪嫌疑人和被告人被赋予个人自主权并可获得由律师来代理案件的权利。案件的审判作为公共事件来进行,以便要求(不属于中立一方的)国家官员来证明司法制度仍然在有效运转,从而为治理价值观带来更多信心,防止这些官员的不称职或违法的行为,制衡国家公权力,并展开对重要或有争议的治理话题的讨论。④

然而,法院在"非正常条件的"压力之下,可能无法坚持其通常声称的那些正式法律规定。在此情形下,这一理想模式就会出现裂痕,法官们就被迫调整——至少是暂时的——这些形式法律理性的主

---

① 在此背景下,这就意味着纯粹基于成本效益考虑所作出的决定。可详见:S. Guest, 'How to criticize Dworkin's Theory of Law', (2009) *Analysis*, 69(2):1。

② 英格兰和威尔士在对其刑事司法制度的连续评估中,官方的调查表明公众支持继续采用对抗制。例如,参见:The Royal Commission on Criminal Procedure (RCCP), *Report*, Cmnd.8092, (1981) London:HMSO; The Royal Commission on Criminal Justice (RCCJ), *Report*, Cm 2263, (1993) London:HMSO。

③ 在现实中,法官在大陆法系中可能不是寻求真理的中立仲裁者。例如,霍奇森(Hodgson)的研究显示,在法国刑事诉讼制度中,大部分刑事案件的侦查权被委派给警方来行使,后者似乎不会受到任何预审法官的真正监督。参见:J. Hodgson, *French Criminal Justice*, (2005) Oxford:Hart Publishing; J. Hodgson, 'The Role of the Criminal Defence Lawyer in an Inquisitorial Procedure:Legal and Ethical Constraints', (2006) *Legal Ethics*, 9(1):125。

④ 参见:R. Lippke, *The Ethics of Plea Bargaining*, (2011) Oxford:Oxford University Press。

张,从而证明此类偏离规定[的模式]具有合理性。接下来,我们将探讨一些例子,表明此类做法具有必要性及其对法官们通常主张的理想模式所产生的影响。

三、"非正常"的情形与制度性背离

刑事法院作为法律机构的合法性,必须在其作为国家社会控制机器的一个重要组成部分的首要角色来考虑,① 其职责在于维护法律,而没有(它所声称的)任何权力来搁置并避免不公正的或其他不必要的结果。在此背景下,艾萨克·巴尔巴斯描述法院的总体任务包括三方面:维护公共秩序、实现形式法律理性以及确保组织机构的延续存在。② 在这些——通常是相互冲突的——职能之间达到平衡属于法庭各方参与人的工作。③ 在这一认识之中,有时会涉及社会与政治稳定问题,应该通过对抗式的辩论来测试占据主导地位的各项价值观。但是,当出现严重的政治或社会混乱时——无论是实际发生的、制造的或想象的混乱,围绕这些价值观的话语权可能就会被削弱,至少会暂时如此;而权力的现实性,也就是国家的专制性权力,可能会占据上风。④

---

① 当然,国家除了通过刑事程序之外还在许多方面作出反应,以解决犯罪问题,包括教育、环境设计、帮助与支持相关机构以及威慑机制等。
② Isaac Balbus, *The Dialectics of Legal Repression*,(1973) New York: Russell Sage. 巴尔巴斯后来解释说,虽然形式理性与维护组织利益是国家追求的永久利益,但它对秩序(恢复秩序)方面的兴趣并没有相同的持久性。参见:同上;以及1977年版序言。
③ A. Sheskin, 'Trial courts on trial: examining dominant assumptions', in J. A. Cramer (ed.), *Courts and Judges*, (1981) Beverly Hills, CA: Sage Publications.
④ K. Boyle, T. Hadden and P Hillyard, *Law and State: The Case of Northern Ireland*, (1975) London: Martin Robertson.

因此，巴尔巴斯在研究美国法院对黑人贫民区于 20 世纪 60 年代发生的骚乱（disorders）与暴乱（revolts）作出的反应时发现，法院改变了相关诉讼程序和正常的运作流程，经常违反程序性"保障措施"；而当地的政治结构变化在更"正常的"条件下对政策成效的影响相当大；在出现危机的条件下，其影响几乎为零。巴尔巴斯认为可以用司法机构自相矛盾的利益来解释这一点：一方面是维护法律理性规范的需要，"法律形式理性"在此背景下就是"法治"、"正当法律程序"、（法律面前的平等待遇）"民事自由权利"以及应当自主作出（与政治领域绝缘）的司法判决；另一方面是维护公共秩序（结束暴乱）方面的政治利益与保护组织利益（以防止法院被大量案件所淹没）的需要。

当然，巴尔巴斯提出的解释性模式按照常理，似乎与英国法院在（真实的或人为的）"危机"情形下作出的反应具有相似之处。我们将用三个案例来探讨这一问题：1982 年的反欺诈行动（Operation Major）、20 世纪 80 年代的矿工罢工，以及 2011 年发生在英国主要城市的城区骚乱等事件。

四、反欺诈行动

英国的许多城市都面临着住房紧缺问题，① 这对单身无家可归

---

① 因为"无家可归"的记录方式不同，英国没有全国性的无家可归者的人数统计。然而，在 2012—2013 年度，有 5.3 万户家庭被英格兰政府认可为"无家可归者"，威尔士的此类人数为 6500 户，而苏格兰则超过了 3.4 万户家庭。有关危机情形，可参见网址：http://www.crisis.org.uk/pages/homeless-def-numbers.html. 又可参见：S. Rogers, 'Homelessness jumps by 14% in a year', *The Guardian*, 8 March 2012.

者产生了重大的影响。① 牛津在20世纪80年代就是这样。政府的相关部门,即卫生与社会保障部(Department of Health and Social Security,DHSS)通过以下方式对无家可归者提供住房支持:房东经营寄宿房屋,向无家可归者提供住宿床位和早餐,并从卫生与社会保障部领取相关费用。据说一些寄宿房屋过于拥挤、肮脏而且卫生条件不好,所以一些申请人(claimant)选择睡在公园里,同时继续使用该房屋作为其"住宿地址"。这样,他们就可以继续露宿街头,但申领到的住房补助金比其实际应享有的金额更高。这种"过分申领"(over-claiming)行为等同于欺诈。对他们来说,房东可继续从卫生与社会保障部领取所有在登记其房屋名下的申请人的住房补助。在某些情况下,申请人声称使用同一个"住宿地址"的人数上升到近200人。② 由房东申领的实际上属于非居住者的住房补助明显具有欺诈性,而且此类潜在欺诈的人数据称属于大规模,远远超过了申请人额外可获得的小额款项。

1982年,泰晤士河谷警察局(Thames Valley Police)和卫生与社会保障部一起,决定针对申请人而非房东,开展一场名为"反欺诈行动"的打击行动。③ 那些定期向卫生与社会保障部福利办公室(DHSS Benefit Office)报告的申请人接到一份通知,要求他们重新向一个虚假设立的、作为反欺诈行动一个组成部分而设置的办公室

---

① 如果某人没有需要抚养的子女(被称为"单一无家可归者"),或者未被视为比其他无家可归者更弱势时,那么他就可能无权获得[此类]住房福利。
② J. Sandham, 'Operation Major: a backward glance', (1983) *Probation Journal*, 30:29.
③ R. Franey, *Poor Law*, (1983) London: CHAR, CPAG, CDC, NAPO, NCCL.

地址报到。在接下来的一周时间里,申请人按照要求前往"办公室"办理登记手续,并由该办公室来处理其住房补助申请。与此同时,警方在"该办公室"临近处安排嘈杂的道路工程施工,安装摄像机,联合卫生与社会保障部的官员进行"预演彩排"(rehearsal)并与政府联系,在当地的监狱内腾出可供使用的住处。

"工作人员"(卧底特工)(undercover operatives)告知前来登记的申请人,必须从另一扇门离开。当这些申请人在登记完毕离开时,立即遭到警方的拘留并被逮捕。那些在虚假设立的办公室内的申请人试图提醒外面还没有进入该办公室的人员,但却根本不可能做到,因为外面"道路工程施工"的声音非常嘈杂。

对于一些人来说,他们遭到逮捕的依据并不是法律所要求的"存在合理怀疑",而仅仅是因为出现(Mere attendance)在警方虚假设立的办公室内的事实,这导致被捕者中包括了那些只是陪同申请人前来办理登记手续的个人。虽然有些人被告知享有律师代理权,但大多数被捕者并没有获得该项权利。同样,尽管有一些被捕者明显需要社会工作者的帮助,但后者并不清楚整个事件的由来。这些被捕者都需要接受警方拍照并留下指纹记录的要求。

为此,政府设立了五个被描述为属于"紧急(但很早以前已经秘密筹备好的)法院"的治安法院,①来处理这些被捕者的案件。这些"白天运作"的法院异乎寻常地从下午3:00开始审理案件,一直持续到晚上11:00,由十名之前不知道行动细节的治安法官来负责。据

---

① 治安法院是英国负责一审刑事案件的主要法院,一般直接审理犯罪性质轻微并且被告人认罪的刑事案件。——译者注

报道,法庭由那些可开展合作的人员组成。①

随着这一涉案人数巨大的行动,法院把正常的审理程序放在一边。辩方律师和缓刑监督官(probation officer)也没有事先接到法院有关这些诉讼的通知。日子一天天地过去了,一些律师开始意识到事件的来由,他们试图进入监狱会见被囚禁的当事人,但却遭到了警方的拒绝。

绝大多数的被捕者(88%)在庭审中并没有获得律师代理。大多数法院"审理"的每起案件历时约 4 分钟,可被描述为"剥壳式的"(shelling)审判实践,以便尽可能快速处理掉这些申领人的案件:书记员宣读被指控的罪行,控方申请羁押拘留被捕者,然后则是由治安法官批准该项请求。被告人不需要对具体的指控罪行作出认罪答辩;他们因"采用欺骗手段获取财产"的罪名而被羁押候审。虽然在法律上应假设存在有利于被告人的保释规定,②但极为异常的是,绝大多数(91%)被告人属于羁押候审,仅有极少数人(9%)获准保释。③

在随后的数周内,法院开始准备实质性地审理那些被告人在押候审的案件。起初,大多数被告人在诉讼程序的压力之下达成了国

---

① 虽然治安法院以压倒性多数由来自中产阶级、无条件地尊重和信任权威的中年外行人构成,但据报道,他们当中包括有足够数量的地位较低和工作阶层的成员,其[判案的]可靠性存疑,从而导致对这些人员的进一步筛除、过滤和筛选。参见:E. Burney, *Magistrate, Court and Community*,(1979) London:Hutchinson; M. King and C. May, *Black Magistrates*,(1985) London:Cobden Trust; J. Dignan, and A. Whynne, 'A microcosm of the local community? Reflections on the composition of the magistracy in a Petty Sessional Division in the North Midlands',(1997) *British Journal of Criminology*, 37:184。

② 其依据为 1976 年的《保释法》。

③ 另外 8 人已获警方批准的保释。

家诱导的认罪答辩(guilty plea),许多人根本无法享受到咨询律师的法定权利。一些被告人虽然获得了法律咨询程序,[1]但其最终的态度与律师的法律意见恰恰相反。于是,在第一个月内处理的(158起)案件中,绝大多数被告人(88%)都承认被指控的罪行。

随后的量刑等同于整体性的处罚(aggregate punishment),因为法院无法解决每位案件情形存在差异的被告人——例如,初犯者与累犯者——之间刑罚的不同,所以就按照统一的定罪标准来确定个人的刑期。[2] 就那些已知量刑结果的被告人而言,几乎所有人(98%)立刻被判处监禁刑,[3]这比法院平时对此类罪行的量刑处罚比例要高得多。但事实上,社会与法律保障部在过去的常规做法一直是:假如被告人多申领的款项没有超过 50 英镑,则根本不会提起公诉。这本适用于所有那些被确定犯有单一罪行的个人。

然而,更为重要的是,在那些没有达成认罪答辩协议的(19 名)被告人中,大多数(68%)案件的指控被法院驳回。当时,这些被告人有律师代理,后者能够推翻控方主要证人——两名提供床位和早餐的寄宿房屋的房东——所提供的证据。事实上,真实的情况显示,其中一名房东提供的形式证据(pro-forma evidence)是由一名警官事先书写完好,然后被送往房东处签名的产物。显然,假如有更多的被告人坚持接受法庭审判而没有屈服于国家诱导的认罪答辩,那么起

---

[1] 参见:Malcolm Feeley, *The Process is the Punishment*,(1979) New York: Russell Sage。马尔科姆·菲利(Malcolm Feeley)对美国低级别法院的研究表明,大多数被告人的主要兴趣是尽快从该制度中解脱出来,即使这意味着要作出认罪答辩。
[2] 该定罪标准是每一笔欺骗申领支票的行为对应为期 30 天的监禁刑;之后是,若有应予考虑的任何一项罪行,则增加 15 天的监禁刑。
[3] 有两名被告人被法庭判处缓刑。在那些后来发回重审的案件(47 人)中,大多数(68%)被告人受到羁押候审的限制,只有 15 人获准保释。

诉他们的案件也同样会被法院驳回。虽然诉讼程序可能乍一看似乎符合巴尔巴斯的理论,认为形式法律理性在社会"危机"时可以被搁置一边(不予使用),但这是一种理想化的法律理性观点并且低估了"法律"的灵活性,甚至是脆弱性。① 事实上,我们先撇开遵守合法性在治安法院几乎只具有象征性意义的这一准确观察不谈,在针对反欺诈行动的审判中所显示出的一些因素很容易被融入现有的法律框架之内。② 因此,政府把重点放在那些无家可归者③而非房东的决定符合法律规定;④根据《反盗窃法》(Theft Act)而非卫生与社会保

---

① 参见布里奇斯对巴尔巴斯1973年版著作的回顾:L. Bridges, 'The Dialectics of Legal Repression', (1975) *Race and Class*, 17:83。

② 在此背景下,参见:D. McBarnet, *Conviction*: *Law, the State and the Construction of Justice*, 2nd edn, (1983) London: Macmillan; M. McConville, A. Sanders and R. Leng, *The Case for the Prosecution*, (1991) London: Routledge。

③ 新闻媒体对待福利申请人通常是贬损的态度。参见:P. Golding and S. Middleton, *Images of Welfare*: *Press and Public Attitudes to Poverty*, (1982) Oxford: Martin Robertson; M. Roche, *Rethinking Citizenship*: *Welfare, Ideology and Change in Modern Society*, (1992) Cambridge: Polity Press。

④ 税务欺诈导致财政部的损失相当于15倍的福利费用损失。参见:D. Hyde, Tax evasion costs the Treasury 15 times more than benefit fraud', *Citywire Money*, (2010) available at: http://citywire.co.uk/money/tax-evasion-costs-treasury-15-times-more-than-benefit-fraud/a378274。官方对偷税漏税的"打击"往往针对的是"小鱼小虾",而非大公司。参见:M. King, 'Crackdown on tax evasion leads to rise in criminal convictions', *The Guardian*, 27 August 2011。金曾经报道,政府正式起诉偷税漏税的案件数从2010年的107起上升到2011年的148起。其数据表明,"五名上周被捕的纳税人据称均为水管工。"然而,避税者(利用税收规定中的"漏洞"尽量减少或消除纳税责任)的数字则比以指数的形式还要高得多:英国的女王陛下税务与海关总署(HMRC)的官方估计政府在2011—2012年度有350亿英镑的"收入损失",但议会的公共账务委员会(Parliamentary Public Accounts Committee)主席则认为这只是"冰山一角": R. Syal, 'Britain's £35bn tax gap is "tip of iceberg", says Margaret Hodge', *The Guardian*, 28 October 2013。又可参见:J. Gee and M. Button, *The Financial Cost of Fraud Report 2013*, (2013) University of Portsmouth: Centre for Counter Fraud Studies。

障立法来指控被告人的决定也具有合法性;①尽管特别法院在许多方面备受社会各界的批判,但它在英国并非违法设立的机构。② 而且,法院根据《保释法》(Bail Act)可保留自由裁量权来拒绝被告人的保释。例如,它担心被告人将无法主动归押(surrender to custody)的可能性,③而这一理由可能很容易适用于无家可归者。

尽管如此,整个诉讼程序的大部分都偏离了法院所主张的理性法律模式,违反了基本的道德准则(moral precepts)。警方的参与涉及案件欺诈性质的因素较少,更多的因素是,它迫切地希望恢复泰晤士河谷区警察局因当年年初电视纪实类节目受到严重影响的形象。④ 警方逮捕犯罪嫌疑人的依据仅仅是因为"在场",而非法律规定的"合理怀疑",这导致申请人与非申请人一样被拘留,其道德权利(自由权)遭到了侵犯。甚至,它允许治安法院以支持起诉为中心的做法牺牲了合法性的要求:申请人无法享受到个人应有的待遇,无法获得律师的帮助,无法获取保释。他们被羁押在[政府]精心准备的

---

① 弗雷尼披露,根据《反盗窃法》起诉的案件通过用于乡村其他地方的被告人属于无家可归者的情况。参见:R. Franey, *Poor Law*, (1983) London:CHAR, CPAG, CDC, NAPO, NCCL, p.39. 事实上,作为英国政府打击福利欺骗行为这一新行动的一部分,公诉长官(Director of Public Prosecutions)于2013年9月发出若干指导意见,据此敦促检察官根据《反盗窃法》而非社会保障方面的法律来指控欺诈行为,从而将福利欺诈与洗钱和银行诈骗等罪行划分为一类,使个人最高可被判处十年的有期徒刑。2012年,英国有262名罪犯因申领福利欺诈行为而被判入狱,其刑期平均为六个月零一周。参见:同上。
② 在某些法域,国家禁止以这种方式使用"特别法庭"。例如《德意志联邦共和国基本法》(Basic Law for the Federal Republic of Germany)第101条第1款规定:"不得使用特别法庭来审理案件。没有人可被剥夺其接受合法管辖的法官审理案件的权利。"
③ "归押"是指在法庭指定的日期被传召时出现于法庭席前。——译者注
④ 这些纪录类节目包括《罗杰·格拉夫系列剧》、《警察》(英国广播公司[BBC]1982年)和《行动车司机》(Operation Carter)(英国广播公司[BBC]1982年)。

房间内,接受精挑细选的治安法官不加批判的"剥壳式"快速审判,在通过申诉"听证"所赋予庄严感的程序中适用预先设定的量刑标准。然而,法院并没有设法通过对形式法律理性的依赖来确保此类诉讼行为的合法性。相反,其整个行动所依靠的是追求对"道德底线"的保护:针对"乞丐"和"骗子"所采取的处置性决定,这些人不值得社会的同情。① 申请人在"大规模欺诈"中的违法行为破坏了英国福利制度的声誉,重现了警方关于此类诈骗所涉金额的虚假主张——实际上,过度申领的金额总数估计少于五万英镑,而警方为打击此类犯罪的花费则远远超出了涉案金额的三倍之多——以及那些"被处理者"的案件性质。尽管律师、社会服务和缓刑工作者对于警方的活动一直并不知情,但警方在行动之后不久便通过媒体立即发布了其在幕后提供的行动简况。一家比较配合的媒体②将此类迫在眉睫的逮捕行为概括为用来摧毁大规模欺诈案的"骗中骗行动"(The Sting):③

《每日星报》骗中骗:警方昨日采取骗中骗式行动,摧毁一起大规模的社保诈骗案。

《每日快讯》骗中骗:警方摧毁涉案金额高达 150 万英镑的诈骗行为,286 人被羁押在假冒的社会保障办公室内。

---

① 实际上,虽然因福利申领欺诈行为导致政府超额支付的费用在 2012—2013 年度占总体福利开支金额(1668 亿英镑)的 0.7%(12 亿英镑),但还有 0.9%(15 亿英镑)属于申请人的错误而多余支付的费用,另有 0.5%(8.3 亿英镑)的费用可归咎于相关官员所犯的错误。参见:'Welfare fraud and error: how much is the UK losing?', *The Guardian*, 13 May 2013.
② 警方事先谨慎地选择相关新闻媒体,而对于不太配合的媒体则不予告知。
③ 因此,人们可以将警方的行动与电影《骗中骗》联系起来。

警方对其在诱捕申领人方面所表现出的足智多谋引以为豪,他们把这些被捕者称为"弄虚作假者"(fiddlers)、"骗子"(cheat)、"诈骗犯"(swindler),并且含沙射影地把他们和虚假的种族主义者联系在一起。① 因此,警方、法院与顺从的媒体之间②的联盟寻求其行动的合法性,而无须诉诸普遍流行的一边倒和完全具有象征意义的法律制度。于是,它们对申领人的刑事定罪和堕落退化定位被用来"证明""聚合式司法"(aggregate justice)的合理性,转移人们对非正常程序的注意力,用无家可归者在社会中存在的问题来转移人们对案件审理缺乏道德要求的批判。

五、矿工罢工事件

1984年发生的矿工罢工事件与反欺诈行动中所显示的问题有许多共性特征。当时,由玛格丽特·撒切尔夫人领导的英国保守党

---

① 例如,英国的《太阳报》刊登了一幅漫画,画中显示在一条传送带上的12名"乞丐"出现在治安法官面前,其中4人为黑人。而真实的情况是,在283名被捕的人士中,只有4名黑人,而且仅有1人实际上被判决罪名成立。
② 警方与媒体的关系不仅有扭曲公众看法的潜在可能性,而且有可能使警察参与腐败活动,达到公职人员行为不当的程度。例如,参见英国广播公司2013年1月23日的新闻:'Police corruption:criminals "give officers steroids"', *BBC News*, 26 April 2013, 'Former police officer admits selling stories to Sun', 26 April 2013。可详见: S. Chibnall, *Law and Order News*: *An Analysis of Crime Reporting in the British Press*, (1977) London: Tavistock Publishing; D. Howitt, *Crime, the Media and the Law*, (1998) West Sussex: Wiley; F. Leishman and P. Mason, *Policing and the Media: Facts and Fictions*, (2003) Cullompton: Willan Publishing; K. Hohl, 'The role of mass media and police communication in trust in the police: new approaches to the analysis of survey and media data', (2011) PhD thesis, LSE, available at: http://etheses.lse.ac.uk/213/。

政府计划①大规模地关闭矿井,其意图在于通过关闭矿井,打击和分裂全国矿工工会(National Mineworkers Union)这一劳工联盟。②本次罢工就是因政府计划关闭矿井的威胁所引起。随着政府提议的政策导致大量的就业机会丢失以及随后在许多社区所造成的破坏,矿工们试图保护矿井免于关闭,他们在关键矿井处设立警戒线和障碍物来防止煤炭运出井外。

无论是警方采取的行动还是法院处理案件的程序,"合法性"的问题在这些方面永远无法通过诉诸形式法律理性的形式得以解决。事实上,在罢工之前很长的一段时间内以及在罢工期间,部分有影响力的媒体一直在妖化这些矿工及其领袖亚瑟·斯卡吉尔。"'教父斯卡吉尔'领导的黑手党暴徒"③和"斯卡吉尔的真正目的在于发动战争"④等煽动性的标题伴随着媒体对矿工们的尖锐抨

---

① 参见:B. Fine and R. Millar (eds), *Policing the Miners*, (1985) London: Lawrence & Wishart; P. Scraton, *The State of the Police*, (1985) London: Pluto Press; P. Smith and P. Thomas, *Striking Back*, (1985) Cardiff: Welsh Campaign for Civil and Political Liberties; L. Christian, 'Restriction without conviction: the role of the courts in legitimising police control in Nottinghamshire', in B. Fine and R. Millar (eds), *Po-licing the Miners' Strike*, (1985) London: Lawrence & Wishart; P. Green, *Po-licing the Miners' Strike*, (1990) Milton Keynes: Open University Press.

② 亚瑟·斯卡吉尔(Arthur Scargill)的诉求反映出矿工们的担忧。据悉,玛格丽特·撒切尔曾有一份"秘密打击名单",包括有70多个被标记为即将关闭的煤炭矿井,虽然当时官方对此予以否认,但是这一点有最近公布的内阁文件为证。该文件记录了1984年包括首相和全国煤矿管理委员会主席在内的一小群人参加的一次秘密会议所讨论的细节。参见:N. Higham, 'Cabinet papers reveal "secret coal pits closure plan"', *BBC News*, 3 January 2014。

③ *News of the World*, 'Godfather Scargill's mafia mob', *News of the World*, 7 October 1984.

④ *The Sun*, 'Scargill's real aim is war', *The Sun*, 5 April 1984.

击。① 正如威廉姆斯所指出的那样,"这给读者们留下的印象是,本次罢工的始作俑者亚瑟·斯卡吉尔是一名狂热追求权力的人,警方在矿井坑道口以及法院采取的极端措施完全是由于矿工们在警戒线的暴力行为。"②

警方设置路障,防止全国其他地区的矿工前来支援这里的罢工,有时甚至从预定的目的地设立长达 200 英里的警戒线。这一"拦截政策"(intercept policy)据称是根据普通法所规定的权力:如果警方有理由相信,"即将被逮捕者"的行为将会破坏和平,即使该人尚未实施任何违法的行为。此外,警方还可以使用 1936 年的《公共秩序法》(Public Order Act)第 5 条采取这一行动,该规定允许警察在"出现或者即将出现违反社会治安秩序的行为时"采取干预措施。警方设置路障的行动和"追捕队"(snatch squad)的逮捕措施基于其将矿工们的聚集行动划为涉及"扰乱公共秩序"而非"劳动或劳资纠纷的行为"。③ 此外,控方的起诉策略也变成了阻挠本次矿工罢工的手段,它反复借助"监视和围攻"等难以界定的罪名指控,④这样就会在出示个别证据证明被捕人使用特定的侮辱性词语或恫吓行为时避免可

---

① *R v Howell* (1981). 地区法院驳回了针对警方拦截政策的上诉,其裁决指出:"应由在场的高级警官来评估现场的形势。假如他们诚实而又合理地认为,现场在某种意义上存在着破坏和平的真正危险,而且非常接近发生的时机和地点,那么在必要时,就存在采取合理的预防性行动的条件,正如本案警方所采取的措施那样。当然,这种违反治安的可能性必须真实,可用任何预防性的行动来证明其正当性。对社会秩序迫在眉睫的或直接到来的威胁可确定何种行动具有合理性"。*Moss v McLachlan*, The Times, 29 November, 1984.

② G. Williams, *Shafted*: *The Media*, *The Miners*' Strike and the Aftermath, (2009) London: Campaign for Press & Broadcasting Freedom, p.38.

③ 参见:R. East and P. Thomas, 'Freedom of movement: Moss v McLachlan', (1985) *Journal of Law & Society*, 12(1):77.

④ 依据 1875 年的《合谋与财产保护法》(Conspiracy and Protection of Property Act)。

第一章 刑事司法:制度、程序与合法性

能遇到的困难。① 诺丁汉郡甚至允许警方绕过负责起诉的律师,以便他们能够直接将案件移送至法院,从而避免有关指控警方"合理理由"和恰当性等问题。几乎所有的被告人在法官们宣布其决定之前,都受制于被附加到保释申请表中的标准保释条件。地区法院(Divisional Court)通过对"法律"的综合解释,认为这种做法并不会影响其决定:虽然将警方在不同场合或不同地方所逮捕的被告人一起放到被告席的做法"不应受到鼓励",因为它难以避免"集体性司法"(Group justice)的表象;假如标准的保释条件被附在保释申请表中,②即使该申请属于无条件的保释,此类安排的确不会给治安法官带来任何"信任",但"保释申请的结果可以正确预测的事实,并不意味着法官们未能恰当地行使其自由酌量权"。③ 法院以"创造性的"方式使得这些显然属于"群体司法"和"未审先定的判决结果"的做法披上了合法化的外衣,从而避免与政府采取的政治性策略相矛盾,正如珍妮·珀西-史密斯和帕迪·希利雅德所概括描述的那样:④

> 从防止矿工们进一步采取警戒线等封锁行为的意义上讲,这些做法的目的显然具有牵制作用,而非起诉并定罪那些有违法行为的个人。我们几乎毫不怀疑的是,使用这一大范围具有

---

① L. Christian, 'Restriction without conviction: the role of the courts in legitimising police control in Nottinghamshire', in B. Fine and R. Millar (eds), *Policing the Miners' Strike*, (1985) London: Lawrence & Wishart.

② 在每一起案件中,保释的条件规定如下:"除了在其平时劳动就业地和平地封锁警戒线或示威之外,不得针对全国煤矿工人联盟与全国煤矿管理委员会之间现有的行业纠纷进行封锁警戒或示威目的而到访任何地方或建筑。"

③ *R v Mansfield Justices* [1985].

④ Janie Percy-Smith and Paddy Hillyard, 'Miners in the arms of the law: a statistical analysis', (1985) *Journal of Law and Society*, 12(3):345, p.354.

强制权力的政策而非在新的劳动立法中所规定的权力,是政府经过协调和深思熟虑的一部分策略。它确定了那些参与本次罢工者的行为有罪,并且通过将这些人塑造为罪犯或暴力示威者的角色,而非合法参与解决劳资纠纷的工人,来破坏这些矿工在市民和其他工会心目中的声誉。

警方的"追捕队"大规模地逮捕涉嫌参与本次罢工的个人,其中许多人只是合法地从事封锁警戒线的活动,而这些人被指控犯罪的依据是1936年的《公共秩序法》第5条。除了其他事项之外,该条规定:"任何人在公众场合……使用威胁、漫骂或侮辱性词语或行为……有可能引起破坏社会治安,应属犯罪。"这一条款完全可使控方依据警方提供的证据来提起诉讼。在此情形下,鉴于治安法官倾向于认为所有参与封锁警戒线者的行为实际上涉及或可能会偶然破坏社会治安——这是高等法院非常支持的一种观点,[1]许多矿工屈服于国家诱导的认罪答辩协议,而且通常是在接纳了律师的法律建议

---

[1] 治安法官在简易程序的庭审中驳回了当事人关于封锁警戒线的行为在任何意义上都属于和平举措的说法,这一判决意见随后又获得了地区法院的支持。在女王诉曼斯菲尔德的大法官们(*R v Mansfield Justices* [1985])一案中,地区法院裁定,所有人——包括那些大法官在内——都非常清楚,"和平封锁警戒线的任何暗示属于一种似是而非的借口以及该行为涉及恐吓与威胁采取封锁警戒线的问题。"显而易见,对于所有参与封锁警戒线的人员来说,即使他们当时一言不发,但他们以成群出现在现场的方式至少会鼓励其他人威胁或/和采取暴力行动。这一被准确地称为"彻底毁灭性的"调查结果意味着,根据《公共秩序法》第5条的规定,任何参与罢工纠察的矿工要承担有罪的后果。参见:L. Christian, 'Restriction without conviction: the role of the courts in legitimising police control in Nottinghamshire', in B. Fine and R. Millar (eds), *Policing the Miners' Strike*, (1985) London: Lawrence & Wishart, p. 129。

之后，以便能躲过牢狱之灾。① 与反欺诈行动所涉及的问题一样，假如矿工们没有屈服于国家诱导的认罪答辩协议，那么案件的最终结果可能会迥然不同，正如欧格里夫（Orgreave）罢工案庭审所表明的那样。

本次罢工所定义的冲突发生在英国的欧格里夫，它位于罗瑟勒姆（Rotherham）附近的一个焦化厂内，矿工们试图封锁这个地方。随着骑警指控并用警棍袭击这些聚集的矿工之后，这一冲突事件陷入更大规模的暴力之中。在随后的审判中，有15名矿工涉嫌暴乱而被起诉，其处罚最多可能被判处终身监禁；另有超过80名被告人候审。根据控方的指控事实，这些矿工手持斧头、滚球轴承和金属棍棒等工具，② 冲向警方的防线，"以相当恐怖的暴力行为向警方投掷物品，前后持续数个小时……"。然而，随着审判的进行，人们清楚地发现，警方的陈述材料其实并不可靠，而且有不少案件涉及高级警官命令起诉的情形。此外，有一名警官的签名属于伪造，而该陈述材料在午餐休庭时无故"失踪"。在48天之后，警方的证据土崩瓦解，控方的起诉以"宣告失败"而告终。曾经为三名被宣告无罪的矿工进行辩护的王室法律顾问，迈克尔·曼斯菲尔德（Michael Mansfield QC）在描述南约克郡警方的证据属于"最大的陷害材料"③ 之后补充指

---

① 例如，参见：Ian Lavery, MP：'Solicitors were telling them that if they accepted a public order offence they would avoid going to gaol', cited in M. Townsend, 'Criminal records of striking miners "should be Erased"', *The Observer*, 1 December 2012。独立警察投诉委员会（IPCC）正在对该事件进行调查。
② 英国广播电视公司的电影采取换位移项方式记录了该事件，表明矿工先向警察投掷石块，而没有采取其他方式来如实报道事实。它直到1991年才发表道歉，承认这部电影曾被"无意中换位"拍摄。
③ M. Mansfield, *Memoirs of a Radical Lawyer*, (2009) London：Bloomsbury Press.

出:"南约克郡警方奉行的伪造证据而不受惩罚的文化在欧格里夫案庭审之后并没有发生任何变化,它允许在五年之后出现的希尔斯堡惨案中继续使用此类证据。"① 随后,王室法律顾问马克·乔治在仔细研究警方的陈述材料后揭露,有"几十起"案件可表明警官们使用了完全一样的短语,意味着警方存在普遍勾结串通的现象。② 乔治先生认为:"你根本无法获得它们(警方)以此方式制作的陈述材料——涉及由不同警察局的警官参与的不同逮捕案件——假如没有某种程度的勾结串通,你根本就无法发现警方的这些陈述材料之间具有如此高度的相似性。"

六、城市骚乱事件

在2011年8月6日至10日期间,英国经历了史上最为肆虐的街头骚乱之一,这令人回想起在30多年前,于1981年发生在布里克斯顿(Brixton)、伦敦、曼彻斯特的莫斯城区(Moss Side)和利物浦的托克斯泰斯(Toxteth)等地的骚乱事件。2011年8月4日(星期四),马克·达根在托特汉姆遭到一名警官(代号为V53)的致命枪击。③ 这导致伦敦地区突然发生了公众抗议活动,后来又引发了大规模的公众骚乱事件,并且又陆续蔓延到了英国伦敦、曼彻斯特、利

---

① D. Conn, 'Hillsborough investigation should be extended to Orgreave, says NUM leader', *The Guardian*, 21 October 2012.
② *BBC News*, 22 October 2012.
③ 在截至2010年9月的15年之中,英格兰和威尔士的55名警官曾经开枪并且打死了33名民众,但只在两起案件中公布了涉案警官的姓名。参见:C. Leake, M. Delgado and G. Arbuthnott, 'Police have shot dead 33 people since 1995—only two marksmen have ever been named', *Mail Online*, 26 September 2010.

物浦、伯明翰等其他几大城市。① 在此期间，有五人死于骚乱。各地普遍经历了重大抢劫、盗窃、纵火、对抗警方的暴力行动和刑事损毁（criminal damage）等事件，接近1.5万人积极参与其中。② 于是，法院对此作出迅速反应：到2012年8月为止，大约有2138人已被定罪并被判刑。③

于是，社区长期存在的冤情——加上马克·达根含糊不清的死亡情形④——在枪击事件后作为点燃最初混乱的导火索持续了两天的时间。⑤ 虽然对于这些骚乱的前前后后⑥以及可能引起事件的原因已在其他地方有所记录，但我们在这里关心的是随后的法律后果

---

① 值得注意的是，警方导致的这起致命枪击案，即使其枪击行为属于错误或非法，一般也不会导致市民骚乱（civil disorder）。但这也许表明，假如出现此类骚乱，它一定可表明警方与社区之间的紧张关系存在明显的关联性。
② D. Singh, S. Marcus, H. Rabbatts and M. Sherlock, *After the Riots—the Final Report of the Riots Communities and Victims Panel*, March 2012.
③ 同上。
④ 参见本书第二章。此后，这一含糊不清的情形继续存在。因此，一名警官（代号为W70）于2013年10月23日在接受有关马克·达根死因的问询时提供证据表明，自己在发现能显示出手枪的"形状"之前，看见马克·达根的手伸向腰间。虽然在三天后的书面陈述材料中称自己看见死者的手中拿着一把枪，但是这名代号为W70的警官在2011年8月发生枪杀事件数小时之后所做的书面说明中并没有提及枪的问题。当他被要求对此前后不一致的陈述进行解释时，称律师告诉自己不要在情况说明中提及死者拿枪这一细节。
⑤ 在这段时间内，警方及独立警察投诉委员会犯下了一系列的错误。假如没有这些错误，骚乱可能就不会发生。参见：L. Bridges, 'Four days in August: the UK riots', (2012) *Race & Class*, 54(1):1.
⑥ 尤其参见：同上。又可参见：*Guardian/LSE, Reading the Riots: Investigating England's Summer of Disorder*, (2011) London: Guardian/LSE; D. Singh, S. Marcus, H. Rabbatts and M. Sherlock, *After the Riots—the Final Report of the Riots Communities and Victims Panel*, March 2012. 一些黑人和少数族裔社区（Black and minority ethnic community BME）居民不仅因为被警方拦截和搜查而且包括在警方羁押期间死亡的情形（自1990年以来大约有200人），以及在这些事件中缺乏警察问责制等问题而燃起了愤怒之火。有关统计数据，请参见：INQUEST。

问题。尽管如此,事件的"原因"与"结果"之间的关系对于我们理解法官对与骚乱有关的被告人所采取的严苛态度依然至关重要。

最初,英国司法大臣在社会骚乱期间一直保持"警戒"(on-watch)状态,他迅速地为以下事件找到了合理的借口:不符合政府财政紧缩措施的行动、社区对警方导致其深感沮丧和愤怒的做法、①国家与托特纳姆(Tottenham)的个人之间在总体上缺少合法性的关系②和骚

---

① 参见:L. Bridges, 'Four days in August: the UK riots', (2012) *Race & Class*, 54 (1):1。布里奇斯举例指出,报告统计数据显示,在到 2011 年 6 月底的三个月内,警方在哈林盖(Haringey)行政区内先后拦截并搜查了 6894 人,但最后被逮捕并且被定罪的仅有 87 人(1.2%)。英国《卫报》与伦敦经济学院(LSE)的调查报告《解读暴乱》发现,全国各地普遍抱怨受到警方和不公正目标的骚扰。参见:*Guardian*/LSE, *Reading the Riots: Investigating England's Summer of Disorder*, (2011) London: *Guardian*/LSE, Chapter 5。又可参见:HM Inspectorate of Constabulary(HMIC), *Stop and Search Powers: Are the Police Using Them Effectively and Fairly*? 9 July 2013; Equalities and Human Rights Commission(EHRC), *Race Disproportionality in Stops and Searches under Section 60 of the Criminal Justice and Public Order Act*, 1994, (2012) available at: http://www.equalityhumanrights.com/uploaded_files/research/bp_5_final.pdf。女王陛下警督(HM Inspectorate of Constabulary)根据英国在过去五十年中大量的研究,花费了很长的时间来确认社会各界的担忧(可详见本书第二章之后的内容)。其次,《平等与人权委员会的报告(2012)》(Equality and Human Rights Commission, ECHR)显示,除了根据《反恐怖主义法》之外,警方拦截黑人的可能性总体上是白人的 6 倍,但发生此类行为的可能性在某些地区的概率更高,例如在泰晤士河谷是 10.4 倍,西米德兰兹郡则是 29 倍。另外,还可以参见夏纳对警方根据 1994 年的《刑事司法与公共秩序法》第 60 条进行拦截与搜查的相关证据所进行的详细分析:M. Shiner, *Report on the Use of Section 60 of the Criminal Justice and Public Order Act 1994 by the Police*, February 2012, available at: http://www.stop-watch.org/uploads/documents/Shiner_expertwitnessstatement_s60.pdf。这包括警方大量地使用拦截与搜查的权力,不成比例地针对黑人和亚裔社区的成员的行为。

② 之前在 1985 年发生骚乱的场景,也是继警方采取行动之后导致辛西娅·贾勒特(Cynthia Jarrett)死亡及其在有大量少数族裔人口的地区一直实施拦截、搜查和其他侵扰性的权力等原因所引起的。据悉,辛西娅·贾勒特在警方采取搜查行动时被推倒在地板上,后死于脑中风。

第一章　刑事司法：制度、程序与合法性

乱波及其他城市地区等。① 其方式为，无缘无故地把责备的对象对准那些"来自野蛮的社会下层阶级（feral underclass）的骚乱者中的中坚分子（hardcore）"，"他们事实上全部是大家都知道的罪犯。"②

正如鲍尔和德鲁里所指出的那样，时任大法官与司法大臣肯尼斯·克拉克（Kenneth Clarke）使用术语"中坚分子"一词所表达的观念是，"即使'已知的罪犯'并没有构成涉案人员的大多数，但他们对于所发生的事件极具推动作用。"③然而，上诉法院在随后审理的女王诉布莱克肖（R v Blackshaw）一案中基本上采纳了克拉克有关"中坚分子"的误导性主张。法院在该判决中回避使用任何有意义的方式来审查每一位上诉人的具体情形；相反，它依靠聚合方式，有效地保持所有事项与其他司法机构相关意见的一致性。在女王诉布莱克肖一案中，尽管法院因为警方虚假处理案件而减轻了其他三人的刑期，但两名在脸书上试图煽动一场暴动的男子提起的上诉依然被驳回，因为五人之中有些人被判决盗窃罪名成立。

法院拒绝孤立地理解这些行为，而是倾向于采取措辞上强有力，但不太清晰的术语"对公众的保护"和"司法利益"等词来表达其分析意见以及最终的判决结果，从而将被告人置于"快速司法审判"

---

① 这些行动最初主要针对警方；但随后发生了构成一般抢劫及刑事毁坏等重要犯罪因素的行为。
② 参见：K. Clarke, 'Punish the feral rioters but address our social deficit too', *The Guardian*, 5 September 2011（正文中有表示强调的文字）。正如布里奇斯所指出的那样，鉴于警方在通过闭路电视图像后续的分析中确定了许多被告人的身份，被捕者中肯定远远超出了那些因先前罪行属于"警方已知的"犯罪嫌疑人的比例。参见：L. Bridges, 'Four days in August: the UK riots', (2012) *Race & Class*, 54(1):1.
③ R. Ball and J. Drury, 'Representing the riots: the (mis)use of statistics to sustain ideological explanation', (2012) *Riotstats*, 106, p.8.

(speedy administration of justice)这一惩罚性后果之中。① 它采取的这种方式,可使自身免于对案件根本原因和动机进行更细致周到分析的任务,包括警民关系等。

人们需要铭记在心的是,单就骚乱的实质性损失一项所涉及的费用就估计在5亿英镑以上。② 这可能会被认为,确定各种不同的原因是"保护公众"的一项重要措施。李和霍尔斯沃思这样评论道:③

> ……如果说以前的动乱有针对就业岗位这一特定目标诉求……那么在去年夏天发生的暴乱则具有扩散性,滋生出那些被剥夺了财产的群体对于无法满足其诉求的一种扩散性体制的强烈愤慨,但又无望看到有替代性方案的情形。这就是他们比任何以往暴乱更严肃的原因。

相反,媒体关于"疯狂宣判"(frenzied sentencing)这一描述所反映出的信息缺乏对量刑原则的适当分析,它可能反映出个人犯罪行为(criminality)的实际水平,轻易地抛弃了对"野蛮的下层阶级"的直接管理以及操控舆论等事实。④ 因此,一个明显的特点就是,法院以惊人的速度迅速处理了大量的被告人,而且有威慑力地"提升"了量刑的尺度。

---

① *R v Blackshaw* [2011], at para.141.
② D. Singh, S. Marcus, H. Rabbatts and M. Sherlock, *After the Riots—the Final Report of the Riots Communities and Victims Panel*, March 2012.
③ J. Lea and S. Hallsworth, 'Understanding the riots', (2012) *Criminal Justice Matters*, 87(1):30, p.32.
④ *BBC News*, 'Riot sentence "feeding frenzy" claims anger magistrates', *BBC News*, 29 August 2011.

第一章　刑事司法：制度、程序与合法性

警方与控方迅速处理案件的策略之一就是避开暴乱所带来的障碍，至少是从法律意义上来讲。它们没有采用与暴乱相关的实质性罪名来指控犯罪嫌疑人，因为这会给控方带来严格的举证责任要求，包括有必要证明这些非法的暴力行为具有共同的目的等事项。司法部的统计数据显示，控方移送到法院审理的那些被告人被指控的大多数罪行涉及不诚实罪名：夜盗（burglary）（38%）、暴力骚乱（27%）、盗窃（13%）、抢劫（2%）及刑事毁坏（criminal damage）（2%）。①

为了进一步实现以更快的速度来处理案件的目标，有些治安法院的工作时间一直被延长到深夜。例如，位于中伦敦地区的两家治安法院采取了史无前例的措施，将自己变为夜间法庭，以便解决案件逐渐积压的问题。

由于工作时间的延长，这些审理案件的"治安法院"从字面上讲，"不分白天黑夜地都在处理案件"。②辩方律师声称，"[控方]在每一起案件中都反对被告人的保释申请，认为被告人在各种情形下都会进一步实施犯罪，无法按时参加庭审并且会干扰司法程序。"③当然，就形式法律理性而言，[法庭]不应仅仅因为对犯罪嫌疑人会进一步实施犯罪行为的普遍担心而拒绝其保释请求；相反，保释决定应基于当事人的特定情形。虽然我们没有精确的统计数据，但执业人员（辩

---

① 参见：Ministry of Justice (MoJ), *Statistical Bulletin on the Public Disorder of 6th to 9th August 2011*, London: Ministry of Justice, at p.4. 当然，也有一些指控针对那些涉及社交网站来煽动事件的著名案件。
② *R v Blackshaw* [2011], at para.141.
③ J. Young, 'Ours was a thankless task', *Law Society Gazette*, 3 November 2011. 对于某一律师事务所辩护律师的严厉批判[*R v Ellis* (Alexander Tyrone) 2013]，上诉法院表示该律师应"遭到公众的谴责"。

护律师)报告指出,被告人几乎一成不变地遭到羁押候审。① 无论如何,大量的[案件审理]工作经过法院,导致资源贫乏的辩方律师声称,"[他们]在凌晨根本无法有效地应付控方的此类反对意见。"② 然而,它不仅仅涉及案件的处理速度,而且也涉及制裁的严重程度,这就是英国现有的犯罪控制法的一个显著特点。

曾有媒体报道称,在坎伯韦尔格林治安法院(Camberwell Green Magistrates' Court)参与审理案件的一名非专业法官(lay bench)指出,有关机构已经发出某项"政府指令",要求监禁所有参与暴乱的罪犯,这增加了人们对英国自诩独立的司法制度的担忧。作为回应,法院司法事务办公室(Judicial Office)被迫出面否认曾经向法官们发放过此类指令,尽管法院的高级别书记员已向书记员传达了应告知治安法官可考虑忽视正常《量刑指南》(Sentencing Guidelines)的指示。③ 事实上,一名曾在坎伯韦尔格林法院负责对被告人量刑的法官清楚地表示法庭存在此类议程并指出,"威慑性的量刑后果向此类犯罪发出了一个非常明确的信号。"④

在研究表明一般威慑性量刑缺乏有效性的证据表象之下,⑤ 警

---

① S. Kalsi, 'August riots—the legal aftermath', 3 October 2011, available at: http://www.law.ac.uk/august-riots/.

② J. Young, 'Ours was a thankless task', *Law Society Gazette*, 3 November 2011.

③ O. Bowcott and S. Bates, 'Riots: magistrates advised to "disregard normal sentencing"', *The Guardian*, 15 August 2011.

④ N. Lakhani, 'Night the row about riot sentencing was reignited', *The Independent*, 16 June 2012.

⑤ A. Von Hirsch, A. Bottoms, E. Burney and P-O. Wikstrom, *Criminal Deterrence and Sentence Severity: An Analysis of Recent Research*, (1999) Oxford: Hart Publishing; A. Doob and C. Webster, 'Sentence severity and crime: accepting the null hypothesis', in M. Tonry (ed.), *Crime and Justice: A Review of Research*, Vol. 30, (2003) Chicago: University of Chicago Press.

方与法院仍然强烈地认为,[英国]正在运转的刑事司法制度的可预见性会减少盲目模仿(copycat)参与骚乱和消耗战的比率。①

最引人注目的是,政府通过提供自我服务的"透明度"实现了这一点。司法部似乎也采取了一项前所未有的措施,指示全国范围内的治安法院详细提供所有与骚乱相关的案件审理结果等信息。为了巩固这一策略,司法部与内政部(Home Office)协同努力,发布了到达法院阶段的案件及其通过刑事司法制度所取得进展的统计数据。② 例如,司法部在2011年10月发布了截止到当年10月12日所有案件的分析结果,③随后又进一步更新到截至2012年2月1日之前的案件分析信息。④

内政部开展的研究发现,在十个警区内有超过4000起案件、涉及5112名个人因涉嫌相关骚乱的罪行而被逮捕。其中,此类逮捕记录最多的是伦敦大都会警区,占全部逮捕人数的68%(3461人),随后是大曼彻斯特郡警区(11%、581人)、西米德兰兹郡警区(10%、495人)和默西塞德郡警区(4%、195人)。

民愤在广泛传播的政治和媒体谴责的推波助澜之下愈演愈烈:⑤除了5名平民的死亡之外,还有超过200名警察在对付暴乱者

---

① Metropolitan Police Service, *Strategic Review into the Disorders of August 2011—Final Report*, (2012) London.
② 其他非政府的统计信息源自全国社会研究中心(National Centre for Social Research)等组织。
③ Ministry of Justice (MoJ), *Judicial and Court Statistics 2010*, 30 June 2011 (revised July 2011), London: Ministry of Justice.
④ Ministry of Justice (MoJ), *Statistical Bulletin on the Public Disorder of 6th to 9th August 2011—February 2012 Update*, (2012) London: Ministry of Justice.
⑤ 暴力、抢劫和破坏的行为会遭到人们的反对,但是政客们概括描绘的术语往往信息不全,而且极具煽动性。参见:L. Bridges, 'Four days in August: the UK riots', (2012) *Race & Class*, 54(1):1.

的过程中受伤;歹徒(miscreant)的各种违法行为共导致1649起夜盗案件、141起骚乱事件、366起侵犯人身的暴力事件,以及接近2000起刑事损毁与纵火事件。①

这些提供给各级法院的统计数字更容易产生这样一种印象:法院"被迫"处理几乎是前所未有的一波涉及暴力、盗窃以及社会治安的案件。这就是本次骚乱的整体规模。因此,在审理女王诉布莱克肖一案时,英格兰和威尔士的首席大法官(Lord Chief Justice of England and Wales)指出:"在我们的社会中,有体面的成员都意识到,相当多的人在[本次]暴乱中受到了严重的惊吓。"②

"量刑法院在确保保护公众利益方面……有绝对的义务去做自己力所能及之事。"国家对于法院的这一强制性要求,③在促使法官搁置官方的量刑指引方面发挥了非常重要的合法化作用;他们可对被告人处以更重的刑罚,但能免除其个性化的量刑所需的烦琐程序。米切尔对此作出回应时认为,"事实上,如果累积计算,本次骚乱事件在全国各地所造成的损失金额相当大,在对罪犯个人量刑时优先考虑保护公共利益的做法,自身并不是一个很好的理由。"④

显而易见,法官们感觉到身后有公众的广泛支持,他们通过行使其偏离量刑委员会(Sentencing Council)指引的自由酌量权,更容易处理那些被牵连进城市骚乱的被告人。其理由是,如果按照这些量刑指引的意见,就会违背"司法公正"(Interest of Justice)。在这一

---

① Home Office, *An Overview of Recorded Crimes and Arrests Resulting from Disorder Events in August 2011*, October 2011.

② *R v Blackshaw* [2011], at para.1.

③ 参见:同上,第4段,依据大法官的判决意见。

④ B. Mitchell, 'Sentencing riot-related offending: considering Blackshaw and others', (2011) *Archbold Review*, 10:4, p.5.

点上,罗伯茨观察到:"假如在暴乱背景下对被告人量刑时刑期加重的程度适中,人们就几乎没有必要考虑法院如何来增强量刑的严重程度。"① 然而,假如量刑增加的幅度相当高,那么原则性极强的量刑后果很可能会产生更大的影响。

英国政府自身在这一方面开展的研究显示,应亟需出台有原则的量刑规范(principled sentencing)。司法部对截至 2012 年 2 月的数据分析评估表明,"可增加量刑的事实与情形选项"(sentencing enhance-menu)来对城市骚乱作出回应。② 如果对比下级法院在 2011 年骚乱之后审理的案件与 2010 年类似犯罪案件之间的量刑信息,我们就会发现两者之间存在着惊人的加重趋势。以夜盗罪为例,此类案件的犯罪嫌疑人被立即羁押的比例从 23% 上升到 42%,而对"暴动相关"的盗窃案刑期的上升程度更是令人印象深刻,从 2% 上升到 41%。假如我们从总体数字上来看,这一比例从 12% 上升到 37%。换句话说,它比 2010 年的水准要高三倍之多。同样,犯罪嫌疑人或被告人被羁押期限也增加了两倍。③

事实上,假如我们对那些被治安法院裁定罪名成立的庭审案件数据详查细审,就会发现在刑事法院接受量刑的被告人的案件,其后

---

① B. Mitchell, 'Sentencing riot-related offending: considering Blackshaw and others', (2011) *Archbold Review*, 10:4, p.5.

② 参见:Ministry of Justice (MoJ), *Statistical Bulletin on the Public Disorder of 6th to 9th August 2011—February 2012 Update*, (2012) London: Ministry of Justice, Tables 4 and 6。

③ J. Roberts, 'Points of departure: reflections on sentencing outside the definitive guidelines ranges', (2012) *Criminal Law Review*, 6:439.类似的情形也出现在英国刑事法院(Crown Court)这一层面。在 2010 年至 2011 年之间,被告人被判立即监禁的比例增长了近三倍(从 33% 上升到 85%)。而被告人在下级法院被判处监禁的期限也增加了一倍(50%),有些犯罪(例如刑事损坏罪)的刑期则增加了 1.1 倍。

续的相关数据显示出鲜明的对比:超过 1400 名被告人被判立即监禁,其平均刑期与 2010 年的相比增加了四倍之多,在 2011 年骚乱之后审理的案件的被告人刑期平均为 17.1 个月,而在 2010 年的类似案件则为 3.7 个月。[1] 有很多案例表明,传统上属于不太严重的罪行也会被法院加重量刑;但这在法官们看来,都是为了用来威慑他人不再从事类似的犯罪活动。我们这里有好几个案例:一名 23 岁的大学生因从伦敦南部一家被抢劫的超市中盗窃了一瓶价值 3.5 英镑的瓶装水而被地区法院的法官判决入狱 6 个月;另一名 19 岁的学生因盗窃了两只在店外的左脚运动训练鞋而被判处入狱 10 个月;还有一名 24 岁的被告人因在大街上发现并窃取他人抢劫后丢弃的一瓶酒与糖果的混合袋而被判入狱 20 周。[2]

在缺乏特定的指导方向而非《量刑指引》的情况下,曼彻斯特刑事法院的法官(Recorder)[3]、王室法律顾问吉尔巴特(HHJ Gilbart QC)领衔审理了第一起暴力案件——女王诉卡特等人案。[4] 他对英国 2011 年 8 月发生的暴动案件设置了非官方的量刑指引。全国各地的其他法官迅速地接受了他对"暴动的背景极大地加剧了每一起案件犯罪性质的严重性",因此可相应地允许偏离量刑指引的评论意

---

[1] D. Singh, S. Marcus, H. Rabbatts and M. Sherlock, *After the Riots—the Final Report of the Riots Communities and Victims Panel*, March 2012. 该数据也考虑了被告人作出认罪答辩时可获"折扣的"刑期。

[2] 又可参见:*Suleimanov* [2013]。该案的被告人没有参与暴乱,但是承认盗窃了一瓶水,最终被判处有期徒刑 15 个月。

[3] "Recorder"也可指具有治安法官或违警法院法官刑事管辖权的都市法院法官。——译者注

[4] *R v Carter & Others* (Sentencing Remarks) [2011] (16 August 2011).

见。① 吉尔巴特法官在审判后对被告人定罪量刑的起点相当高:"任何于8月9日晚上在曼彻斯特和索尔福德(Salford)参与暴乱事件的成年犯必须预料到自己会在相当长的一段时间内失去自由。"他认为增加量刑的幅度范围具有正当性:"这些都将会发出一个明确、毫不含糊的信息……,我坚信会威慑和阻止其他人在将来参与此类行为。"②

审判法官在代表法院对女王诉布莱克肖一案中的被告人进行量刑时,完全支持吉尔巴特大法官的意见,特别是骚乱的性质将其罪行"完全置于普通犯罪行为的背景之外"。然而,这位法官重申了上诉法院的重要地位,并未理会下级刑事法院提出的量刑范围,认为"刑事法庭的法官发布或者似乎在发布判刑指引的做法并不适宜"。虽然审判法官自己拒绝对量刑起点提出任何修订意见,但是这一判决反映出英国在"危机"时刻超出明确的量刑指引要求之外的司法实践。此外,上诉法院在考虑对罪犯的各项判决时,也有机会评论犯罪本身与整体骚乱之间的关系。

首先,我们注意到,人们对可能导致一场大规模暴乱出现的犯罪行为在原则上值得法院加重刑罚的观点尚存争议。然而,这并不是说因人而异的量刑方式不值得重视,尽管法院作出了相反的努力。罗伯茨指出:"这种背离[对抗式制度]的决定应当在单个层面上予以考虑,并不是所有在公共秩序混乱时期发生的犯罪行为都有必要并

---

① 例如参见大法官查普尔(HHJ Chapple)对发生在伦敦(内伦敦地区刑事法院)(Inner London Crown Court)审理的首例暴乱案的量刑评论:*R v Alagago & Ors* (25 August 2011)。又可参见对以下案件的量刑评论:*R. v Twemlow & Ors* [2011]。
② *R v Carter & Others* [2011], at 11.

且总是超出现有量刑准则的范围之外。"①在对待这些骚乱案件时，法院有明显的区别对待的量刑需要，因为上述相关研究充分表明，参与的人群多种多样，而且有不同的诱因和动机。

阿什沃思令人信服地辩称，法院在女王诉布莱克肖案的判决有重大缺陷，因其未能通过参照可适用的法律、相关的指引或表明充分的理由等方式证明自己对这些上诉案件所做结论的合理性。② 正如我们之前所表明的那样，审理该案的法官大人在判决书中只字未提该案适当的量刑起点。此外，在女王诉布莱克肖一案中所涉及的十起案件中，有三起案件被告人的量刑（被处理的罪行）被减少了一半，但法院却没有说明相关刑期的计算方法。因此，阿什沃思这样评论道："如果缺少恰当的合理理由，法院为解决问题而超出某项指引规定之外的做法，并不应意味着它会完全陷入一种非结构化的境地。"③

就个人的有罪性、社会经济劣势、地位边缘化和负面的警民关系的紧张程度而言，无论骚乱事件代表的是哪一种因素，但从法院刻意避免的问题以及试图惩罚那些极坏的被捕者的量刑实践来看，这可以反映出法院寻求合法地使用聚合式司法正义而非个人正义的一种示范案例。法院通过关注那些对公共骚乱不太清楚的表述及其界定的情节严重性，来掩饰自己不知羞耻地忽视各种从轻情节的倾向性。

---

① J. Roberts, 'Points of departure: reflections on sentencing outside the definitive guidelines ranges', (2012) *Criminal Law Review*, 6:439, at p.440.
② A. Ashworth, 'Departures from the sentencing guidelines', (2012) *Criminal Law Review*, 2:81.
③ 同上注，第95页。

七、"正常"案件:法院的反应

法院对其视为"非正常"案件的反应说明了合法性问题必须摆脱形式法律理性的原因。虽然在这些情形下所依赖的诸多规定和程序可以(与较为勉强的解释一起)纳入现行的法律秩序之中,但此类常规性的偏差属于符合其规律性的特点。① 正如布里奇斯所指出的那样,假如人们认为形式法律理性在司法制度中从来没有存在的必要性,那么治安法院净化此类偏离制度行为的做法则非常容易实现。② 此外,尽管法院的判决可以使警方的某些行动合法化,但确保法律的净化并非主要通过依赖形式法律理性来实现。相反,它以群体为基础来贬低受审被告人的特性等方式,经常通过媒体以去个体化的形式将这些人归于某种负面的社会类别,例如"乞丐"、"暴徒"、"歹徒"、"流氓"、"暴民"等,并辅助以政客和媒体之间存在一致意见的假象。在此情形下,所谓的"(各项)权利"被证明具有纯粹的象征性意义,其价值并不是为个人而存在,而是为了制度的结构合法性。

然而,法院在社会出现"危机"时努力使被告人待遇合法化的行动会出现一个问题:这种做法在"正常"状态下,也就是"非危机"的情形下是否可以适用? 如果可以,法院如何寻求其行为的合理化? 这

---

① 虽然巴尔巴斯在其理论模式中对此认可甚少,但其实证研究著作却披露出类似的结果。参见:I. Balbus, *The Dialectics of Legal Repression*, (1973) New York: Russell Sage。佩特拉·沙塔克(Petra Shattuck)指出,巴尔巴斯并不完全认可整体偏离这些概括了如此之多的法律与司法实践特征的"规范"的做法(从而在无意中强化了盲目的司法公正形象和理想化的司法制度)。参见:P. Shattuck, 'Law as politics', (October 1974) *Comparative Politics*, 7(1): 127。

② L. Bridges, 'The Dialectics of Legal Repression', (1975) *Race and Class*, 17:83.

一问题会直接关系到国家诱导的被告人认罪答辩的形式问题,因为它在很大程度上会涉及取代这样一种制度:审判被认为是最理想的法律理性模式,而国家官员在非审判的程序中不再被宣称为中立的当事人。

在国家诱导的被告人认罪答辩实践中,法律不要求控方必须出示可采纳的、有说服力的证据来证明其案件,对"证据"的要求也没有多少限制,也不需要有证人[出庭]作证;① 不存在独立的事实裁判机构,没有应该运行的既定程序(或者说,没有法官和执业人员似乎可以遵循的程序);没有公开审判或者没有其他独立的法庭来裁决案件。随着国家在某些地区出现的"财政危机",政府公开推进案件的非诉解决机制。作为具有正义和理性外观的国家机构,法院的反应方式相应地就涉及属于法律利益与社会利益的事项。

八、国家诱导的被告人认罪答辩及本书章节安排②

我们在本书的主要关注点是英格兰和威尔士的法院在参与完成国家诱导的认罪答辩这一要求的同时,如何努力地对其自身合法性所作出的反应。与此同时,我们选择苏格兰作为一种有益的比较对象。尽管其刑事司法制度主要是对抗式,大多数的犯罪都属于普通法规定

---

① 实际上,控方可能连一名证人都没有。
② 关于审判与被告人认罪答辩的选择之间所涉伦理问题的充分探讨,参见:R. Lippke, *The Ethics of Plea Bargaining*, (2011) Oxford: Oxford University Press。又可参见:L. Bridges, 'The ethics of representation on guilty pleas', (2006) *Legal Ethics*, 9(1):80。

的罪行,①但其在传统上对国家诱导的被告人认罪答辩的观点持反对态度,然后它以一种可解决暗含的原则和价值观的方式,②采取了一条独立的发展道路。虽然如此,而且由于不同的原因,英格兰和威尔士这两个法域正在受到国家诱导的被告人认罪答辩实践的控制。

我们在本书第二章中将仔细讨论据称是构成英格兰和威尔士的刑事司法基础,以及保障传统对抗制的"权利"与"原则"在非危机的情况下是否依然盛行的问题。在第三章中,我们将研究在英格兰和威尔士公共领域出现的国家诱导的被告人认罪答辩的相关因素,以及法院在女王诉特纳(*R v Turner*)案中所作的回应。我们在第四章会继续跟踪特纳案中所包含的深层次信息,讨论罗宾·奥尔德大法官③ 2001年颇有影响的调查报告④,在寻求成本高效地处理刑事案件时,特纳案如何浮出水面,如何使之具有合法性和合理性。接下来,我们会仔细研究代表国家的参与者及各机构(第五章)与辩方律师及其机构(第六章)可以降低人们关切国家诱导的被告人认罪答辩的程度。第七章主要关注苏格兰的认罪协商实践,以及法院为使该做法合理化所做的努力。第八章则揭示出法院采取国家诱导的被告人认罪答辩程序,以及使之合法化所带来的法律与社会影响。

---

① 有关详细讨论,可参见:F. Leverick, 'Plea and confession bargaining in Scotland', *Electronic Journal of Comparative Law*, 10(3) December 2006, available at: http://www.ejcl.org/103/art103-8.pdf.
② 继法官在斯特劳霍恩诉麦克劳德(*Strawhorn v McLeod* [1987])一案中不批准量刑折扣之后,人们"对于苏格兰的量刑折扣做法就有点反感"。参见:同上。这种量刑折扣在20世纪80年代中期到90年代中期属于非正式的做法。
③ 假如为了方便起见,从现在开始只提及大法官罗宾(Robin)爵士的姓,但我们并无任何不敬之意。
④ Sir Robin Auld, *Review of the Criminal Courts of England and Wales*, (2001) London: Lord Chancellor's Department.

第二章 协助警方的调查

一、概述

正如我们在本书第一章中所看到的,英国的法院在社会危机时期——无论是实际发生的社会危机,还是人为制造的社会危机——有一种忽视对抗式审判传统的倾向。我们在本章主要研究那些用来保障对抗式司法制度的"权利"与"原则"在非危机的情形下是否依然盛行的问题。当然,我们期待个人权利的确能够占据主流地位,因为法官们已经通过"法治"、"无罪推定"、"沉默权"和"未经逮捕不得羁押个人"等原则培育了"形式法律理性"(法律形式主义 legal formalism)的存在。

我们认为,理想化的审判模式和特有的"权利(保护)"曾经被称为"英国的传统",它可追溯到戴西[1]和布莱克斯通[2]甚至一直到大宪章(Magna Carta)时期。然而,这一传统事实上并不存在,或者

---

[1] A. V. Dicey, *Introduction to the Study of the Law of the Constitution*, 1st edn, (1885) Macmillan.

[2] W. Blackstone, *Commentaries on the Laws of England*, Vol.1 (1765).

第二章 协助警方的调查

说,在官方的要求①和参与民粹主义"法律与秩序"运动的政客们的协助及教唆下,法官们已经废除了这一传统。从根本上讲,虽然他们忠诚地支持个人所享有的权利并且维护这些权利,但在面临已知的警方违法行为时却几乎一直是无条件地支持警方。法官们的这一态度在事实上、法律规定上和法律实践中都确定了削弱个人权利保护的语境。

虽然"法律"通过特定的解释来构建个人与国家之间的关系,以提供给所有人分配式的正义(distributive justice)承诺等方式提供了各种合法性的外衣,但它在现实生活中对于公民来讲,只能证实其欺骗性和柔弱性;而对于警方来说,则可证明自己行为的合法性与能动性。② 此外,法律在刑事司法中经常会静悄悄地涌现,但它并非对抗式法庭诉讼程序的自然产物,没有足以自豪的"血统"来掩护其非法的社会控制功能。法律不仅赋予警方广泛的自由裁量权,通常对后者的违法行为视而不见,而且法官们制定的判例法(judge-made law)以及相关的立法规定在经过精心包装设计后,据说可与[警方的]非法行为达成默契,甚至成为掩盖此类行为的"帮凶"。

与此同时,官方的话语构建了合法性的新形式,以保护或恢复公众对司法制度的信任,③这也是政治合法性的基础。虽然司法判决

---

① 反过来,这些官方要求需要凭借之前的司法行动。

② M. Feeley, 'The concept of laws in social science: a critique and notes on an expanded view', (1976) *Law and Society Review*, 10:497; D. McBarnet, *Conviction: Law, the State and the Construction of Justice*, 2nd edn, (1983) London: Macmillan; M. McConville, A. Sanders and R. Leng, *The Case for the Prosecution*, (1991) London: Routledge.

③ F. Burton and P. Carlen, *Official Discourse: On Discourse Analysis, Government Publications, Ideology and the State*, (1979) London: Routledge and Kegan Paul.

有时会拒绝接受某些可引起较大争执的建议,①但它与一种深深植根于警方执法实践之中的意识形态相冲突,而新的正当性话语则必须被用来解释这种执法实践。在此情形下,正如以下各节内容所表明的那样,法院有必要维护其自相矛盾的立场:它提倡"法治"及其价值观与各种相关原则,同时又被迫在每一次追求维护"社会秩序"的场合中对这些"法治"、价值观和原则进行暗中破坏。

二、拦截与搜查

就拦截与搜查(stop and search)而言,根据英国19世纪以来的法律规定,②法官们可能需要时刻警惕,预防那些对个人自由造成的不必要侵犯的行为,用大法官宾厄姆的话说,③此乃英国的一项"珍贵传统"。这一观点可谓至理名言,但有研究质疑警方[拦截与搜查]的做法是否具有"合理性"并且不涉及歧视。

例如,相关研究已经表明,警方使用其设立的与阶级、种族、族裔和性别相关的"犯罪貌相"(profile)④或类型(typologies)等标准来

---

① 因此,许多法官都不愿意支持刑法修订委员会提交的极具争议的《第十一份报告(证据,概述,1972)》中包含的建议:法官们在审判中应当更广泛地考虑被告人之前曾被定罪的事实。除了其他人之外,有关反对意见,可参见:388 H. L. Deb., February 1973; Lord Diplock (col. 1648), Lord Gardiner (col. 1577), Lord Salmon (col. 1669) and Lord Widgery (col.1661)。法官们在某些方面也一直不愿意公开支持正在进行的法律援助改革(详见本书第六章)。
② 参见:《流浪者(保护)法》(Vagrancy Act,1824)。其他法规包括:《刑事司法与公共秩序法》(1994)、《刀具(管制)法》(Knives Act,1997)第60条以及《严重罪行(惩治)法》(2007)第87条。
③ Bingham,*Gillan* [2006] at para.1.
④ 反过来,"合理的怀疑"则属于一个弹性概念,几乎可以用来证明任何拦截行为的正当性。

第二章　协助警方的调查

代替其对拦截与搜查的法定要求。这就导致警方与各族群之间①在城市骚乱中的对抗关系，包括 1981 年从布里克斯顿（Brixton）开始，②根据挑衅性命名为"81 沼泽行动"（Operation Swamp 81）而展开的翻天覆地般维护社会治安，以及不分青红皂白地拦截与搜查[公民个人]的行动。③

根据 2000 年《反恐怖主义法》（Terrorism Act 2000）所引入的拦截与搜查的权力，警方在执法时根本不需要有"合理的怀疑"（reasonable suspicion）。因此，法官们在这一方面保持警觉性尤为必要。④ 事实上，警方对这些权力的实施就是一个典型的范例。法官们藉此搁置个人自由原则——就像他们在矿工罢工案中对警方"拦截政策"的态度一样，以此来支持警方行使这些权力。虽然此类实践后来得以废除，但是根据它所涉及的具体原则以及当今存在的类似

---

① 例如，参见：C. Demuth, *Sus: A Report of the Vagrancy Act of 1824*, (1978) London: Runnymede Trust; A. Brogden, 'Sus is dead: What about "SAS"?', (1981) *New Community*, 9:44; M. Kettle and L. Hodges, *Uprising*, (1982) London: Pan Books; P. Scraton, *The State of the Police*, (1985) London: Pluto Press; T. Ward, *Death and Disorder*, (1986) London: Pluto Press; Institute of Race Relations, *Policing Against Black People*, (1987) London: Institute of Race Relations; D. Dixon, A. K. Bottomley, C. A. Coleman, M. Gill and D. Wall, 'Reality and rules in the construction and regulation of police suspicion', (1989) *International Journal of the Sociology of Law*, 17:185。

② Lord Scarman, *The Brixton Disorders*, 10－12th April 1981, London: HMSO.

③ 这是对[原英国首相]玛格丽特·撒切尔在 1978 年的演讲几乎没有多少掩饰的引用（Thinly-coded reference）。她认为有人担心英国可能会被不同文化的民众所"淹没"。

④ 《反恐怖主义法》第 44—47 条，现在已被废止。我们依然可以看到凯普对随后反恐主义立法《自由保护法（2012）》（Protection of Freedoms Act 2012）的评价。参见：E. Cape, 'The counter-terrorism provisions of the Protection of Freedoms Act 2012: preventing misuse or a case of smoke and mirrors?', (2013) *Criminal Law Review*, 5:385。

权力的事实，法官们的作用依然值得我们去仔细研究。①

根据《反恐怖主义法》所赋予的权力，假如公民位于某一特定区域内，而且该拦截已经过一名高级警官的授权，认为"这一权宜之计属于预防恐怖主义行为所需的措施"，警方就可以在毫无合理怀疑的情况下拦截个人。这一印象深刻、松散的最低要求赋予了高级警官广泛的自由裁量权，甚至无须评估该权力的相称性（proportionality）。

正如之前的研究所预示的那样，此类授权一旦获准，警方就很容易凭直觉来行事，而无须怀疑个人是否真正涉嫌犯罪活动或具有犯罪意图。换句话来说，警方会随意地行使这些权力。尽管该权力的行使包含有限制性条件，警方搜查的唯一目的只是为了确定某人是否携带被禁止的物品，但在现实生活中却没有问责机制，导致这些保障措施形同虚设。更为糟糕的是，该授权建立在滚动批准的基础之上，这导致警方从2002年4月至2009年5月之间在整个伦敦地区无差别地使用搜查权。大多数拦截由伦敦大都会警察厅（Metropolitan Police Service，MPS）和英国交通警察署②来实施，它们拦截了一系列不同寻常的目标，包括2331名年龄在15周岁以下的青少年③、一位退休的高级内阁部长和一位王室法律顾问（Queen's counsel）。④

---

① 《刑事司法与公共秩序法》(1994)第60条和《反恐怖主义法》第47条第A款。又可参见：*Miranda v SofS* [2014]。
② Human Rights Watch, *Without Suspicion：Stop and Search Under the Terrorism Act 2000*, (2010) London：Human Rights Watch, at p.11.
③ 同上注，第38—39页。
④ Lord Carlile, *Report on the Operation in 2009 of the Terrorism Act 2000 and of Part I of the Terrorism Act 2006*, (July 2010) London：TSO, at p.177.

丝毫不会令人感到意外的是，警方过度地使用这种权力。英国王室法律顾问、大法官卡莱尔（Lord Carlile QC）作为对恐怖主义立法的法定独立评估人，其撰写的年度报告中记录了警方使用《反恐怖主义法》第 44 条规定的权力的情形：从 2004—2005 年度大约 3.3 万次上升到 2007—2008 年度大约 11.7 万次，但就发现恐怖活动而言只具有极小的成效，"最多是获得少量的反恐情报而已"。①

　　正如人们应当预料到的那样，警方也在非法地使用拦截权力。例如，在 33 次经过授权的拦截中，其有效期为 29 天，另有 2 次为 30 天——而法律规定的最长合法期限为 28 天。在两起案件中，内政大臣（Home Secretary）没有按照法律规定在 48 小时内确认该授权。合理的推论是，警方在拦截和搜查许多人时很可能并没有经过恰当的授权。如果把这一推论放到一边，我们从警方（对白人的）拦截和搜查来实现"在有关第 44 条的权力统计的种族平衡问题"的零星报道中，就可以显而易见地发现警方此类不当行为的严重性。②

　　英格兰的法官们在涉及警方行使第 44 条所规定搜查权的"吉兰诉讼案"中经受了考验。该案涉及警方针对出现在伦敦港区示威活动的两名白人——一名学生（吉兰先生）和一名记者（昆顿女士）——而引起的刑事诉讼。警察拦截吉兰先生和昆顿女士分别达 20 分钟和大约 5 分钟的时间，但是没有从他们身上发现有任何违禁品。

---

① 卡莱尔指出，警方根据《反恐怖主义法》第 44 条规定的搜查权行使的搜查次数在短短两年内上涨近七倍：从 2007 年 4 月底的 3.7 万次到 2009 年 4 月底的 25.6 万多次。根据在最后 12 个月内（从 2009 年 1 月至 12 月）的完整统计数据，警方根据第 44 条的规定拦截的人数超过 14.8 万人，但没有在搜查后成功地检控任何人有关恐怖主义的罪行。参见：Lord Carlile, *Report on the Operation in 2009 of the Terrorism Act 2000 and of Part I of the Terrorism Act 2006*, (July 2010) London: TSO, at p.177。

② 参见：同上注，第 113—114 页。

吉兰先生和昆顿女士对警方的行为提出挑战,其诉求在本质上包括两方面:第一,英国对警方滥用权力的行为所提供的法律保障不够充分。第二,警方的行动违反了《欧洲人权公约》规定的各项权利保护,包括《欧洲人权公约》第5条和第8条保护公民人身自由与安全的规定。

吉兰先生和昆顿女士在国内法院的诉讼中认为,议会当初的本意并非通过《反恐怖主义法》第44—47条的授权来涵盖如此广泛的地域管辖范围,但地区法院完全拒绝接受这一观点。① 虽然该法院更愿意参与到质疑由个别警官行使自由裁量权的交战之中,但法官们采取了"家长式的"管理方法,只是向警方提出后者需要接受培训的建议。于是,该案的原告进一步依赖《欧洲人权公约》第8—11条的规定进行诉讼。在这一方面,法院援引"严重的"恐怖威胁作为侵犯公民这些权利的充分理由。②

法官们在上诉法院仍然采取与"反恐"相关的类似理由来处理此类案件。③ 法院明显绕过了拦截与搜查属于一项特殊权力的事实,将问题指向若干"保障措施"的需要:有必要由一名高级警官进行授权;之后需要由国务大臣(Secretary of State)确认该授权;该授权具有有限的时间期限;要求定期更新该授权;通过"清晰界定的目标"来限制该权力等。④

就该授权有限的持续期限而言,法院明知这一保障措施形同虚设,几乎从一开始就完全改变了原有的性质,变成了"滚动性授权"

---

① Paras. 31–35.
② Para. 62.
③ R (Gillan) v Commissioner of Police of the Metropolis [2004].
④ Paras. 8 and 30.

（rolling authorisation）。① 同样，尽管限制警方只在涉及"与恐怖主义相关的"物品时方可搜查民众的做法仍然问题多多，一审法院自身描述《反恐怖主义法》第 44 条（拦截与搜查）的规定属于随意的程序，②但上诉法院对此仍然采取不屑一顾的态度。法院对挑战个别警员自由裁量权的案件也是充满敌意，它基于若干理由驳回了公民个人依据《欧洲人权公约》提起的不少诉讼案件。这中间有很多是复制英国国会上议院的做法（见下文）。

在上议院的一致决定中，宾厄姆大法官所作出的最重要的判决反映出，法院几乎完全不愿意用有意义的制衡机制来妨碍警方的工作。例如，他不恰当地依据《警察与刑事证据法实施准则（甲）》（Code A）的规定作为保障，而该准则规定，警方的相关权力只能用来搜查与恐怖主义行动相关的物品。③ 我们之所以认为这一依据具有不当性，是因为该权力的幅度过大，很可能会导致警方滥用权力。人们从法院（包括卡莱尔大法官的报告）可获得的统计数据中能够清晰地发现，警方正在不恰当地使用该权力。④

---

① 参见：J. Ip, 'The reform of counterterrorism stop and search after *Gillan v. United Kingdom*', (2013) *Human Rights Law Review*, 13(1):1. 吴(Ip)强调人权观察组织的研究结果：重复的授权抱怨直到 2009 年为止就已有超过 90 起不断授权和确认的情形。参见：Human Rights Watch, *Without Suspicion: Stop and Search Under the Terrorism Act 2000*, (2010) London: Human Rights Watch, at p.21.
② Para. 51.
③ 《警察与刑事证据法实施准则（甲）》(PACE Code of Practice 'A')的确强调，必须公平、负责任地行使这些权力，尊重公民并且不得有非法的歧视。但它也指出，此类怀疑"有时可存在于没有具体信息或情报以及基于某人行为的情形……怀疑某人为恐怖分子的原因可能是该人出现在已被列为恐怖分子潜在目标的地域内或附近的行为"（第 2 段第 3 小段）。
④ 又可参见：D. Anderson, *Report on the Operation in 2010 of the Terrorism Act 2000 and of Part I of the Terrorism Act 2006*, (2011) London: Stationery Office, at para. 8.15.

就授权程序的合法性而言,宾厄姆大法官坚持认为有少量可使用的保障措施:

32 ［警方］在拦截与搜查某一社会成员之前不需要有怀疑,这一点千真万确。但现实地讲,我们不能将它解释为,警方可以据此作为其拦截与搜查那些明显不属于恐怖犯罪嫌疑人的个人的合法令状,这样会徒劳无功而且浪费时间。它可确保一名警员不必担心在无法证明其具有怀疑的合理理由时,妨碍其搜查与拦截的确被怀疑为某一潜在恐怖分子的犯罪嫌疑人(第35段)。

正如桑德斯与杨所指出的那样,[1]虽然"公共安全"措辞的效力不容置疑,但是,假如此类保障是以某名警官必须怀疑某人为潜在恐怖分子为前提,这显然不是一种要求过高的测试,就不会为"问题多多的依据种族貌相而采取行动的做法打开便利之门"。人们很难相信,上议院无法鉴别出这一有缺陷的推理意见,特别是考虑到围绕着容易偏执地分析"有恐怖分子"这一问题时的"公共敏感性"。[2]

霍普大法官(Lord Hope)尽管在敏锐地证明这一点的同时,认

---

[1] A. Sanders and R. Young with M. Burton, *Criminal Justice*, 4th edn,(2010)Oxford: Oxford University Press, at p.89.

[2] 参见:C. Walker, 'Case comment: *R.(on the application of Gillan) v Commissioner of Police of the Metropolis* [2006] UKHL 12; [2006] 2 A.C.307(HL)',(August 2006) *Criminal Law Review*, 751, at p.753。沃克尔曾引用英国议会下议院内务特别委员会(Home Affairs Select Committee)的例子:该委员会发现,"在我们的穆斯林证人中有一种非常清晰的印象,那就是,穆斯林因为《反恐怖主义法》的实施而正在受到侮辱;这对我们的社区关系极其有害。"又可参见:House of Commons, 'Terrorism and community relations, sixth report of sessions 2004 - 2005', *Home Affairs Select Committee*, Vol.1, HC 165 - 1,(2005)London: TSO, para.153。

为"仅凭某人看似亚裔的事实并不属于行使该权力的正当理由",但他令人担忧地扩大了似乎属于一种无可辩驳的论点:①

> 某人具有亚裔的外观特征可能会首先吸引到警方的注意力。但是,警方在行使该权力之前必须经过进一步的甄选过程,也许是凭一时冲动,否则将错失良机的情形。因此,本质上是否具有歧视性之间的区别在于这种进一步甄选过程。

这似乎表明,假如警方有合理的解释理由,那么其基于所谓的"亚裔外观"而针对个人的行动目标就具有合法性。警方对于种族因素的部分依赖颇为棘手,因为其推理依据在于种族背景与从事恐怖活动的嫌疑人之间存在充分的关联性。② 从这种意义上讲,霍普大法官有效地支持了警方在此类植根于感性决策制度中依据个人种貌相进行执法的做法。

相比之下,欧洲人权法院在吉兰和昆顿案中表达了对英国关于警方在许可性立法的背景与现实下采取行动的看法:③

> 本院认为,赋予警务人员如此广泛的自由裁量权,完全会存在其随意行使该权力的风险。虽然本案并不涉及黑人或亚裔当事人,但其歧视性地对此类族群使用此权力的风险则属于一项

---

① R (on the application of Gillan) v Commissioner of the Police of the Metropolis [2006], at para. 46.
② C. Walker, 'Case comment: R (on the application of Gillan) v Commissioner of Police of the Metropolis [2006] UKHL 12; [2006] 2 A. C. 307 (HL)', (August 2006) Criminal Law Review, 751, at p. 754.
③ Gillan and Quinton [2010].

非常现实的考量因素……现有的统计数据表明,黑人和亚裔人士不相称地受到了此类权力的影响。独立的评估人在其最新的报告中还注意到,警方也一直存在单纯为了提高统计数据中的种族平衡比例而拦截并搜查白人的做法。此外,还存在这样一种风险:警方可以违反《欧洲人权公约》第10条和/或第11条的规定,滥用这种具有广泛表意的权力来对付示威者与抗议者(第85段)。

就《欧洲人权公约》第5条(人身自由与安全权)而言,宾厄姆大法官将警方的拦截与搜查等同于"临时限制某人的行动"以及"使某人保持前进或等候的状态"。沃克已经指出,这一分析意见远不能令人信服。① 我们从宾厄姆大法官的评论中,可提出《公约》第8条(隐私权)被侵犯的假设:"对某人进行一般的表面搜查是否可以被视为缺乏对私人生活尊重的行为,依然令人怀疑",因为该权力"只是对个人进行一般的表面搜查以及开包检查,就像是旅客在机场毫无怨言地接受的检查那样,这很难达到缺乏对私人生活尊重的程度"。② 最终,欧洲人权法院给出了令人沮丧的答复:③

> 乘坐飞机旅行的人员在选择乘坐飞机这一交通工具去旅行时,可能被视为同意接受此类搜查。该乘客已经知晓,他本人及

---

① 参见:C. Walker, 'Case comment: *R.* (*on the application of Gillan*) *v Commissioner of Police of the Metropolis* [2006] UKHL 12; [2006] 2 A.C. 307 (HL)', (August 2006) *Criminal Law Review*, 751, at p.755。
② 如同第5条一样,人们援引并确认《欧洲人权公约》第8条第2款的假设理由。人们会对以相似方式规定的第10条和第11条的适用提出质疑。
③ *Gillan and Quinton* [2010], para.64.

其箱包在登上飞机之前有义务接受搜查；而且,他有选择接受被搜查的自由,因为他可以留下个人物品,然后离开而毋须受到搜查。警方根据英国《反恐怖主义法》第44条授权的搜查权与此则存在本质上的差异。警方在任何地方、任何时间,未经事先告知,就可以拦截个人,并且个人也没有是否可以接受此类搜查的选择权。

宾厄姆大法官在对警务人员获得滚动授权与确认作出回应时敷衍地指出,警方的做法仍然符合法定要求,该授权并没有成为"例行的官僚化惯例"。① 相反,欧洲人权法院则认为,正如稍微熟悉事实就可以表明的那样,相关授权与确认程序已成为"橡皮图章式"(rubber stamping)例行公事的行为,其中一部分证据就是基于以下事实:国务大臣从未修改或拒绝过警方的批准申请②,以及通过滚动授权方式批准28天的授权期限。因此,"人们认为对这种权力的'地毯式'覆盖保护方式问题太多",③因为"未能落实时间和地域等限制"导致这一原本规定的保障措施在实践中完全无效。④

欧洲人权法院的挑剔性反应对于宾厄姆大法官来说不应有任何惊讶。事实上,他在法庭职权之外曾对他人做过公开演讲,在讨论法治对评估某项措施是否具有武断性的意义时指出:"更广泛、更松散构成的自由裁量权,无论是赋予某位官员或是某位法官此项权力,其主

---

① Para.18.
② Paras.84-85.
③ Paras.84-85.
④ Para.81.

观范围越大,其武断性的概率就越大,这就构成了法治的对立面。"①

吉兰案的诉讼典型地反映出,英国的法院几乎毫无意愿去保护公民的个人自由原则。这导致位于斯特拉斯堡的欧洲人权法院作出裁定,英国国内宣布的"保障措施"无法证明"可以真正限制那些广泛赋予行政机关的权力,从而提供给个人免遭任意干涉的充分保护"。②

事实上,迫于外界压力,英国的司法机构仅粗略查看那些有关警方拦截与搜查③的数据统计,或者那些诸多早已标识出令人担忧警告的发展趋势报告,就可以发现其需要对警方提出警告而非在这一领域容忍警方此类行为的原因。④

---

① Lord Bingham,'The rule of law',6th David Williams Lecture,Centre for Public Law,University of Cambridge,16 November 2006,available at:http://www.cpl.law.cam.ac.uk/Media/THE%20RULE%20OF%20LAW%202006.pdf.
② *Gillan*(2010),at para.79.
③ 自2001—2002年以来,英国的拦截与搜查数量稳步增加,从不到75万次增长到2010—2011年接近130万次的峰值水平;其中,有超过120万次是根据《警察与刑事证据法》及相关立法进行的。尽管这一数据在2011—2012年略有下降,但尚有超过100万次拦截与搜查。参见:Home Office, *Police Powers and Procedures,England and Wales 2010/11:Second Edition*(*Stop and Searches*),19 April 2012。
④ 苏格兰也明显地存在这一现象。该地区的警方拦截和搜查的人数迅速攀升为在英国的最高地区。由爱丁堡大学苏格兰犯罪与公义研究中心开展的一项研究发现,人们在苏格兰被警方拦截和搜查的可能性是在英格兰的四倍、是在伦敦的两倍。参见:K.Murray,'Stop and search in Scotland:an evaluation of police practice',The Scottish Centre for Crime & Justice Research,University of Edinburgh,January 2014。尽管种族与族裔问题在苏格兰或许不具有更多的针对性,但有令人信服的证据表明,拦截和搜查程序(类似于英国和威尔士的情形)不公平地、不相称地针对年轻公民:警方在2010年搜查了14岁以下的儿童2.6万次,包括500次对10岁以下儿童的搜查,还有72次对7岁以下孩子的搜查。苏格兰的警方在没有法定事由的情况下,进一步对15—20岁的年轻人拦截与搜查有14.56万次,但其成功发现携带酒精、毒品、被盗物品或武器的青少年的概率低于10%,而该比例低于成年人的平均水平。参见:S.Carrell,'Police stop and search rates in Scotland four times higher than in England',*The Guardian*,17 January 2014。

平等与人权委员会的报告对此直言不讳：①在英格兰和威尔士，黑人被警方拦截与搜查的可能性至少是白人的六倍，而亚裔人士被警方拦截与搜查的可能性则大约为白人的两倍。② 在每一项事例中，此类比率在某些地区甚至更高。③

这些数据完全表明，某些警员在执法中并非根据情报或者合理的怀疑，而是基于常规化的假设，从而助长了有裂痕的社会关系（和公众骚乱）。尽管这些权力在现实中一直是人们对警方行为合法性和公众信任所涉及的一个重点问题，但英国的法官们在吉兰案中，有效地降低了警方对少数族裔人士拦截与搜查的增长比例。夏纳在其根据1994年的《刑事司法与公共秩序法》（Criminal Justice and Public Order Act，CJPOA）第60条有关同源权力的报告中概括表明了自己的立场：④

---

① 参见：Equalities and Human Rights Commission (EHRC), *Race Disproportionality in Stops and Searches under Section 60 of the Criminal Justice and Public Order Act, 1994*, (2012) available at: http://www.equalityhumanrights.com/uploaded_files/research/bp_5_final.pdf. 另一份报告重复其调查结果："自1995年以来，英格兰和威尔士人均记录的拦截和搜查亚裔人士次数一直是白人的1.5—2.5倍，而黑人的此类记录总是白人的4—8倍之间。"N. Eastwood, M. Shiner and D. Bear, *The Numbers in Black and White: Ethnic Disparities in the Policing and Prosecution of Drug Offences in England and Wales*, Release (LSE consulting), August 2013.
② 受到"过度"拦截与搜查影响最大的地区是伦敦。警方在2007—2008年度拦截与搜查的比率最高为每千人中有六十人（6％），那里是英国黑人和亚裔人口居住比例较高的地区。
③ 随后由牛津大学的本·布拉德福（Ben Bradford）博士开展的支撑性研究（作为斯蒂芬·劳伦斯被谋杀20周年的纪念）也证实警方的拦截与搜查程序中有"种族刑罚"的存在。参见：V. Dodd, 'Minorities stopped disproportionally in decade after Macpherson report', *The Guardian*, 22 April 2013。
④ M. Shiner, *Report on the Use of Section 60 of the Criminal Justice and Public Order Act 1994 by the Police*, February 2012, available at: http://www.stop-watch.org/uploads/documents/Shiner_expertwitness statement_s60.pdf.

警方根据第 60 条的规定展开搜查的案件数量大规模增长，以及此类搜查不当地集中在黑人和少数群体的人士身上的事实，不能作为其客观回应暴力犯罪的正当性。同样，受到破坏的社区关系，以及因公众信任的降低所付出的代价可能无法用此类行动的效果来证明其合理性。证据表明，警方的逮捕率较低，其根据第 60 条规定展开的搜查对于暴力犯罪不具有重大影响。①

这是皇家警督官方强调的一种持续性关注。② 该报告从此类来源中确认了早期研究发现的结果，实际上是对英国法官在保护个人自由方面所发挥作用的控告。我们在这里引用该报告的开场白：③

公众期望警方能够通过有效、公平地使用由议会赋予的权力来保护自己免受伤害。可以说，拦截与搜查权就是最具侵扰性、最具争议性的执法权力之一。几十年来，警方一直不当地运用这些权力，无论是客观真实的还是主观感知的权力，都已经破坏了警员与其所服务的社区之间的关系。此类做法所带来的问题还包括公众对警方服务合法性的质疑。在布里克斯顿暴乱发

---

① 同上页注④，第 2 页。
② 参见：HM Inspectorate of Constabulary (HMIC), *Stop and Search Powers: Are the Police Using Them Effectively and Fairly?* 9 July 2013。该报告也注意到：高级警官会很少优先考虑采取拦截与搜查手段；但"令人堪忧的"是，在审查警方 27% 的拦截与搜查的记录后，证据表明警方在搜查个人时并没有合理的理由；而且在构成合理怀疑理由的内容方面也存在极大的差异。此外，绝大多数警官并没有接受过行使拦截与搜查权的培训。
③ HM Inspectorate of Constabulary (HMIC), *Stop and Search Powers: Are the Police Using Them Effectively and Fairly?* 9 July 2013, p.3.

生三十年之后,也就是于 2011 年 8 月发生在英格兰的暴乱之后,人们再次对警方使用拦截与搜查权提出了担忧。

自 2006 年以来,英国每年有超过 100 万人次的拦截与搜查记录,但在 2011—2012 年度只有 9%的拦截与搜查最终导致该人被捕。统计数字也显示,黑人和少数族裔群体成员被拦截与搜查的概率(相对于常住人口而言)要超过白人。当人们对警方是否针对某些群体过度使用此类权力进行激烈辩论时,令人惊讶的是,警务部门或公众几乎很少关注拦截与搜查权在减少或侦破犯罪方面的有效性。

显而易见,在此类强大的证据表象之下潜伏着不愿保护个人自由或防范这些潜在危害的司法机构。

我们不需要去研究这种对警方拦截与搜查实践的谴责性控告就可以意识到,少数族裔社区的公众对警察信任的负面影响。英国于 20 世纪 80 年代发生在伦敦南区布里克斯顿和其他城市的骚乱(civil disturbance)以及发生在 2011 年 8 月全国范围内的骚乱,起因为非法的警务执法方式,使公众不相称地暴露在警方的拦截与搜查应用程序之中,它所造成的真实成本与不可估量的破坏性影响却意味深长。[1]

尽管警方的做法如今无可驳辩地成为了一种典型事实,但此类获得了司法机关支持的"正直"形象,正如我们即将表明的那样,一直是属于一种产生国家诱导的被告人认罪答辩的持久性支柱;而消除

---

[1] 例如,警方利用拦截与搜查权被认定为导致英国 2011 年 8 月发生骚乱的因素之一。参见:D. Singh, S. Marcus, H. Rabbatts and M. Sherlock, *After the Riots—the Final Report of the Riots Communities and Victims Panel*, March 2012.

这一支柱就会看到该架构的解体。

三、《法官裁判规则》

英格兰在历史上有两种相关理念构成形式法律理性的核心内容，这两种构造都是因为人们对警察国家的恐惧所引起的。第一个是公民自由。正如皇家警察权力与程序委员会（RCPPP）所表述的那样，"除非经过治安法官或法院的判决，否则，任何人不得被剥夺自由，这是英国法律中的固有原则。"①第二个理念是，假如警察在正式参与社会控制时缺乏具体规定的法定权力，他们实际上就没有特别的执法权：警察在官方话语中被解释为仅仅是"穿着制服的公民"。②

作为这种正当性体系的一部分，警察可以在征得公民的同意后调查犯罪情况。然而，他们仅得到为数不多的法定权力，并无审讯的权力，因为逮捕在法律理论上仅仅是一种可将犯罪嫌疑人带到裁判官面前的权力：③

> 除非被指控者自己作为证人，否则法官、裁判官或者陪审员均不得讯问该人，或要求他回答有可能导致自我归罪的问题。那么，更何况是属于一名权限更小的警员应做之事？其职责只是涉及负责逮捕和安全羁押（犯罪嫌疑人）……

---

① The Royal Commission on Police Powers and Procedure (RCPPP) (1929), *Report*, Cmd. 3297, at p. 57, para. 153.
② R. Storch, 'The policeman as domestic missionary: urban discipline and popular culture in northern England 1850 – 1880', (1976) *Journal of Social History*, IX:4; M. Brogden, *Police, Autonomy and Consent*, (1982) London: Academic Press.
③ 参见布兰普顿法官于1882年向警察机关所做的演讲。

第二章　协助警方的调查

本着这一精神,19世纪的判例法所表达的意见都是用来保护囚犯免遭警方的刑讯逼供。然而,即使面对法院的判例,警方仍然继续违反这些规定,①而一些法院甚至还采信此类[非法]证据,②声称这在总体上是基于解决犯罪的需求。③

继伯明翰市警察局局长(Chief Constable)于1906年向英国首席大法官提出澄清要求之后,最高法院的诸位法官在1912年发布了《法官裁判规则》(Judges' Rules),并于1918年扩充了该规则的内容。随后,法院在1930年经过进一步的指导后再次发布了《法官裁判规则》并于1964年进行了修正。虽然设立这些《规则》——从来没有提交给议会审查——其明确目的在于"指导"警方的工作,但它的确发挥了应有的作用,在1984年的《警察与刑事证据法》(Police and Criminal Evidence Act,PACE)颁布之前,形成了"规范"侦查的基础。

重要的一点是,《法官裁判规则》并非法律规定:它只是法院向警方提供的司法指导意见,涉及警方如何对待犯罪嫌疑人才能获得被法院采纳的证据等方面。④ 在此制度下,犯罪嫌疑人可享有的权利很少,而警方则被赋予了范围广泛的权力。例如,警方如今已被允许

---

① 例如,参见:*R v Mick*（1863）;*R v Gavin*（1885）;and *R v Knight and Thayre*（1905）。
② 例如,参见:*R v Brackenbury*（1893）。
③ 正如女王诉布斯和琼斯(1910)一案所显示的那样。参见:S. Choongh, *Policing as Social Discipline*,（1997）Oxford:Clarendon Press;I. Bryan,*Interrogation and Confession:A Study of Progress,Process and Practice*,（1997）Dartmouth:Ashgate。
④ 德夫林大法官:"人们永远不应忘记,《法官裁判规则》的制定是用来指导警方的工作,而非对司法权进行限制。"引自:J. D. Devlin,*Criminal Courts and Procedure*,（1960）London:Butterworth。

讯问囚犯；犯罪嫌疑人在警方讯问之前或讯问期间无权获得律师的法律意见；而警察在讯问犯罪嫌疑人时并没有同时制作讯问笔录。在缺乏监管的情况下，警方可以并且的确采取强制性的逼供方法，以便获得犯罪嫌疑人的认罪口供。

尽管如此，该《规则》具有更为重要的目标：赋予警务体制一种新的合法性，并向法官们施加一种核心的"公司"治理与惩戒性的结构。一方面，《规则》力求赋予已被严格规范的警方在与公民的互动中具有合法性的借口。另一方面，集权化（centralization）旨在恢复人们对"法律"统一性的尊重。但这一点已经被法庭各种不同的判决意见所动摇，而《规则》提供了一种可告诫法官们有关［警方］不当行为的框架性规定。

该《规则》的关键规定是，一旦某位警官在"下定决心指控某人某项犯罪"时，警方要求其先采取警告措施，但在按照要求做出正常的警告之前不得讯问在押人员。这些规定具有明显的弹性，实际上赋予了警方在犯罪嫌疑人被羁押期间进行讯问的权力。唯一的制裁措施则是由审判法官行使自由裁量权，排除警方不当获取的证据。

警方根本无需担心，因为法官们在思想上倾向于支持它们的行动。法官们确定，《规则》的功能并不是制裁违反《规则》的警察。因此，不遵守该《规则》的行为不构成违法行为，无论是民事侵权，还是刑事犯罪。换句话说，鉴于法官们的自由裁量权，《法官裁判规则》根本就不是"规则"，而公民（非常少）的"权利"也只存在于法律规定之中。①

---

① 据说法院在女王诉普拉格［*R v Prager* (1972)］一案中认为，被告人违反了《规则》而自愿作出的认罪供述不得具有不可采性，因为这样会将《法官裁判规则》提升为"法律规定"。

四、《法官裁判规则》：逮捕与羁押性讯问

最初，警方的逮捕权基于"合理怀疑"，不得随意讯问在押的犯罪嫌疑人：他们可以通过保释或者不保释的方式来释放犯罪嫌疑人，或者指控犯罪嫌疑人，并且"尽可能快地"将该人移送到法院审判；这里的"尽快"被解释为在 24 小时内。① 事实上，伦敦大都会警察厅（Metropolitan Police）为了搜集可证明其"逮捕正当性"的证据，的确在缺少合理怀疑的情况下实施过逮捕行为，这也是它公开向皇家警察权力与程序委员会承认的事实。此外，它证实自己有时会采取大规模的突击行动，逮捕"惯犯"进行讯问。②

尽管皇家警察权力与程序委员会宣布警方的此类行为属于违法，但该声明不具有法律效力。于是，警方就可以继续使用各种手段来审讯被"羁押的"犯罪嫌疑人，而且不需要经过严格审查。格兰维尔·威廉姆斯的报告称，虽然在两次世界大战之间，通过羁押期间的讯问所获得的认罪供述证据经常被排除在外，但大约从 1950 年开始，这些证据几乎毫无例外地被法庭所采纳。他继续指出：③

> 一些警察队伍仍然在采用拘留审讯和被捕后讯问的做法，而没有经过认真的核实。除了这些异常情况之外，我们从已经

---

① The Royal Commission on Police Powers and Procedure (RCPPP) (1929), *Report*, Cmd. 3297, paras 143–144.
② 同上注，第 153—154 段。
③ Glanville Williams, 'Questioning by the police: some practical considerations', (1960) *Criminal Law Review*, 325, at p.331.

报道的案件来看，法官们似乎已经放弃了强制执行规则的做法，因为他们不再排除警方通过羁押讯问方式所获取的证据。

虽然1930年发布的《指导意见》宣称《法官裁判规则》从来没有打算鼓励或授权警方可以对某位被羁押的犯罪嫌疑人，在接受其警告之后开始接受讯问或交叉询问的意图，但威廉姆斯认为："……此类解释现在可以说是形同虚设。尽管有此通知，但警方还会审讯在押的犯罪嫌疑人，而法官们仍然会采纳由此获取的认罪证据。"[①]尔后，警方还会继续这种做法。[②]

事实上，1964年修订的《法官裁判规则》将警方羁押个人的措施合法化，以便在对犯罪嫌疑人进行讯问之前予以权利告知和警告。正如麦考尔·赞德尔[③]所评论的那样，法院对此的态度是，犯罪嫌疑人应当被告知，他只有当警方在针对该案进行讯问时，才享有沉默权。尽管如此，警方继续推动扩大这一界限的范围。

高级警官在庭审作证时，公开告诉法庭存在因"进一步调查"而羁押个人（例如逮捕等）的情形：例如，女王诉霍顿和弗朗西奥希（*R v Houghton and Franciosy*，1979）案。虽然上诉法院认为警方可能只会因为犯罪而逮捕公民个人，尽管该《规则》有大量强制性的语言

[①] 同上页注③，第50页。

[②] 参见：*R v Chandler* [1976]。正如麦克巴尼特所解释的那样，法官们绕过《规则》内的矛盾性规定，通过"渐进式改进和摇摆不定的法律推理隐喻[他们]……建立了一种不稳定状态(Limbo)，在逮捕法与审讯法之间摇摆"。D. McBarnet, *Conviction：Law, the State and the Construction of Justice*, 2nd edn, (1983) London: Macmillan, p. 43.

[③] Michael Zander, 'The right to silence in the police station and the caution', in P. Glazebrook (ed.), *Re-shaping the Criminal Law*, (1978) London: Stevens.

规定,例如"必须警告"、"应当制作笔录"、"该罪行必须同时予以记录"等,但他们当时对警方的同情实际上是纵容后者继续保持此类尚属正常的做法。

五、《法官裁判规则》：被告人获得法律援助与享有沉默权

就犯罪嫌疑人获得律师的法律咨询权而言,该《规则》在1964年的版本之前只字未提,大多数犯罪嫌疑人被迫单独面对警方的讯问。[①] 根据1964年制定的《规则》,犯罪嫌疑人的遭遇实际上没有多少改善,因为该规定并没有包含可求助于辩护律师的规定。事实上,在该规则所附的《管理实施细则》(Administrative Directions)中——其地位低于《规则》,语言隐晦——所制定的"辩护便利"极具有限性,而且依靠警方直接接触犯罪嫌疑人。例如,《管理实施细则》第7项第a款规定:"假如[该要求]很可能不会阻碍警方的侦查程序或干涉司法审判,就应当允许被羁押的(犯罪嫌疑)人电话联系其律

[①] 事实上,早期的社会法律研究的重点是没有辩护律师的被告人。例如,参见鲍伊和瓦尔科及赞德尔等人的开创性研究:G. Borrie and J. Varcoe, *Legal Aid in Criminal Proceedings: A Regional Survey*, (1970) Birmingham: Institute of Judicial Administration; M. Zander, 'Unrepresented defendants in magistrates' courts', (1971) *New Law Journal*, 122:1042; M. Zander, 'A study of bail/custody decisions in London magistrates' courts', (1971) *Criminal Law Review*, 191; M. Zander, 'Unrepresented defendants in magistrates' courts, 1972', (1972) *New Law Journal*, 1041. 又可参见:JUSTICE, *The Unrepresented Defendant in Magistrates' Courts*, (1971) London: Stevens & Sons。

师或朋友。"鉴于警方公然置之不顾,①法院也会藐视这一规定,于是,法院在女王诉斯蒂芬·金(*R v Stephen King*)[1978]案中有悖常理地"解释"犯罪嫌疑人的法律咨询权为,在犯罪嫌疑人没有提出该项要求的时候,第 7 项第 a 款"并不会要求警方有义务告知该嫌疑人在回答问题之前可以咨询其律师"。② 在实践中,正如赞德尔在其开创性的著述中所表明的那样,不仅是犯罪嫌疑人无法获得律师的法律意见,而且绝大多数在治安法院接受审讯的被告人并没有获得律师的辩护。③

公众对犯罪嫌疑人无法获得律师代理的关注,直接引发了人们对犯罪嫌疑人在警局内的困境,以及在此情形下对警方获取的"认罪供述[真实性]"的存疑。媒体公开报道的法院第一次对此作出的响应出现在女王诉艾伦(*R v Allen*)[1977]一案中。该案的被告人是一名几乎没有文化的男性,他在被捕后接受了两名警务人员在警察局内的讯问。警方在审讯期间告知艾伦,虽然他可以保持沉默,但不

---

① 因此,警方以"正在帮助调查"为由将时任首相哈罗德·威尔逊(Harold Wilson)的朋友罗纳德·米尔恩希(Ronald Milhench)拘留,并且拒绝其长达 27 个小时的时间内会见律师。而且,当警方批准了会见律师之后,米尔恩希和律师只被允许在"一名警官在场并且可以听见的情况下"进行谈话。参见: *New Law Journal*, 'Right to counsel', *New Law Journal*, 13 February 1975, p.145。

② M. Zander, 'Unrepresented defendants in the criminal courts', (1969) *Criminal Law Review*, 632; M. Zander, 'Access to a solicitor in the police station', (1972) *Criminal Law Review*, 342. 又可参见: S. Dell, *Silent in Court*, (1971) London: Bell; M. King, *Bail or Custody*, (1971), London: The Cobden Trust; JUSTICE, *The Unrepresented Defendant in Magistrates' Courts*, (1971) London: Stevens & Sons.

③ M. Zander, 'Unrepresented defendants in the criminal courts', (1969) *Criminal Law Review*, 632; M. Zander, 'Access to a solicitor in the police station', (1972) *Criminal Law Review*, 342.

可能获得律师的帮助。该案的主审法官麦肯纳大法官（Justice MacKenna）裁定警方经过讯问获取的证据不具有可采性，因为：（i）刑事法庭利用一名官员的错误行为来惩罚被告人的做法并不公平；（ii）警方如果拒绝告知其希望定罪的犯罪嫌疑人可获得律师法律意见的权利，那么就不应该允许警方在法庭上使用以此方式获取的证据。

上诉法院迅速地纠正了这些自由主义的倾向，它在女王诉勒穆萨特夫（*R v Lemsatef*）[1977]案中（见下文）明确表示，法官们对于侦查人员所面临的"问题"表示同情。艾伦案是仅有的一起媒体报道的法院认为被告人获得法律意见的权利具有实质性意义的案件。这也说明，《法官裁判规则》只是掩盖警方和司法实践中出现问题的一块"遮羞布"而已。事实上，费舍尔对肯费特案（Confait）的调查报告毫不意外地发现，"一些《法官裁判规则》及《实施细则》的规定似乎并不为警务人员和法律专业人士所知晓。"①

六、未获司法令状，不得搜查与没收财物

根据保护公民自由权的精神，普通法中的"规则"为，除非根据法院签发的令状，否则，警方无权搜查公民个人的住所。然而，警方经常违反这一规定。他们的行动在加尼诉琼斯（*Ghani v Jones*）[1970]一案中受到了当事人的质疑。警方在该案中为了查找一名据

---

① Sir Henry Fisher, *Report of an Inquiry by the Hon. Sir Henry Fisher into the circumstances leading to the trial of three persons on charges arising out of the death of Maxwell Confait and the fire at 27 Doggett Road*, London SE 6, (1977) London: HMSO, para.2.17.

称已经失踪的女性,在没有获得法院批准的任何令状的情况下进入该女性公公的房屋内。警方没收了室内人员的证件,包括这位公公、妻子及女儿等人的护照,却没有逮捕或指控其中任何一人。后来,当事人请求警方归还其证件,但遭到了后者的拒绝。丹宁大法官的判决通过贬低公民权利的方式,推翻了英国长期以来一直存在的这些规定,并且明确表示法院会在以下情形支持警方的行动:①

> 警方必须经户主的同意方可入户;或者,如果不能获得户主的同意,悄悄地或通过武力进入。他们在某种程度上似乎可以处理此事。正派的人士不会拒绝警方的许可请求。如果拒绝了此类请求,那么他可能或多或少地与案件有所牵连。所以,警方会面临被诉非法侵入的风险,但这不是很大的风险。

此后,法官们在杰弗里诉布莱克(*Jeffrey v Black*)[1978]案中采纳了警方非法搜查所获的证据。②

七、没收不得超过司法令状所批准的范围

按照普通法,警方的行动应当受到搜查令条款的约束,不能进行非法调查(fishing expedition)。丹宁大法官指出:③

---

① *Ghani v Jones* [1970], p.705.
② 警方和前公诉长官继续批评相关的侦查规定。可参见以下媒体报道:*The Times*, 15 June, 1978; *The Guardian*, 8 January, 1979。
③ *Chic Fashions v Jones* [1968], p.307.

第二章　协助警方的调查

> 我们英国的法律一直非常尊重个人家庭生活的完整性。1604年,库克大法官就曾宣布,"每个人的房屋就是他的城堡",①这一名言至今已经流传了数个世纪。

然而,在同一起案件中,警方没收了公民并没有被包含在该令状中的物品,而且被警方搜查的处所在事实上是其拥有者的合法财产。丹宁大法官有效地废除了该规则,赋予了警方广泛的权力,再次贬低了公民的"权利":②

> 在当今时代,随着不断出现的邪恶事件,诚实的公民必须帮助警方而非妨碍他们来打击罪犯的努力……我认为,当一名警员凭借搜查令进入有失窃物品的房间后,他不仅可以查获其合理地认为由该令状所包含的物品,而且还包括任何其基于合理理由认为属于被盗的其他物品,以及可作为指控偷窃或接受被盗物品的人士或与该人相关的任何个人的犯罪物证。

多琳·麦克巴尼特曾评论道:"因此,普通法通过可推翻其自身合理性的原则,设法证明警方为了找回[被盗]财产而侵犯公民人身自由的做法具有正当性,使得可能找回被盗财产的权利重要性大于警方因此对个人自由权利的干涉。"③

---

① 参见:Semayne's Case and 3 Inst., cap.73。
② *Chic Fashions v Jones* [1968], p.313.
③ Doreen McBarnet, *Conviction: Law, the State and the Construction of Justice*, 2nd edn, (1983) London: Macmillan, at p.40.

八、交叉询问

　　普通法制度下的刑事审判被誉为"对抗制"。它源于这样一种法理观点:某种观点的真伪最好通过有经验的律师对证人的交叉询问来验证。该理论基于证人在准备陈述时没有互相串供为前提。证人之间的陈述差异为对方律师质疑证据的可信性或可靠性提供了依据。据说,交叉询问是"有史以来发现事实真相的最伟大的法律工具"。①

　　假如警方采取[与证人]违法合作的做法无法根除这种交叉询问的效果,那么它就会尽量地减少这种效果。② 如果对于相同证据的唯一解释是他们之间事先的协作,那么警方的证人通常会例行公事地否认这一点,否则就会犯有伪证罪。③ 为此,莫顿指出:④

　　　　[警务人员]通过制作笔记的闹剧,要使证言到最后一个逗号都相同,用证据来武装自己,坚持其立场,否认任何与其他警员有过密谋协作的行为。然而,他们的做法看起来非常愚蠢,充

---

① J. H. Wigmore, *Treatise on the Anglo-American System of Evidence in Trials at Common Law*, 3rd edn, (1940) Boston: Little, Brown, para.1367.
② 布罗格登描述了一名警员如何承认自己的以下话语作为证据令法官感到不适:"我经常听到有人暗示警方如此行事,但是我从未听说过一名警察发誓宣称自己的确如此行事。"参见:M. Brogden, *On the Mersey Beat*, (1991) Oxford: Oxford University Press, p.121。
③ 参见:G. Williams, 'Questioning by the police: some practical considerations', (1960) *Criminal Law Review*, 325, p.227. 威廉姆斯认为这种否认方式"几乎可以说是警方的标准做法"。
④ J. Morton, *Bent Coppers*, (1993) London: Warner Books, p.263.

其量只不过是糟糕的撒谎者,但一次又一次地获得了治安法官和其他刑事法官的支持。

在女王诉巴斯一案中出现的问题是,控方指控被告人有罪的证据完全依赖一份据称是有两名警官在场的情况下所获取的"认罪供述"。这些警官在不同时间段所做的讯问笔录几乎完全相同,但他们彼此又否认曾经有过此类合作。刑事上诉法院(Court of Criminal Appeal)对此评论道:①

> 本院注意到,警务人员几乎总是否认他们之间在制作笔录时有过合作,但我们不禁想知道他们为什么是社会中唯一一个不这样合作的群体。在我们看来,当两人一直在场参与对第三人的讯问,他们应该在之后确保有一个正确的版本,这似乎更自然、更恰当不过。警务人员之间的合作与其具有超人的记忆力相比,似乎更好地解释了几乎完全相同的笔录。

简而言之,法院改变了这些规则,从而使警方的伪证合法化,但它丢弃了对抗制的一项核心原则,令辩方最有力的辩护武器不再有效。现在,警务人员可以在准备陈述材料时进行合作,而且他们的确是这样做的,从而使其证言的版本实际上具有"刀枪不入"的效果。②

女王诉巴斯案中这一不正当的规定所产生持续影响的例证之一

---

① *R v Bass*(1953),p.59.
② 英国一直有媒体报道,警方在涉及"严重的事件"的相关警员提供书面材料时,为了恢复公众的信任,放弃了要求事先批准的做法。参见:*BBC News*,'Police to be told not to confer before writing up notes',5 March 2014。

还可参见以下事件：一名29岁的黑人男子马克·达根于2011年8月被伦敦大都会警察厅的一名警官（代号为V53）开枪击毙，该事件引发了全国范围内的街头骚乱。正如我们在本书第一章中所述，引发该事件的地方位于英国的托特纳姆，警方与当地黑人社区之间的关系一直处于紧张状态。而且，警方在一次行动中导致当地黑人社区中的一名成员辛西娅·贾勒特死亡，这就引发了1985年的街头"暴乱"。在2011年的事件中，还有其他11名警务人员涉嫌枪杀达根。①

但是，官方最初的各项调查报告相互矛盾：一位独立警察投诉委员会②的发言人称，在该事件中，先发生了一场枪战，其间一名警务人员首先被一颗子弹击中，该子弹打入其携带的无线电设备。之后，该警员就开枪还击并打死了达根。事实上，这是另一名警官的收音机，而且是被警方的枪支流弹反弹击中。一名证人（J小姐）陈述并且随后在出庭作证时称，她看到一名警官出现在一辆小型出租汽车中，手里拿着一把枪，数名警官从车内拖出一具尸体。而开枪的警官（代号为V53）后来作证指出，他坚信达根正准备举起手中的一把手

---

① 关于完整的叙述，可参见：L. Bridges, 'Four days in August: the UK riots', (2012) *Race & Class*, 54(1): 1。马克·达根案的判决已经证明有争议和令人费解的地方。尽管代号为V53的警官告诉陪审团"他100%地肯定［达根］藏有一把枪"，并使用了精确的细节来叙述该事件，但他们的结论不仅是"马克·达根站在警官面前时没有枪"，而且还裁定代号为V53的警官枪杀达根的行为具有合法性。参见：M. Ryder, 'Why so many find the Mark Duggan verdict hard to accept', *The Observer*, 19 January 2014。

② Independent Police Commission（IPCC）全称为Independent Police Complaint Commission（IPCC），独立警察投诉委员会，也可译为"警监会"或"投诉警察独立监察委员会"。该机构于2004年4月1日正式成立，根据2002年的《警务改革法》所规定的法定职责进行运转，它独立于各党派和政府机构，负责监督英格兰和威尔士针对警务人员及其活动的投诉处理。——译者注

枪,向周围的警务人员开火。①

在独立警察投诉委员会的调查过程中,开枪的警官们都提供了该事件的书面陈述材料,但是均拒绝接受前者面谈的要求。② 在2012年9月,凯文·哈钦森-福斯特(Kevin Hutchinson-Foster)因被指控提供给马克·达根一把据说是从案件现场附近找回的枪支而受审。在法庭审判之前,出现了这样一幕:这11名警务人员在提供其第一份书面陈述之前曾与警察联合会(Police Federation)的法定代表人及成员会晤,聆听了由首席警官协会(Association of Chief Police Officers)关于如何提供陈述材料的指导意见。这些指导意见的记录允许相关警务人员谈论除了他们对当时形势的"真实看法"以外的所有问题。据报道,这些警务人员在聆听了本次简要指示之后又一起坐到一个房间内,花了八个小时写完各自对该事件的书面陈述。

在此情形下,该案存在的问题根本无需评论。在凯文·哈钦森-福斯特第一次出庭受审时,辩方律师盘问一名在枪击马克·达根事件发生后被传召出庭作证的警长(superintendent)如下问题:③

---

① V. Dodd,'Police marksman was "absolutely certain" Mark Duggan was holding gun', *The Guardian*, 26 September 2012.

② 从历史上看,警务人员经常拒绝参加独立警察投诉委员会谈话的要求,或者,如果参加,但是拒绝回答向他们提出的问题。独立警察投诉委员会主席安妮·奥厄斯告知公众关于警察在法律变革中的以下姿态:"法律现在已经改变,我们可以强迫警察前来接受谈话。然而,他们可以并且仍然拒绝口头回答我们在谈话中提出的问题。"参见:Anne Owers,'Police co-operation lacking in Mark Duggan probe by IPCC', *The Guardian* (Letters),14 January 2014。

③ *Mail Online*,'Eleven Met firearms officers deny collusion after admitting writing their statements together in the same room after Mark Duggan shooting', 28 September 2012.

辩护律师：这些警察都是朋友和同事。你有没有想到，在这种情况下如果把所有 11 名警务人员放在一个房间里，他们可能会设法保护其曾用枪［杀人］的朋友和同事？

警长：无论是当时还是现在，我都不认为存在此类问题。

九、审判法庭：陪审团还是治安法官？

人们强烈认同对抗式司法制度的是，主审法官们（leading judges）支持作为"表明自由之灯存在"的陪审团参与审判。① 尽管这属于赞美之词，但在政客们和检察官们的不断攻击下，②法官们自身一直成为逐步削弱陪审团作用的工具。这奠定了将案件负担转移到治安法院并且引入只有法官参与案件审判的基础。

因此，由詹姆斯大法官③领衔起草的关于涉及 1977 年《刑法法》（Criminal Law Act）实施的违反公共秩序罪行的调查报告，建议将一系列罪行的案件从刑事法院移交到治安法院进行审理。尽管政府的研究表明，绝大多数被告人和律师认为"治安法院总是站在警方的那一边"，④但皇家刑事司法委员会的建议却再次试图将更多犯罪案

---

① P. Devlin, *Trial by Jury*, (1956) London: Stevens, at p.164.
② 此外，《刑事司法法》(1988) 第 118 条第 1 款废除了辩方可随意剔除潜在陪审员人数——从 7 人减少到 3 人的权利。就国家而言，通过秘密"审查"予以排除陪审团中任何被认为并不可靠的个人。
③ Lord Justice James Committee, *The Distribution of Criminal Business between the Crown Court and the Magistrates' Court*, (1975) Cmnd.6323.
④ C. Hedderman, and D. Moxon, *Magistrates' Court or Crown Court? Mode of Trial Decisions and Sentencing*, Home Office Research Study No.125, (1992) London: HMSO, p.15. 同样的效果，可参见：J. Gregory, *Crown Court or Magistrates' Court*, Office of Population and Censuses and Surveys, (1976) London: HMSO.

件移交到治安法院审理。① 皇家刑事司法委员会研究室主任温纳德发现,治安法官为了支持警方的证据而对辩方存在极强的偏见。②

在相同的传统下,由大法官埃德蒙德·戴维斯(Edmund Davies)领衔的刑事法修订委员会(Criminal Law Revision Committee)在其1972年提交的《第十一份报告〈证据〉》[*Eleventh Report (Evidence)*]中,建议废除犯罪嫌疑人和被告人享有的沉默权,要求个人承担不利推断的后果。该提案基于太多专业罪犯逃脱被判处有罪的苍白断言,却没有任何证据支持。③

同样,由大法官罗斯基尔担任主席的诈骗案件审判委员会(Fraud Trials Committee)于1986年提议撤销在复杂诈骗案件中使用陪审团的制度。④ 尚无有关证据支持其对陪审团不能理解此类案件的合理怀疑。⑤ 同样,奥尔德的调查报告在没有任何实证证据支持的情况下赞同罗斯基尔大法官的提议,最终导致英国2003年《刑事司法法》(Criminal Justice Act)的出台,它可使公诉机关在严重或

---

① The Royal Commission on Criminal Justice (RCCJ), *Report*, Cm 2263, (1993) London: HMSO.
② J. Vennard, *Contested Trials in Magistrates' Courts*, Home Office Research Study No.71, (1982) London: HMSO.
③ 这项建议在本质上最终找到的法律依据是1994年的《刑事司法与公共秩序法》。内政大臣主张在议会通过该项建议,因为不仅是"职业罪犯"的人员,而且"强硬而不思悔改的罪犯和恐怖分子"也在被认为滥用该项权利。
④ Lord Roskill, *Fraud Trials Committee*, (1986) London: HMSO.
⑤ 关于相反的证据,可参见:T. Honess, M. Levi and E. Charman, 'Juror competence in processing complex information: implications from a simulation of the Maxwell Trial', (1998) *Criminal Law Review*, 763; S. Lloyd-Bostock, 'The Jubilee Line jurors: does their experience strengthen the argument for judge-only trial in long and complex fraud cases?', (2007) *Criminal Law Review*, 255; J. Jackson and S. Doran, *Judge Without Jury*, (1995) Oxford: Oxford University Press。

复杂欺诈案件中向刑事法院的法官申请采取没有陪审团参与的审理方式。而且,该法还规定,假如存在所谓的陪审团"贿赂诈骗"(nobbling)企图,还可以采取只有法官参与的审判方式。此外,首席大法官托马斯在一次演讲中预示英国会有进一步的司法变革。他提出了将目前由陪审团处理的一些案件移交给一个由法官主导、无陪审团参与的中级法院来审理,以及对诈骗案审理方式的进一步修改等建议。①

十、举证责任

无论采取何种审判模式,我们都假定被告人无罪和由控方承担排除合理怀疑的举证责任一直是对抗式司法制度的一项基本原则。② 其中一个必然结果就是要坚持,犯罪嫌疑人在法庭上的沉默不能作为不利于自身的证据,而且被告人没有义务来协助控方完成对自己的指控等规则:③

这种控方在审判中承担举证责任(onus of proof),并且在被告人没有任何协助的情况下履行举证责任原则的要求,与允许控方在庭审中使用被告人在警方警告其法律权利后保持的沉默来作出任何不利于被告人的推论,这两者之间存在前后不一

---

① J. Rozenberg, 'Lord Chief Justice helps politicians grasp courts' "hot potato"', *The Guardian*, 4 March 2014.
② "黄金线"(golden thread):*Woolmington v DPP* [1935]。
③ The Royal Commission on Criminal Procedure (RCCP), *Report*, Cmnd. 8092, (1981) London: HMSO, para.4.51.

致之处。

诚如法院所言,"被告人并不一定有举证的义务……他可以袖手旁观,看控方是否可证明其[被告人]案件罪名成立。"①

尽管如此,来自上级司法机构权威性和准权威性的抨击(curial and extra-curial attacks),已经为政客们侵犯个人"权利"的企图铺平了道路。首席大法官莱恩(Lane)在女王诉阿莱戴斯案中评论1984年《警察与刑事证据法》(Police Act and Criminal Evidence, PACE)第58条关于警方应当切实可行地、尽快提供犯罪嫌疑人获得律师协助权的规定时指出:②

> 其结果是,被羁押者在许多情况下,如果没有接受律师保持沉默的建议,就已经回答了警方恰当讯问的问题。几周之后,该人在审判中会经常解释或辩护那些警方没有机会核查被指控罪行的真实性。
>
> 尽管该解释或辩护——如果属实——本可以在案件一开始就予以披露,尽管有被告人通过这些技巧获得了一定的优势等事实,但他们对此可以不向陪审团提供任何评论意见。虽然陪审团可能会在某些案件中根据所见所闻进行推断(put two and two together),但这似乎告诉我们,第58条在此情形下的效力是,除非允许对被告人的沉默发表适当的评论意见,否则就不能维持控辩之间的公正平衡。英国早就应该允许有这样的评论,

---

① *R v Bathurst* [1968].
② *R v Alladice* [1988], p.385.

并且对告知犯罪嫌疑人法律权利的规定进行必要的修改。

最终,1994年制定的《刑事司法与公共秩序法》进一步削弱了个人的沉默权,法庭或陪审团在被告人未提及任何辩方依据的事实时,作出这种[不利的]推论似乎具有了"恰当性"。此外,1996年的《刑事与程序侦查法》(Criminal and Procedure Investigation Act)引入了一项原则,要求辩方在正式庭审前应向控方披露其案件的辩护纲要。虽然后一项法律的规定被证明完全无效,因为辩方可通过概括性的表达方式来满足这一披露义务,但它为这一理念的强化奠定了基础。这就是奥尔德的调查报告所表明的态度。①

奥尔德的主张进一步削弱了被告人的沉默权。② 他认为,"要求被告人相当准确地表明其打算提出质疑的法律和/或事实问题",③既不会威胁控方使法院确信被告人有罪的义务,也不会威胁被告人的沉默权。奥尔德声称,这些基本原则是用来保护无辜的被告人免受错判,而不是为了使有罪的被告人采取战术策略(tactical manoeuvre)来挫败公平审判并且仅承担其希望的结果。④ 奥尔德的这种说法实际上忽略了要求控方必须在没有强迫被指控者协助的情况下履行其举证责任的传统认知理念。

此外,奥尔德通过将被告人简单分为"有罪"和"无罪"两大类别而忽略了控方本应承担的举证责任。但对抗制的核心则一直是从程

---

① Sir Robin Auld, *Review of the Criminal Courts of England and Wales*, (2001) London: Lord Chancellor's Department.
② 同上注。
③ Sir Robin Auld, *Review of the Criminal Courts of England and Wales*, (2001) London: Lord Chancellor's Department, Chapter 10, para.5.
④ 参见:同上注。

序方面区分事实上有罪和法律上有罪,以确保在确定有人是否犯有所控罪行的测试时,事实上有罪不会被用来取代法律上有罪。于是,政客们迅速地纷纷接纳了奥尔德的这一主张。

2003年的《刑事司法法》对辩方提出了严格的披露要求,否则就要承担不利于被告人推论的风险。其后,《刑事程序规则》(Criminal Procedure Rules,CPR)进一步要求辩方协助法院来"管理"案件。

其中一个例子就典型地反映出举证责任的方式已被完全颠倒的事实。假如控方起诉的案件存在被告人在辩护时可利用的缺陷,《刑事程序规则》要求辩方必须明确这一问题,即使由此失去了技术性辩护的机会,而控方则可以修正这一缺陷,因为他们事先已经得知问题所在。①

十一、司法意识形态

这种警务与司法程序旨在获取被告人或犯罪嫌疑人的认罪供述,并采取非审判方式来处理案件,同时对传统的国家举证责任存在制度性的偏见。支撑这一程序的基础是,法官们最多采取具有偏颇性、最少采取属于偏执性的和毫无价值的理由来削弱"个人权利"的做法。在整整一百年里,英国的法官们在刑事案件中一直对警方的要求以及后者侵犯犯罪嫌疑人和被告人"权利"的行为采取宽容的态度,这就系统地剥夺了最后的形式法律理性。

我们在宾厄姆首席大法官撤销因戈达德大法官(Lord Goddard CJ)通过令人蒙羞的偏见"概括总结"而导致德里克·本特利(Derek

---

① 参见本书第六章之后的内容。

Bentley)案的错误判决时——只是这个决定在四十年之后才作出，时间未免太晚——可发现其关于对抗式司法制度的经典表述。宾厄姆大法官指出：①

> 被告人的罪行应当由陪审团在法庭上根据案件所有证据所表明的事实进行裁判。该法庭应该以开放与公正的方式集体对这些证据作出判断。假如陪审团应邀接触这些证据，并且假设警官因为是警务人员就可能属于陈述准确、可靠的证人，而被告人因为是被指控的一方，其陈述可能会不准确、不可靠，那么这就存在显而易见的司法不公风险。

然而事实上，戈达德大法官对辩方的敌意只是有损英国刑法学理论的一个司法偏见的例证，我们可在[法院]对个人权利的敌意，以及一种对警方证据盲目地——接近同谋的角色——认可中发现问题的根源。

随后成为法官的霍夫曼在 1964 年撰写有关《法官裁判规则》的著述中，表明对警方调查行为的信任，以及对要求告知犯罪嫌疑人法律权利的怀疑，尽管他也承认警察存在伪证的情形。霍夫曼在评论造成警方讯问被羁押的犯罪嫌疑人的旧《规则》时认为，"该《规则》产生了大量可了解个人已被羁押的确切时间的'学问'，而且警察经常可能会否认自己已经讯问了在押人员。"②

同样，首席大法官帕克(Lord Parker CJ)③赞同废除警方告知犯

---

① *R v Bentley* [1998], para.59.
② L. Hoffman, 'The Judges' Rules', (1964) *Lawyer*, 7:23, at p.25.
③ M. Berlins, 'Rules now helping guilty will soon go', *The Times*, 8 April 1971.

罪嫌疑人相关权利,以及禁止控方对被告人在庭审中未能举证时向陪审团作出不利评论等规则。下一任首席大法官威杰里(Lord Widgery)认为,要求警方告知犯罪嫌疑人法律权利的做法是"我们再也不能承受"的规则,任何要求律师在警方审讯犯罪嫌疑人期间在场的规定"完全不能接受"。在公然企图影响皇家刑事司法委员会(当时的审议[结果])时,首席大法官泰勒勋爵抨击有关沉默权和其他证据规则,其理由是这些规定向有利于保护罪犯的制度倾斜,因此会鼓励警方捏造证据。① 当庭宣布的判决更是支持此类准权威性的声明。

十二、在上诉法院的陈述

例如,上诉法院在女王诉瓦塔姆(*R v Wattam*)[1952]一案中明确表示,法官们不愿执行[警方]应告知被羁押者相关法律权利的"规定":"警方必须调查此类事件,否则就无法对任何人提供保护。"同样,上诉法院在女王诉诺瑟姆一案中曾公开尝试影响刑法修订委员会(1971)当时的审议结果,它指出:②

> 我们的法律规定,必须非常严格保障那些有意向警方或其他机构作出认罪供述或承认事实的人士,在作出认罪供述或承认事实时不得受到警方的任何劝说或诱使。毫无疑问,这的确似乎是一项已被人们接受的原则,但如今在某些方面多少显得

---

① H. Young, 'In tune with the times', *Guardian Weekly*, 2 August 1992.
② *R v Northam* [1968], p.102.

有点过时。现在,这些犯罪阶层已深知自己获得豁免的地位实际上掌握在警方的手中。当这个国家的警方在早期无法获得公众信任时,我们当今的法律有一些规定和原则的确似乎不复存在,因为警方现在几乎在每起案件中都能获得信任,自认他们对那些落入自己手中或者是正在寻求信息的人员表现出完全的公正性。

不过,上诉法院在女王诉吉尔伯特(R v Gilbert)[1978]案中指出,"即使该规定在某些情况下的适用似乎与常识性的做法并不一致",也必须适用沉默权规定;而且,也可以接受主审法官告诉陪审团还有一些人"认为应该改变保护有罪者免受惩罚的法律"的做法。在女王诉霍顿和弗朗西奥希(R v Houghton and Franciosy)[1979]一案中,上诉法院容忍并采纳被告人在遭到警方非法逮捕并且被羁押五天而没有告知其应享有法律权利之后所作的"认罪供述"作为案件的证据,并声称,它认为《法官裁判规则》"可能会妨碍警方将罪犯绳之以法的行动"。

由此发展的司法态度与休厄特(Hewart)大法官的辩解意见大相径庭:①

> 自由是最无价的个人财产之一。假如我们因为是由政府官员完成的事情就必须给予他们一定的豁免权而表现出任何让位于令人厌恶的原则的迹象,那么我们的国家会变成什么样子?

---

① *Ludlow v Shelton*[1968].

但是，为什么人们对警方的（盲目或类似）信任会受到误导？其原因一定是显而易见的。在刑事诉讼程序中，还没有其他机构在实现定罪的每个阶段可以如此紧密地发生联系。警方是启动刑事案件控告机制的入口和守门人，这就需要它遵守并满足逮捕的要求。控方往往依赖警方的证言来收集案件的信息，其说服力通常凭借官员打着权威的幌子带入法院的那些现成材料。[①] 从结构上讲，警方有内在的支配性优势，这就加剧了风险，导致更弱势的人员（被告人和陪审员）可能会屈从于警方隐藏在貌似无可挑剔的假象之下的证据。

十三、法庭上的总结陈词

当法官们的"总结"与精算原则或证据科学缺乏任何联系时，人们对警方的绝对信任也被延伸到陪审团审判之中。

在臭名昭著的伯明翰六被告人案［1975］中，几名被告人曾经遭到警方的殴打——他们脸上留下的疤痕在法庭上清晰可见，而且还有警方设计捏造的"认罪供述"。布里奇大法官这样告诉陪审团：

> ［他们］所有人都表明自己胸部有变色、划伤、疤痕和擦伤等痕迹，难道这完全是巧合？是警察可能造成的这种明显可见伤痕，而没有一个人会想到造成剧烈的疼痛？如果一个人想要在自己身上造成伤害，有什么部位比通过抓伤其胸部更明显？

如果被告人提供给你们诚实而实质上属于准确的证据，那

[①] D. McBarnet, *Conviction: Law, the State and the Construction of Justice*, 2nd edn, (1983) London: Macmillan.

么无法逃避的事实是，警方涉嫌卷入其中的密谋行为，犯下了英国犯罪史史册上前所未有的罪行。

在1976年3月的上诉中，首席大法官威杰里勋爵可耻地认为这（指其中一名男子具有黑眼圈）并没有什么"与众不同之处"。当内政大臣于1987年将该案送回至上诉法院时，法医专家诋毁针对六名被告人的科学测试结果。不过，首席大法官莱恩指出，这些专家们要么是在说谎，要么是犯了错误，"随着庭审时间变得越来越长，本庭越来越坚信该案判决的……正确性。"他甚至批评内政大臣将此案移交上诉法院的做法。

也许更糟糕的是，丹宁大法官在伯明翰六被告人案中对有关民事诉讼部分所发表的有失诚信的言语，只是反映出一种症状，它表明法院拒绝在庭审中披露警方编造的证据、逼供以及警察作伪证的可能性。丹宁在拒绝这几名男性当事人的民事诉求时指出：

> 假如允许此案进入审判程序，那么我们只考虑这些事件的进程。假如这六名男子败诉，它将意味着很多人花费的诸多时间和金钱并没有实现其良好目的。假如这六名男子胜诉，这就意味着警察犯有伪证罪，因为他们犯有暴力和威胁他人的罪行，被告人的供述不具有自愿性。如果此类证据被法庭不当采纳，那么该案的判决就存在错误。这意味着，内政大臣要么必须建议豁免他们的有罪判决，要么将案件移交给上诉法院。英国每一位有理智的个人，在面对一种如此令人震惊的远景时都会说："继续此类诉讼活动不可能属于正确的选择。"

卢多维奇·肯尼迪这样谈及此事：[1]

假如这并不意味着，有六位可能是无罪的男性最好继续呆在监狱里一直到老死，而非冒着大量警务人员被发现犯有伪证罪、暴力和威胁罪的风险，那么人们就很难知道这到底意味着什么。而且，如果事情的确有此意味，那么在我看来，法官拒绝接受警方有腐败的观点，在最有可能解释针对被告人的案件或者部分案件的情况下，似乎已经变得腐败堕落。此外，这对警方来说会形成一种恶性循环，他们依赖法官的支持和鼓励，会继续其违法行为。

十四、上诉法庭

正如法官们在庭审中所表现出的偏见那样，上诉法院和官方的各种调查也可能表现出类似的偏见。即使在明显属于自相矛盾的证据面前，官方一直坚持要求确定被告人有罪的判决。例如在卢顿邮政谋杀案（*Luton Post Office Murder Case*）中，被告人因为惯犯的虚假证言而被定罪——这名惯犯提供的证据在所有其他方面的信息都不可信，但肯定是这起抢劫未遂案的参与者之一，他受雇于伦敦大都会警察厅一名腐败的高级警员[2]而专门如此陈述。上诉法院拒绝受理被告人的五次上诉，英国内政大臣最终释放了其中的两人，但首席

---

[1] Ludovic L. Kennedy, *On My Way to the Club*, (1990) London: Fontana, p.199. 又可参见富特在卡尔·布里奇沃特一案中的总结：P. Foot, *Murder at the Farm*, (1986) London: Sidgwick & Jackson。

[2] 该警员名为肯尼斯·德鲁，后来因与腐败无关的罪行而被判入狱八年。

大法官莱恩阻止了王室的赦免决定,以避免法官们的尴尬。被告人仅在2003年的第六次上诉成功。

漫漫无期的等待是此类司法不公案件中其他被告人的命运,因为上诉法院的法官们用自己的脸面来应对社会对其同行法官的批评意见。例如,在布里奇沃特案(Bridgewater case)中,被告人中有三人——其中,第四个人死于狱中——于1979年被误判有罪,他们经历过六次单独的警方调查以及之前两次未获法院支持的上诉之后,一直到1997年才被免除罪行。同样,吉尔福德四被告人案的当事人于1975年被判有罪,却直到1989年才被免罪,但当时已有一人(朱塞佩·康伦)死于狱中;而在相关的马圭尔七被告人案件中,其上诉最后直到1991年方获成功。在斯蒂凡·基斯科案中,被告人于1976年因为其本不可能犯有的一起谋杀案而被判有罪,他于1978年提出的上诉遭到法院的驳回,布里奇法官——也就是伯明翰六被告人案的主审法官——认为被告人"不具有上诉的理由",这导致基斯科一直到1992年才洗清冤屈。在托特纳姆三被告人案中,三名被告人因被指控犯有谋杀罪于1987年被判入狱,到1991年才推翻其有罪判决。在加的夫三被告人案中,三名被告人于1988年被判谋杀罪名成立,直到1992年才推翻原有判决,但被告人一直到2003年真正的凶手被判有罪后才得以免除有罪判决。事实上,针对臭名远扬的西米德兰兹郡刑事重案组的数次上诉于1991年被法院驳回,上诉法院抵制此类案件的时间如此之久,导致时至今日仍有五十多起错案继续等待平反。

十五、官方要求

假如上诉法院已经拖了后腿,那么经常由在职或退休的法官们和律师们领衔的官方调查也同样会玷污其声誉。在蒂莫西·埃文斯(Timothy Evans)谋杀案[1950]中,先是由王室法律顾问斯科特·亨德森负责的事件调查组表现拙劣,未能当面对质警方的违法行为,随后由布拉宾大法官负责的调查结论令人难以置信地认为,相对而言,埃文斯"更有可能而不是没有"杀害妻子,但他没有杀害自己的宝贝女儿。这不仅与控方在审的案件相矛盾——即同一个人在同一时间段内实施了两起谋杀案,而且法院采用了民事证明标准而得出了错误的结论。

同样的拙劣推理出现在由退休的费舍尔(Fisher)大法官负责的肯费特被杀案的调查(1977)之中。① 在该案中,麦克斯韦尔·肯费特的尸体在一栋被烧毁的房子内被发现,有三名年轻的男孩因此而面临各项指控:15岁的罗尼·莱顿(谋杀罪与纵火罪)、18岁的科林·拉蒂摩尔(谋杀罪与纵火罪)和14岁的艾哈迈德·萨利赫(纵火罪)。调查组收到了大量的关于控方违法行为的控诉,包括警方违反《法官裁判规则》、更改警察讯问笔录、提供不可靠的"专家"证据,以及控方律师的不当举止等。然而,费舍尔在保护制度完整性方面的"聪明才智"导致其得出以下虚假结论:所有三个男孩"基于其可能

---

① Sir Henry Fisher, *Report of an Inquiry by the Hon. Sir Henry Fisher into the circumstances leading to the trial of three persons on charges arising out of the death of Maxwell Confait and the fire at 27 Doggett Road, London SE 6*, (1977) London: HMSO.

性"(民事证明标准)都涉嫌参与该案,而萨利赫实际上涉嫌参与杀人,但该人甚至未被控告这一罪行。① 后来,该案的所有被告人都被证明完全无罪,而真正的凶手道格拉斯·富兰克林随后自杀。

十六、合法性的技术运作

伯顿和卡伦(Burton and Carlen)观察到,②法院一直"按照分配式正义(distributive justice)的理想——它不会接纳可使该理想无法实现的实质条件"——方式来解释构建官方的法律和秩序话语。③假如官方的话语想要如愿以偿,它就必须协商或否认出现在其中的实质性条件。其政治目的是在一种破碎的刑事司法制度中重申公众的信任,重建新形式的合法性。事实上,法官们、官方组成的各委员会,以及各项调查所利用的合法性技术均可证明这一点。

(一) 模糊边界

官方采用的一种突出的掩蔽策略是模糊"法律"的含义与"法律"的渊源。在一种据称是通过立法和决定性案例来坚守法治的制度中,司法机构对主要通过警方侦查来获取证据的规制性"监督",起源于由法官创造的一种可掩饰"法律"地位的模糊语境。《法官裁判规则》除了起因于未经议会审议或未成为判例法之外,其形成过程没有

---

① 参见:D. McBarnet, 'The Fisher Report on the Confait case: four issues', (1978) *Modern Law Review*, 41:455。
② 可参见本书第八章。
③ F. Burton and P. Carlen, *Official Discourse: On Discourse Analysis, Government Publications, Ideology and the State*, (1979) London: Routledge and Kegan Paul, p.95.

任何官方权威性的陈述。事实上,1964 年修改的《法官裁判规则》的考量因素已经偏离了早些时候皇家警察事务委员会(Royal Commission on the Police)(1962)的本意,后者的设立主要是为了解决警方的腐败问题,该《规则》作为"值得最急切立法的危机和匆忙的基调"而被"偷偷地"并入(后来成为法官的)霍夫曼所描述的"法律"之中。① 假如该《规则》不属于"法律"而是"指南",那么它所后附的《管理实施细则》——规定了犯罪嫌疑人的"权利"——甚至有更低层级的地位,无人知道该《细则》是否已获法官们的批准,或者如果经过批准,到底是经过了哪些法官的批准。

(二)"法律"渊源:警方的执法实践

在某些情况下,甚至法官们和各委员会都需要找到其规制以及创设新"规则"或"法律"的依据。我们在这里可以找到"法律"在没有考虑原则和民主途径的条件下就能够实施的典型事例。

官方的其中一个策略是将警方的做法简单地接受为"法律"。因此,1929 年的皇家委员会赞同警方的以下做法,因为"没有明确规定的权力":警方可以搜查在警察局被捕的人员,并且可搜查被捕人员的住所,因为后者无权拒绝,"根据内政部的意见,这已成为普通法的一部分规定。"同样,1964 年的《法官裁判规则》通过赋予警方新的权力而改变了犯罪嫌疑人的法律地位。正如霍夫曼对相关规定所评论的那样,新规则的效力通过在正式指控之前经过一段时间的侦查而有所怀疑之后采取逮捕措施的方式,默认这种"警方在羁押犯罪嫌疑

------

① L. Hoffman, 'The Judges' Rules', (1964) *Lawyer*, 7:23, p.23.

人期间进行讯问"的、已被广为接受的做法。① 其次,穆罕默德-霍尔盖特诉公爵一案为我们提供了另外一种颇具洞察力的掩蔽过程。法院在该案中明确认可警方为获得口供而拘留和讯问个人的做法,虽然"这种行为令人惊讶,或许更重要的是,它几乎没有直接的权威性",但此类做法不该被视为是错误的行为,因为"直到本案之前很长一段时间内没有人对警方如此行使权力提出明显的质疑或者挑战"。②

(三) 新"法"的正当理由

当然,法官们意识到,警方的做法在没有一定合理性的情况下,不能简单地被援引为"法律"渊源。这就为他们制造若干借口产生了条件。消极的一面是,法官通过惩戒警察并非其职责所在的决定,回避了必须仔细审查警方行为是否合法的问题;③"对警方或控方在庭审中使用其所获证据的方式行使惩戒并非法官职责的一部分。"④

法官们在采取这一立场时知道,对于"权利"受到侵犯的任何人来说获得民事补救措施的收效甚微,而且也没有其他有意义的机构来监督警方的行为。同样,成立于 1977 年的警务投诉委员会(Po-

---

① L. Hoffman, 'The Judges' Rules', (1964) *Lawyer*, 7:23, p.26.
② *Mohammed-Holgate v Duke* [1983], pp.533-534.
③ 麦克巴尼特发现:"发生这种情况的根本原因相当有趣,它涉及三权分立的民主理念。因此,法官不应成为政府的奴仆(Lackey),以防止政治操纵和保护公民的民事自由免受国家侵犯。有趣的是,《法官裁判规则》可能正是声称用来提供可保护公民自由的保障措施。所以,面向民主权利的主导理念的国家架构可防止此类具体裁决的实施并保护这些民主权利。因此,民主理念背后的架构令人感到讽刺的是,将这种未能落实权利保护的做法合法化。"参见:D. McBarnet, *Conviction: Law, the State and the Construction of Justice*, 2nd edn, (1983) London: Macmillan, p.67.
④ Lord Diplock in *R v Sang* [1979], p.290.

lice Complaints Board)及其继任者,1985年成立的警察事务投诉署(Police Complaints Authority)与2004年成立的独立警察投诉委员会,都缺乏真正的权力与可靠性。①

正如我们已经在奇客时尚诉琼斯(*Chic Fashions v Jones*)[1968]和女王诉霍顿和弗朗西奥希[1979]等案件中所看到的那样,法官们仅仅是在更为自信的声明中表示,基于"必要性"或"犯罪控制"的理由,必须允许警方有这样的做法。因此,法院在女王诉布斯和琼斯(*R v Booth and Jones*)[1910]案中认为可以接受警方对被告人的讯问,因为"如果不允许这种侦查方式,那么就极少有罪行会被发现"。同样,上诉法院在女王诉沃伊森(*R v Voisin*)[1918]案中认为:"假如为了社会利益着想,就不应该约束警方侦查犯罪的行为……"

当法官们和各委员会声称要权衡各方观点并支持其中一方的观点时,就会出现表面上更具法理性的争议:"平衡"策略。当然,这种做法已有悠久的历史。例如,1929年的皇家委员会指出:"我们并不建议,任何制度的设计在所有情况下,都会确保均衡司法利益和保护

---

① 独立警察投诉委员会对肖恩·瑞格(Sean Rigg)于2008年在被警方拘留期间死亡的案件进行了长达18个月的调查,就是证明其中弱点的一个范例。随后的外部独立审查意见与独立警察投诉委员会的初步调查结果相矛盾,后者的调查结论认为没有发现任何疏忽或不当行为的证据,警方的行动"合理并且恰当"。除了允许警方对侦查人员在最初陈述之前相互协商的问题之外,独立外部的审查者批评独立警察投诉委员会接受警察"不可能发生的"而且"难以置信"的陈述内容。参见:S. Casale, *Report of the Independent External Review of the IPCC Investigation into the Death of Sean Rigg* (May 2013), available at: http://www.ipcc.gov.uk/sites/default/files/Documents/investigation_commissioner_reports /Review_Report _Sean_Rigg. PDF, pp. 5 - 6。

个体权利与自由之间的关系。"①正如我们所看到的,丹宁大法官在加尼诉琼斯(Ghani v Jones)[1970]一案中也有类似的表述。英国在设置皇家委员会的职权范围(terms of reference)时,②这一平衡技巧赢得了政客们的喜爱,而皇家委员会在试图证明其做法具有正当性时也同样支持使用这一策略。③ 但是,正如阿什沃思和雷德梅因颇具说服力的论证那样,该策略的核心缺陷在于,当缺少"正在平衡的具体事项、应包含或排除哪些因素和利益、应强调哪些特定的价值和利益等"规定时,其推理部分存在根本性的缺陷。④

(四) 不法行为的置换及个案化

对于国家机构的行为人来说,另一个问题是,他们的行为在许多时候存在明显的不当性,特别是警察,而且有时也包括公诉人和审判法官。但是,有三大策略经常被用来处理此类不当行为:合法化、转移法(displacement)和个案化(individuation)。

有时候,假如警务人员出现不当行为,法院会设法使该行为合法化,并以司法"消毒"的形式继续提供支持。其中一个例证就是我们在早些时候提到的女王诉贝斯(R v Bass)[1953]案,法院的判决"清洗"了警方的伪证罪,并提供了一种警方可量身定制其指控犯罪证据

---

① The Royal Commission on Police Powers and Procedure (RCPPP) (1929), *Report*, Cmd.3297, p.10.
② The Royal Commission on Criminal Procedure (RCCP), *Report*, Cmnd. 8092, (1981) London: HMSO.
③ The Royal Commission on Criminal Justice (RCCJ), *Report*, Cm 2263, (1993) London: HMSO, p.8.
④ A. Ashworth, and M. Redmayne, *The Criminal Process*, 4th edn, (2010) Oxford: Oxford University Press; J. M. Atkinson, and P. Drew, *Order in Court*, (1979) London: Macmillan, pp.41–45.

第二章　协助警方的调查　　93

的机制。另一个案例是女王诉勒穆萨特夫（*R v Lemsatef*）[1977]案,该案的侦查人员（海关官员）将被告人拘留盘问,并拒绝其会见律师的要求,然后依据被告人在被羁押期间所作的书面和口头陈述进行指控。侦查人员在庭审交叉询问中的答案违反了《法官裁判规则》,因为:(i)警方羁押被告人的依据是"协助其调查"而不是因为其犯罪行为而实施的逮捕;(ii)拒绝被告人会见律师的依据是担心"他可能会要求律师与别人联系,从而失去有证据价值的信息"。① 法院将这些答案描述为"不称职"而不是"非法",从而允许侦查人员在法律规定的范围内继续此类做法。既然没有这种"协助警方进行调查"的逮捕理由,那么上诉法院就提供了一种[侦查人员]在回答交叉询问时可使用的标准答案:②

　　当[辩方]律师问及这些问题时,这位海关人员所表明的是,他已经拘留了被告人,因为他合理地怀疑该人犯有违反《关税与消费税法》(Customs and Excise Act)(1952)的行为;在被告人被羁押期间曾问过一些问题,因为海关人员有权基于要求个人协助调查的目的来这样做。

就海关人员拒绝被告人会见律师的要求这一问题而言,法院同样提供了帮助:③

---

① 当事情绝非如此时,法院则试图将问题描述为侦查人员的利益与犯罪嫌疑人的权利之间的平衡。
② *R v Lemsatef* [1977], p.246.
③ 同上。

我们认为[这位海关官员提供的]答案作为其拒绝被告人要求咨询其律师的理由并不够充足。其答案应该是,不可能合理地预计律师们在正常的工作时间之外出现,而一直延迟到正常的工作时间开始的审讯可能会造成不合理的拖延。

57　随后,警方就饶有兴趣地采用了这些标准答案。
　　转移法会出现在问题的重点从国家工作人员的不法行为转移到被告人和/或其律师身上的时候,无论是被告人或辩护人作为个体,还是辩方作为一个整体。丹宁大法官坚持认为,除非"不体面之人"以某种方式"涉嫌"犯罪,正如甘尼诉琼斯一案所示,否则,他们在面对警方行使的权力时可坚持自己的权利。奥尔德的评论与丹宁的观点则非常匹配:①

我刚才已经提到,还有一个被告人和/或其辩护人拒不合作或不负责任的问题,他们认为举证责任及其当事人享有的沉默权对于控辩双方无法有序准备案件庭审的情形来说具有正当性。

虽然在伯明翰六被告人案、吉尔福德四被告人案和托特纳姆三被告人案等案件中均存在有损警方信誉的不当行为,但控方不仅通过有计划的诽谤造谣(whispering campaign),而且也通过宣称唯一的不当行为是采取了错误的方式造成了错误的定罪手段,来苦苦坚

---

① Sir Robin Auld, *Review of the Criminal Courts of England and Wales*,(2001)London: Lord Chancellor's Department, Chapter 10, para.8.

持贬低被告人地位的做法。①

确定案件的非常手法令法官们在对待每一起案件时,都需要按照独特性——与其他案件或背景无关——的情形来处理:个案化。这样,警方某一部门的任何不当行为,例如捏造犯罪嫌疑人的"认罪供述"、刑讯逼供、封锁不利于指控犯罪的证据或错误的"专家"证据等行为,就属于个案问题。就算是承认这一点,法官们也可以作为仅属于该案的过失行为而与其他案件相隔离。于是,警察部门系统性违法行为的可能性就被法院排除在外。然而,与此相反的证据会经常出现在法官们面前。例如,上诉法院在20世纪80年代例行公事地驳回了因西米德兰兹郡刑事重案组处理的案件所引起的诸多个人上诉,而不会引起人们对整支重案组队伍腐败的怀疑。然而,正是由于他人多次公开披露重案组的违法行为,最终导致该组织于1991年被解散,其工作人员也只是被重新分配到其他机构。②

(五) 法院没有审查的内容

法官们始终未能敞开心扉去直接面对的事实是,警方的不当行

---

① R. Bennett,'Criminal justice', *London Review of Books*, 24 June 1993, 15(12):5; P. Hillyard, 'The politics of criminal justice: the Irish dimension', in M. McConville and L. Bridges (eds), *Criminal Justice in Crisis*, (1994) Aldershot, UK and Brookfield, VT, USA: Edward Elgar.
② 人们相信,大约有97起被定罪的案件涉及警方使用非法手段。人们可以在重复"专家"证人证言作为有效定罪的证据,但随后又在令人沮丧地历经数年后更改案件结果的事实中,发现同样悲惨的历史。后来,内政部的"科学家们"最终以"效率有限"为由退休,它涉及伯明翰六被告人案和朱迪思·沃德(Judith Ward)案庭审的一个关键证人弗兰克·斯丘斯(Frank Skuse)博士,以及在苏格兰刑事上诉法院(Scottish Court of Criminal Appeal)不仅作为专家而且作为证人,但名誉扫地的阿兰·克利夫特(Alan Clift)博士。

为往往是系统性的,远非是孤立的问题,它们受到公诉机关不惜一切代价来定罪的策略以及掩盖警方错误心态的鼓舞。事实上,假如没有多名警务人员的直接参与以及与他人相勾结,假如没有在职人员承认过的以及研究者记录的掩盖警方错误行为的心态,[1]就不可能会发生伯明翰六被告人案、吉尔福德四被告人案、托特纳姆三被告人案,以及那些由西米德兰兹郡刑事重案组造成的被告人被错误定罪等一系列司法不公案件。[2]

简而言之,假如法官们更加努力地审查这些案件的一系列程序,他们就会发现,有证据表明警方存在系统性的腐败和对事实真相的掩盖问题,这是一种不惜任何代价保护其他警官和/或组织的决心。而且,他们也不会明确表达出惊讶之情,正如他们在女王诉麦克斯韦(*R v Maxwell*)[2010]案中所表达的那样,有关警员不会受到纪律处分或检控,因为这事实上是警方的标准做法。

(六) 诚实与公众的信任:官方话语

相反,法官们和各委员会都对制度性的弊端视而不见。法官们所采取方法的一个例证就是上诉法院在布里奇沃特四被告人

---

[1] 在一些情况下,也会涉及不同警察部队的人员。
[2] 参见令人震惊的埃里森报告中关于警方在斯蒂芬·劳伦斯案掩盖[违法行为]的事实,以及麦高伟和谢泼德等人对相关文献及警官所披露之事的讨论:M. Ellison QC, 'The Stephen Lawrence Independent Review-Possible Corruption and the role of undercover policing in the Stephen Lawrence case (summary of findings)', Ellison Report, UK: HMSO, HC1094, 6 March 2014; M. McConville and D. Shepherd, *Watching Police Watching Communities*, (1992) London: Routledge. 另可详见本书第八章。

（Bridgewater Four）一案中的做法。在该案中，罗克大法官发现：①

> 本院并不关心上诉人到底是有罪或无罪，只关心其被定罪的证据是否可靠。乍一看，似乎并不能令人满意，但是，牢记**刑事诉讼程序的完整性是法庭考虑的最重要因素**，而该法庭则必须要审理那些针对定罪的上诉案件。

增强"制度完整性"作为倾向性的"金牌标准"导致人们迫切倒向同一个方向。丹宁大法官曾经令其声誉受损地评论道："与英国司法制度的完整性受到破坏相比，最好是让一些无罪的人待在监狱里。"② 与此同时，法官们对警方的行为表示困惑，后者位于一个被描述为"封闭的世界里"，③ 而且超越了被［他人］监管的范围："从表面上来看，还存在一种明显密谋滥用司法公正和伪造［证据］的情形。没有人可以向法庭解释为何一直没有针对此类行为的纪律处分或刑事程序。"④

十七、进一步，退两步

最近，法官们正在设法使自己远离那些不光彩的过去，至少在他们处理刑事错案方面是这样。纳恩诉萨福克警察局局长案，涉及被

---

① *R v Hickey and others*, CA, unreported, transcript, 30 July 1997, quoted in Davis, Rowe and Johnson (2000) 30 EHRR 1.
② 引自：E. Whitton, *The Cartel: Lawyers and their Nine Magic Tricks*, (1988) Australia: E&N Whitton。
③ *R v Maxwell* (2010), para.42.
④ Para.37, Lord Dyson.

告人在被定罪后申请控方披露最初侦查中收集的法医材料问题，就是一个很好的例证。人们很容易看出法院的自满情绪：①

> 没有出乎意料的是，这种共同点在于我国司法制度的标志是，保护公民免受司法不公属于国家的责任，当事情已经严重出错时，必须竭尽一切可能予以纠正。

随后，法院在详述了一些令人震惊的刑事不公案件和刑事案件审查委员会的设立——但未提及该机构有限的职责范围和权力——之后，又引用斯泰恩大法官在女王诉米尔扎案的辩解意见，并声称英国已经发生了：②

> ……更普遍的法律文化变革。这一哲理已经牢固地确立了法官在刑事司法制度严重出错时负有积极的义务，要尽一切可能予以纠正。在当今的世界里，开明的舆论只能接受这一点。

正如我们稍后会看到的，现有证据所表明的恰恰相反，英国根本就不存在任何"普遍的法律文化变革"。法院拒绝了一名自称被错判谋杀罪的男子申请其法医顾问获得控方在最初侦查期间所收集的法医材料的要求，假如纳恩诉萨福克警察局局长案自身还没有完全败坏其名声的话，那么这至少是削弱其主张所依据的基础。因此，安德鲁·罗伯茨指出，"确保更有规律地审查控方在最初侦查中不太

---

① *Nunn v Chief Constable of Suffolk* [2012], para.20.
② *R v Mirza* [2004], p.1130.

可能发现的证据缺陷和缺点,法院[在纳恩案]的判决还有很长一段路要走。"①

十八、制度性后果

虽然《法官裁判规则》可能已经名存实亡,②但它仍然从"坟墓"中支配着我们。法官们与警方不仅结盟合作已达一百余年,坚决反对任何有关犯罪嫌疑人或被告人"权利"的概念;而且,更为重要的是,他们通过这种嵌入式的思想意识形态,为主张维护"法律与秩序"的政客们铺平了道路。"平衡"的司法解释产生了大量的立法,其组合效力已经延伸至警方行使的权力领域,进一步削弱了辩方的"各项权利",而所有这一切均已完全获得了法官们的支持。所有政党采用的策略都被最简洁地规定在工党的刑事司法政策内:"我们询问警方到底需要什么样的权力,并且确保他们可以得到这些权力。"③

从1984年的《警察与刑事证据法》开始,英国的警方在立法引入的各项变革之中,被赋予了几乎可以拦截和搜查任何人的一般性权力。该法将警方享有拦截与搜查被"合理怀疑"持有被盗财物者的限制性地方权力转换为全国性的权力,并且把这些拦截和搜查的对象

---

① Andrew Roberts, 'Case comment: *Nunn v Chief Constable of Suffolk Constabulary*: evidence—prosecution evidence—disclosure', (2012) *Criminal Law Review*, 12: 968, p.970.
② 1984年的《警察与刑事证据法》废除了这些规定。
③ 参见: Labour Party, *Tackling Crime*: *Forwards Not Back*, (2005) Labour Party, UK. 保守党同样表示其决心"再次平衡"已被"倾斜的、太有利于罪犯而不利于保护公众"的制度。C. Brown, 'Howard seeks to placate "angry majority": Home Secretary tells party that balance in criminal justice system will be tilted towards public', *The Independent*, 7 October 1993.

扩展到"进攻性的武器"。从法律上讲，这可以包括任何用于进攻目的的物品，而钥匙、信用卡、钢笔或梳子等物品均在此列。① 警方的拘留权被进一步扩大，议会起草立法规定的方式可使"需要盘问"成为警方拘留个人的理由，警方可以某人犯有"严重的可逮捕罪行"为由连续羁押该人 36 个小时，或者经过治安法官的批准（在实践中几乎没有任何限制）之后羁押该人 96 个小时。另外，警方还被赋予了收集涉及属于个人隐秘的身体样本的权力。1994 年的《刑事司法与公共秩序法》减弱了犯罪嫌疑人保持沉默的权利：假如他无法解释出现在某一特定地点、占有某个物品，或者身上带有材料或标记的原因，或者未能披露在审判中所依据的案件事实，就会受到惩罚。同时，该法赋予了警方在没有合理怀疑理由的情况下②在特定地点拦截与搜查某人的权力，而且规定了鼓励［犯罪嫌疑人达成］认罪协议来换取［减轻其］量刑的机制，以换取被告人的认罪请求。在 1996 年修订《恐怖主义预防法》（Prevention of Terrorism Act）(1989) 后允许警方在无合理怀疑理由时也可以拦截并搜查个人。2003 年的《刑事司法法》修订了《警察与刑事证据法》，开始允许对犯有可逮捕罪行的人员拘留长达 36 个小时——而现在，2005 年的《严重的有组织犯罪与警察［侦查］法》(Serious Organised Crime and Police Act,

---

① 根据 1997 年的《刀具（管制）法》，一名高级警员基于"合理的理由相信"，认为有人携带危险工具或进攻性武器时，可享有这些被扩大的权力。之后，2007 年的《严重罪行（惩治）法》再次扩展了这些权力。
② 但是，正如伦敦大都会警察厅的研究所表明的那样，"合理怀疑"的要求在实践中几乎没有多少意义。这一要求对于警方来说，假如某人正在奔跑，匆匆忙忙或四处游荡，就可以明显符合该标准。参见：D. Smith, *Police and People in London：A Survey of Police Officers*, (1983) London：Policy Studies Institute。此外，其他不需要有合理怀疑的权力已被列入 2000 年的《反恐怖主义法》和 2001 年的《反恐怖主义、犯罪与安全法》(Antiterrorism, Crime and Security Act 2001) 之中。

SOCPA)则规定对所有可公诉的犯罪采取这一措施。2003年的法律进一步允许法官根据情况,命令采取没有陪审团参与的审判方式,为诱使被告人认罪并放弃审判提供了动机。

虽然人们恰当地注意到,自《警察与刑事证据法》出台以来犯罪嫌疑人会见律师的比例已经有所增加,[1]但它出现在个人"权利"自身价值已被明显削弱的背景下。除了其他事情之外,他们所享有的沉默权、法律顾问的狭隘性,以及提供咨询意见的性质都已遭到减弱。[2] 法院表明自己并不赞赏警察文化中已有的这种区别对待,也就是在其服务的人群与其试图控制的"麻烦制造者"之间、在其服务的人群与其行动针对的人群之间的区别。[3] 此类区别在于,警方感兴趣的关注点开始于市中心地区的大街上,那里可以预见性地成为大规模街头骚乱的关注点,因为警务活动的风格与强度会以极端的形式重现有裂痕的社会秩序。[4]

---

[1] 参见:C. Phillips, and D. Brown, *Entry into the Criminal Justice System: A Survey of Police Arrests and their Outcomes*, Home Office Research Study No. 185, (1998) London: Home Office Research and Statistics Directorate; L. Skinns, '"I'm a detainee: get me out of here": predictors of access to custodial legal advice in public and privatized police custody areas in England and Wales', (2009) *British Journal of Criminology*, 49(3):399; L. Skinns, 'The right to legal advice in the police station: past, present and Future', (2011) *Criminal Law Review*, 19。

[2] 我们将在本书后面的章节中讨论这些内容。

[3] E. Hughes, *The Sociological Eye*, (1971) Chicago: Aldine-Atherton; C. Shearing, 'Subterranean processes in the maintenance of power: an examination of the mechanisms coordinating police action', (1981) *Canadian Review of Sociology and Anthropology*, 18(3):283.

[4] L. Bridges and T. Bunyan, 'Britain's new urban policing strategy—The Police and Criminal Evidence Bill in context', (1983) *Journal of Law & Society*, 10(1):85; M. McConville and D. Shepherd, *Watching Police Watching Communities*, (1992) London: Routledge.

十九、结语

正如我们已经看到的那样,法官们的官方话语致力于否认构成社会混乱基础的原始条件及其向社会施加秩序影响时所发挥的作用。当他们这样做的时候,会设法在各种操纵的"制度完整性"和"公众信任"等方面寻求合法性,以证明犯罪控制的思想和改变文化的诉求——启发公众舆论的要求——具有正当性。但在刑事司法的舞台上,"法律"已被认为是等同于支持警方的做法。假如这种做法持续足够长的时间,法律就会给予警方先由法官们、后通过立法支持的说明性权利。有关"法治"和"公正审判权"的司法主张已被证明是修饰性的手段,用来掩饰司法实践中实际运作的制度。法官们在培养警方的公正观念时,已经要求被告人来代替行使此类举证责任,从而改变了传统的做法。一旦法官们将自己与各机构结为同盟,那么他们应该审查的事项,也就是证据,则只能退居次席,而这正是[英国]历史上出现令人震惊的司法不公案件的原因。法官们实际上从来没有对由陪审团参加的审判或对抗制表现出真正的信仰,而立法机关在1994年之前根本没有设法找到足够多的时间,去公开解决令人沮丧的庭审问题。但是,正如我们将在下一章所看到的那样,法官们已经提前展开了行动。

第三章 国家诱导的
被告人认罪答辩及其合法性

一、概述

根据普通法的规定，在不得强迫被告人协助的情况下，对抗式的司法制度把承担刑事案件的举证责任置于国家一方。认罪答辩被认为是被告人承认控方指控罪行的每一项内容，从而使法院可以直接进入到案件的量刑阶段。认可这种审判模式的正式条件包括：被告人的认罪意愿必须明确；[1]而且没有受到任何胁迫和他人的影响。设立这些条件非常必要，因为在此背景下，被告人对此类定罪结果提出的上诉实际上会被上诉法院排除在案件的受理范畴之外。[2] 虽然普通法一直承认有认罪答辩实践的存在，但位于这种具有体制性压力之下的被告人在认罪答辩时必须符合上述正式条件。

---

[1] 参见：*P. Foster（Haulage）Ltd v Roberts*［1978］。
[2] 假如被告人获得了可能属于不恰当、有误导性或错误的法律意见，法律则允许其上诉，例如：*Ali Reza Sadighpour v R*［2012］；*R v Boal*［1992］。此外，被告人在案件存在严重滥用程序的情形下也可以提出上诉：*R v Tougher*［2001］and *R v Bhatti*［2000］。

二、被告人的认罪答辩率

虽然许多嫌疑人犯有法律所禁止的行为,并在警方的审讯中承认了自己的罪行;[1]但正如我们所看到的那样,他们几乎没有获得法官对其相关"权利"的保护。国家施加各种形式的压力已经成为制度化的做法,从而更好地确保可以获得被告人的顺从姿态。相关统计数据也表明了这一点:例如在 2011 年,所有在刑事法院中达成认罪协议的被告人的比例为 70%。[2] 尽管被告人的认罪率已经从 2001 年的 56%上升到目前的 70%,但有证据表明,至少在过去的 50 多年里,被告人的认罪率一直保持在 50%以上。[3] 法院向被告人施加认罪压力的主要手段就是国家诱导的认罪答辩。[4] 本研究在这里关注的是那些高等法院——刑事法院——审理的案件。这些法院的法官们为被告人提供一种同意认罪答辩即可降低量刑的方式,即直接的

---

[1] 例如,由博顿斯和麦克莱恩早期开展的研究发现,大约有三分之二的被告人承认有罪,因为他们事实上有罪并向警方作了认罪供述。参见:A. Bottoms and J. McClean, *Defendants in the Criminal Process*, (1976) London: Routledge。

[2] Ministry of Justice (MoJ), *Judicial and Court Statistics 2010*, 30 June 2011 (revised July 2011), London: Ministry of Justice, at p.62 and Table A3.6.2010 年,在治安法院受审的 92%的被告人达成了认罪协议。

[3] 例如,内政部(Home Office)提供给赞德尔的数字表明,全国[范围的被告人]在 1968 年和 1969 年不认罪的比率分别为 69%和 72%。在其案件研究样本中,在伦敦中央刑事法院(Old Bailey)和内伦敦刑事法院(Inner London Crown Court)受审的被告人认罪率分别为 50%和 70%。参见:M. Zander, 'Are too many professional criminals avoiding conviction? A study in Britain's two busiest courts', (1974) *Modern Law Review*, 87:28。

[4] 包括涉及以下情形的案件:公诉人可能愿意接受另一种罪行较低的指控,或者去掉一项或多项指控(指控罪名的协商);或同意向法庭呈现那些可减少或消除加重指控特征的敏感"事实"(指控犯罪事实的协商)。

量刑交易(sentence-bargaining)，试图说服后者放弃应享有的接受陪审团审判的权利。

虽然我们无法确定，实际上到底有多少[被指控]犯罪的被告人在其他条件相同的情况下，会请求认罪并放弃接受审判的权利，但有迹象表明，他们多年来在英格兰和威尔士高等法院的认罪答辩比例超过了50%。例如，罗斯公布的此类数据在1967年为57%，[1]而博顿斯和麦克莱恩报告的数据是，被告人接受所有指控的认罪比例在1971—1972年度为65%。[2] 然而，这些统计数据背后还隐藏有其他故事可讲，而实证研究则可以为我们提供一些解释说明。

三、早期的实证研究

早期的研究表明，涉及出庭律师和法官参与的、秘密的审前讨论在有规律地进行着，这导致社会各界对此相当担忧。[3] 例如，戴尔在伦敦开展的一项研究中，人们对于被告人在坚称自己无罪的同

---

[1] G. Rose, *Royal Commission on Assizes and Quarter Sessions 1966 - 69. Special Statistical Survey*, (1971) London: HMSO.
[2] A. Bottoms and J. McClean, *Defendants in the Criminal Process*, (1976) London: Routledge.
[3] 来自法官自身、未经证实的证据支持这一项研究的推论。法官皮克尔斯(Pickles)在向皇家刑事程序委员会提供证据时称，"法官与被告人之间的量刑协商出现在每一天……一些法官在开始处理案件之前会派人去请律师来，实际上是向该律师提供如何'解决'案件的指示……一些法官甚至通过文员或法庭书记员传达信息的方式更微妙地进行协商。"参见：The Royal Commission on Criminal Procedure (RCCP), *Report*, Cmnd. 8092, (1981) London: HMSO. 又可参见：Judge David, 'In the Crown Court', (1978) *The Magistrate*, 34:74. 法官大卫指出："治安法官非常熟悉这样的场景。当时时间是10:29。有人会敲法官休息室的房门，书记员宣布：'律师来见您。'此后，会出现一个快速移动的场景，更让人联想到拍卖牲口，而不是法院在审理案件。于是，当天的业务差不多就被处理完毕。"

时——术语称之为"前后认罪态度不一致的答辩人"——又请求作出认罪答辩的做法表示担心,① 这也是戴维斯在总体上表示关切的事项之一。② 除此之外,麦凯布和珀维斯在牛津开展的一项研究发现,被告人的认罪答辩通常是在接受其律师的"一些好建议"之后作出的决定。这些律师的建议"是在利用他们在法院的一般审判经验以及了解当地司法机构的所谓喜好"的基础之上,在被告人改变答辩态度的过程(plea-changing process)中起到了关键的作用。③ 虽然没有发现控方过度指控的情形,但人们有理由相信,"控方有时候为了达成辩诉交易会指控被告人的全部罪行,即使该交易过程可能并不迅速。"④ 在卡迪夫,菲尔·托马斯和杰夫·蒙汉姆指出,⑤ 那些愿意代表当事人进行"交易"的律师据说是为了替被告人争取到最佳利益,但该研究实际上却发现,在时间压力之下,某些"成功"律师传送带式的办案运作手段,有时会让人进一步思考这种以当事人为导向的价值观是否存在问题。⑥

---

① S. Dell, *Silent in Court*, (1971) London: Bell.
② C. Davies, 'The innocent who plead guilty', *Law Guardian*, March 1970, pp.9-15.
③ S. McCabe and R. Purves, *By passing the Jury: A Study of Change of Plea and Directed Acquittals in Higher Courts*, (1972) Oxford: Blackwell for the Oxford University Penal Research Unit, p.9.
④ 同上注,第 19 页。
⑤ P. A. Thomas and G. Mungham, *A Report on the Duty Solicitor Scheme Operating in the Cardiff Magistrates' Court*, (1976) Cardiff: University College; P. A. Thomas and G. Mungham, 'Duty solicitor schemes: in whose interest?', (1977) *New Law Journal*, 127:180.
⑥ P. A. Thomas and G. Mungham, *A Report on the Duty Solicitor Scheme Operating in the Cardiff Magistrates' Court*, (1976) Cardiff: University College, cited in P. A. Thomas, 'Plea bargaining in England', (1978) *The Journal of Criminal Law & Criminology*, 69(2):170.

博顿斯和麦克莱恩在谢菲尔德的研究发现,少量来自被告人的证据可表明警方会"强迫"被告人作出认罪供述;[1]还有一小群被告人,如果法院采纳其陈述,就"非常有可能造成错误的定罪后果"。[2]其中,对案件答辩结果产生最重要影响的是律师的建议(34%)。他们找到了出庭律师在最后一刻向当事人施压的证据:律师在三起涉及辩诉交易的案件中有过强烈的暗示,而被告人在大约25%的案件中对此交易结果并不满意。假如一名不知道从哪里来的律师在开庭当天早晨出现,当他预计庭审可能要持续好几个星期的时间后,就会建议被告人接受认罪答辩。"被告人在面对如此困境时表示默认不足为奇,而且,假如他们当中的一些人在面对最后一刻的压力时默许了认罪答辩,但随后对自己的行为又表示愤怒,这种情形照样也不会令人感到惊讶。"[3]

同样,鲍德温和麦高伟等人对伯明翰刑事法院的研究发现,被告人在认罪答辩方面的讨价还价属于常见现象;几乎所有的被告人都面临着各种各样的压力,因为各方都试图说服他们接受认罪答辩的建议;一些被告人声称控方已经提供了某一特定的量刑条件;其他被告人基于律师的建议而作出认罪答辩的决定时并不具有自愿性。因此,达成认罪协议的被告人之后又声称自己无罪的情形并不罕见。[4]此外,塞夫曼在伦敦的研究中,确认有来自警方、出庭律师、事务律师和法官等方面对被告人施加认罪压力或影响的做法。虽然塞夫曼在

---

[1] A. Bottoms and J. McClean, *Defendants in the Criminal Process*,(1976)London:Routledge,p.116.
[2] 参见:同上注,第120页。
[3] 同上注,第130页。
[4] J. Baldwin and M. McConville, *Negotiated Justice*,(1977)London:Martin Robertson.

总体上认为被告人讨价还价的认罪答辩是减轻法院案件负担的一种重要手段,但他还指出,出庭律师和事务律师经常感到英国缺乏相应的保障措施,难以避免有人会说服无罪的被告人去认罪。塞夫曼声称,"源于辩诉交易等做法所导致的不公正现象,对于减轻——或试图实现这一目标——不断积压的案件而言,并非一项公平的交易。"①

四、合法性与正当性

65   总体上,这些研究都强烈表明,普通法的理想化审判模式作为处理案件的标准方法至少是缺乏现实性的基础。英国存在一种根据其自身行话、程序和惯例的非正式实践,它倾向于采用一种私下而非公开的场合、不经过正式审判的方式来处理刑事案件。假如将这种小心翼翼保护的领域暴露在"阳光"下,法院将被迫宣布这些做法与对抗式司法的要求相矛盾,或者说,需要将这些非正式的实践作为合理程序而赋予合法性。

国家诱导的被告人认罪答辩对于我们研究英国法院所发挥的作用至关重要,因为它同时维护着秩序与形式理性。法院在历史上面临的困境是,如何在维护公开与个体正义意识形态的同时,设立和批准这种通过整体方式(Aggregate means)来私下处理大量案件的做法。既然国家诱导的被告人认罪答辩实践脱离了对抗式司法制度的规定,那么法官们就被迫面临构建一套新的、涉及认可认罪答辩的

---

① R.Seifman, 'Plea bargaining in England', in W. McDonald and J. Cramer (eds), *Plea Bargaining*, (1980) Lexington Books: D.C.Heath, p.191.

"理性"原则,否则就会有前后不一致、相互矛盾的和非理性的风险。因此,我们在此讨论一些可在新的秩序中具有"正当性"的事项则非常有益。

正如富勒所主张的那样,[司法]裁判的独特传统特征在于它赋予了受到影响的一方当事人[被告人]以某种特殊的形式来参与该决定的事实,即"根据[控方]出示的证据与合理的理由所作出的决定应当对当事人有利"。① 因为判决给予了当事人正式的和制度性的表达方式来影响法官对案件的合理论证(Reasoned argument)过程,所以它假定不能由其他形式的社会秩序来承担这种理性责任。因此,"这种作为推理论证产物的决定,必须保证自己可以符合该推理的测试要求。"②

于是,为了确保国家诱导的被告人认罪答辩具有合理性,法院需要设计并清晰地表述出一套前后一致的理由。诚如斯坎伦(Scanlon)所言,法院需要那些可构成作为决策形式基础的考量因素,真正得到某一判断敏感态度(judgment-sensitive attitude)的支持。③ 为此,这些理由必须深深地根植于各项原则和价值观之中,以一种清晰的方式与正义、公平与平等的考虑因素相关,可解释并证明决策者判断敏感态度的做法具有正当性。④

---

① L. Fuller, 'The forms and limits of adjudication', (1978) *Harvard Law Review*, 92 (2):353, p.364.
② 同上注,第 366—367 页。
③ T.M. Scanlon, *What We Owe to Each Other*, (1999) Cambridge MA: Belknap Press, p.19.
④ 正如斯坎伦所言,"判断敏感的态度"是指那些"在理想状况下非常理性的个人所具有的态度,无论什么时候,该人的判断都具有充分的理由。那些在理想情况下非常理性的人,当其判决的原因由于不恰当而无法获得支持时,这些想法就会'不复存在'"。参见:同上注,第 20 页。

66　因此，无论其自身最终对该过程的实用性、必要性或公平性结论如何，合法性工程涉及法院参与一种有足够深度和质量的结构化推理的评议过程，可保证自己以一种合理而又前后一致的方式考虑了有关证据。认罪答辩作为一种司法实践，它并不总是与被告人的个人权利概念相契合，所以国家诱导的被告人认罪答辩过程对于法院来说并不具有确定性。从这个意义上讲，国家对那些在刑事诉讼程序中权利未受到保护的个人的惩罚通常不具有合理性。① 这一问题直接出现在女王诉特纳［1970］案中。②

五、"外行人"莱蒂③对专业人士

尽管英国之前一直有公开暗示此类实践的迹象，④但"辩诉交易"在女王诉特纳案中开始被公开。正如首席大法官帕克勋爵所指出的那样，被告人特纳在作出认罪答辩后，代理该案的事务律师"极其公开地在全国范围内传播该案信息"，认为确定被告人有罪是辩护律师与主审法官之间私下讨论量刑之后的结果，而被告人并不愿意作出认罪答辩请求。该信息被公开的时机是被告人的辩护律师路易

---

① 在英国的司法制度中，个人可通过证据法和刑事诉讼规则来寻求权利保护，这两个规定一直都依赖对抗式的审判模式，而且在事实上主要是由陪审团参与的审判。
② 之前的案件只是部分地讨论了这一问题。例如，参见：*R v Hall* ［1968］。
③ "Laity"一词自身也有"外行"、"门外汉"的意思，同时，也可以音译［保护相关律师的真实姓名不公开］，此处一语双关。——译者注
④ 例如，法院对商业大亨约翰·布卢姆(John Bloom)一案的处理方式引起了公众的热烈讨论。布卢姆因企业垮台而被起诉八项罪名，该案的陪审团已经组织完毕，但他在最后一刻承认了其中两项罪名，检方放弃对其余六项罪名的指控，最终导致布卢姆仅被处以罚款，躲过了牢狱之灾。例如，参见：*The Guardian*, '"Plea bargains" on the way?', 14 October 1969。

斯·保罗·莱蒂先生①在英国广播电视公司的电视节目《布雷登每周电视秀》(Braden's Week)上,②而且也正如该节目所预料的那样,引起公众的一片哗然。这种愤怒因该律师声称辩诉交易属于常见的司法实践,以及描述该交易的细节和使用的语言所致。

莱蒂先生讲述的故事涉及一名之前品德良好,但被控盗窃两包爆米花(原文如此)的18岁男孩。律师建议被告人要求有陪审团参与的庭审,并在治安法院告知其不需要担心有任何说服其承认有罪供述的压力。但是,当这名男孩在地方刑事法院受审时,法官派人去请该案被告人的出庭律师并告诉该律师,根据手上已有的相关材料,该男孩明显有罪;并认为这名男孩会被判决有罪。该法官指出,如果这名男孩(被告人)坚持无罪答辩,尽管他之前没有犯罪记录,但会被送到一个拘留中心(Detention Centre)[去服刑]。然而,假如这名男孩"比较明智"并且表示认罪,那么他作为法官就会对男孩作出罚款的处罚:

> 莱蒂先生:这名男孩的出庭律师处于这样一种境地:他必须回去告诉当事人,审判法官有这种威胁性的意见。事实上,男孩在拒绝接受认罪答辩一整天之前,已经收到了来自其母亲要求认罪的压力以及笼罩在他头上的威胁。最终,他改变了态度并作出了认罪答辩,而法院则判处[被告人]罚款10英镑。

当节目主持人在要求解释出庭律师为何没有直接拒绝法官时,莱蒂先生指出,该律师知道当事人这样做的严重结果:

---

① 根据《律师协会规则》(Law Society Rules)的规定,该律师的真实姓名并未被公开。
② 参见1970年2月21日(星期六)的广播节目。

莱蒂先生：你看，这并不是一种毫无根据的威胁。我还遇见过另一起存在类似威胁的案件。控方提出，如果被告人认罪，就可以对其作出量刑6个月的建议。但是，这名被告人有胆量，要求继续诉讼程序，想争取自己的权利，最终被法院判处30个月的有期徒刑，这比他认罪后可获得的刑期还要长两年多的时间……

　　布莱登：你是在暗示，如果出庭律师拒绝法官的意见，后者可以做出伤害律师的事情吗？

　　莱蒂先生：嗯，我认为有这种可能性。我的意思是说，出庭律师显然希望自己有朝一日能成为法官。如果他们得罪了现在的法官，那么还有人可能将"麻烦制造者"这个词转回来用到他们的身上。

莱蒂先生在被问及出庭律师难道不是仅做那些事务律师所建议的事项时指出：

　　莱蒂先生：完全正确，但出庭律师与法官之间还存在这样一种"校友"(old boy)的社会关系。事实上，出庭律师与法官之间存在的这种紧密关系要远远超出出庭律师与事务律师之间的关系。这样，他们的确经常会竭力反对我们的观点。我们也是……如果威胁降临到某个当事人的头上……我们要说服其全然不顾事务律师的建议而作出决定时还存在困难。而且，你知道，出庭律师在这一阶段的诉讼中代表了一种支持当事人的更强大力量。他根据法律戴着假发，身着律师服。当然，出庭律师的意见很可能会取代我们提供给被告人的任何建议。

但可以肯定的是,当被问及出庭律师为何不报告给自己的行业组织时,莱蒂先生这样回答道:

> 莱蒂先生:我们很难让法官和出庭律师承认这种做法仍在继续。我的印象是,他们并不认为公众足够成熟而知晓这一点;因此,公众也就无法提出挑战。假如你试图挑战这一点,你代理的案件就不会走得太远,比如说到刑事上诉法院这一步。每个人都会假装此类做法没有发生,……任何要求传召出庭律师对法官房间内继续发生的事情提供证据的问题,会遇到很大的阻力……无论你到哪里,都会有人制止你这样做。

显然,事务律师的评论所产生的影响最终会通过以下事项而得以增强:法官使用"威胁性"的语言,出庭律师与法官之间的亲密关系(校友关系网),律师晋升到司法机构任职的希望可能会因与法官不合作的行为而受到影响的担心,事务律师的从属地位,[①]交易的私密性与信任,以及官方会否认正在发生的此类私下交易等。

虽然大多数的宣传会对法律制度不利,但是随后此类宣传的效果迅速显现。在《议员抗议"操纵"审判》的头条新闻标题下,一群多党派的国会议员表示,将向内政大臣抗议这种"正在进行的,但达到一定危险程度的认罪答辩实践"。[②] 接着,在公众场合发生

[①] 他们不为公众所知,而且就法官办公室内发生的亲密讨论而言,事务律师受到了非法证据排除规则的限制。
[②] *The Daily Mail*, 'MPs protest at "rigged trials"', 23 February 1970.

的相关讨论,①在事务律师协会(Law Society)闪烁其词的、傲慢的和无关紧要的公开声明中——如果有的话——就达到了高潮:②

2月21日(星期六)标志着一名事务律师出现在英国广播电视公司《伯纳德·布雷登每周电视秀》中的时机。③ 其评论的事实——法官有时会叫律师到办公室一起讨论在审案件的问题——导致了报纸上的《操纵审判》等头条新闻标题的出现。律师协会已经获得了本次访谈节目的文字稿并且正在研究此事。同时,需要充分说明的是,该事务律师于1963年被许可进入律师行业,但并不是律师协会的成员。④

这一事件所引起的、事出有因的耻辱程度要超过它所涉及的原则问题。例如,这与负责讯问的警官以两项较轻罪名的指控并处以较轻刑罚的承诺,来说服犯罪嫌疑人认罪的做法有何不同?是否可以出于降低公共资金成本的原因,就要投入更多的热情和说服力来努力实现辩诉交易?是否因为过于拥挤的案件审理时间表,就可以在相互冲突的公共利益与个人利益考量因素之间混淆人们对"无懈

---

① 例如,参见:H. MacPherson, 'Is it backroom British justice?', *The Guardian*, 24 February 1970. 又可参见:*The Daily Telegraph*, 2 April 1970; H. C. Leon, *The English Judge*, The Hamlyn Lectures, (1970) London: Stevens and Sons。
② *Law Society Gazette*, Comment, March 1970, p. 152; *New Law Journal*, 'Comment. Plea Bargaining—Conflicts of Interest', *New Law Journal*, 19 March 1970.
③ 这里参考了英国广播电视公司的节目:*Braden's Week*。
④ 在一次颇具讽刺意味的行动中,莱蒂先生经过皇家的任命,其职位于1990年2月16日从律师协会的"局外人"被晋升为"记录员"。参见:*The London Gazette*, 'State intelligence', 22 February 1990。莱蒂后来于2001年去世。

可击的正义标准"的追求？①

此后，其他类似案件的报道也开始浮出水面。例如，罗纳德·普莱斯(Ronald Price)被指控犯有暴乱罪、聚众斗殴罪(Affray)和非法持有进攻性武器罪。出庭律师告知被告人，法官希望他[被告人]承认一项指控，然后控方就不再指控其他几项罪名；如果被告人同意这一建议，就会被判处一个较轻的刑期。但是，普莱斯拒不认罪，选择继续诉讼，最终被判无罪。他说："无论代价如何，我们都应该准备为此付出代价，而非使无罪者在此压力之下可能作出认罪答辩。"普莱斯的事务律师透露，警方在没有法院书记员的[会见]许可证明以及当事人出庭律师陪同的情况下，拒绝他本人和其他事务律师到监狱与当事人见面。他补充道："因此，我们在收到控方的辩诉交易条件之前对案情一无所知。"②

这些个案引发了社会更广泛的调查性新闻，人们提出了更多的问题。因此，在《无罪者会被劝说认罪吗？》的标题下，一个名为新视野(Newsight)的调查小组调查了用来节约"超负荷运作的法院的时间和金钱"所进行的"幕后交易"(backstairs deal)。③该调查提出的担心是，法官要求出庭律师去"说服那些没有犯罪前科的年轻当事人"作出认罪答辩，这是许多出庭律师发现"令人不快"并且往往会"碰壁"的任务。

---

① 参见：*New Law Journal*，'Comment. Plea Bargaining—Conflicts of Interest'，*New Law Journal*，19 March 1970。
② 参见：*The Daily Mail*，'The case of Stephen Carver'，13 April 1970。这一情形在一起类似案件，斯蒂芬·卡弗(Stephen Carver)案中也得以曝光。检方已向卡弗提供了认罪条件，但该案却进入了审判阶段，被告人最终被裁定罪名成立。其律师也抱怨说，无论达成哪一种协议，本都应该征询辩护律师的意见。参见：同上。
③ *The Daily Mail*，'The case of Stephen Carver'，13 April 1970。

紧跟这一热门话题之后,国际法学家委员会英国分会(the British Section of the International Commission of Jurists JUSTICE)宣布其正在对辩诉交易实践进行调查。① 与此同时,英国律师协会模棱两可和胆怯的态度继续存在。它在《公报》(Gazette)中评论道:"如果漠视这些批评法官和法律顾问之间私人会议的意见,那将会是大错特错。但我们从中得到的教训是,应该认可并时刻牢记辩诉交易实践中固有的危险。"② 这一评论相当引人注目,不仅是因为该协会未能反对辩诉交易的不当做法,而且也正如事务律师公开表示的那样,因为他们被排除在这些"私人会议"之外,未能参与到这一实践的过程之中。

六、第一项合法化工程

(一) 特纳案与三项自由

正是在此背景下,上诉法院被迫处理莱蒂先生的当事人案件,弗兰克·雷金纳德·特纳案。在特纳案中,被告人的认罪答辩据称是受到该案一审法官诱导性的建议所致:被告人如果经过庭审后罪名成立,将会被判入狱;但是,假如他作出认罪答辩,就可以据此作为交换而得到被罚款或其他非监禁刑(non-custodial sentence)处罚的结果。被告人认罪答辩的讨论源自其辩护人的担忧,因为他收到当事人的指示,要求指控警方与控方证人一起捏造证据。这种辩护的后

---

① *The Daily Mail*, 'Lawyers to probe plead-guilty court deals', 14 April 1970.
② 参见:同上注。

果是,被告人之前的任何犯罪记录几乎肯定会被控方提交到陪审团的面前,从而增加了后者拒绝接受辩方意见的可能性。然而,法院不会允许其他结果。正如首席大法官帕克勋爵在女王诉哈珀(*R v Harper*)[1967]①案中所表达的那样:"本院认为,如果因为某人没有认罪或以特定的方式进行辩护,而在其量刑时使用可能会传递给陪审团负面印象的语言,这一做法就相当不合理。"

尽管女王诉哈珀案具有明确的权威性,但法院在女王诉特纳案中并没有注意到这一点。现在,帕克大法官本人则采取了一种完全不同的推理方式。

虽然上诉法院在特纳案中没有表明对辩护律师已在法官办公室咨询过办案法官[量刑]意见的事实感到非常震惊或烦恼,②但是该"评论"(observations)打开了各方讨论国家诱导下的被告人认罪答辩的大门,力求在这些做法被宣布为不合法的背景下找到合法性。法官在特纳案中讨论的规定主要集中在"三项自由"方面:如果予以强调,则应表述为律师有提供法律建议的"完全自由",被告人享有作出认罪答辩的"完全自由",以及律师与法官之间有进行接触的"自由"。尽管法院认为,唯一允许法官们进行私下讨论的事项是,无论被告人有何种答辩请求,其量刑是否会采取特定的形式(如缓刑或罚款),但他们对具体的量刑期限不得发表任何意见。显然,法院试图作出的合理性解释开启了辩诉交易的时代。特纳一案主要涉及两项核心原则:律师与法官之间进行接触的自由,以及任何所谓的量刑基

---

① 这与早前女王诉巴赫曼(*R v Behman*)[1967]一案的意见相一致。帕克大法官也提供了法院对该案的判决。
② P. Curran, 'Discussions in the judge's private room', (1991) *Criminal Law Review*, 79.

础不得依据被告人是否认罪的答辩意见。

上诉法院列举了两个实例来证明有维护律师接触法官这一自由的必要性,但没有一个源于正在讨论的事实。第一个例子是,辩护律师可能会告诉法官,被告人也许是因为患有癌症等严重疾病,其生命不会存续太长的时间,以此希望法官能减轻对被告人的刑罚,而这属于并且应该是他本不应当知道的信息。① 这种有点夸张的例子表明,甚至连司法创造力也变得如此枯竭,而且很容易被认为是可笑之举。正如人们所熟知的那样,出庭律师后来并没有等到这种情况出现。无论如何,此类特殊情况不可能构成一般规则的基础。

帕克大法官假定的第二个例子是,律师可能在某一特定案件中希望与法官讨论控方接受被告人承认较轻罪行的答辩请求是否妥当的问题。这一点非常重要,因为刑事犯罪在法律上通常会进行分级,例如谋杀罪/杀人罪/抢劫罪/盗窃罪、故意伤害罪/伤害罪、强奸/猥亵罪(indecent assault)等。相应地,这为法官们参与案件打开了便利之门,律师们实际上在所有的案件中都设法与主审法官讨论量刑问题。

---

① 亚当斯强调了大量令人信服的关于帕克大法官的第三种自由制裁"故意诱导无知"的伦理问题。值得注意的是,"帕克大法官……似乎给不能被完美归类的一方当事人(医生)与代理人(律师)欺骗委托人(Principal)(病人和当事人)的行为带来了司法福利。"参见:J. Adams, 'The second ethical problem in *R v Turner*: the limits of an advocate's discretion', (1971) *Criminal Law Review*, 252, p. 258。帕克大法官关于不得向当事人泄露信息的指示应当被理解为"并且应保持",这一点尤其令人担忧。在违反现有的专业守则权威和判例法告诫的情况下,"其论点的基本假设前提是,辩护人享有一种独立的地位,允许他完全根据自己所享有的权利进行判断,怎样做才会对当事人最有利。"参见:同上注,第262页。第三种自由为辩护律师确立了一种"特别,甚至更新颖形式的个人特权,按照对自己有利的方式,对当事人的权利享有自由裁量权"。参见:同上注,第263页。虽然如此,但它与否认此观点的权威背道而驰。例如,参见:*McMenemy* [1962]。

（二）特纳案与四大欺骗

这一开门见山的政策非常重要,因为任何所谓的量刑差异基础都依赖于特纳案所提出的认罪请求:

> 律师必须完全自由地履行其职责,即尽力提供给被告人最佳建议;而且如有需要,可以建议采取强硬的语言表达方式。它通常会包括建议被告人作出有罪答辩,表明有悔罪因素。这是一个可使法院考虑判处被告人较轻量刑的从轻处罚因素;否则会比不认罪的量刑要重不少。律师当然会强调被告人不必认罪,除非后者犯有构成犯罪指控的行为。①

在这一段巧妙地构造的话语中,帕克大法官通过四种诡异手法来寻求法官与律师之间私下讨论有关认罪答辩的合法性。②

第一,在不考虑任何权威——其中,法官在许多机构中一直是核心参与者——的情况下,帕克大法官用一种允许降低可"表明某项悔罪因素"的认罪答辩诡辩术,取代了可反映出被告人真正悔罪的量刑原则。这一司法手段意味着法官有可能仅仅因为被告人的认罪请求

---

① （1970）54 Cr. App. R. 352, at 360.
② 帕克大法官对于司法欺骗手段并不陌生。例如,参见:G. Robertson, *Stephen Ward Was Innocent OK：The Case for Overturning His Conviction*,（2013）London: Biteback Publishing。罗伯逊提供了有关斯蒂芬·沃德案审判背景的生动描述。该案源于由首席大法官帕克勋爵（与萨克斯大法官和威杰里大法官一起）领衔的上诉法院法官的参与。他们"预先计划采取时间为 9 分钟的司法掩盖行动",帕克自己在一种"偷偷摸摸的操纵气氛中"与"缺乏坦率的"情形下操作此事。参见:同上,第 98 页。此外,当帕克还在掌权时,皇家警察事务委员会（1962）收回了重新排序的《法官裁判规则》,并于 1964 年偷偷地将《规则》纳入到"法律"行列之中。

而给予后者"量刑折扣"(sentence discount)。

第二,这种手法要求辩护律师承担给被告人提供最佳建议的责任,从而尽量避免采取司法强制的方式。然而,律师只能在一种势在必行的制度(system-imperative)下——法官不得直接说出的这种"量刑折扣"——来履行责任,而该制度已经制约了律师可提出的法律建议。然而,法院在女王诉哈珀[1970][①]案中已经明确拒绝了这种势在必行的制度:帕克大法官在一份由其本人做出的判决书中声称,这种因为某一被告人拒不承认有罪指控并且自行辩护而增加量刑的做法"极其不妥",属于作伪证的行为。

第三,这种手法声称将法官完全置于事情之外,其依据是"可采取的司法介入可能会给被告人带来不当压力"。然而,它也涉及另一种巧妙的办法,因为只有法官才可以提供这种要求律师与被告人进行沟通的量刑"折扣"。

第四,英国对于被告人"享有是否认罪的完整自由选择权"的保证并不"完整",因为任何选择拒不认罪的被告人一旦被判决有罪,就会面临被加重量刑的可能性,但这是法院迄今为止已经断然否认的一种威胁。

(三) 特纳案与五大后果

反过来,这四种欺骗会产生五种后果,其中四种具有可预见性。第一,法院在一种无原则的而且至关重要的、("很可能是")不可预知的基础上,力求量刑"折扣"的合法化。第二,辩护律师为了努力解决

---

① 女王诉哈珀案在这一方面沿用了(上述)女王诉巴赫曼案的意见,也就是帕克大法官对另一起案件的判决。

量刑的不确定性,①或者为了帮助当事人争取到最大程度的量刑折扣,正如"飞蛾扑火"一样,会不可避免地受到私下拜会法官办公室来寻求"指导意见"这一动机的诱惑。第三,至少有一些法官会允许自己有参与此类量刑折扣讨论的时间,而且有些法官的确可能会主动发起此类讨论。第四,所有被告人都有可能处于此类压力之下,而认罪会不再被认为是其自由选择的结果。第五,或许预见性较少的是,出庭律师公会(Bar Council)虽然作出了让步的态度,但却没有资格欢迎上诉法院在特纳一案的判决意见,其自私自利的依据是,这会"防止辩护律师说服被指控犯罪的某个人去违心地接受认罪答辩建议的可能性"。②

综上所述,其他影响深远的后果现在都有了先兆。此类决定的潜在含义正式地改变了律师界与审判法官的关系。任何声称自己"独立"的辩方律师现在明显受到了限制:法官而非出庭律师公会决定律师建议的内容是否恰当,律师们向当事人提出建议时也要把量刑"折扣"因素考虑在内。因为任何"折扣"都具有不确定性,所以出庭律师与审判法官现在处于一种依赖与被依赖的关系,这进一步强调了律师们已被弱化的作用。事实上,它预示着辩护律师与法官的地位在总体上具有形式上的从属性。正如我们将要证明的那样,这是法官们在接下来的四十多年里需要发展的一种关系。

此外,如今清晰可见的是,实践会推动"法律"的发展,而"法律"则会变相地反映出与对抗式司法制度相背离的举措。法官们正式地

---

① 例如,这到底是一起法官"很可能"会给予量刑折扣的案件,还是一起"不可能"给予量刑折扣的案件?
② 参见:*New Law Journal*,'Guilty pleas: counsel's role', *New Law Journal*, 30 April 1970。

打开了对抗式司法的大门,令那些在无罪推定原则下运转的人士,以及认为被告人——至少是来自较低社会阶层的被告人——不值得法庭审判的人士,一头雾水。其结果是,所有这些后果都会实现,其中一些互动由律师发起,而另一些则由法官发起。[①]

(四) 律师启动的辩诉交易

可以预见的是,律师们会自发地或者在当事人的鼓动下,经常试图私下会见法官,以打探[被告人]可能会被判处的刑期结果。当然,这一策略也会涉及控方律师,他们在一般情况下也会满足于案件的处理进程。因此,在女王诉奎蒂(*R v Quartey*)[1975]案中,[②]"[辩护律师]坦率地告诉我们,他自己会主动要求会见法官,以便尽可能地发现法官心中认为的被告人可能会被判处的量刑结果。"在女王诉史密斯(*R v Smith*)[1989]案中,[③]"该案的控方律师和辩方律师认为会见法官的做法并无不当,他们可以据此来了解法院对似乎属于法官可公开讨论的量刑选择的明确意见;而这则取决于他对案件事实的看法。"在女王诉多塞特(*R v Dossetter*)[1999]案中,[④]律师曾拜访过主审法官四次,"该案出现了最明目张胆的尝试,尤其是多塞特的律师,他与法官商谈达成辩诉交易的条件,而这出现在多塞特决定是否作出认罪答辩之前。"

---

① 参见:同上。在许多情况下,人们尚不清楚由谁发起的这种会议。因此,唐纳德·库克(Donald Cook)的事务律师只能说库克的出庭律师和控方的律师私下会见过法官,而库克本人则透露,他被说服承认较轻的罪行,以避免狱内服刑的风险。参见:C. White, 'I pleaded guilty after court "deal" ', *The Daily Mail*, 13 August 1973.
② Unreported (4936/A/74, 314/B/75).
③ 其他例证包括以下案件:*Inns* [1974]; *Plimmer* [1975]; *Warring-Davies* [1978]; *Davis* [1978]; *Pitman* [1990].
④ Unreported (9804926/X3-9805271/X3-9805038/X3).

（五）法官启动的辩诉交易

同样常见的是，也有主审法官启动量刑讨论的案件。① 例如，在女王诉凯恩（R v Cain）[1976]案中，②法官在案件诉讼的过程中派人去找辩护律师并告诉后者，被告人没有抗辩事由，假如坚持拒不认罪的答辩态度，将会承担非常严重的量刑后果。但是，假如被告人能改变其答辩请求，那么这就会对其量刑产生实质性的影响。同样，上诉法院在女王诉卢埃林（R v Llewellyn）[1978]案中认为，"本院有必要强调指出，我们实在无法理解这位博学的法官派人请律师来商讨量刑的行为到底有何正当性。"在女王诉温特弗拉德（R v Winterflood）[1978]案中，主审法官在案件指控被告人犯有抢劫罪即将结束之际，把辩护律师叫到房间内，询问被告人是否愿意对销赃罪作出认罪答辩，并把这一项指控添加到起诉书中。而在女王诉詹姆斯（R v James）[1990]一案中，法官在首日庭审结束时派人请控辩双方的律师来见他本人，并且明确表示，控方公诉的这起案件理由充分，虽然被告人有权获得陪审团参与审判后作出的裁决结果，但还没有听到任何实质性的辩护意见。即使被告人在案件庭审的后期作出认罪答辩的态度，法庭仍然允许降低被告人的量刑。

---

① 还有很多案件涉及人们尚不清楚哪一方启动私下讨论的情形。例如，参见以下案件：Brook [1970]；Howell [1978]。
② 又可参见以下案件：Bird [1978]；Grice [1977]；Eccles [1978]；Cullen [1985]；Keily [1990]；A-G Ref No. 17 of 1998 [1999]。当控辩双方律师告知法官，除其他事情之外，控方并无证人出庭后，而他们正在进行案件讨论的过程中，法庭就开始启动了量刑讨论。

(六) 国家诱导的被告人认罪答辩作为一种实践

大量的上诉案件通常只代表了此类问题的"冰山一角"。[1]这些案件一定已经向上诉法院清晰地表明,正如实证研究所发现的那样,国家诱导的被告人认罪答辩已经成为法院处理案件的日常实践。假如这一点还不足以说明问题,那么还有大量的其他指标可证明该问题的存在。因此,法律执业者(律师)与法官之间的讨论不是孤立的实例,而是他们处理刑事案件的习惯性方式。例如,上诉法院在女王诉卢埃林案中认为:[2]

> 我们得知,根据非常有经验的律师的回忆,这位法官在每起案件庭审开始之前,至少是一直到最近,都会有这种召唤律师前来讨论有关被告人认罪答辩的做法。事实上,辩护律师在本案上诉之初就认为,此类参与被告人认罪答辩的做法并不仅限于这位在威尔士南部法院负责审理案件的法官。代表控方的皇家律师(Counsel for the Crown)也质疑这种说法。我们不建议调查这种做法(如果有的话)迄今为止在威尔士南部盛行的程度。

同样,辩护律师在女王诉普利默案中"根据一种习惯——假如还算不上是一种惯例"——去见法官,该法官对上诉法院称"这是我处

---

[1] 如果有罪的被告人获得了他们考虑到的大量好处,如果被告人——无论是事实上有罪的还是无罪的被告人——被诱导相信这是可以实现的最佳结果,他们就不会提起上诉。

[2] *R v Llewellyn* (1978), p.153.

理此事的一般做法"。①

事实上,一些法官公开声明,这就是他们办理案件的模式。因此,法官皮克尔斯在向皇家刑事程序委员会(RCCP)(1981)提供证据时认为,"法官与被告人之间在量刑方面的讨价还价每天都会发生。"他在承认刑事法院法官的做法存在诸多差异的同时,还补充指出:"一些法官在开始审理案件之前就会请律师前来商讨,实际上发出了'分开指控案件'的指令。一些法官则更为隐蔽地通过其文员或法庭书记员来表达和接收消息的方式协商被告人的认罪答辩。"②同样,法官大卫在谈到治安法官与刑事法院的法官们一起审理案件的经验时,这样说道:③

> 治安法官会非常熟悉这样的场景:时间到了10:29。有人会敲法官休息室的房门,书记员宣布:"律师来见您。"此后,会出现一系列快进场景,令人联想到的是拍卖牲口,而非法院在审理案件。于是,当天的业务差不多就被法官处理完毕。

罗森博格曾报告称,④某位法官曾单独与辩方律师进行讨论,他显然对控方律师拒绝参与讨论的行为非常恼怒,并要求肯特郡的首席检察官(Chief Prosecutor)对此作出解释。上诉法院自身也多次承认,正如它在女王诉史密斯(*R v Smith*)[1990]案中所表示的那

---

① *R v Plimmer* (1975) 61 Cr. App. R. 264.
② The Royal Commission on Criminal Procedure (RCCP), *Report*, Cmnd. 8092, (1981) London: HMSO.
③ Judge David, 'In the Crown Court', (1978) *The Magistrate*, 34:74.
④ J. Rozenberg, 'Plea bargaining ban angers trial judge', *The Telegraph*, 21 November 2000.

样,此类私下的讨论在"全国上下"仍然继续存在。

(七) 上诉法院空洞的声明

考虑到这种[辩诉交易]实践的普遍性,其合法性过程的一个必要部分就是上诉法院假装表示出的愤怒。伴随着对律师和法官改变其流行多年的案件处理方式的空洞劝诫,法院对一起接一起的案件中所发生的事情表示愤怒,正如下面的例子所示:①

> 女王诉阿特金森案(*R v Atkinson*)[1978]:"英国的刑法没有明文允许辩诉交易的规定……我们的法律没有法院与被告人之间可对量刑进行讨价还价的任何余地。如果出现貌似有辩诉交易的事件,那么我们就必须要谨慎对待,以确保这种表象得以纠正。"

> 女王诉戴维斯案(*R v Davis*)[1978]:"这家法院里的人们(法官)一次又一次地说到,律师不应该带着发现法官如何会接受有罪答辩的目的而与之接触。令人感到吃惊的是,这一消息直到现在还没有被扩散开来……"

> 女王诉史密斯案[1989]:"尽管我们发现,这家法院频繁地表示自己不支持律师到法官办公室进行不必要的拜访,但是此类现象似乎在全国上下继续存在,这一点令人颇为不安。希

---

① 又可参见以下案件:*R v Warring-Davies* [1978]:"假如我可以适用波洛涅斯(Polonius)给儿子的忠告:'远离法官们的房间'";*R v Llewellyn* [1978]:"所有我们想说的,所有我们可以要求强调的是,本案所发生的事情并不符合规定,本不应该发生。"此外,法院在皮特曼案(*Pitman*)[1990]完全引述了女王诉哈珀-泰勒[1991]案的意见,并解释说,这样做的原因是,"要提请全国各级法院注意,我们希望最终可以回到问题的原点……"

望——我们希望这不是徒劳之举——我们可以提醒一些注意事项,提醒那些对此类事情负责的人员。"

女王诉多塞特案[1999]:"在过去的30年里,这家法院一再表示,必须对法官与律师之间的私下讨论予以限制;而且,此类讨论只能作为例外。辩诉交易在企图从法官那里寻求对作出认罪请求的某一特定被告人量刑指示的意义上讲,它没有构成英国刑事司法制度的一部分。"

(八) 个别但尚可允许的偏差

为了在一系列涉及法官和律师已偏离规定的上诉案件中至少保持正义的外观,上诉法院把参与辩诉交易实践的个别法官和律师标记为违规操作者(Deviants),并在这方面需要提醒他们的职责,从而寻求保护法院作为机构的合法性:①

在我们看来,法院在女王诉特纳案中所表达的意见可作为一个指导方向,其大意是,应当强烈批评律师们几乎在所有的案件中都拜访法官来讨论量刑的做法。律师这样接触法官并不恰当。我们必须表明,令人感到可惜的是,法官们并未坚定地坚持自己在律师们第一次拜访时所表现出的正确态度。

上诉法院试图通过把这些违法描述为孤立的律师过失(aberration)和违规操作的行为来转移公众的进一步关注,而法官反过来在很大程度上又可以开脱自己的责任。他们据说只是从那些最佳动机

---

① 参见以下案件:*R v Davis* [1978]。

中作出了一种选择而已:"当然,法官并没有与辩方达成任何讨价还价的交易,他只是在暗示一个人有时可确保在作出认罪答辩时有利于自己量刑的不同意见"(女王诉阿特金森案);①"毫无疑问,法官尽自己的最佳意愿而为之"(女王诉格莱斯案);②"尽管毫无疑问的是,法官尽自己最佳意愿而为之"(女王诉卢埃林案);③"情况并非如英斯一案那样,法官故意向被告人施加认罪答辩的压力,事实上,整个导致这种认罪压力的不幸情形源于其最佳动机"(女王诉赖安案);④"毫无疑问,至少可以这样说,律师面对的是一个极难辩护但坚持认为可努力从法官处获得此类信息的当事人"(女王诉戴维斯案);⑤"这种私下讨论带着最佳目的并产生缩短庭审时间的结果"(女王诉温特弗拉德案)。⑥

(九) 把困惑排除在核心事项之外

然而,国家诱导的被告人认罪答辩问题,并不仅仅局限于庭审参与者的个人或整体违规操作行为。就过去数年里宣称的强化价值观和原则的理想审判模式而言,假如没有此类强化行为,审判程序的每一个阶段都会出现混乱,而法院对于如何书面应对此类规定与实践之间的差距通常会显得不知所措。于是,这种程序开始出现混乱,但对于辩诉交易来说则不存在这一问题。因此,法院必须"编制"出一套可以规范法官与律师互动的规则。

---

① 参见:*R v Atkinson*。
② 参见:*R v Grice*。
③ 参见:*R v Llewellyn*。
④ 参见:*R v Ryan*。
⑤ 参见:*R v Davis* [1978]。
⑥ 参见:*R v Winterflood*。

这里存在的一个结构性问题是，在缺乏庭审笔录的情况下，法院无法确定之前发生过的事情，它往往依赖于案件各方的回忆（或笔记）。当这些内容前后不一致时，就会出现尴尬的情形。早期出现的此类信号发生在上诉法院处理女王诉霍尔（*R v Hall*）[1968]案的上诉时，通常只是在被告人向法院提供"证据"，辩方律师、控方律师、检察官的助理律师和出庭律师的事务律师助理（managing clerk）①作为"证人"被传唤之后，进行"书面辩论"。

在此情形下，假如有人对此类私下会见的内容提出质疑，法院就会面临各种各样的尴尬：因为英国没有可以查明事实的相关程序，假如律师和法官回忆的内容有所不同，则会令人感到难堪、厌恶，而且更易遭到非议。此外，这还会对律师保密职责的义务提出难题。在有些情况下，法院收到了所谓的"证据"；而在有些情况下，它还主动"搜寻"案件信息：

> 威廉姆斯与威廉姆斯案[1975]：②"我们要求（一审案件的辩护律师）通过记录员（registrar）作出陈述，她随后提供了相关陈述并在证人席上宣誓后提供了证据。"
>
> 女王诉里卡多案（*R v Ricardo*）[1976]：③"法院的做法导致代表上诉人的律师、皇家律师和法官等人[对双方回忆不一致的内容]展开调查。"

---

① "managing clerk"也可译为"常务书记员"。一般情况下，可在工作十年后成为初级律师。——译者注
② Unreported (5166/C/74).
③ Unreported (2243/A/74).

事实上，这就是包括法官在内的庭审参与者私下讨论案件的秘密。此类行为可能会导致欺骗行为的发生。亨利·塞西尔·里昂（Henry Cecil Leon）①案为我们提供了一个很好的例证。该案的主审法官私下向两名共同犯罪的被告人之一作出了量刑承诺，导致该被告人在交叉询问中错误地否认这一承诺。由首席大法官休厄特（Lord Hewart CJ）领导的刑事上诉法院认为，该案的初审法官不可能为了掩盖此类"不值得[同情]"的对象而采取任何此类[私下讨论的]行动。而根据亨利·塞西尔的观点，该法官的做法是为了实现正义。

以上案例是法院更普遍地采取此类做法的明证之一。它在庭审参与者发生纠纷时会自己作出决定②——而不会采取令人厌恶的措施——来表明自己倾向于采信哪一位法庭参与者回忆的内容：

女王诉卢埃林案[1978]：③"无论准确的事实到底如何，但我们在经过很长一段时间之后从他们——无论是法官或律师，还是上诉人或另一位名为詹金斯的被告人——那里获得的陈述

---

① H. C. Leon, *The English Judge*, The Hamlyn Lectures, (1970) London: Stevens and Sons. 亨利·塞西尔·里昂（以下称"亨利·塞西尔"）在开设哈姆林讲座（Hamlyn Lectures）之前，一直是出庭律师以及某郡县法院的法官。这里的陈述内容来自该讲座的信息。H. C. Leon, *The English Judge*, The Hamlyn Lectures, (1970) London: Stevens and Sons.
② 在沃斯（Warth）[1991]案中，法院发现律师的回忆有一处明显的错误，因为它可以比较（辩护）律师的笔记与量刑讨论（Sentencing homily）的实际笔录。据说，法官在之后的交谈中严重怀疑该律师回忆事实的真实性。
③ 法院在女王诉英斯（*R v Inns*）[1974]案采取了类似的立场。在该案中，（有在事件之后不久所做笔记作支撑的）辩护律师与法官之间对回忆的事实存在差异。又可参见：*R v Smith* [1989]。史密斯提及法官的叙述与控辩双方律师的宣誓证言之间存在"不当"的争议。

信息,几乎不可能肯定这些回忆事实的不同版本的正确性……

我们认为没有必要听取口头证据,因为听取口头证据不会进一步推进此事的解决。"

女王诉普拉萨德案[1976]:[1]"这家法院的成员毫无保留地接受律师的证据,但却几乎毫不犹豫地拒绝被告人的证据。"[2]

此外,正是由于法官与律师私下会见的性质才造成了更大的混乱:这种会见是否具有"机密性"？如果是这样,要替谁"保密"？法院在女王诉奎蒂案[1975]中似乎明确了立场。该案的律师曾经两次到一审法官的办公室会面,上诉法院认为,来源于该案法官的信息一定已经传递给了被告人:

非常遗憾而且做法错误的是,有人寻求并获得了有关被告人的量刑信息。更令人遗憾的是,法官提供的信息是,如果被告人改变其答辩请求,那么就会降低量刑。此类信息一定已经传递给了被告人,从而可能导致被告人在压力之下作出了错误的答辩请求。

然而,上诉法院在女王诉凯恩[1976]案中表示,辩方不熟悉"关税"业务的律师可能是为了获得法官有关判决的秘密指导意见,以便向当事人提供法律建议。但事实上,法官要求辩护律师不得将其指

---

[1] Unreported (362/C/76).
[2] 即使管理人员据说是核实了被关押在中央刑事法院(Central Criminal Court)监狱的被告人的陈述,并没有在《访客登记簿》(Visitor's Book)中发现提及此事的支持证据,但法院还是得出了这一结论。

导意见透露给被告人,法官与律师之间有一种"保密关系"。相比之下,法院在女王诉伯德(R v Bird)[1977]案中裁定,律师有责任向当事人公开原本不应该在法官办公室吐露的隐私。事实上,在女王诉哈珀－泰勒和巴克(R v Harper-Taylor and Bakker)[1988]案中,巴克的律师已在法官办公室的会议上透露了当事人的要求。但此后,一审法院没有提供该律师的陈述,而上诉法院也没有要求提供该陈述材料,因为这样"很可能令事情变得更糟"。然而,上诉法院在女王诉哈珀－泰勒[1991]①一案中甚至形容这种私下会见的尴尬情形为其他各方当事人的事务律师和法律顾问所涉及的风险,"他们可能听到了其他人告知法官的一些信息——他们宁愿没有听到这些话,从而将自己置于一种履行对当事人的职责与其维护私人房间谈话保密的义务之间的冲突状态。"②

(十) 把危险排除在核心事项之外

正如上诉法院在回避辩诉交易所产生的专业问题那样,它将相关危险做了边缘化处理,并把危险留给了被告人。这些危险表现为两种形式:无辜的被告人在对自己的律师丧失信心以及,假如在庭审后被判有罪就会受到从重量刑的威胁等压力之下,被迫作出认罪答辩;辩护律师默许了法官专横傲慢的命令所产生的次要问题是,它破坏了被告人应当享有的自由选择权。我们可用两起案件来详细说明这些危险。

在女王诉皮斯案(R v Peace)[1976]中,被告人承认纵火烧了自

---

① 法官在皮特曼[1991]案中赞同本案的判决意见。
② 参见:P. Curran, 'Discussions in the judge's private room', (1991) *Criminal Law Review*, 79。

己的商店,并在确定了该案审判日期的当天第一次见到了辩护律师。被告人认为,辩护律师给自己留下的印象是并不熟悉案情。律师只是告诉他,如果罪名成立,将会被判入狱三到四年;另一方面,如果被告人能请女朋友出庭来支持自己不在犯罪现场(alibi)的答辩意见,但她则可能会因伪证而被控方公诉。在皮斯被定罪之后,一项私下进行的调查结果显示,皮斯不仅没有犯罪,而且也不可能犯有此罪,于是获得了无条件的特赦。皮斯由于不确定该赦免是否可以消除其犯罪记录,就向上诉法院申请正式取消其有罪的判决。上诉法院裁定,"虽然不开心地、令人遗憾地认罪"不能认为被告人失去了行使自愿和深思熟虑的选择权,但这些事实并不能令其[曾经的]认罪请求无效,因为后者在接受了律师的某种建议后达成了认罪协议。

正如我们所看到的,尽管辩护律师可能会私下寻求法官的量刑意见(sentence indication),但在很多情况下都是法官主动提出建议;或者是,无论哪一方要求会见,法官都会把自己的观点强加给律师。这会对被告人随后是否作出认罪的决定产生灾难性的影响。一个典型的例证是女王诉英斯(*R v Inns*)[1974]案。在该案中,一名17岁的男孩英斯与另一名被告人均被指控盗窃铜线。法官在被告人作出认罪答辩之前请辩方律师到法院的办公室。英斯的律师准备了他与法官讨论问题的笔记,这也是其他在场律师所同意的内容:[①]

法官:我知道你们对当事人是否认罪还有一些疑问。

[①] 该法官采取了不同的策略,而上诉法院则表示,它不打算确定到底哪一个人对事实的回忆最可靠。

〔英斯的律师〕:我的当事人将不会作出认罪答辩。

法官:那他的抗辩理由是什么?

〔英斯的律师〕:他声称自己并非态度不老实,而是认为那些电线是其他人扔掉的。

法官:这可能会是信号线,对吧?

〔控方的律师〕:是的。

法官:假如这些人需要陪审团相信他们所说的话,认为他们自己可以拿走铁路财物,而且其中一人曾是该铁路公司的职员。假如他们这样说,如果被判有罪后,就会被送去拘留中心。这一点相当确定。

〔英斯的律师〕:我自己在阅读本案书面证据的时候持怀疑态度。但是,假如你看看这些在法庭上出示的电线——看起来似乎可能是被人扔掉的——大量的断线只是被人扔在一起。

法官:我实际上在律师界时曾担任铁路公司的法律顾问大约有20年的时间——我对信号线非常熟悉。事实上,我非常不赞成拿走铁路物品和盗窃等行为。如果罪名成立,他们将会脱离〔社会〕。如果他们现在认罪,我可能会采取更为宽松的处罚程序——我可以采纳社会调查报告中推荐的建议。

英斯的律师将其与法官的讨论意见告知英斯及其共同被告后,然后又与这位法官会面:①

〔英斯的律师〕:我得到的指示是,英斯会作无罪答辩。

---

① (1974) 60 Cr. App. R. 231, at 232-233.

[共同被告的律师]:我的当事人也给了我同样的指示。

法官:哎,你们知道现在的形势。他们(两名被告人)的陈述都声称自己拿了电线,正打算要卖掉。

[英斯的律师]:他们的陈述与现在的说法并不一致。

法官:他们看见警察来了,就跑走了。

[英斯的律师]:在这种情况下,我必须要求案件进入由另一位法官主持的审判程序。

法官:不能这样,你必须把握住我给你们的机会。这就不会涉及另一位法官的问题。现在是11:15——很遗憾,我们无法谈拢此事。如果我们今天无法达成一致,但我明天不在,那就必须等到周三再说。我认为一起讨论这起案件比较公平。

[英斯的律师]:我必须更新在法庭公开记录在案的申请。

法官:欢迎你这样做,但我可以告诉你,我不会批准。

[共同被告的律师]:我想说,我会支持这位同行的申请。

法官:好了,你们已经听清楚了我的意思。

尽管上诉法院被迫宣布该案的有罪判决无效——被告人当时"勉强地"接受了[一审法官表达的]这种意见并且作出认罪答辩,但这表明它并不承认主审法官与律师之间很可能发生接触的看法。上诉法院完全知道,法官们在许多案件中会启动认罪答辩的讨论,他们觉得自己能够哄骗或恫吓辩护律师,从而对被告人的决定作出不可避免的影响。事实上,这种被告人被强迫认罪的危险正是历史上法官被正式排除在私下参与讨论案件之外的原因。

(十一) 赞美对抗式司法的言词

正如我们所看到的那样,对抗式司法制度在最基本的思想意识框架下设立了一种审判制度。这种理想的审判模式包括,通过证人证言来公开审查证据,根据固定的程序以及证据相关性与可采性规则进行交叉询问,最后由一个独立的调查机构来作出被告人是否有罪的决定。虽然被告人在法官办公室作出官方诱导的认罪答辩几乎完全与这一审判模式相矛盾,但法院面对的是一种明显不可控制的实践,它被迫予以否认,并且称赞对抗式的审判模式。

出乎意料的是,上诉法院在女王诉特纳案作出裁决后不久,就试图在女王诉凯恩案中支持辩诉交易的做法。首席大法官威杰里——也就是在特纳案作出判决的主审法官——这样指出:[1]

> 认为认罪答辩与案件经过完整的对抗式庭审之后的无罪答辩相比,通常会多多少少地获得较轻量刑的看法,属于老生常谈。每个人都知道,情况就是如此,而且毫无疑问。任何不知道这一点的被告人都应该知晓。他知道得越早越好。

这种通过量刑差异来生硬而公开地支持辩诉交易的方式,表明了法院的社会控制职能,但却找不到任何合法的规定。这种粗糙的解释方法被证明不可接受。其程度之大,最终导致首席大法官被迫尴尬地发布了一份简短的《实践指导意见》,表示自己收回之前表达

---

[1] *The Times* (London), 23 February 1976, at 11.

的这种态度,[1]尽管它所表达的是有条件的撤回,而不是承认这属于彻底的失败之举:"在女王诉凯恩(*Reg. v Cain*)一案的判决……有待接受上诉法院的进一步审查。到目前为止,它与法院在女王诉特纳一案的判决意见相矛盾……应该遵从后者的判决意见。"

然而,首席大法官与上诉法院都意识到,不能随意舍弃对抗式司法制度的这些规定。其框架性形象应该继续出现在相关的规定中,而且会更容易做到。但正如本书第二章所言,这些规定从未有过任何实质性的内容。简而言之,它现在给予了审判一种象征性的敬意,却不过只是一厢情愿而已,其实际价值已经大打折扣:

> 女王诉哈珀-泰勒案[1991]:"刑事司法的首要原则是司法审判应当公开,所有人都能看得见、听得到。按照这一标准,在法官房间内[私下]举行的会议属于异常行为:就其本质以及事实上的目的而言,无论是被告人与陪审团还是公众,都无法知晓此类会议的内容。"

> 女王诉伯德案[1978]:"不仅应当这样做,而且能够让那些看到事情发生的人士尊重所发生的事情,把它理解为司法公正问题,而非其他原因。这一直是我国司法制度的基本要求之一。"

> 女王诉英斯案[1974]:"整个认罪请求的基础是被指控者在公开的法庭上自由地表达自己的要求,而且法律对其在公开法庭上的认罪请求非常重视,并不需要进一步证明被告人有罪的证据。当被告人在压力和威胁之下作出认罪答辩时,该认罪请

---

[1] Practice Direction (Crime: Inconsistent Decisions), 1976 July 26 WLR 799.

求就不属于自由决定的情形,那么这样开始的审判根本就不存在恰当的认罪答辩基础。"

女王诉多塞特案[1999]:"就律师企图从法官那里获得对作出认罪请求的某一特定被告人的量刑建议的意义上讲,辩诉交易没有构成英国刑事司法制度的一部分……除非在最特殊的情况下,也就是帕克大法官在特纳案中所确定的那样,否则,追求正义就必须在这个国家的公共场合进行……"

(十二) 寻求"合法性"

随着人们对对抗式审判模式的持续支持,法官们面临着必须在有增无减的辩诉交易中适用合法性的策略问题。他们在寻求形式合法性时,必须制定出一种新的文字表达方式,以避免使用在女王诉凯恩案中那样的生硬表述,而且还要允许这种[辩诉交易]实践继续存在。法院不会轻易地放弃作为权宜之计的辩诉交易,我们从女王诉卢埃林一案即可看出端倪:①

> 我们不想评论本案的判决,否则将会使在这个国家负责处理可公诉犯罪案件的巡回法官在履行其任务时面临更多的困难,或会花费更多和不必要的时间开支;或者会在适当的时间内将适当的庭前审查排除在外。

上诉法院在女王诉阿特金森案中作出了类似的暗示:②

---

① R v Llewellyn [1978], p.153.
② (1978) 67 Cr. App. R. 200, at 202.

尽管如此，人们无论如何，都不应该认为这是在批判刑事案件此类庭前审查的做法。众所周知，全国的刑事法院在快速处理案件和安排庭审时间方面都面临着巨大的挑战。因此，即使像本案这样简单的案件，法院了解被告人是否有认罪答辩或者案件是否会继续审判等信息，可能的确会有助于案件的处理。

因为待处理案件的数量问题，上诉法院会不可避免地以这种或那种方式，通过行政效率的"幌子"来寻求辩诉交易的合法性。假如可以节约"公众时间与金钱"，量刑折扣的做法就具有正当性，①而请求认罪的被告人则可以说："哎呀，我很抱歉，我通过认罪答辩来表明自己不会让公众产生更多[庭审]花费的态度。"②根据这一理解，法庭审判并非是处理案件的必经形式，它只不过会带来更多不便，令人讨厌，正如法院在女王诉博伊德（*R v Boyd*）[1980]一案中所指出的那样：

> 法院的政策是，假如有[被告]人表示认罪，这的确会对公众有利并且可以避免费用开支和庭审的麻烦。因为庭审有时可能会经历一个漫长的过程，所以法院会通过减少一些量刑幅度——假如与没有认罪的案件[庭审]作对比——来鼓励[被告人的]认罪答辩请求。③

这一策略不符合法院在传统上所认可的[被告人表现出的]悔恨

---

① *R v Phillips* [1976].
② *R v Atkinson* [1978].
③ (1980) 2 Cr. App. R. (S.) 234, at 235.

之意,或者不具有特纳案那样已经证明了[被告人]有"悔罪因素"可作为量刑理由的合理性。所以,法院实际上已经调整了自己的立场。被告人的悔恨之意并不一定非要有事实支持,法院可以估算出这一点。

> 女王诉兰迪案(*R v Landy*)[1995]:"作为一般政策问题,法庭相信作出认罪答辩的被告人,因此会认可其具有一定的悔罪之意,这样可以节约时间并且避免证人必须出庭的麻烦。"
>
> 女王诉黑斯廷斯案(*R v Hastings*)[1996]:"法院认可[被告人的]认罪答辩,无论是基于公共政策或[被告人]在适当的情况下表达的悔恨迹象等理由,它通过减少原本应该判处的刑期来对此类认罪请求作出回应。这是一项行之有效的原则。"

这种使量刑折扣脱离了个案问题的策略,突显出法院向彰显整体正义方向迈进的举措,而这一直是国家诱导的被告人认罪答辩所表达的潜在意思。

"制造偶发的意外事件(contingencies)"的策略,是为了避免"传输带"式的司法形象,提高法官们的自由裁量权,进一步巩固形式合法性的概念。因此,虽然量刑折扣通常会给予那些认罪的被告人,但是,如果被告人采取"策略性的"认罪答辩方式,或者当场被抓获而定罪的结果不可避免时,法院也会减少或拒绝辩诉双方达成的量刑折扣。[1] 于是,上诉法院支持了[一审法院在]女王诉兰迪案[1995][2]

---

[1] *R v Costen* [1989].
[2] 又可参见:*Hastings* [1996].

中的量刑意见。该案一审法院的主审法官曾指出:

> 你请求认罪,这在通常情况下会减轻你的量刑;但你被捕的情形,也就是说,在(被盗的)车辆前——虽然车底向上——你所犯的罪行不可避免地要被判处有罪。因此我认为,你的认罪答辩在我们决定恰当的量刑时几乎没有多少价值,如果有的话,也只是很小的一部分。①

当然,被告人的量刑还存在其他方面的不确定性。例如,上诉法院在处理女王诉 R(某青少年)案(*Regina v R*)——被告人涉嫌盗窃汽车和鲁莽驾驶的案件——时认为:

> 虽然在大多数案件中,法院会赞赏被告人的认罪请求,但公共利益要求这一点并不能作为一种呆板的规定。有的案件,尽管被告人请求认罪,但其犯罪性质严重——尤其是在某地较为普遍的即时犯罪——并对人们的生命和身体有更多潜在的高度威胁时,公共利益就会要求判处该人最高刑期。

更为普遍的是,虽然法院的判决意见存在推理缺陷,但它制定了被告人可获得"一般"量刑折扣的其他资格条件:②

女王诉霍林顿和埃曼斯案(*R v Hollington and Emmens*)

---

① (1995) 16 Cr. App. R. (S.) 908, at 909-10.
② 一个人当场被抓获的事实并不排除该人有真正悔罪之意的可能性,也不会减弱认罪答辩可在时间、成本和解决证人出庭不便等方面的资源节约。

[1986]：＂法院早就指出，在被告人认罪的案件中降低量刑的做法具有恰当性，但它都取决于若干情形。假如一个人被捕后立即认罪并与警方合作，那么他就有望获得大幅度的量刑折扣。但是，如果一个人在无望提出抗辩理由的情形下被捕，他就不能期望有太多的量刑折扣。法院在这两种情形之间的案件中，已经把策略性的认罪结果视为是一件相当大的麻烦事。＂

颇具讽刺意味的是，这种偶发意外事件的方式增强了辩护律师对法官的依赖性，正好强化了[国家]意在限制辩方的效果。

七、结语

虽然法院在设立辩诉交易合法性基础的过程中有损自己的忠诚度，暴露出肤浅和虚伪的推理方式，但配备这种基础设施仅标志着高等法院的法官们开始努力使非个性化的流水线生产过程合理化。然而，一旦实践脱离了那些早期声称的、赋予这一制度生命的正式原则，这些法庭内[案件]的参与者就会被迫依靠个人关系、轶闻证据以及务实的方式来处理案件。他们所代表的价值观不仅背离了自诩的对抗制原则，而且也远离理性原则、一致性原则和道德准则。

这一[合法化]运动的基础，无论是从形式层面还是从实质层面来讲，是法官与律师之间关系立场的变化，它为我们留下了一笔更有重要价值的财富。无论过去的日常实践如何运转，女王诉特纳案及之后的案件都标志着律师界在刑事司法中具有形式上的从属性，出庭律师公会几乎没有多少抵制就接受了这一地位。从现在开始，辩护律师将依赖他人的关系，寻求主审法官的支持，或者将当事人置于危险之中。然而,国家贬低辩护律师行业(Defence Bar)地位的目标尚未实现,正如我们将在下一章中所看到的那样,这是其他法官以及可推动变革的立法很快就会彻底理解的一项任务。

第四章　降低律师界的地位

一、概述

女王诉特纳案在刑事司法制度内已经创设的权力关系正式再排序只是这一变革的开始，而且还会在接下来的四十年里持续存在。在此期间，人们经常声称的审判法官应具有的"中立性"将会遭到公开的抛弃；而律师界自称的"独立性"也被进一步削弱。保护"当事人的权益"则变成了国家界定的"效率"的牺牲品。我们在本章将追踪特纳案所隐含的深层信息如何浮出水面并且"被净化"，以实现［国家］宣称的以"符合成本效益（cost-efficient）"的方式来处理刑事案件的要求。

二、皇家刑事司法委员会

由于法院正在不断地强化国家诱导的被告人认罪答辩实践，并且把审判描述为一件"令人讨厌的事情"，正式的政治授权在"［维护］法律与秩序"的气氛中很快就会到来。这一事件始于1993年的《皇家刑事司法委员会的报告》（Report of the Royal Commission on

Criminal Justice)。① 令人感到可笑的是,该委员会是在一系列司法不公案件被曝光之后作为控制司法损害的措施而设立的,②例如吉尔福德四被告人案、伯明翰六被告人案,以及其他类似的有望推翻原判决的案件。这些案件,除了其他事项之外,还涉及马圭尔等七被告人(Maguire Seven)、朱迪思·沃德(Judith Ward)、斯蒂芬·基思佐(Stefan Kiszko)、泰勒姐妹(Taylor Sisters)和伊万·费格斯(Ivan Fergus)等人。在二十余年的时间内,声誉扫地的西米德兰兹重案小组、伦敦大都会警察厅的警务人员,以及其他驻扎在斯托克纽因顿(Stroke Newington)警察局的警员通过刑讯逼供、捏造被告人的"认罪供述"和隐瞒不利的证据等方式造成了数量惊人的错案(50起)。同样具有讽刺意味的是,许多此类司法不公的案件判决依据是虚假的证据和警方的伪证。而且,正如在同一时期处理的特纳案等一系列案件中所显示的那样,一些辩方律师与法官宁愿一直对此类证据的挑战——而非对劝说被告人达成认罪协议——表示顾虑。

政府要求皇家刑事司法委员会根据其职权调查范围,"审查英格兰和威尔士的刑事司法制度在考虑有效利用资源的前提下,确保那些犯有刑事罪行的被告人被判有罪和那些无辜的被告人被判无罪的有效性……"就这些目标而言,我们可以注意到,该委员会提出的建议是基于对自身职权范围的误读,从而使此类背景性资源语境成为一种解读刑事司法运作方式的制度性目标。③

---

① The Royal Commission on Criminal Justice (RCCJ), *Report*, Cm 2263, (1993) London: HMSO, at p.113.
② 这就是此类委员会的总体作用。例如参见:P. A. Thomas, 'Royal Commissions', (1982) *Statute Law Review* Spring: 40。
③ 参见:M. McConville and C. Mirsky, 'The disordering of criminal justice', (1993) *New Law Journal*, 143:1446。

皇家刑事司法委员会最终建议如下：[1]

……假如辩护律师根据被告人的指示而提出要求,那么法官应当能够表明自己依据案件已有事实可对被告人作出的最高量刑期限……我们设想,我们推荐的程序可由被告人本人或者以被告人的名义启动,他们为了自身的利益,有权得知完全由自己单独决定的后果。

虽然委员会提议的[量刑]程序由被告人启动,但这一想法却在掩饰整个进程。[2] 这种被告人有"权利"知道"最高量刑期限"的主张,要么是该委员会意外创造的一个例证,要么就是语言赋予延展性的另一个例证。其优点似乎只是大致与出庭律师[3]和法官[4]对一个问题的回答相吻合：英国在女王诉特纳案之后是否应该进一步改革,以允许"律师与法官之间对被告人是否认罪——尤其是量刑——开展充分的现实讨论"?[5] 然而,该项建议草率地对待量刑折扣问题,

---

[1] The Royal Commission on Criminal Justice (RCCJ), *Report*, Cm 2263, (1993) London: HMSO, at p.113. 皇家刑事程序委员会认为量刑自由裁量权的问题不属于其职权范围,因此它避免对这一主题提出任何建议。参见：The Royal Commission on Criminal Procedure (RCCP), *Report*, Cmnd. 8092, (1981) London: HMSO.
[2] 《刑事法院研究》表明,量刑折扣影响了超过一半作出认罪答辩的被告人。虽然显而易见的是法律职业界一定发挥了重要的作用,但却不能解释被告人作为整体如何先了解这些折扣的原因。参见：M. Zander and P. Henderson, *Crown Court Study*, Research Study No.19, The Royal Commission on Criminal Justice, (1993) London: HMSO, p.146。
[3] 86%的控方出庭律师和88%的辩方出庭律师同意这一问题。
[4] 67%的法官认可有改革的需要。
[5] M. Zander and P. Henderson, *Crown Court Study*, Research Study No.19, The Royal Commission on Criminal Justice, (1993) London: HMSO, p.145.

皇家刑事司法委员会只注意到"无罪者从来不会因为量刑折扣的可能性而作出认罪答辩的假设①未免太过天真";但这与其"每年大约有1400名可能属于无罪的个人作出认罪答辩"的研究成果也不太容易匹配。②

如果保护无辜者与符合人们通常理解的对抗式原则不属于该委员会建议的最主要事项,那么它的前进动力在于对"有效使用资源"的关注。皇家刑事司法委员会对所谓的"戛然而止的庭审"(cracked trials)案件特别重视,也就是那些已经安排好陪审团审判,但被告人经常在庭审当天才作出认罪答辩的案件:③

> "戛然而止的"审判造成了不少严重问题,主要是对每年成千上万的所有证人而言——警察、专家和普通公民——他们来到法院期待审判,最后却发现根本就没有庭审发生,因为被告人在最后一刻决定作出认罪答辩。这样特别会导致被害人产生一些不必要的焦虑,因为他们的证据在此之前一直受到质疑。④

虽然皇家刑事司法委员会在量刑折扣方面的建议没有被全部通过,但这是英国一系列改革的基石,最终会影响到法院与司法合法性的问题。

根据对《皇家刑事司法委员会的报告》所涉主题的批判性接受,

---

① The Royal Commission on Criminal Justice(RCCJ), *Report*, Cm 2263,(1993)London: HMSO, p.110.
② 参见:同上注,第111页。
③ 同上。
④ 同上。

英国的第一次立法干预对于正式确定辩诉交易制度来说属于尝试性质,但却是非常重要的一步。该立法与1994年的《刑事司法与公共秩序法》第48条一起出现,如今取而代之的是2003年的《刑事司法法》(Criminal Justice Act)。其中,该法第144条第1款规定如下:

> 对于被指控罪行在某一法院已经作出认罪答辩的被告人确定量刑时,法庭必须考虑到:
> (a)被告人在哪一个诉讼阶段表明其认罪答辩的意图;① 以及
> (b)被告人表明该意图的情形。

《刑事司法法》第174条第2款第d项补充规定,假如作为考虑第144条第1款所涉事项的结果,法院判处此类被告人的量刑比原本应判处的要轻,它就必须在法庭公开阐明该事实,因为这些规定没有要求法官们给予被告人量刑折扣,且不说是法庭实际上给予的量刑折扣。除非并且一直到皇家刑事司法委员会提出的建议获得司法权威与政治权威,否则,量刑实践仍然属于法官个人自由裁量的事项。这种权威来自2001年的《奥尔德的调查报告》(Auld Report),②是一份由单人调查英国刑事司法制度的官方报告。即使它表明自身具有自我教育性质的局限性,但《奥尔德的调查报告》依然

---

① 法院在凯莱等人诉女王案(Caley & Ors v R)[2012]中考虑了被告人"表示打算认罪的"阶段的含义(这与可以期望的量刑折扣的幅度相关):"第一次合理的机会通常是指被告人在治安法院或案件立即到达刑事法院后——无论是在初步审理,还是根据一种经当地批准、通过其律师表明认罪请求的制度。"(第18页)
② Sir Robin Auld, *Review of the Criminal Courts of England and Wales*, (2001) London: Lord Chancellor's Department.

被英格兰和威尔士用来打造其刑事司法制度的未来。

三、《奥尔德的调查报告》

随着皇家刑事司法委员会的建议,"有效性"与"效率"变成了《奥尔德的调查报告》[1]的核心标准,其职权范围包括调查以下事项:

> [审查]各级法院的惯例与程序、适用的证据规则,通过精简所有诉讼进程,以确保公平地伸张正义,提高效率,加强与整个刑事司法制度中其他诉讼参与人之间的关系有效性,考虑包括被害人和证人在内的所有当事人的利益,促进公众对法治的信任。

虽然该评估据说涉及法院在刑事司法制度中的运转问题,而非刑事司法政策或量刑的理论哲学与原则,[2]但是该调查报告的评估方法并不够系统化。《奥尔德的调查报告》建议的核心问题为量刑及其与认罪答辩程序的关系,用一个中性的词语来表达就是,如何确保被告人作出认罪答辩与辩方律师的一般义务及其可发挥的作用之间产生关联性。《奥尔德的调查报告》中包含的基本建议如下:

---

[1] 英国上议院宣布该项任命的大法官(Lord Chancellor)证实了这一点:"政府的目的是令刑事法院现代化,并被认为具有现代化,与其服务的社会相联系;保持效率;公平并对所有使用者的需求能够作出反应;与其他刑事司法机构有合作关系;具有现代化和有效的案件管理,以便从系统中去掉不必要的拖延。"参见 Sir Robin Auld, *Review of the Criminal Courts of England and Wales*, (2001) London: Lord Chancellor's Department, Foreword, para.2.

[2] 参见:同上注,前言部分第 4 段。

- 应该有……一种分级的量刑折扣制度,以便越早作出有罪答辩的被告人获得的量刑折扣幅度越大,并且应伴随有一种制度,事先可供被告人考虑认罪答辩的量刑意见;
- 对于被告人通过其辩护律师所表达的要求,法官应当有权正式表明,被告人在该阶段作出认罪请求可判处的最高刑罚,以及在庭审定罪后可能被判处的刑罚;
- 向法官提出的要求及所有随后相关的程序应当在法庭上进行,应当是在控方、被告人及其律师和法院书记官(court reporter)在场的情况下;但除此之外,其他事项可在私下进行,应当充分记录;
- 法官应当详细了解控辩双方律师的意见,调查被告人的心理能力和情绪状态,以及在压力之下是否会作出虚假认罪的可能性;
- 控辩双方应当准备案件所有关于被控罪行及被告人的信息,包括任何刑前报告或其他报告、有关被害人受到影响的陈述材料在内,并提交给法官,以便后者可以提出量刑意见;
- 假如而且只有当其满足于所获得的充分信息并认为这样做比较合适的时候,法官才可以提出量刑意见。

四、奥尔德的基本理念

人们还应该记得,刑法的目的在于保护无辜者;对有罪者的惩罚应当仅作为实现该目标的手段而予以实施。因此,当有罪者逃避制裁时,法律只是未能实现其预期的效果;这样做在事实上并没有什么好处,但它也不会带来任何危害。然而,当无辜者成为法律的牺牲品时,那么法律不仅低效——它不仅仅未能实现其预期的目标——更是伤害了那些它本应保护的个人。这种做法恰恰滋生了它本须矫正的"邪恶",并且破坏了它本应保护的安全。①

根据传统的程式化规定(formulation),②刑事司法制度假定国家与被告人属于敌对的双方,被告人——而非国家——应当从案件的疑点中受益。③ 因为国家[机构]被认为是一种侵入性的势力,它声称自己有权惩罚某位公民,所以就需要通过以下手段来证明其正当性。它需要依赖法律充分支持并具有可采性的证据,必须达到排除合理怀疑的标准,来证明被告人犯有的罪行符合被指控的每一项构成要件,不论该指控罪行的任何一个组成部分最初看起来是否轻微或无关紧要。反过来,被告人可以以逸待劳,不需要提供任何微弱的、可表明国家未能履行其举证责任的证据。该制度规定的这种有利于被告人的诉讼方式,其目的在于防范事实上无罪的个人被判处有罪的可能性。它同样也意味着,事实上有罪的个人可能因为国家无法履行其举证责任而被判处无罪。法律上有罪与事实上有罪之间的区别在传统上一直是对抗式司法制度的核心问题,其规则与程序旨在确保事实上有罪不会替代法律上有罪的测试,以确定是否应当判处被告人犯有被指控的罪行。

---

① S. Romily, *Observations on the Criminal Law of England*, (1810) Note D, p.74.
② 例如,参见:M. McConville and C. Mirsky, 'To plea or not to plea', *Legal Action*, February 1993。
③ "benefit of the doubt"原意是指在比赛中,裁判员对可疑情况没有把握时,不对有关运动员作出不利的判罚。此处是指"当案件存疑时应当作出有利于被告人的判决"。——译者注

奥尔德提出的各项建议的重点是其对刑事司法制度基础本质的重新描述,但它与传统的理解相对立,如下所示:①

……必须考虑到控方有确保法院判处被告人有罪,以及保障被告人享有沉默权的义务。但是,要求被告人相当精确地确定其打算质疑案件的事实和/或法律问题,并不会威胁到控方证明被告人有罪的义务以及被告人所享有的沉默权。如果被告人的意图是要控方证明一切,或只对某些问题提出反对意见,那么他自然有权在案件进入审判阶段才这样做。但是,假如辩方把延迟告知法院和控方其质疑事项作为一种辩护策略,这就与举证责任、证明标准或者被告人的沉默权无关。这些基本原则是用来保护无辜的被告人不会被错判有罪,而不是为了使有罪的被告人采取"战术策略"来阻挠公正的案件审理,以及打算提出反对意见后可获取的公正结果。

奥尔德在这种重新配置的习惯性体系(habitus)内,只把人群分为"无辜的被告人"和"有罪的被告人"两大类,设法去除那些有碍其建议方案通过的因素。特别是,被告人的举证责任、证明标准和无罪推定等要求将不会受到损害,因为该建议中不再有国家自身必须履行举证责任的规定。奥尔德通过这种诡辩术,试图消除人们对事实上有罪与法律上有罪之间所作的传统区分,所以我们应该按照这种思路来理解他所提出的全部建议。

---

① Sir Robin Auld, *Review of the Criminal Courts of England and Wales*, (2001) London: Lord Chancellor's Department, Chapter 10, para.5.

然而，情况显然是，["有罪的被告人"与"无辜的被告人"]这种区分方式的确构成了英国刑事司法制度的基础。英国的法院不会基于未经证实的"认罪供述"来判处被告人有罪或支持已经定罪的判决。其原因是，这些"认罪供述"属于或者可能属于[警方]刑讯逼供的产物；控方没有完全履行其[证据]披露的义务；①或者这些证据不符合控方的诚信要求；②控方的证据等同于严重歪曲司法公正程序；③法院根据被告人认罪答辩作出的有罪判决无法找到法律依据；④或者是控方滥用诉讼程序等。

但是，奥尔德所设立的"有罪/无罪"的分类模式（matrix）具有更重要的意识形态功能。正如我们将会看到的那样，这种人为的二分法奠定了一种隐藏在具有双重元素、重新排序的合法性华盖之下，属于可增强法院的社会控制功能的基础。第一，国家诱导的被告人认罪答辩程序的前提基础是，被告人几乎毫不例外地都属于有罪之人，并且不值得同情。假如国家不进行积极威慑的话，这些人就准备在"司法竞技理论"（sporting theory of justice）的保护下对相关制度的弱点产生影响。这一特征的再描述为国家系统地诋毁被告人具有病理上的（pathologically）不诚实并且不值得社会同情的做法铺平了道路。第二，既然犯罪嫌疑人与被告人可以利用该制度弱点的唯一现实途径是通过其律师，但他们也会受到[控方的]诋毁，其扰乱[法院]有序、高效处理案件进展的能力也会被减弱。我们可以在奥尔德表述的一个核心制度"问题"中捕捉到这种重新安排的前身，它巧妙

---

① *R v Barkshire & Ors* [2011].
② *R v Wilson* [2011].
③ *Joof & Ors v R* [2012].
④ *Nolan and Howard v R* [2012].

地使用了"和/或"一词,即:"拒不合作或不负责任的被告人和/或其辩护律师主张国家承担举证责任以及当事人享有的沉默权,可证明其阻挠控辩双方有序准备案件庭审的正当性。"①

五、奥尔德与政客们

《奥尔德的调查报告》的建议最终被纳入到政府的法律与秩序议事日程之中,反映在白皮书《为了所有人的正义》(*Justice for All*)内。② 其基本前提是,虽然控方必须证明公诉案件的"基本原则"仍然存在,但这并不等同于该制度应当使被告人可通过"不作为或滥用程序来阻挠司法"。③ 刑事审判据说"不是一种应当为有罪的被告人提供公平机会的游戏"。人们对于"戛然而止的庭审"的关注建立在这样一种观点之上:"制度中的很多人都相信被告人的延迟认罪是辩方使用的一项辩护策略,寄望于证人失去耐心并且决定不作证。"④ 在一项作为《奥尔德的调查报告》建议所包含的后续政策声明中,《为了所有人的正义》令人欣慰地指出:"我们不能对无辜的被告人在压力之下作出认罪答辩的危险掉以轻心。"⑤

这一政策所产生的一个重要结果是建立了由首席大法官担任主席的刑事程序规则委员会,其依据为2003年制定并于2004年4月

---

① Sir Robin Auld, *Review of the Criminal Courts of England and Wales*, (2001) London: Lord Chancellor's Department, Chapter 10, at para. 8.
② Home Office, *Justice for All*, Cm 5563, (2002) London: Home Office.
③ 同上注,第1.8段。
④ 同上注,第4.41段。
⑤ 同上注,第4.43段。

4日生效的《法院法》(Courts Act)。① 我们可以在此简要地指出,该委员会试图效仿由伍尔夫(Woolf)提出的民事司法改革措施。这些改革通过设置时间表、鼓励当事人采用尽早交换信息等方式,要求法官来"管理"诉讼案件,而且所有的要求都是在法院和所有当事人"公正地"处理案件的背景下,涉及一种包括"有效和迅速"处理案件以及"还无辜者清白、将有罪者伏法"在内的概念。法院还必须"考虑"由量刑指导委员会(Sentencing Guidelines Council)——也就是现在的量刑委员会(Sentencing Council)——公布的关于对认罪者降低量刑标准的"明确指引"等规定,包括法官必须有义务查明被告人是否已获悉律师关于做出认罪答辩可获益的法律意见。尽管如此,但对于法官们而言,英国在后特纳案时代并没有正式出台的指导原则,而这则是上诉法院如今在女王诉古德伊尔案(*R v Goodyear*)中所面临的任务。②

六、古德伊尔案

鉴于法官个人对女王诉特纳案作出的各种自相矛盾——通常情况下又是不遵从的观点——的反应,上诉法院在女王诉古德伊尔案中做出的不同寻常的举措就是成立了由五名法官——而非正常情况下的三名法官——组成的合议庭(Full Court)。据说,鉴于在治安法院对"进入审判场所之前的认罪答辩"(plea before venue)程序所引入的变革,法律对提前表明量刑意见的做法不再有任何绝对的禁止

---

① 参见[本书]第六章。
② (2005) EWCA Crim 888.

性规定,这与它在特纳案中所要求的原则有一些背离。同样,被告人据此有权要求获得[法官的]量刑意见。也就是说,假如被告人接受简易程序审理并作出认罪答辩,那么法官到底是更可能判处其监禁刑,还是非监禁刑?①

然而,对于审理古德伊尔一案的法官们来说,法定的干预代表了刑事司法中的一种重大变革(step-change):"这些事项充分显示出一种与特纳案判决时期截然不同的文化。在所有这些情形下,到了本院[上诉法院]重新考虑此类法定干预的时候了。"②但是,它充其量只不过是一种虚伪的表述而已,因为法官们在法定干预很久之前就已经启动了"非常不同的文化",而这种文化本身源自于奥尔德提供的一份报告。③

七、古德伊尔案的指导原则

古德伊尔一案的主要指导原则可概括如下:

法官

55.除非是应被告人的要求,否则法官不得事先提供量刑意见。

---

① Schedule 3, Criminal Justice Act 2003.
② R v Goodyear [2005], para.45.
③ 法院援引含糊不清的"文化变革"的正当性伎俩,通过 2005 年引入《刑事程序规则》之后立即出现的判例法,在证明权力从辩护律师进一步(主要)转移到法官的正当性方面的确发挥了关键性的作用。例如,参见法官在女王诉查班(R v Chaaban)[2003]一案的判决意见。这位法官倾向于抓住机会来"强调近期的重大变革",其辩解理由是"比可能已经预期的更少"(第 37 段)。此外,可详见本书第六章及之后的内容。

56.他[法官]也有权在适当的情形下提醒辩方律师,被告人有权要求事先获得[法官的]量刑意见。

……

62.……如果恰当,必须有控辩双方协商达成的书面认罪协议作为依据。除非有此类书面协议,否则法官应当拒绝提供量刑意见……

辩方

63.根据法官恰当提醒辩方律师有关被告人权利的权力……通常应由被告人一方启动要求法官提供量刑意见的程序。

64.未经当事人签署的书面授权,被告人的辩护律师不得向法官表示其当事人希望获得[法官有关]量刑意见的要求。

65.辩护律师个人亲自负责并确保其当事人充分领会到:

(a)除非有罪,否则[被告人]就不应当作出认罪答辩;

(b)法官仍然可以保留提供给被告人的任何量刑意见,但受到检察长有权(如果适用)向上诉法庭提出量刑畸轻的意见的限制;

(c)法官给予的任何量刑意见可反映出当时提供此信息的情形……

66.当控辩双方之间对于一项可接受的认罪答辩或对起诉书指控的认罪请求、任何有关认罪答辩的事实依据存在任何不确定性时,[辩方]不应当寻求法官的量刑意见。在寻求法官的量刑意见之前,应当以书面形式确定双方协商一致事项的基础……

67.法官永远不应在无人要求的情况下主动说明"辩诉交

易"应包含或者似乎应包含的内容……

68. 被告人在没有律师代理的异常情况下,有权主动要求法官提供量刑意见。假如法官或控方律师在主动启动量刑意见时存在困难,他们应告知被告人享有这一权利。这样可能太容易被解释为或随后被认为[被告人在作出认罪答辩时]受到不当的压力。

控方

70.

(a) 假如控辩双方无法对起诉书的指控所作的认罪答辩或者是对认罪答辩的依据最终达成协议,那么辩方还应当继续寻求法官的量刑意见,但法官似乎应牢记——控方的律师应当提醒其该指导原则的存在——一般来说,在控辩双方就认罪的依据达成协议之前,法官不应给予量刑意见;或法官已断定自己能够妥善处理该案而不需要有一个像牛顿案那样的……庭审。①

(b) 假如[辩方]寻求[法官的]量刑意见,那么控方通常应询问法官是否获得或者查阅了控方公诉所依赖的所有证据……

(c) 法官在给予任何量刑意见之前……[控方应]……第一,提请法官注意任何最低或强制性的法定量刑要求;第二,如果适用,提醒法官可不受检察长认为最终量刑决定处罚畸轻的立场的影响。

(d) 无论如何,律师不应表明任何可能会造成量刑意见属

---

① Newton hearing 是指在女王诉牛顿一案中,控辩双方达成了被告人认罪答辩协议,但双方在法庭上对该案的犯罪事实的陈述互相矛盾,最后主审法官设法解决了控辩双方之间陈述的不一致问题。——译者注

于获得王国政府支持或批准的印象等事项。

程序

75.案件的审理通常应在公开的法庭内进行,应当有整个诉讼程序的完整记录,控辩双方有律师代理,应当有被告人的出席……

……

77.虽然法官明显希望可以获得更多的、正在困扰其审理的案件的方方面面信息……,但是,假如我们设计的程序运行得当,该法官几乎不需要亲自参与[双方]律师的讨论。①

这些指导原则显然无法合理地解释此类[法官提供量刑意见的]实践。例如,正如我们所看到的,法官与律师的私下会见发生在法官办公室,尽管正式的裁决不会在此作出,也当然不会受到特纳案中类似托词的保护。然而,古德伊尔案继续使法官私下参与讨论的大门敞开,因为寻求法官量刑意见的讨论在"正常情况下"应当只发生在公开审理案件的法庭上。鉴于法官和律师并不尊重特纳案的指导原则,那么我们又怎么会信誓旦旦地保证古德伊尔案不会受到同样的待遇?②

虽然古德伊尔一案所确定的指导原则据称是要优先考虑节约有限的资源,但人们很难将此理解为——除了事后捏造的问题之外——其他做法,因为伍尔夫大法官本人作为古德伊尔一案合议庭

---

① 虽然法院指出,以后可考虑延伸适用到治安法院的庭审案件,但是新的安排只适用于刑事法院审理的案件。治安法官经常作出减刑的决定,以便对被告人的认罪答辩作出奖励性的回应。

② 事实上,它立刻违反了这些指导原则:A-G Ref (*No.80 of 2005*) [2005]。

的成员,在早些时候已经明确拒绝了此类解释理由。首席大法官伍尔夫在米尔贝里诉女王案(*Millberry v R*)[2002]中引用了量刑咨询委员会(Sentencing Advisory Panel)(下称"委员会")的观点。他认为,虽然参与该委员会研究的许多成员认为这种降低量刑的做法无法令人接受——主要是因为它被视为可以节约法庭的时间和成本,并允许被告人按照对其有利的方式来操纵这一制度,"然而,这并不是法院在被告人作出认罪请求的情况下准备并且应该降低量刑的理由。"鉴于这一情形,法院在古德伊尔一案中的态度大转弯(volte-face),看起来充其量是与其之前案件的推理相矛盾而已:批评者可能会认为这种做法似乎没有原则性。

然而,本研究的主要目的并不在于质疑这些指导原则,①而是在于解决一个更基本的问题:根据人们对 20 世纪 60 年代末以来出现的辩诉交易的普遍关注以及一连串的司法不公案件,合议庭怎样才能得出辩诉交易属于一种合法响应的结论?事实上,许多司法不公案件是由于警方不可信的证据——包括刑讯逼供和控制对辩方有利的证据——等原因造成的,而法院却避免提及警方的问题。② 此外,更核心的问题是,当法院在行使其社会控制功能时,如何能够在表面

---

① 详见:A. Ashworth and M. Redmayne, *The Criminal Process*, 4th edn, (2010) Oxford: Oxford University Press, at pp.311 – 320. 阿什沃思和雷德梅因详细地讨论了辩诉交易对《欧洲人权公约》规定的四项权利的影响。也就是,无罪推定、反对自证其罪的特权、在行使公约第 6 条规定的各项权利时不得受到歧视,以及公正审判与公开审理的权利等。又可参见:A. Sanders and R. Young, *Criminal Justice*, 3rd edn, (2007) Oxford: Oxford University Press。
② 阿什沃思和雷德梅因颇有说服力地指出,这种量刑核减清单(Sentence induce menu)损害了被告人的公正与公开审判权、无罪推定、反对自证其罪的特权,以及在行使公正与公开审判权时不得受到歧视的权利。参见:A. Ashworth and M. Redmayne, *The Criminal Process*, 4th edn, (2010) Oxford: Oxford University Press。

上设法完成对其形式合法性的承诺？问题的关键在于,法院在"戛然而止的庭审"中接受有损制度的做法(mischief),但同时又"笼络"和诋毁被告人,自诩从争辩中除去主审法官的作用；进一步将辩方律师降低到贱民的地位(subaltern status)。

八、"戛然而止"的审判

正如法院在女王诉古德伊尔案中所陈述的那样,因为缺乏司法先例,此类指导原则的需求主要源于各种委员会、理事会和调查报告中的思想史(intellectual history)——《西布鲁克委员会报告》(1992)、①《皇家刑事司法委员会的报告》(1993)、《奥尔德的调查报告》(2001)以及白皮书《为了所有人的正义》(2002)。② 这些文件的结论都认为,庭审浪费了相当多的资源、法庭时间及公共资金,因为被告人一直拖延到审判之日才作出认罪答辩,所以会导致事先计划的庭审"戛然而止"。"戛然而止的庭审"的正式定义为,庭审当天因为控辩双方对案件已形成一种结果而无法进行,并且不需要重新安排的情形。此类情形会出现在被告人作出可接受的认罪答辩请求,或者控方无法提供不利于被告人的证据的时候。

《奥尔德的调查报告》的以下陈述总结了诸多调查报告中集体关注的事项,以支持这种事先征求法官量刑意见的正式制度:③

---

① R. Seabrook, *The Efficient Disposal of Business in the Crown Court*, (1992) London: The General Council of the Bar. 这是一份由大律师公会律师委员会(Bar Committee)设立的一个工作小组所准备的报告。
② Home Office, *Justice for All*, Cm 5563, (2002) London: Home Office.
③ Sir Robin Auld, *Review of the Criminal Courts of England and Wales*, (2001) London: Lord Chancellor's Department, Chapter 10, para. 97.

……这会减少"戛然而止的庭审"的案件数量,也就是说,有罪的被告人只在最后一刻作出认罪答辩,有罪的被告人抓住自己的机会,希望找到可能会使自己免于被定罪的事项。

但是,似乎很少有统计数据支持法院和政府的政策可用来解决被告人的选择并诉诸审判权"滥用"的问题。因此,司法部公布的《英格兰和威尔士司法与法院数据统计(2011)》(*Judicial and Court Statistics 2011 for England and Wales*)显示,[1]在 2011 年治安法院排期候审的案件中,大约有 39%属于"庭审戛然而止的"情形,而此类案件在刑事法院的比例为 40%。

在分析这些统计数据时,首先需要指出,这也是人们在古德伊尔一案中没有注意到的问题,出于直接可归因于控方而非被告人决定的原因,治安法院和刑事法院有很大比例的案件涉及"庭审戛然而止的"情形。例如,在 2011 年由治安法院受理的刑事案件中,47%的案件由于控方所作的决定而出现"戛然而止的"庭审:控方终止公诉案件(37%)、控方接受被告人对另一种指控作出的认罪答辩(8%),或者是适用于具结保证的情形(bind over)(2%)。[2] 同样,在 2011 年刑事法院受理的"戛然而止的"庭审中,不少于 35%的案件归因于控方终止公诉、控方接受被告人对另一种指控作出的认罪答辩,或者是满足于具结保证的要求。虽然控方应当只在证据方面"具有可使被

---

[1] Ministry of Justice (MoJ), *Judicial and Court Statistics 2011*, 28 June 2012, London: Ministry of Justice.
[2] 检察官可要求法院考虑行使其权力,将被告人置于接受另一种刑事罪行的指控之下。检察官只有在刑事诉讼中坚定明确地表示决定不提供证据时,他就可以要求法院行使这项权力。

告人定罪的现实可能性"时①才可以继续案件的诉讼程序,但在实践中,一旦启动公诉程序,许多案件由于"案件趋势"(case momentum)而会继续。② 皇家检控署(Crown Prosecution Service,CPS)对于被告人承认较轻的罪行而被定罪或者作出具结保证的案件都会算作"成功公诉"。因此,被告人实际上需要一直等待控方律师考虑好案件是否符合这一测试要求,此类做法完全具有合理性,而控方的决定往往在预计的审判当天才能作出。正如我们所看到的,控方律师显然与在低级法院和高等法院审理的绝大多数案件的被告人达成了一致。③

---

① 皇家检控署的公诉决定应当通过两项测试:在证据方面必须有定罪被告人的现实可能性;而且,如果有此可能性,公诉还应当满足公共利益的需要。参见:《皇家检察官准则》,可访问网址: http://www.cps.gov.uk/publications/code _for_crown_prosecutors/codetest.html。
② 参见:M. McConville, A. Sanders and R. Leng, *The Case for the Prosecution*, (1991) London: Routledge; B. Block, C. Corbett and J. Peay, *Ordered and Directed Acquittals in the Crown Court*, Royal Commission on Criminal Justice, Research Study No. 15, (1993) London: HMSO; B. Block, C. Corbett and J. Peay, 'Ordered and directed acquittals in the Crown Court: A time of change?', (1993) *Criminal Law Review*, 95。
③ 可详见:E. Genders, 'Reform of the Offences Against the Person Act: Lessons from the Law in Action', (1999) *Criminal Law Review*, 689; R. Henham, 'Further evidence on the significance of plea in the crown court', (2002) *Howard Journal of Criminal Justice*, 41:151。另可参见:L. Bridges, S. Choongh and M. McConville, *Ethnic Minority Defendants and the Right to Elect Jury Trial*, (2000) London: Commission for Racial Equality. 布里奇斯、崇恩和麦高伟等人证实,就少数民族被告人而言,他们选择接受刑事法院的审判完全与以下事项相关:控方较迟作出减少指控罪名的数量、替换现有的其他指控罪名、接受被告人对某些指控作出不认罪的答辩,或者降低对被告人犯罪事实指控的严重性予以决定。例如,海德曼和莫克森的研究结果发现,与全国的统计数字相比,被告人选择刑事法院审判的比率较低,整体认罪答辩率较高,但是该研究中不包括伦敦地区的样本。参见:C. Hedderman and D. Moxon, *Magistrates' Court or Crown Court? Mode of Trial Decisions and Sentencing*, Home Office Research Study No. 125, (1992) London: HMSO。

在解释这些统计数据时需要进一步考虑的事项是,这也是人们在古德伊尔一案中没有注意到的,"戛然而止的"庭审案件比例中存在着相当一部分未作解释的地域变化(regional variations)。例如,在 2010 年由治安法院受理的案件中,"戛然而止的"庭审在埃文与萨默塞特地区(Avon and Somerset)、德文郡(Devon)、康沃尔郡(Cornwall)和格洛斯特(Gloucester)等地的比例为 33%,这一数据在柴郡(Cheshire)上升到 46%,在南威尔士则为 49%。我们也可以在刑事法院发现类似的等效变化:北威尔士 32%、伦敦 34%、英格兰东北部地区 58%、亨伯(Humber)和南约克郡(South Yorkshire)61%。就被告人的认罪答辩自身而言,我们在每年都可以发现与前一年相似的模式。因此,上议院大法官部(Lord Chancellor's Department)的最后一份报告表明,被告人认罪答辩率最低的地方是伦敦,为 49% 左右,英格兰的东南部和西南部为 58%,中部和东北部为 68%。[1] 这种作为地方法律文化[2]而非被告人决定[3]的产物,似乎

---

[1] Department for Constitutional Affairs, *Delivering Simple, Speedy, Summary Justice*, 13 July 2006, Table 6.8.
[2] 同样具有重要意义的是,这些地域变化从 1972 年《司法统计数据》首次开始收集以来一直存在;而且,尽管从 2006 年开始,统计被告人作出认罪答辩的方式有所变化,但我们从这些变化中仍然可以发现此类差异。例如,在 1974—1983 年的十多年时间内,在被移送到刑事法院审判的案件中,被告人通过巡回法庭作出认罪答辩的百分比平均为:伦敦 40%、东南部(省份)地区 55%、西部地区 57%、北部地区 58%、威尔士与切斯特 59%、米德兰与牛津 66%、东北部 72%。
[3] 就伦敦而言,黑人被告人的比例较高可能会对统计数字有一定的影响。因为黑人被告人作出认罪答辩请求的可能性较小,就更有可能选择[刑事法院的]审判,而且在事实上,更有可能被判无罪。参见:B. Bowling and C. Phillips, *Racism, Crime and Justice*,(2002) Harlow:Longman; M. Tonry, *Punishment and Politics*,(2004) Cullompton:Willan. 然而,单就这一点,它却无法解释不同地区之间这种持续性存在的差异。

更有可能来解释此类差异,但没有人在古德伊尔案中注意到这一点。

(一) 被告人的决定

当然,这还意味着大多数"戛然而止的庭审"案件是因为被告人较迟达成认罪答辩协议所造成的。但非常重要的是,应当查明发生这种情况的原因。上诉法院在女王诉古德伊尔案中继续指出,问题的核心事项在于,被告人出于量刑策略的考虑,拖延作出认罪答辩的请求。法院希望能够从上述各种报告中获得一点帮助,但是根本没有注意到这些摘录内容的依据何在。

因此,法院在没有仔细研究《皇家刑事司法委员会的报告》(1993)的情况下,①依据从该报告中摘录的如下决定性声明:②

> 如今,大量的在最后一刻作出认罪答辩的被告人更愿意在刑事诉讼的早期阶段宣布其认罪态度,条件是法官可以较早告知他们可靠的量刑意见——假如被判有罪,被告人将面临的最高刑罚。③

然而,出现在皇家刑事司法委员会面前的证据则描绘出另外一种完全不同的场景。这是来自《刑事法院研究》(Crown Court Study)的证据,该研究是由刑事法院的成员之一迈克尔·赞德尔,以及内政

---

① The Royal Commission on Criminal Justice (RCCJ), *Report*, Cm 2263, (1993) London: HMSO.
② *Goodyear* [2005], at para. 37.
③ The Royal Commission on Criminal Justice (RCCJ), *Report*, Cm 2263, (1993) London: HMSO, p. 112.

部的保罗·亨德森共同代表皇家刑事司法委员会来完成的。①

在其对"戛然而止的庭审"案件的调查中,赞德尔和亨德森尝试从辩方律师的角度来研究被告人没有在早些时候告知控方其认罪答辩意见的原因。② 表4.1就是按照顺序所反映出的答案。

表4.1:被告人较晚通知控方其认罪请求的原因③

选项	百分比(%)
律师不可能/没有较早咨询当事人	31
控方公诉方式的变化	28
[当事人]较晚咨询律师	19
当事人改变了想法	6
辩诉交易	4
其他	12
合计	100

我们从这些数据中明显可以发现,相关事实完全能够驳斥皇家刑事司法委员会的决定性声明,以及官场宣传的,并在古德伊尔一案中被整体消化掉的愤世嫉俗的被告人形象。在被告人延迟作出认罪答辩的案件中,只有6%归因于被告人在最后一刻改变了主意而请求认罪。虽然被告人的这种做法并非出于愤世嫉俗、精于算计和操

---

① 该研究所涉及的其他因素具有重大技术缺陷,致使其他一些重要调查结果的价值存疑。M. McConville and L. Bridges, 'Pleading guilty whilst maintaining innocence', (1993) *New Law Journal*, 143:160; M. McConville and L. Bridges, 'Guilty pleas and the politics of research', *Legal Action*, 9 April 1993. 西布鲁克委员会代表律师公会进行的一项调查表明,其研究样本中大多数戛然而止的庭审案件(70%—75%)是由于"被告人明白过来"——例如接受审判没有用处而且定罪属于必然的结果等——之外的因素造成的,包括公诉的案件出现重大变化、司法介入或者控方撤销公诉等原因。

② M. Zander and P. Henderson, *Crown Court Study*, Research Study No. 19, The Royal Commission on Criminal Justice, (1993) London: HMSO.

③ 资料来源:同上注,表5.1。

纵案件,但显而易见的是,他在至关重要的案件庭审之前①并未获得充分和适当的法律意见,或者是针对他本人的公诉案件随着审判日期的来临发生了实质性的变化。② 作为压倒性多数的被告人无可辩驳的经历,这也正是一长串的研究所证明的情形。③

简而言之,控方在准备案件时还经常存在混乱的情形,但这并非是被告人的过错,而且在事实上可能是因被害人的过错所造成的。我们以女王诉洛佩兹案(*R v Lopez*)[2013]为例,从中摘录出以下段落进行分析。该案涉及一起毒品犯罪,被告人不当地接受了缺

---

① 英国有大量丰富的研究证据表明,辩方律师可能会优先考虑被告人以外的利益,例如他们自己的工作和薪酬的安排等;许多律师按照被告人假定有罪来进行辩护,并且厌恶正式审判程序。例如,参见:J. Baldwin, *Pre-Trial Justice*,(1985) Oxford:Basil Blackwell; J. Baldwin and F. Feeney,'Defence disclosure in the magistrates' courts',(1986) *Modern Law Review*, 44:593; M. McConville, J. Hodgson, L. Bridges and A. Pavlovic, *Standing Accused*,(1994) Oxford:Clarendon Press; D. Newman, *Legal Aid Lawyers and the Quest for Justice*,(2013) Oxford:Hart Publishing。

② 道斯等人的研究进一步质疑英国在刑事诉讼程序早期阶段提供量刑折扣的激励措施。尽管其研究的小规模样本以在押的罪犯为主,但实证研究的结果表明,当被告人认为案件有可能是自己被判处有罪的结果时,量刑折扣只是被告人在临界点(tipping point)达成认罪协议的一项驱动因素(driving factor)。该研究还表明,法律代表的意见对于强调被告人对辩护律师的依赖程度这一评价极为关键。参见:W. Dawes, P Harvey, B. Mackintosh, F. Nunney and A. Phillips, *Attitudes to Guilty Plea Reductions*, Sentencing Council Research Series 02/11,(2011) London:Sentencing Council。

③ 例如,参见:J. Baldwin and M. McConville, *Negotiated Justice*,(1977) London:Martin Robertson; Z. Bankowski and G. Mungham, *Images of Law*,(1976) London:Routledge; A. Bottoms and J. McClean, *Defendants in the Criminal Process*,(1976) London:Routledge; M. McConville, J. Hodgson, L. Bridges and A. Pavlovic, *Standing Accused*,(1994) Oxford:Clarendon Press; L. Bridges, S. Choongh and M. McConville, *Ethnic Minority Defendants and the Right to Elect Jury Trial*,(2000) London:Commission for Racial Equality。

席受审。① 它更为一目了然地反映了这种常见的经历,而非奥尔德的报告中间接提及的其他情形:②

  按照正常程序,在 2012 年 12 月 20 日进行的答辩与案件管理听证会上(Plea and Case Management Hearing, PCMH),被告人被传讯到刑事法庭,作出了不认罪的答辩意见。他提交了一份答辩意见,撤销了[在没有律师在场的情况下接受警方审讯后所作的]警方刚刚获得的关于承认自己有罪的陈述。被告人否认自己知道房间里有毒品,或者已经持有这些毒品,并表示自己从未接触过此类毒品或相关用品。他承认自己曾在客厅休息过,但只是在卧室里玩过游戏机。此外,被告人声称自己在接受警方的问询时撒了谎,目的是为了保护毒品的真正主人。他为此表示歉意,并且多次要求披露本案证据。

  辩方[律师]在[被告人]答辩与案件管理听证会上,要求该案的警官 PC 斯图里奇出庭作证。尽管病历不太完整,但被告人看起来似乎在过去出现过一些健康问题。如果因为治疗原因而休庭并推迟审判,那么就应在听证会上提及被告人需要医生出具的证明信。

  随后,案件从艾尔沃斯(Isleworth)刑事法院移交到金斯敦(Kingston)刑事法院进行审理。该案在金斯敦法院被明确列在待审案件的提醒名单中,将在两周内进行审判。正如我们所理

---

① 参见本书第五章。
② 又可参见:女王诉应用语言解决方案有限公司(*R v Applied Language Solutions Ltd*)[2013]一案。上诉法院在该案中指出:"我们告知司法部和皇家法院与裁判所服务署(Her Majesty's Courts and Tribunals Service, HMCTS)相关问题,并邀请他们来参与庭审。但我们遗憾地记录到,无人出庭协助法院审判。"

解的那样,在答辩与案件管理听证会上,以及在2013年3月26日——也就是被法院列入待审案件名单的那一天——10:00或10:30,我们假设案件被列入待审案件清单是在前一天的下午,但控方的律师和负责该案的警官均未出席。律师缺席的原因是皇家检控署未告知被派去送达案情摘要的分庭秘书新的庭审地点,他因此错过了被列入庭审名单的机会,因为法院分配的案件编号在移交给金斯敦法院的时候已经作了更改。斯蒂文森先生于当天早上出现在我们的面前,代表控方出席庭审,并在最后一刻获悉了案件的基本情况。负责该案的警官PC斯图里奇没有出席庭审,尽管辩方在答辩与案件管理听证会上表明要求该警官出庭作证,但是没有人提醒他需要参加庭审。法院随后联系了这名警官,幸运的是后者可以在3月27日出庭作证。最后,就未出庭的主体而言,上诉人也未参加法庭审理。当被问及被告人的缺席原因时,当时被委派出庭的律师("参与庭审的律师")告诉法庭,由于警方在逮捕当事人时没收了移动电话,所以被委派出庭的律师过去一直通过上诉人女朋友的移动电话与其进行联系。电话在这个时候已经不再有人应答,虽然仍然可以提供语音留言服务,而该律师与上诉人女友的接触大约在庭审开始前一周也已经中止。参与庭审的律师告诉法庭,自己已经留给对方一条语音消息,大意是告知该案已经被移交到艾尔沃斯的刑事法院,并提醒当事人该案当前已被列入到待审案件的提醒名单中,但未得到对方是否收到该信息的确认消息。随后,该律师又于2013年3月25日和26日通过这个电话号码尝试联系当事人的女友,但没有接通。正如该法官(Recorder)在与律师交换意见时所指出的那样,这种与候审的被告人保持联系

[103]

的方法效率并不高,而且极不可靠。①

此外,女王诉洛佩兹案所显示的这些混乱做法,例如被退回的案情摘要、沟通失误、证人未能出庭作证、律师代理的不连续性、律师事务所/皇家检控署的机构性混乱,以及最后时刻获得案件摘要等情形,②都属于刑事司法制度中固有的问题。无论引入何种"改革措施",这些问题都将会继续存在。令人无法接受的是,法院忽略了这些活生生的或故意不能对质证人的事实;而在任何一种情况下,从被告人的角度来讲,这都属于极不公正的违法行为。

(二) 控方公诉案件的准备

除了较晚获得辩护律师的意见这一问题之外,如此之多的被告人较晚改变主意而作出认罪答辩的请求与皇家检控署的决定有关。这一事实强烈表明,在指控程序以及案件准备方面存在的缺点并不能证明被告人较早作出认罪答辩请求的合理性。事实上,这显然是来自《女王陛下皇家检控署监察局报告》(Her Majesty's Crown Prosecution Service Inspectorate,HMCPSI)对皇家检控署的评价:③

> 机构内部的律师(in-house advocates)在处理无争议的案

---

① *R v Lopez* [2013], paras. 6–8.
② 《刑事法院研究》表明,出庭律师会退回近半案件的案情摘要;很多出庭律师在案件审理的前一天或当天才会收到案情摘要。参见: M. Zander and P. Henderson, *Crown Court Study*, Research Study No. 19, The Royal Commission on Criminal Justice, (1993) London: HMSO, at Section 2。
③ HM Crown Prosecution Service Inspectorate (HMCPSI), *Follow Up Report of the Thematic Review of the Quality of Prosecution Advocacy and Case Presentation*, (2012) London: HMCPSI, para. 3.3.

件时——主要是在举行答辩与案件管理听证会的法院中——表现整体下滑。这一点可以用皇家律师在刑事法院代理案件数量的增加、较晚获得公诉的指示,以及减少案件可用的准备时间等理由来解释。其中,案件准备是有效辩护的关键。

(三)"戛然而止的庭审"与"[资源]浪费"

司法应围绕便利与快捷原则展开,这是法官们以前并不太赞同的一种观点。① 即使情况如此,它还是建立在"戛然而止的"法庭审判"浪费了"大量的公共资源和证人时间的假设之上。许多法律执业者与法律改革者联合起来,推进节约资源作为证明辩诉交易符合公众利益的合理性,正如西布鲁克委员会举例说明的那样:②

> 被告人较早作出认罪答辩对于司法资源的影响重大。待审案件的开庭列表安排变得更为高效。除了受制于律师的时间之外,法院在收到必要的案件材料之后就可以尽快安排庭审时间……[这样做]不仅会使整个程序加快,而且也会极大地降低[量刑之前的调查]报告所需的休庭时间,并且在大多数情况下会消除这些时间。所有这一切,特别是减少戛然而止的庭审案件数量的措施,将会节约大量的金钱。③

---

① 例如,参见:*R v Coe* [1969]。帕克大法官在该案中指出:"有比方便、迅速处理案件更多的考虑因素。首先,应当考虑恰当地管理刑事司法。"(第67页)
② 又可参见:K. Mack and S. Anleu,'Sentence discount for a guilty plea: time for a new look',(1997) *Flinders Journal of Law Reform*,1:123,at pp.125ff。
③ R. Seabrook,*The Efficient Disposal of Business in the Crown Court*,(1992) London: The General Council of the Bar,p.36,para.507.

当然,案件庭审平均所需时间的确会多于被告人作出认罪答辩的庭审时间,而且后一种方式可以节约公共开支。① 法院在女王诉古德伊尔案中接受这种简单的后果主义论(consequentialist argument)的表面价值(face value),但事实却不足以证明该做法具有正当性。

例如,当刑事法院的法官们在《刑事法院研究》中被问及,他们是否遇到过等待开庭审判的案件因被告人最后一刻认罪而造成"浪费"时间的情形时,绝大多数法官(81%)认为没有浪费司法时间,但有法官认为,有一批案件(9%)因此所浪费的时间少于两个小时。② 同样,根据那些负责组织和管理案件法庭审理者(法院的书记员):"戛然而止的"庭审在绝大多数案件(69%)中根本就没有浪费时间的意见另一批案件(20%)所浪费的时间少于两个小时。③ 其他受访的法官声称"戛然而止的"庭审所浪费的资源也远远小于预期:在绝大多数案件(61%)中,不能继续的庭审就没有警察作为证人出庭;④ 在另

---

① 内政部估计,刑事法院在1992年审理有争议案件的平均成本约为1.2万英镑。与之相比的是,审理被告人认罪案件的平均成本大约为1400英镑。参见:Home Office, *Costs of the Criminal Justice System 1992*, Vol.1,(1992) London:Home Office。
② 参见:M. Zander and P. Henderson,*Crown Court Study*, Research Study No.19, The Royal Commission on Criminal Justice,(1993) London:HMSO,p.151,para. 5.5。实际上,法官经常认为戛然而止的庭审是一种经济实惠地利用法院资源的方式。一名法官这样说道:"我并不认为'戛然而止'的庭审就是浪费时间。相反,它可以节省时间。"(参见上述引文)可详见:M. Feeley, *The Process is the Punishment*, (1977,1979) New York:Russell Sage;P. Nardulli,'The caseload controversy and the study of criminal courts',(1979) *Criminal Law & Criminology*,70:89。
③ M. Zander and P. Henderson,*Crown Court Study*, Research Study No.19, The Royal Commission on Criminal Justice,(1993) London:HMSO,pp.151-152, para.5.6。
④ 同上注,第152—153页,第5.7段。当然,并非所有此类审判都会产生浪费,因为警务人员可能需要在一些被告人认罪的案件中作证,或者接受问询,了解使被告人认罪而作出降低指控的可接受程度。

第四章 降低律师界的地位

外近三分之一的案件中也没有浪费普通公民作证的时间。①

此外,正如我们已经看到的,绝大多数刑事法院审理的案件并不涉及"戛然而止的"审判问题。事实上,从长远来看,这种制度性地依赖于被告人的认罪请求——而非节约法庭时间和公共开支——实际上是属于浪费时间并增加公共财政成本的做法,它仍然值得我们商榷。讨价还价的认罪答辩制度已成为一种垂直程序的一部分:后来在获得被告人认罪答辩的法庭上发生的事情,会对刑事诉讼程序中的侦查和公诉阶段产生深远的影响。法官们通过被告人在法庭上的认罪答辩来例行公事般地处理案件的方式增强了警方的行动与期待:警方在缺少法院审查的情况下,受到鼓励,实施不当的逮捕行为并且指控犯罪嫌疑人,而不会密切关注证据的充分性,也没有仔细考虑控诉是否可能会实现任何社会目的。② 人们可以预测的结果是,实施一些不太周到的、经常是草率的逮捕过程都属于警方行动中——而非公正所需——的优先考虑事项。其中,在大都市里,这些标志包括警方在认为值得国家制裁的居民小区进行并非针对某一个人的拦截、搜查和逮捕行动。③

正如研究已经证实的那样,这也就意味着检察官可以开始或继

---

① 同上注,第 152—153 页,第 5.8 段。
② 该研究指出,对于目前展开的许多被捕行为而言,负责逮捕的警察事实上并不认为自己逮捕某人的证据足以确定该人犯有某项被指控的罪行。参见:C. Phillips and D. Brown, *Entry into the Criminal Justice System: A Survey of Police Arrests and their Outcomes*, Home Office Research Study No.185,(1998) London: Home Office Research and Statistics Directorate. 在该研究中,即使一些警察认为他们不能冒险告知研究者,自己没有足够的证据,但大约有 30 % 负责逮捕的警官表示在逮捕犯罪嫌疑人时并没有足够的证据来指控该罪行。参见:同上,第 44 页。
③ M. McConville and C. Mirsky, 'Guilty plea courts: a social disciplinary model of criminal justice', (1995) *Social Problems*, 42(2):216.

续公诉那些没有定罪希望,或者在其他方面不适合刑事公诉的案件。例如,此类情形出现的原因在于,最初批准了案件指控的检察官可能高度认可警方的价值观和优先事项,其后根据"案件的发展趋势"又进一步推进案件。控方在启动证据薄弱案件的诉讼程序并且继续推进时,会寄希望于被告人的认罪答辩,而且有时也会实现[定罪]这一目标。① 我们需要进一步研究的证据没有比借助《刑事法院研究》以及《司法与法院数据统计(2011)》更有说服力的了。② 在《刑事法院研究》中,控方至少在28%的案件中改变了立场——通常降低或放弃指控被告人的犯罪项数——这些发生在即将开始的正式庭审的最后一刻,而且未经适当的或充分的审查。③《司法与法院数据统计(2011)》也充分证明,在2011年"戛然而止的"庭审中,治安法院有37%的"戛然而止的"案件、刑事法院有35%的此类案件是因为控方撤诉(18%),或者接受了[被告人对]另一种指控——例如罪行较轻的指控——所作出的认罪答辩(17%)。④

当然,我们还发现了影响控方作出公诉决定的更多证据。例如,在《刑事法院研究》中,当检察官被问及如何看待"戛然而止的"审判时,绝大多数作出了积极正面的评价:几乎有三分之二的受访者(64%)认为被告人较晚达成认罪协议的结果"挺好",而其余的人

---

① 详见:M. McConville, A. Sanders and R. Leng, *The Case for the Prosecution*,(1991) London: Routledge。
② Ministry of Justice (MoJ), *Judicial and Court Statistics 2011*, 28 June 2012, London: Ministry of Justice.
③ M. Zander and P. Henderson, *Crown Court Study*, Research Study No. 19, The Royal Commission on Criminal Justice, (1993) London: HMSO. 也可参见本章表4.1。
④ Ministry of Justice (MoJ), *Judicial and Court Statistics 2011*, 28 June 2012, London: Ministry of Justice.

第四章 降低律师界的地位

(34%)则相信此类结果"令人满意"。① 这本身就可以充足证明,控方决定公诉的案件,如果我们套用一句话,那就是"已经到了法院门口",能更准确地反映出公诉案件卷宗的现实情况,而非最初所倾向于采用的那些指控。② 更重要的是,检察官认为被告人较晚达成认罪协议这一结果挺好的原因是,他们承认七分之一已经公诉的案件,如果进入到正式的庭审阶段,会很难确保被告人被判有罪的结果。事实上,当这些检察官被直接问及,如果案件进入庭审程序,那么被告人被判无罪的机会有多大时,他们认为被告人在 8% 的案件中有"很好的"[被判无罪]机会,在另外 18% 的案件中有"较好的"机会。这些数字是在整体基础上,代表了每年由刑事法庭审理的大约 2600 起犯罪情节严重的案件。③

事实上,法官们在过去已经注意到控方案件"证据较弱"的问题;而最近由监察局(Inspectorate)对皇家检控署的工作评估则确认了这些关注。例如,女王陛下皇家检控署监察局的《关于对格温特郡和南威尔士皇家检控署的调查报告》依据有关皇家检控署移送到治安法院的案卷所做的结论为,发现有三分之一的案卷在案件进展与管

---

① M. Zander and P. Henderson, *Crown Court Study*, Research Study No.19, The Royal Commission on Criminal Justice, (1993) London: HMSO, at p.156, para.5.17.
② 又可参见:L. Bridges, S. Choongh and M. McConville, *Ethnic Minority Defendants and the Right to Elect Jury Trial*, (2000) London: Commission for Racial Equality.
③ M. Zander and P. Henderson, *Crown Court Study*, Research Study No.19, The Royal Commission on Criminal Justice, (1993) London: HMSO, pp.156-7, para. 5.18. 根据所设法定指控程序,附属于警察局的检察官——而非警方——会作出是否指控的决定,至少在罪行严重的案件中如此。该程序不太可能影响到这种情况,而且在事实上,皇家检控署的官方报告继续显示出,控方坚持公诉不适当的或证据较弱的案件或者这两种问题都有的案件。

理方面表现"较差",如下所示:①

在[我们所]审查过的公诉案卷中,只有16.7%的案件及时遵守了治安法院的指示。皇家检控署在许多案件中不能积极主动地处理被告人预期不认罪的第一次听证,导致许多案件进入司法程序,却没有明确案件的真实问题所在。最终,案件频繁地在法庭审判之日出现"戛然而止"的情形,而且是在没有比第一次听证会更多证据出示的情况下。

控方的低效与能力不足的证据令人信服:皇家检控署仅在六分之五的公诉案件中能够遵守治安法院的指示。在最近《关于对伦敦皇家检控署的调查报告》中,②除了其他事项之外,女王陛下皇家检控署监察局的报告指出:③

自从2010年3月开展监察以来,皇家检控署对《皇家检察官守则》(Code for Crown Prosecutors)的遵守程度已经有所下降,这与近期对其他地区的巡视结果具有可比性,能反映出全国性的下降趋势。因此,控方有必要在若干方面提高案件的公诉

---

① HM Crown Prosecution Service Inspectorate (HMCPSI), *CPS Gwent and CPS South Wales: Follow-up Inspection*, March 2012, available at: http://www.hmcpsi.gov.uk/documents/reports/AEI/GWSW/WALS_FU_GWN_SWA_Mar12_rpt.pdf, para.3.10.
② 伦敦占皇家检控署在全国治安法院公诉案件量的17%以上;几乎占其在刑事法院公诉案件量的21%。
③ HM Crown Prosecution Service Inspectorate (HMCPSI), *CPS London: Follow-up Report*, (2012) London: HMCPSI.

质量。例如,指控建议的标准需要改进,应当与需要改进指控部门的反馈机制一并进行(第2.18段)。

检察官在案件初步审查阶段需要承担更多的责任,以便在该节点剔除证据较弱的案件,而不是允许这些案件在有争议的基础上继续进行,并到达案件处理部门(第3.4段)。

在另一份报告中,①女王陛下皇家检控署监察局表达了类似的关注:

皇家检控署的律师犯有分析和判断方面的错误,导致7%的案件正在被错误地公诉或者错误地停止,而这对被害人、证人、被告人、刑事司法中有关合作伙伴和公众的信心都会产生重大的影响。更令人担忧的是,核心质量标准监测(Core Quality Standards Monitoring, CQSM)②的审查者(reviewer)未能识别出大多数准则的测试失败之处,并确保可从中吸取教训,从而导致这些错误仍在延续。因此,政府迫切需要解决这些问题。③

根据女王陛下皇家检控署监察局的意见,皇家检控署中的审查者在确定案件是否符合《皇家检察官守则》的测试要求方面表现得差

---

① HM Crown Prosecution Service Inspectorate (HMCPSI), *CPS Core Quality Standards Monitoring Scheme: Thematic Review of the CPS Core Quality Standards Monitoring Scheme*, (2012) London: HMCPSI.
② 《核心质量标准监测方案》是英国于2010年引入的一种监督程序,以确保控方在公诉时可遵守皇家检控署制定的核心质量标准,其目的在于提高工作质量。
③ HM Crown Prosecution Service Inspectorate (HMCPSI), *CPS Core Quality Standards Monitoring Scheme: Thematic Review of the CPS Core Quality Standards Monitoring Scheme*, (2012) London: HMCPSI, Executive Summary, para.1.4.

强人意，只注意到25%的案件存在一个或多个有此缺陷特征的问题。他们在32项指控决策（charging decision）失误事项中仅发现了6处错误（19%），在后期阶段出现的27项失误事项中仅发现了9起错误（33%）。皇家检控署的评估者们（尤其是这些部门的负责人）在恰当分析案件存在的问题，以及是否能证明每个问题所涉因素等方面表现得最为糟糕。据说，这种正在采用的审查方式具有"根本性的缺陷"，也就错过了从中吸取经验教训的机会。它浪费了皇家检控署和其他机构的精力；产生了不必要的成本；给被害人和证人带来了焦虑、不便和痛苦；对那些本不应当被指控的被告人造成了负面的影响；而且令控方［自身］名誉受损。①

女王陛下皇家检控署监察局"随后提供的"报告显示，②控方的工作几乎没有什么改进：实际上，有些案件的指控标准有所下降。皇家检控署受到政府有关节约财政支出的强制要求的驱使，它作为《［政府］全面支出评估（2007）》的一部分计划，需要在2011年3月之前完成6900万英镑的效率节约成本。③ 这导致检控署更多地依赖其内部工作人员，而这些人的业务能力远不如那些来自外部的［出庭］律师，导致案件准备不够充分。从2004年开始，皇家检控署作为政府节约成本的一部分计划，开始招聘没有相关资质的工作人员来

---

① HM Crown Prosecution Service Inspectorate（HMCPSI）, *CPS Core Quality Standards Monitoring Scheme: Thematic Review of the CPS Core Quality Standards Monitoring Scheme*,（2012）London: HMCPSI, para.4.61.

② HM Crown Prosecution Service Inspectorate（HMCPSI）, *Follow Up Report of the Thematic Review of the Quality of Prosecution Advocacy and Case Presentation*,（2012）London: HMCPSI.

③ The Crown Prosecution Service（CPS）（2009）, *Annual Report and Resource Accounts for the Period April 2008—March 2009*, London: Stationery Office, available at: http://www.cps.gov.uk/publications/reports/2008/index.html.

审查案件；后来又用这些人出席在治安法院审理的一些无争议的或被告人"直截了当"作出认罪答辩的案件。此外，控方还存在律师不连续代理案件的问题。皇家检控署对节约财政的持续关注，导致皇家律师和检控署内部的律师都无法较早获得相关指示意见。但是，大部分皇家律师在办公室之外的地方都缺少案件准备的工具；而检控署自己的律师则没有时间来弥补案件准备的不足。

其结果是，皇家检控署仅在刑事法院公诉的案件就达到了相当高的流失率。事实上，2010年的统计数据显示，[1]不少于64%的没有作出认罪答辩的被告人（20921人）在2010年刑事法院审理的案件中最终被宣告无罪。[2] 更令人深省的事实是，在那些被判无罪的案件中，法官没有召集陪审团就下令宣判62%的被告人（13037人）无罪；而皇家检控署在案件开始庭审之前甚至也承认自己无法履行举证责任。其次，在另外8.3%（1749起）的案件中，控方无法证明案件有不利于被告人的表面证据的存在。所以，辩方还没有开始提出问题，法官就指示陪审团裁定被告人无罪。[3] 换而言之，超过70%的

---

[1] Ministry of Justice (MoJ), *Judicial and Court Statistics 2010*, 30 June 2011 (revised July 2011), London: Ministry of Justice.
[2] 这完全支持布里奇斯、崇恩和麦高伟等人对少数民族被告人的研究结果。参见：L. Bridges, S. Choongh and M. McConville, *Ethnic Minority Defendants and the Right to Elect Jury Trial*, (2000) London: Commission for Racial Equality. 这三位研究人员发现，其研究样本中的绝大多数选择其案件在刑事法院受审并且拒不认罪的被告人在不利于自己的情况下，案件要么终止审理，要么是在主审法官的命令或指示下，或者通过陪审团的判决而宣判被告人无罪。
[3] 仅有28.4%被宣告无罪的被告人通过陪审团的裁决而被判无罪。少量被判无罪的其他案件（204起）被记录为，没有被告人请求认罪的记录，或者被告人之前曾就同一罪行成功地被判无罪（autrefois acquit）或曾就同一罪行被定罪（autrefois convict）。就陪审团宣告无罪的案件而言，至少有一部分也直接与皇家检控署的错误相关。例如，参见：*The Daily Telegraph*, 'Criminals escape justice due to CPS flaws, says judge', 10 March 2010.

109 无罪判决归因于公诉案件存在的致命缺陷。这也使人们经常引用的统计数据——刑事法院审理一般案件的成本是审理被告人认罪案件的七倍——几乎毫无价值(见下文)。

《刑事法院研究》和其他研究进一步阐明了这些空洞的统计数字。在《刑事法院研究》中,被调查者包括控方的出庭律师、皇家检控署的事务律师和法律顾问、警察和法官等人,他们被问及案件发生法官命令或指示判处被告人无罪的原因。根据该研究,控方的关键证人在20%的案件中未能出现;控方的证人在24%的案件中没有达到可证明的标准——也就是说,这些人当庭没有陈述控方依赖他们所表达的内容——或者改变了之前的证言;控方的证据在8%的案件中未被法庭采纳、存在瑕疵,或者是辩方提交了另一种可被法庭接受的法律意见。其余48%被判无罪的案件则属于"其他"类别,原因包括控方证据非常薄弱、警察侦查工作质量低劣,以及控方提交证据的丢失等。① 其他研究人员也已经披露了类似的研究结果。例如,约翰·鲍德温的研究发现,控方负责公诉的律师在法官干预之前都不

---

① M. Zander and P. Henderson, *Crown Court Study*, Research Study No. 19, The Royal Commission on Criminal Justice, (1993) London: HMSO, Table 6.17. 例如,女王陛下皇家检控署监察局发现,皇家检控署继续指控一些涉及家庭暴力但证据薄弱的案件,因为它认为这样做符合公共利益,即使会违反其《皇家检察官守则》。该守则要求在所有案件中,必须有定罪被告人的现实可能性。参见:HM Crown Prosecution Service Inspectorate (HMCPSI), *Violence at Home: A Joint Thematic Inspection of the Investigation and Prosecution of Cases Involving Domestic Violence*, (2004) London: HMCPSI. 当地的一项研究发现,降低指控根据具体的政策意见最后成为最低程度的指控。参见:A. Cretney and G. Davis, 'Prosecuting domestic assault: victims failing courts or courts failing victims?', (1997) *Howard Journal*, 32(2):146。

愿意放弃公诉证据薄弱的案件。① 人们发现检察官与警方的观点相同:尽管证据薄弱,②但理应公诉这些被告人,特别是在涉及犯有严重罪行的案件时。同样,布里奇斯、崇恩和麦高伟等人的研究所得出的结论如下:③

> 在绝大多数案件中,选择刑事法院审理案件的被告人获得的不是有陪审团参与的审判,而是对公诉他们的案件证据要比以前审查得更详细,而且在许多情况下,是在刑事法院的法官和/或控方律师的鼓动下进行更彻底的审查。

正如《刑事法院研究》所清晰表明的那样,虽然很大一部分案件的公诉"失败"可归因于证人不出庭等不可避免的"公诉风险",但受访的法官、检察官和辩护律师都认为,在一些情况下,公诉"失败"的原因在于案件过于微不足道、④证据太薄弱或者未能把公众利益作为首要地位⑤而进行的公诉等。如果我们需要进一步确认这些原

---

① John Baldwin,'Understanding judge ordered and directed acquittals in the Crown Court',(1997) *Criminal Law Review*, 536.
② 又可参见:B. Block, C. Corbett and J. Peay, *Ordered and Directed Acquittals in the Crown Court*, Royal Commission on Criminal Justice, Research Study No. 15,(1993) London: HMSO, Table 5。在100起法官命令和指示作出无罪判决的案件中,三分之一以上归因于关键证人未出庭、被害人未出庭或不愿作证。
③ L. Bridges, S. Choongh and M. McConville, *Ethnic Minority Defendants and the Right to Elect Jury Trial*,(2000) London: Commission for Racial Equality, p.15.
④ 当地的一项研究发现,根据具体的政策意见,降低指控最后成为最低程度的指控。参见:A. Cretney and G. Davis,'Prosecuting domestic assault: victims failing courts or courts failing victims?',(1997) *Howard Journal*, 32(2):146。
⑤ M. Zander and P. Henderson, *Crown Court Study*, Research Study No. 19, The Royal Commission on Criminal Justice,(1993) London: HMSO, Table 6.23, p.187.

因，那么女王陛下皇家检控署监察局的各项报告一再提请人们注意，警方与皇家检控署在准备案件公诉、较早通知控方证人出庭、与被害人的沟通等方面存在不足，并且缺乏适当的记录，存在前后不连续的律师代理以及低于标准的辩护等问题。

九、"无效"审判

"戛然而止的"庭审造成的时间浪费远比这些官员们[法官、检察官和警察]所声称的要少。除了法官和律师能够充分利用时间、法庭管理人员能够以合理的方式来安排候审案件名单等事实之外，其中一个原因就是案件并未在[庭审]当日终止。换句话说，法院或当事人不会因此而产生额外的成本；但是，为了量刑目的而进一步进行的庭审活动，无论如何都会产生一些必要的费用。然而，在官方圈子里认为审判"无效"的观点却并非如此。

"无效"审判在官方的统计中被定义如下："因为控方、辩方或法院的作为或者不作为，导致案件不能按照预定的日期开庭审理并且需要重新安排开庭时间的情形。"[①]

令人惊讶的是，任何官方成立的委员会或者是法院自身并未在古德伊尔一案中提出"无效"审判的问题；与"戛然而止的庭审"有所不同的是，因为此类案件并未立即终止，法院必须要在之后重新确定案件开庭的时间，所以"无效"审判在各方面的代价都会更加昂贵。而且，重新确定时间的庭审也可能会出现第二次或第三次无法进行

---

① Ministry of Justice（MoJ），*Judicial and Court Statistics 2010*，30 June 2011（revised July 2011），London：Ministry of Justice，p.65.

第四章 降低律师界的地位

的情形,也就是"无效"的审判,或者实际上"戛然而止的"法庭审判。因此,在节约"成本"和避免"浪费"的背景下讨论这些问题必不可少。

《司法与法院数据统计(2011)》显示,大约有18%的在治安法院审理的案件被记录为无效审判,这一百分比在近几年来总体上一直保持一致。① 但我们在这里需要提醒读者,这一比例在每年都有大量的、无法清楚解释原因的地域差异。

因此,《司法与法院数据统计(2011)》表明,在北威尔士的治安法院,有12%的庭审被记录为"无效",这一数据在东米德兰兹郡、肯特郡、萨里郡(Surrey)和苏塞克斯郡(Sussex)的治安法院则上升至22%。② 同样,刑事法院案件的总体"无效"庭审率是14%,此类"无效"审判的比例在中威尔士和西威尔士仅为3%,而在埃文郡、萨默塞特郡、德文郡和康沃尔郡、格洛斯特郡、贝德福德郡(Bedfordshire)和赫特福德郡(Hertfordshire)等地则为18%。③

假如我们不考虑地域差异,这些全国性的数据从整体上显示出,④几乎有62%的在治安法院属于"无效"审判的案件与被告人的行为无关,而是由于控方没有准备好案件、控方证人缺席或者"其他"

---

① Ministry of Justice (MoJ), *Judicial and Court Statistics 2011*, 28 June 2012, London: Ministry of Justice. 此外,司法部2012年10—12月的统计数字显示,17%的在治安法院安排受审的案件属于"无效"。参见:Ministry of Justice (MoJ), *Her Majesty's Court and Tribunal Service Statistics*, September 2013, London: Ministry of Justice。
② Ministry of Justice (MoJ), *Judicial and Court Statistics 2010*, 30 June 2011 (revised July 2011), London: Ministry of Justice, Table 3.5.
③ 参见:同上注,表4.13。
④ 司法部2012年10—12月的统计数字并没有提供完整的信息,但是透露26%的导致无效审判的案件是由于法院行政问题、16%因控方证人的缺席、21%因被告人的缺席。参见:Ministry of Justice (MoJ), *Judicial and Court Statistics 2011*, 28 June 2012, London: Ministry of Justice。

未作解释的原因①所造成的。同样,《司法与法院数据统计(2011)》还表明,61%的出现在刑事法庭的无效审判案件无论如何都无法归因于辩方的行为。其中,最重要的一个原因是行政问题(23%);其他主要原因包括控方证人缺席(21%)或控方没有准备好案件(17%)。②

虽然我们无法获得这些有关"行政问题"的完整陈述材料,③但英国国家审计办公室(National Audit Office,NAO)的一份报告中浮现出一个有启示意义的故事。④ 该报告涉及法院外包给私营公司的语言服务,包括法庭口译服务在内。国家审计办公室发现在2012年第一季度,在治安法院进行的182次庭审由于没有可用的口译人员而被记录为"无效",该数量为2011年同期(第一季度)的两倍(95次)。⑤

---

① 这大概是由于"行政"原因。
② 司法部在2012年10—12月的统计数字中确认了这一总体情形:在无效审判的案件中,22%因为控方没有证人出席,20%涉及法院行政问题,17%属于控方没有准备好公诉,18%系被告人缺席或不适合出庭。参见:同上。
③ 司法部在2012年10—12月的统计数字中表明,治安法院的"行政问题"包括:"另一起案件庭审超时"、"法官/治安法官的时间安排问题"、"计划安排审理的案件过量[控方放弃公诉的案件数量不够/无法联系到游民(Floater)和支持者(Backer)]"和"设备问题/未能安排住宿"等。参见:Ministry of Justice (MoJ), *Judicial and Court Statistics 2011*, 28 June 2012, London: Ministry of Justice。
④ NAO, The Ministry of Justice Language Service Contracts (2012).
⑤ 参见:同上注,第24页第3.6段。国家审计办公室指出,这一数字不包括没有严重到足以导致无效的庭审案件,而没有审判的庭审延误和取消的"数量非常多,这是我们在四个法院根据有关当事人投诉的数据以及接受访谈的高级主审法官和工作人员陈述得出的结论"。参见:同上注,第24页。可详见:C. Baksi, 'LSC improvements fail to satisfy auditor', *Law Society Gazette*, 11 July 2012; C. Baksi, 'Spending watchdog trains fire on interpreter contracting chaos', *Law Society Gazette*, 12 November 2012。

假如"成本效益"在英国具有如此高的重要性,甚至被提升为刑事司法制度所追求的目标之一的地位,那么无效审判再一次说明,效率低下属于体制性的问题,不能放到桌面上来讨论并借此用来指责被告人。

十、避免"浪费"与费用的节约

应当补充指出的是,"节约成本"的想法属于一种假设而非任何经过精打细算的计算结果。① 假如对刑事法院一般案件的审判成本与审理被告人认罪答辩案件的成本进行对比②——前者据说几乎是后者的七倍之多——我们就会发现,这种对比结果出于若干原因而缺乏说服力。

第一,现有的法庭审判造成较大费用的主要原因是,它在很大程度上包括了最复杂、最具争议性的案件,因而曲解了与剩余案件——其中许多是简单明了和相对简单的案件——的成本比较。实际上,应当提醒的是,控方在这些有争议的案件中证据过于薄弱,以致64%的被移送到刑事法院受审的被告人被法庭宣判无罪。

第二,没有实证研究可以支持法官提供给被告人量刑折扣就会产生较高认罪率的假设,即使它属于一种可取的做法。例如,来自加拿大的一份早期研究分析表明,多伦多的大部分(约占71%)被告

---

① 例如,参见:D. Thomson, 'Discount of sentencing following a guilty plea', (2004) *Scots Law Times*, 1。汤姆森假设被告人的认罪答辩"显然"会节省一大笔的公共资金。

② R. Harries, *The Cost of Criminal Justice*, (1999) Home Office Research Directorate, No.103。

的认罪协议并非通过辩诉交易产生。① 在其他地方,检察官侵略性地筛选并淘汰掉证据薄弱或者毫无意义的公诉案件,随之增加的是在制度中留下更强证据的案件,可使被告人公开作出认罪的请求。②

第三,伴随着国家诱导的被告人认罪答辩程序,且不说被迫设立的、用来规范诉讼程序中某些表面秩序的各项法律、法庭程序、《实践指示与检察长的准则》(Practice Directions and Attorney-General's Guidelines)等规定,以下事项也会产生额外的成本费用:引入新的法庭程序③以

---

① G. Ferguson and D. Roberts, 'Plea bargaining: directions for Canadian reform', (1974) *Canadian Bar Review*, 52:498.
② 参见:R. Wright and M. Miller, 'The screening/bargaining tradeoff', (2002) *Stanford Law Review*, 55:29; M. Berger, 'The case against plea bargaining', (1976) *American Bar Association Journal*, 62:621; R. I. Parnas and R. J. Atkins, 'The elimination of plea bargaining: a proposal', (1978) *Criminal Law Bulletin*, 14:101。赖特和米勒介绍了新奥尔良的地方检察官所引入的最新政策变革,该措施力求分流那些没有审判价值的案件和禁止辩诉交易的案件。其结果是,虽然辩诉交易的比例从60%—70%下降至7%—8%,但被告人按照指控完全认罪的比率仍然高达65%。关于早期评估的资格问题,又可参见:S. Verdun-Jones and A. Hatch, *Plea Bargaining and Sentence Guidelines*, (1988) Ottawa: Department of Justice Canada。
③ 《刑事程序规则》引入了后一种制度——答辩与案件管理听证会。参见:Ministry of Justice, *The Criminal Procedure Rules and Criminal Practice Directions*, (2005) London: Ministry of Justice, available at: http://www.legislation.gov.uk/uksi/2013/1554/contents/made。赞德尔和亨德森在其《刑事法院研究》中报道,就这些预审程序而言,法官们认为在多达三分之二(66%)的案件中并没有节约很多时间和金钱;在另外大约四分之一(24%)的案件中,仅仅节约了一点点时间和金钱。此外,他们认为在29%的案件中节约了"一定数量"的时间和金钱;只在2%的案件中节约了"大量"的时间和金钱。参见:M. Zander and P. Henderson, *Crown Court Study*, Research Study No.19, The Royal Commission on Criminal Justice, (1993) London: HMSO。同样的效果,可参见:M. Levi, *The Investigation, Prosecution and Trial of Serious Fraud*, Royal Commission on Criminal Justice, (1993) Research Study No.14。李维的研究中也涉及严重诈骗犯罪案件。我们可以在皇家刑事司法委员会的报告中发现其论证理由充足却不同意赞德尔观点的立场。

获取被告人早日作出认罪答辩①的需要;②设立新的程序;③在控辩双方对构成指控基础的事实有不同陈述版本的案件中确定辩诉交易的事实依据所需的新场所(forum)(例如牛顿案那样的庭审),④而案件本身需要反复在上诉法院进行诉讼;为设立程序性框架——量刑指导委员会和量刑咨询委员会⑤——而成立新的官方机构;被告人针对被判有罪、⑥所谓的量刑折扣不足、所谓的量刑未能反映出对其认罪答辩的认可,或者在多个被告人的情况下,认为判决相对缺乏公正时提起上诉的案件数的增加;检察长针对自己认为"量刑畸轻"的

---

① 参见英国从赞德尔的调查报告(2001)到奥尔德的调查报告之间的详细反应。官方没有这一方面的统计数字,但我们在有关量刑的上诉报告中可以看到重复举行的审理听证。例如,在1999年参考号为A-G第80号和第81号(汤普森和罗杰斯)[*A-G Ref Nos. 80 and 81 of 1999*(*Thompson and Rodgers*)2000]的案件中,两名被告人(和另一人)于1998年12月在诺丁汉的刑事法院出庭。他们随后于1999年2月26日被传讯并出席预审。此案重新于1999年3月31日被安排进一步预审,其中一名被告人被再次传唤并作出认罪答辩。此后,案件于1999年4月12日被重新安排再次预审,并安排在1999年10月4日作进一步指示性审理;第二名被告人在控方修改了起诉书中的指控后请求认罪。最后,法庭于1999年10月8日又进一步审理了这两名被告人的案件和量刑问题。又可参见:*A-G Ref No. 19 of 2004*(*Brett Charlton*)[2005]。该案在被告人被传讯后至少有五次单独的审理听证。
② 它现在通过所谓的预审程序和答辩与案件管理听证(Plea and Case Management Hearings, PCMH)来实现,而且发生过多次。
③ 例如,参见:*R v Tolera*[1999];*R v Myers*[1996];*R v Beswick*[1996];*A-G Ref No. 81 of 2000*(*R v Tacobs*)[2001];*A-G Ref No. 58 of 2000*(*R v Wynne*)[2001]。
④ *R v Newton*[1983]。该案引发了上诉法院必须受理的一系列案件,而以下便是其中的一部分典型案件:*R v Smith*(*PA*)[1986];*R v Myers*[1996];*R v Kerrigan*[1993], CA;*R v Underwood*[2005]。又可参见:*R v Dudley*(*Stephen Paul*)[2012]。
⑤ 现在已被量刑委员会所替代。
⑥ 例如,参见:*R v Kulah*[2007];*R v Seddon*[2007];*Thornton v CPS*[2010];*R v Newman*[2010];*A-G Ref Nos. 11 and 12 of 2012*[2012]。

114 案件①属于早期涉及"甜味剂"程序而屡次产生的结果时向上诉法院提交"参考意见"的情形。总体而言,这些法律、程序和准则会继续在司法机构②和律师界③中造成混乱。然而,这并不是说,英国就可以部分或全部废弃此类价格昂贵的配套措施(appurtenances)来节约司法资源。④ 这些措施被证明属于不可或缺——虽然有所不足——的要求,主要是因为法官无法设计出明确而具有决定性的——更别

---

① 关于最近发生的一个案例,可参见: A-G Ref No.6 of 2011 [2012]。该案的被告人最初对藏有违禁武器和弹药等指控作出认罪答辩,但是在根据古德伊尔一案的规则获得法官的量刑意见——法院不会判处其超过五年的有期徒刑——之后,他在即将开庭的当天早上对拥有武器而意图危害他人生命的指控作出认罪答辩。根据参考意见,上诉法院(刑事法庭)认为被告人较迟作出的认罪答辩有权获得减少10%的量刑,并取代了10年有期徒刑的处罚。

② 例如,被告人虽然在早期作出了认罪答辩请求,但法官认为案件事实肯定会不利于被告人时,那么这种量刑折扣到底是应当减少还是保留?最初的司法立场是,在这种情况下,被告人作出认罪答辩会带来很少或几乎没有多少的量刑好处。可参见案件: Costen [1989]。量刑指导委员会的观点则不同:此类案件的量刑折扣应予以保留,这是法院应遵循的惯例。参见: A-G Ref Nos.14 and 15 of 2006 (French and Webster)。这至少符合有关节约资源所宣称的理由。然而,量刑指导委员会随后在2007年2月修订其立场(Guideline 5.3):"如果控方公诉的案件具有对被告人压倒性的不利因素,原本可以全面减刑的做法可能不适当。尽管存在利用在第一个合理的机会已经表明认罪的请求有利于被告人全面减刑的假设,但是公诉案件具有压倒性的优势而不依赖于被告人认罪陈述的事实可以证明其偏离该指导原则的正当性。"同样,这导致该规则缺乏明晰性以及被告人的进一步上诉等问题。例如,参见: R v Simpson (Dean) [2009]; R v Wilson (Paul Anthony) [2012]。

③ 例如,参见: A-G Ref No.48 of 2006 (R v Farrow) [2007]。尽管在古德伊尔一案中有此要求,但本案的控方律师未能提醒法官享有参考权,"控方律师至少会想到并提出一个问题,那就是被判缓刑是否适当的问题。"(第22段)

④ 有趣的是,在《刑事法院研究》中,法官认为预审(审查)在66%的案件中没有节约时间与金钱,在24%的案件中仅仅节约了一点点时间与金钱,在8%的案件中节约了一定数量的时间与金钱,只在2%的案件中节约了"大量的"时间和金钱。参见: M. Zander and P. Henderson, Crown Court Study, Research Study No.19, The Royal Commission on Criminal Justice, (1993) London: HMSO, p.72。

提有原则的——"指导准则"。另一方面,人们无法完全信任法官和律师可以保留为此目的而设立的这些原则与程序。

十一、被告人的配合与对被告人的诋毁

如果行政制度能够"配合"(co-opt)个体进入到案件的处理程序中,那么它就会获得更多的可接受性。而且在事实上,从所谓的"效率"(例如成本效益)和避免被[公众]指责冷酷无情的角度来讲,这样的做法被认为必不可少。与此密不可分的是个体的自主权以及由此会受到影响的个体完整性;拥有各项"权利"和"资格"(entitlements)的个人被描述为能够在制度内作出自由选择,甚至——至少在某种程度上——会脱离这些选择。因此,"自愿"参与——这是隐含的意思,理性的选择将会支配这种参与——可提供其权威性与合法性,并进一步鼓励其细化过程及延续性。但是,假如不能借助于操纵原则和价值观,以及在国家诱导的被告人认罪答辩案件中借助于法律自身的语言来表达,这种情况就不会发生。

问题的起点是从量刑指导委员会制定的指导原则中捕获这一制度:①

降低量刑的程度应当反映出罪犯在哪一个阶段表示愿意承认所犯的罪行并且最终因此被判有罪:
(i)通常情况下,不会给予被告人最大幅度的量刑处罚建

---

① The Sentencing Guidelines Council, *Reduction in Sentence for a Guilty Plea: Definitive Guideline* (Sentencing Guidelines Secretariat, revised July 2007), at para. 4.3.

议,除非罪犯抓住第一次合理的机会①表示愿意承认所犯的罪行,但这一情形因个案差异而会有所不同……

(ii)如果[被告人]认罪的时间晚于第一次合理的机会,那么对作出认罪答辩的被告人减少的刑期通常应少于三分之一;

(iii)如果[被告人]认罪的时间非常晚,那么减少被告人的刑期仍然具有恰当性;

(iv)假如被告人在作出认罪答辩后又发生了牛顿案那样的庭审,而其对犯罪情形的叙述又不被[控方所]接受,那么在确定减少被告人的刑期时应当考虑到这一点;

(v)假如被告人出于策略原因而没有并且拒不作出认罪答辩(例如在被羁押期间保留其特定的权利),那么其较晚作出的认罪请求应该只会带来很少(几乎是没有)的量刑折扣。

这里的行政制度遵循了由被告人的"意愿"所确定的一种特定模式,它替代了只有在特殊情况下才会及时承认有罪的遵从"意愿"。

法院在推进该模式合法化的过程中,最基本的步骤是对被告人权利的象征性敬意(homage)付出代价。它在刑事案件中将被告人解释为一个享有基本权利的个体,其根据权利作出决定并且需要对自己所作的任何决定负责。正如法院在古德伊尔一案所指出的那样,"量刑的起点属于根本问题。被告人本人应当对其认罪请求负责。当他与控方达成认罪协议时,必须是出于自愿,没有外界的不当

---

① 界定"第一次合理的机会"的含义并非轻而易举,它一直是上诉法院在凯莱等人诉女王案中考虑的主题。又可参见:*R v Rawson* [2013]。关于这一定义在早期的讨论,可参见:*R v Chaytors* [2012]。

压力。"①

然而，为了能够实现具有成本效益的案件处理过程，法庭不可能给予被告人实际的人格，因为这就需要对这些人单独进行考虑、排序和分级。相反，需要赋予个人虚拟的人格，它不仅允许有标准化的需求，而且可以要求这样做。

虽然这些强制性的制度认为有必要将这些主体"心甘情愿地合作"到合法化工程之中，但是，还有必要通过公开降格的各种仪式性场合来打击这些主体，②尽可能地消除其剩余的任何主张。假如要使一个强制性的官僚机构有效地运转，这些［被指控的］主体需要被描绘为属于下层社会（underclass）、穷人、不值得尊重或者不配同情的群体，一种容易与刑事案件的被告人联系在一起的形象。本着这一精神，各法院、各委员会和官方的各种委员会一直善于指责被告人工于心计、诡计多端和不可避免地有罪。我们在整个《奥尔德的调查报告》中都可以看到这一点，其权威性并没有因为"眯着眼睛"的法院在古德伊尔一案中的态度而有所减少。因此，奥尔德以这种方式提出问题：③

尽管可以采取更正式的审判方式，但司法机构的许多人［法官］与大多数从事刑事辩护业务的人员［律师］希望看到特纳案之前的那种制度的回归。他们较为务实地看待这件事——鉴于存在一种被告人认罪可获得减刑的制度——它作为一种手段，鼓励被告人在刑事

---

① Goodyear [2005], at 30.
② 参见：H. Garfinkle, 'Conditions of successful degradation ceremonies', (1955) American Journal of Sociology, 61:420。
③ Sir Robin Auld, Review of the Criminal Courts of England and Wales, (2001) London: Lord Chancellor's Department, Chapter 10, at para. 97.

诉讼的早期阶段,在公众、被害人和其他相关人员涉及费用和没有必要的审判麻烦之前,勇敢地正视自己的罪行。如果换一种说法,这样会减少"戛然而止"的庭审案件数量,也就是说,减少有罪的被告人只在最后一刻作出认罪答辩,以及有罪的被告人抓住自己受审的机会,寄希望于庭审中可使其被免于定罪的事项出现……

假如用通俗的英语语言来表述,那些坚持接受审判的被告人是有罪的,他们正在以一种不体面的方式进行周旋;这是一个以待决之问题为循环论证(petitio principii)的典型例证,属于该制度假设自己打算要证明的事项。

此外,我们在内政部的白皮书《为了所有人的正义》中也可以发现同样的想法:①

> 所有被告人经常会选择审判,然后在一段时间后又会在刑事法院作出认罪答辩并且接受治安法官本来可以作出的量刑。或者,他们希望避免审判,或者虽然自身有罪,但认为有更好的被判无罪的机会。被告人的这一动机往往会延长整个庭审过程,以希望能减少被害人或必要的证人作证的机会。

这些基础性动机的广义归属自然有其预先假设被告人有罪的根源,它作为一种制度性的特征简洁地反映在《为了所有人的正义》之中:②"制度中的许多人认为被告人延迟作出认罪答辩的做法属于保护性的策略,寄希望于证人失去耐心并且决定不作证。"

---

① Home Office, *Justice for All*, Cm 5563,(2002) London: Home Office, para.4.21.
② 同上注,第4.41段。

第四章 降低律师界的地位

虽然对这些未经证实的归因的依赖只不过是在经过装扮后作为实证数据的偏见,①但它整齐地捕获到国家按照此类规则处理案件的方式。我们不能认为这种强制性的理想化做法是建立在赤裸裸的偏见之上;它必须通过与"有罪"相关的"社会数据"——而非怀有不良动机和"有谋略的"被告人——来"净化"并确立其合法性地位。

对于奥尔德来说,"戛然而止的"庭审是由于被告人在案件进入庭审环节之前不愿正视自己的罪行,因此法官有必要在审前告知其量刑意见,以迫使不负责任的被告人或辩护律师更好地遵守法庭纪律。引人注目的是,奥尔德为了证明对有权接受审判的被告人加重量刑的合理性,其偏见也随之浮出水面:②

> 在我看来,一旦确立被告人有罪,我们就没有合乎逻辑的理由来解释,为何不能公开对[被告人]不诚实地作出拒不认罪的答辩请求作为加重处罚的因素,就正如诚实作出认罪答辩成为回报可作为减轻其处罚的因素一样。

李·布里奇斯曾指出:③

> 奥尔德大法官在这里使用一种巧妙的语言,将"诚实"与[被

---

① 公众舆论的动机"科学"与实证数据形成了对比,它同样依赖这样一种主张:"人民已经厌恶并且疲于这种没有实际意义的量刑制度。"参见:同上注,第 86 段。具有类似效果的评述,参见皇家刑事司法委员会 1993 年的调查报告第 112 页第 48 段:"据说,人们也经常……"
② Sir Robin Auld, *Review of the Criminal Courts of England and Wales*, (2001) London: Lord Chancellor's Department, Chapter 10, para.103.
③ Lee Bridges, 'The ethics of representation on guilty pleas', (2006) *Legal Ethics*, 9 (1):80.

告人]作出认罪答辩的请求、"不诚实"与[被告人]没有作出认罪答辩的请求分别单独联系在一起,但[被告人的]认罪答辩实际上也同样可以是不诚实的请求。大法官以这种方式回避其立场性矛盾,并认可"没有一种制度能够保证被告人个体,不论如何无辜,在面临被判有罪及更重的刑罚风险时,都不会考虑[作出认罪答辩请求]作为一种激励因素来达成交易,从而获得较轻判决的可能性;或者是能够保证律师有时不会提供其当事人糟糕的法律意见"。①

因此,奥尔德大法官似乎将无辜的被告人作出的认罪答辩等同于根据[律师]糟糕的意见而作出的误判或错误决定。否则,他将被迫承认当前的量刑折扣现实:被告人的认罪答辩,无论是否属于自己诚实作出的决定,本身应被视为属于减轻刑罚的因素,可获得被判处较轻量刑的回报。②

为了解决无辜的被告人[作出认罪答辩的]"问题",皇家刑事司法委员会和奥尔德采取了相同的解决方法:这种附带损害(collateral damage)是被告人必须付出的代价。因此,皇家刑事司法委员会认可,虽然有精确数字的不确定性——例如,不能为了统计伤亡人数而关停生产线,但是认为无辜者永远不会因为获得量刑折扣的可能性而作出认罪答辩的假设,则未免过于"天真"。然而,这种关切应当

---

① Sir Robin Auld, *Review of the Criminal Courts of England and Wales*, (2001) London: Lord Chancellor's Department, Chapter 10, para.105.
② Lee Bridges, 'The ethics of representation on guilty pleas', (2006) *Legal Ethics*, 9 (1): 80, at p.89.

第四章 降低律师界的地位

服从于该程序所声称的、尚未确定的"好处":①

> 针对被告人可能会受到诱惑而对本没有犯罪的指控作出认罪答辩的风险,我们必须认真考虑它对整个司法制度可能带来的益处,以及鼓励那些事实上有罪的被告人在认罪答辩后可获得的益处。我们认为应当保持这种量刑折扣。②

总之,如果说有什么不一样的话,奥尔德的观点在思想上并不诚实,甚至更多地表达出犬儒主义(Cynicism):③

> 当然,没有一种制度能够保证被告人个体,不论如何无辜,在面临被判有罪及更重的刑罚风险时,都不会考虑[作出认罪答辩]作为一种激励因素来达成辩诉交易,从而获得较轻量刑的可能性;或者是能够保证律师偶尔不会向当事人提供糟糕的法律意见。但是,假如它在总体上具有恰当的量刑目的,可以公正地运转着,并有利于提高司法管理的效率,那么上述原因就不会成为拒绝这种量刑实践的理由。

根据奥尔德的观点所产生的结果,被指控犯罪的[被告人]个人必须被视为有罪、不诚实,并且不值得同情;就无辜的"被告人个体"

---

① Sir Robin Auld, *Review of the Criminal Courts of England and Wales*, (2001) London: Lord Chancellor's Department, p.111, para.45.
② The Royal Commission on Criminal Justice (RCCJ), *Report*, Cm 2263, (1993) London: HMSO.
③ Sir Robin Auld, *Review of the Criminal Courts of England and Wales*, (2001) London: Lord Chancellor's Department, Chapter 10, para.105.

而言,他们必须做出牺牲。① 这样,强迫包括一些无辜者在内的被告人作出认罪答辩的"适当量刑目的",超越了法院反复设立的一般量刑目标,例如,惩罚、威慑、报复(retribution)、改革、保护、赔偿(reparation)等。最终,此类对强制性官僚体制的辩解变成了粗糙的并且未经测试的"功利主义"。顺便说一句,这也是边沁从来没有认可过的做法。②

此外,还有人进一步主张,一种故意判决无辜者有罪的制度据说可以"正当地运作",其条件是它在总体上可以对一种令人惊讶的程式化规定发挥作用,而该规定正秘密地寻求批准这种原本不大光彩的立场。我们还可以从中发现这种犬儒主义观点。这一点可与丹宁大法官"臭名昭著"的极端话语进行比较:

> 绞刑应当为最恶毒的谋杀罪[罪犯]保留。假如伯明翰的六名被告人已被判处绞刑,那么我们就不会采取所有这些释放他们的行动。他们已被人们所淡忘,而整个社会也会满意……与英国司法制度的完整性遭到指责相比,最好是让一些无辜者呆在监狱里。

然而,丹宁大法官对英国持续性地免除那些被错判有罪者刑罚的运动感到不安,因为他认为暴露此类错误的做法会使整个刑事司

---

① 在英格兰和威尔士,无辜的被告人作出认罪答辩是业已存在的事实。其他地方的研究表明,数量令人担忧的被告人尽管完全无辜,但却因控方指控的严重罪行而作出认罪答辩,包括强奸罪和谋杀罪。例如,参见:J. Bowers, 'Punishing the innocent', (2008) *University of Pennsylvania Law Review*, 156:1117; G. C. Thomas, 'Two windows into innocence', (2010) *Ohio State Journal of Criminal Law*, 7:575。

② 参见本书第七章及之后的内容。

法制度蒙羞。同样,奥尔德认为,为了更好地确保制度的完整性,有必要判决无辜者有罪。

奥尔德也对非洲加勒比裔被告人受到的"量刑折扣"影响不屑一顾。这些被告人因为不信任治安法院而比白人被告人更频繁地选择接受刑事法庭的审判,并且作出拒不认罪的答辩比例也较高,[1]从而被"没收了"他们本可获得的减刑机会。[2] 奥尔德以轻蔑的口气驳回了这种具有间接歧视的效果:[3]"尽管如此,这是否可以证明此类做法具有间接歧视效果的正当性?无论是什么原因,它都属于一种自残行为。"此外,我们还能从奥尔德的最后一道防线中发现其推理的完整性与一致性。当他无法为自己的整体建议方案——该建议建立在"量刑折扣"制度总体运转良好这一未经证实的基本观点(Bedrock idea)之上——提供实证的支持时,就认为需要对此类歧视问题进行"彻底的研究和监测"。

事实上,有大量的研究、统计数据和著述指出,英国警方在维护治安以及法院在审理案件时都存在体制性的种族主义问题,[4]而奥

---

[1] 参见:M. Fitzgerald, *Ethnic Minorities and the Criminal Justice System*, Royal Commission on Criminal Justice Research Study No. 20,(1993) London:HMSO; R. Hood, *Race and Sentencing*,(1992) Oxford:Oxford University Press。

[2] 研究表明,当黑人被告人选择陪审团审判时,他们通常会获得有所降低的指控,而且绝大多数人会被宣判无罪,或者是法官命令控方撤诉。例如,参见:L. Bridges, S. Choongh and M. McConville, *Ethnic Minority Defendants and the Right to Elect Jury Trial*,(2000) London:Commission for Racial Equality。

[3] Sir Robin Auld, *Review of the Criminal Courts of England and Wales*,(2001) London:Lord Chancellor's Department, Chapter 10, para. 107. 有关种族歧视的投诉也在警方内部出现,少数族裔警员的比例仍然偏低。例如,参见:'Met race claim victims "made to suffer", says retiring office', *BBC News*, 9 May 2012;'Police chief Dal Babu criticizes ethnic recruitment', *BBC News*, 4 February, 2013。在伦敦,少数民族人口占总人口的 40% 左右,但伦敦警察厅只有 9% 的少数族裔警官。

[4] 参见本书第八章及之后的内容。

尔德却将这些问题抛在一边。其次,官方的数据本身也是对奥尔德所主张的愚蠢方式的一项谴责性判决。司法部的统计数字显示,尽管英国存在较高比例的白人有犯罪前科的事实,但黑人被警方拦截与搜查的可能性与白人相比要多六倍;他们被逮捕的可能性是白人的三倍;而且,他们更有可能被警方检控,而不是获得警方的警告或《违规处罚通知书》(Penalty Notices for Disorder)等处罚。[①] 这些黑人[被告人]被定罪后最常见的刑罚是监禁刑,而白人被告人一经定罪则是在社区服刑;黑人罪犯的监禁刑平均为23.4个月,而白人罪犯则为15.9个月。[②]

十二、逐渐隐身的法官

"辩诉交易"与"量刑意见"话语存在的问题之一就是,法官的直接参与将会构成一种破坏被告人作出自由选择的压力。因此,人们被迫将法官从这一程序中去掉。其中,第一步为程序的再塑造(re-characterisation)。"辩诉交易"与"[法官]事先表明的量刑意见"(advance indication of sentence)应当加以区分。奥尔德以下列方式来处理这一问题:[③]

> 我将本条称为"事先表明的量刑意见",用以强调它与人们

---

① Ministry of Justice (MoJ), *Statistics on Race and the Criminal Justice System 2012*, November 2013, London: Ministry of Justice.
② 不同类型的犯罪会显示出类似的差异,例如夜盗罪和供应A类毒品罪。
③ Sir Robin Auld, *Review of the Criminal Courts of England and Wales*, (2001) London: Lord Chancellor's Department, Chapter 10, para.91.

常说的"[认罪答辩]请求"或者"指控罪名交易"之间的区别。在这个国家,如果检察官没有责任去寻求或推荐某项特定刑期,那么他在交易中采取的主要措施就是同意放弃指控某些罪行,或者按照较轻罪行的指控事项来公诉案件,以换取被告人对其他或者较轻的指控作出认罪答辩的请求……与该[认罪答辩]请求或者"指控罪名交易"有所不同的是,事先表明的量刑意见并不等同于用减少指控来换取被告人的认罪答辩,而是在被告人作出认罪答辩时与法庭之间引入一种有关量刑的交易元素。

正如"悔恨"被重新定位为"悔恨的因素"一样,"事先表明的量刑意见"现在只属于辩诉交易的"一项元素"。这就像是对保留死刑的国家进行登记,但却没有考虑到那些私下处决的情形。女王诉古德伊尔案将这种错觉又推进了一步:①"假如有法官提出或参与,就不存在辩诉交易。"

法院在古德伊尔案得出的结论是,事先表明的量刑意见不仅不属于辩诉交易,而且也不属于压力。② 虽然与此同时还存在批准增加50%甚至更多刑期的威胁,但它得出这一结论的方式涉及一种微妙的法律欺骗。被告人选择认罪的自由不受辩护律师稳健建议(robustadvice)的影响。这种情况仍然属实,与法院之前的裁

---

① *Goodyear* [2005], at para.30.
② 古德伊尔一案所依赖的皇家刑事司法委员会,无疑会面临着一名有不同量刑[结果]的被告人等同于"不可接受的压力"的情形。参见:The Royal Commission on Criminal Justice (RCCJ), *Report*, Cm 2263, (1993) London: HMSO, p.113. 但是,它也会使无辜者处于一种危险的境地。当然,皇家刑事司法委员会立即着手忽略其在报告同一页中的警告内容。

决相矛盾,①甚至包括采取"强硬措辞"(Strong terms)与法院沟通的量刑政策在内:这一制度受损只会出现在法官与被告人直接进行交易的情况下,而此类交易才属于"不可接受"的做法。"缺少压力"现在被重新定义为"缺少不当压力",本身是根据法官与被告人之间的讨论所描绘的情形。

那么,如何启动有关[被告人]认罪答辩的讨论?这自然对法院在古德伊尔一案的处理方式提出了另一项挑战。上诉法院对女王诉古德伊尔一案的量刑起点开始于女王诉特纳案的惯例,审理后一案件的法院当时未能解决被告人个人亲自要求从法官处获取量刑意见的情形。就这一评论值得信任的程度而言,只是因为到特纳案为止,而且事实上在该案之后,被告人已被排除在私下发生于法官办公室内的认罪讨论之外。然而,根据法院在特纳案及后续案件中绝对清晰表达的意见,不论法官出于什么原因参与这种讨论,据说都应当予以禁止,否则就等同于对被告人施加了不当的压力。②但是,这一令人吃惊的评论意见为法院在古德伊尔一案启动重新界定辩诉交易中"压力"的含义以及司法机关的隐蔽参与提供了合法性。

根据上诉法院在古德伊尔一案中的判决意见,虽然法律并不禁止律师与法官之间的自由接触,但他们之间任何有关量刑的讨论就会产生问题。这会对被告人认罪答辩造成压力的风险或者具有产生压力的表象。此类来自法院的压力不能接受。法院如此表述之后,

---

① 早期的案件清晰表明,出庭律师可获准经过特殊通道去办公室拜访法官的权利,以便能够获得法官提供的量刑指导意见。然而,"如果律师向当事人披露了法官告知自己的信息,那么整个量刑起点会遭到破坏,而律师与法官之间的保密关系也就会被打破。"参见:*R v Peace* [1975], per Lord Chief Justice Widgery.
② 例如,参见:*R v Nelson* [1967];*R v Barnes* [1970];*R v Inns* [1974]; and *R v Cain* [1976]。

又表达了一种巧妙的解决办法:[1]

在我们的判决中,被告人故意选择从法官那里寻求量刑意见,与法官针对被告人主动提供、然后通过律师向被告人传达量刑意见的做法之间存在重大差异。我们不理解司法机构对被告人获得信息的请求作出回应为何会自动地被视为构成不当的压力。法官只是将自己的量刑意见[直接]提供给被告人——而非通过法律顾问,由后者提供给被告人他本人认为法官可能表达的量刑意见——满足了被告人在作出有罪或无罪答辩之前充分获得信息的愿望。

这一特定的司法技术需要我们在此提供如下解释:

1. 被告人不能直接要求法官提供有关量刑意见。这样做具有恰当性。

2. [但]被告人可请辩护律师去要求法官提供有关量刑意见。这样做具有恰当性。

3. 假如辩护律师代表被告人来询问法官对案件的量刑意见,他[法官]就没有必要但也可以提供相关意见。假如法官决定提供此类意见,这样做也完全具有恰当性。

4. 假如法官向辩护律师(而不是直接向被告人)提供案件的量刑意见,辩护律师可以将此信息传达给被告人。事实上,律师必须这样做,而且可以重点给予被告人这一方面的建议。这样

---

[1] *R v Goodyear* [2005], at para. 49.

做具有恰当性。

5. 假如被告人从辩护律师那里得知法官有关量刑的意见后,基于法官的量刑意见而同意作出认罪答辩的,被告人应告知其律师,由后者反过来告知法官[被告人的决定]。这样做具有恰当性。

6. 假如律师太过健忘、不够明智或者不太称职,法官应当提醒律师,被告人有权获得法官对案件的量刑意见。但这不是法官主动提供的量刑意见。这样做具有恰当性。

7. 一旦经过法官的提醒后,律师应当告知被告人,可通过他[律师]本人来要求法官提供有关量刑意见,以便该程序可以继续按照上述第2项的规定来进行。这是主动的,但也是适当的做法。

8. 假如在办公室进行的私人讨论中,律师按照自己的意愿询问法官,该法官向律师提供了量刑意见,然后由律师转告被告人,那么这样做就不具有恰当性,将会有损任何由此产生的认罪协议。

9. 假如法官直接告知被告人有关量刑意见,这将有损任何由此产生的认罪协议。这样做不具有恰当性。

123　可以这样说,要采纳奥威尔对另一项主题的评论意见,其最佳方式就是:"这个人必须属于要相信此类事情的知识分子(intelligentsia):一般普通人不会是这样的傻瓜。"①

法院在古德伊尔一案完全知晓,只要是属于法院的常规政策,或

---

① G. Orwell, 'Notes about nationalism', first published, (1945) London: Polemic.

者是由主审法官对个案进行校正的事项,它就会在选择辩诉交易合法化的过程中全面发挥作用。而且,在后一种情形中,只要律师有义务去寻找有效、准确的政策即可实现。古德伊尔案所确定的准则只是意味着要掩饰这一现实。一旦"拆开包装"后,其内容则会自相矛盾:作为一般规则,它所表达的意思应当是[法官]主动提供的——如果律师没有建议被告人享有这项权利,那么法官就会要求他这样做——来自法官的量刑建议,显然构成了不当压力,其性质自然需要隐藏起来。所以,将法官塑造为"仅仅满足了被告人希望充分了解信息"的形象,则假装是一个半真半假的故事。

当然,最需要解决的现实问题是,对于那些没有律师代理的被告人来说,他们享有获得此类隐蔽的量刑意见的"权益",但却因为没有律师来充当中间人而无法接触到法官。而反过来,法律也不允许法官向被告人直接传达相关量刑信息。这是一个不证自明的问题,再多的司法"伎俩"(prestidigitation)也无法解决这个问题。其解决方案在古德伊尔案中依然悬而未决:①

> 被告人在没有律师代理的这一不同寻常情况下,应当有权主动要求法官提供有关量刑意见。法官或控方的律师主动采取行动并告知此类被告人享有这一权利则存在一定的困难,因为那样很容易被解读为或随后被认定为不当压力。

但是,此类问题在各级法院真实存在,而且日益严重。上诉法院必须明白,政府的政策越来越多地试图限制被告人申请法律援助的

---

① *R v Goodyear* [2005], at para. 69.

资格。事实上,由政府赞助、由卡特开展的《英国法律援助调查报告》采用了市场化模式,其目的是在 2005—2006 年度刑事案件的法律援助中节约 1 亿英镑的预算,这实际上导致英国在未来四年中的预算要减少 20%。① 卡特在调查报告所提出的解决方案中——布里奇斯和凯普等人对此进行了讨论——包括以下建议:②

应由法律服务委员会密切监督值班律师呼叫中心(Duty Solicitor Call Centre)和刑事辩护直接服务机构(Criminal Defense Service Direct,CDS Direct)。此类监督应当按月并且在地方层面展开,应当查看案卷并且审查其服务效率与质量。假如这样无法控制警局工作量的增加,宪政事务部(Department of Constitutional Affairs,DCA)和该委员会就应当考虑限制被告人[申请法律援助]的资格。这种做法应当随着英国于2007

---

① Lord Carter, *Legal Aid : A Market-Based Approach to Reform*,(2006) London, available at: http://www.lccsa.org.uk/assets/documents/consultation/carter%20review%2013072006.pdf. 如果古德伊尔一案的规则可扩展适用到治安法院审理的案件,那么这一问题将会在每天都出现。虽然大多数被告人(82%)在治安法院审理的案件中似乎有律师代理,但坎普发现,除了那些未符合收入测试(means test)者之外,法院工作人员在对待犯罪的严重性方面令其他被告人泄气,因此放弃了"司法利益"测试。参见:V. Kemp, *Transforming Legal Aid : Access to Criminal Defence Services*,(2010)London: Legal Services Research Centre. 政府的财政限制导致在 1993 年引入了标准收费规定;继《卡特报告》之后,它在 2008 年为在警察局从事法律援助咨询工作的人员支付固定的费用。此外,[被告人的]收入测试于 2008 年和 2010 年被分别引入到治安法院和刑事法院的工作中。《法律援助、量刑与惩罚罪犯法》(Legal Aid, Sentencing and Punishment of Offenders Act)(2012)于 2013 年 4 月 1 日生效,它废除了法律服务委员会(Legal Services Commission),并以法律援助机构(Legal Aid Agency LAA)替代。

② L. Bridges and E. Cape, *CDS Direct : Flying in the Face of the Evidence*,(2008) London: Centre for Crime and Justice Studies, p.38.

年10月引入新的警局收费［项目］而出现。

英国政府持续削减［法律援助］费用的结果会导致没有律师代理的被告人案件数增加。法院在某种程度上被迫承认，它不能简单地适用纳尔逊一案的要求，来解决在其［援助］计划内所产生的问题。执业律师越来越多地表示担心，没有律师代理的被告人可能会"自然地……想知道并且会询问法官［曾在古德伊尔案发生过的］本应是其律师询问的问题"，这就会"不恰当地缩小了被告人的自由选择权"。[①] 此外，知名律师因为法律援助费用的削减已经拒绝在复杂的诈骗案中参与案情摘要摘录。例如，欧文·鲍科特报告了一起涉及八名被告人在南华克（Southwark）刑事法院受审的所谓"土产银行"（Land bank）欺诈案，17家律师分所都拒绝采取行动，因为"高成本案件"的法律援助率要减少30%。[②] 法官警告被告人，庭审将会继续进行，而被告人可能被迫自行代理案件。

[①] D. Rhodes,'Life in Crime: "Degrees of separation"', *Solicitor's Journal*, 157(12), 26 March 2013. 实际上，这种关注因讨论一起军事法庭审理的南丁格尔案（*Nightingale*）(13 March, 2013, CA No 1206575 D5)而引起。上诉法院在该案承认，法官"不请自来地"提供被告人可能会被判处的量刑意见可以构成不当压力，从而缩小了"被告人的自由选择权"，诱使其作出认罪答辩的请求。在南丁格尔案中，军事法庭的检察官（judge advocate）在未经辩方要求的情况下表示，如果被告人拒不接受指控（其中附有最低法定刑期），就会面临被判在平民监狱中服刑近五年的时间。但是，如果作出认罪答辩，就会在军事监狱里服刑不超过两年的时间，而且还增加了被告人在服刑期间可继续其军旅生涯的可能性诱因。被告人据此达成了认罪协议，但后来又提出了上诉（其上诉获得批准）。

[②] Owen Bowcott,'Legal aid cuts putting huge fraud trial at risk', *The Guardian*, 15 November 2013.

十三、辩护律师

125　　正如我们已经在本书第三章所看到的那样，特纳案将辩护律师从"独立的"法律顾问这一正式地位变为属于"恳求者"的从属性地位，他们就像是奥利弗·特维斯特（Oliver Twist）一样，在等待法官可能会提供的量刑"折扣"。奥尔德大法官进一步与古德伊尔案的主审法官统一立场。根据这一程式化的规定，辩方律师别无选择地成为司法［机构］的使者，只能向被告人转达法院的一般量刑折扣政策——如果已经确定——或者是法官简单表达的量刑意见。在此背景下，一个人的职业判断能力、知识、经验和技能——按照一般人的理解那样——不是一名辩护律师必备的属性。事实上，他们是法院处理案件的绊脚石。

　　作为古德伊尔案那种类型的辩护律师，他没有必要知道任何可能会偏离法院授权职责之外的事情：举证责任、证据的可采性、法律规定，或者实际上，还包括案件事实。这些都是不受法院欢迎的难题（complications），会转移其履行责任的注意力。法官们在女王诉古德伊尔案所确定的程序要求的只是一个温暖的躯体；具备初步掌握基本程序能力；能够简单传达法官的信息；而且，当然还应当拥有一种能够打破大量傲气的"消化系统"。虽然找到拥有这种属性的个人可能会越来越困难，但对于辩方律师（当然，是和被告人一起）来说，还会有更糟糕的事情发生，而这正是我们在接下来的两个章节中需要讨论的问题。

十四、结语

随着女王诉特纳案被排除在核心事项之外,法院在女王诉古德伊尔案中力求实现其形式合理性,同时还追求其维护社会秩序这一功能的实现。因为程序能保证国家追求的利益,可以用成本高效的案件处理能力和成功定罪率来衡量结果,所以它受到了法院的重视。这些掩蔽的策略继承了奥尔德和早期各委员会的做法,将被告人描述为能行使"自由选择"、"自愿且没有不当压力"、"深思熟虑地"开启量刑折扣传输带,来激活一位原本属于被动判案的法官的角色。而法官们在面对被告人采取"战术策略"(tactical manoeuvrings)所做的"尝试"时能保持惰性。此类陈规定型政策的社会需求是针对那些"拒不合作或不负责任"的被告人"延迟作出认罪答辩而导致预定的庭审戛然而止",造成公共支出、私人受到干扰并产生焦虑等情形。与此同时,一旦法官在这一过程中的直接参与被法院宣布为违法,则无疑构成了不当的压力,但他们的行为被认为具有仁慈性,只是向被告人提供了如今有资格获得的信息:[法官]对被告人提出的经过审判定罪后会增加50%刑期的辅助性威胁,现在则被裁定为完全恰当。毕竟,这些受制于国家维护秩序的被告人不仅有罪,而且不值得同情;任何[被告]人只能屈服于这种威胁,即使其权利受到损害,也会被认为是必要的。

法院通过女王诉古德伊尔案为"确保共同进程"而对被告人的商品化(commodification)做法还会继续,其(未明确表示的)平行存在但又必要的目的是,加强从特纳案开始发起的、对辩方律师有正式惩戒性的框架约束。虽然它在古德伊尔一案允许辩方律师在诉讼程序中发挥作用，但又确保其作用仅仅作为允许制度性的碎屑残留通过的渠道。法院试图通过这一方式来掩盖其司法权力主张。其结果是，法院通过将定罪优先置于司法不公和随后被暴露的风险之上，找到了或许能够实现丹宁大法官所谓的制度"完整性"的另外一种机制。

第五章 体制性困境:国家

一、概述

这种由法官确立的认罪答辩程序在重视成本效益的同时,嵌入并保留在现有的法律框架内。该法律框架据称是要确保产生正确的结果并防止出现错误。事实上,它既要脚踏实地伸张正义,又要展示形式合法性外观的一个必要条件。国家诱导的被告人认罪答辩所声称的实现惩罚的确定性与迅捷性,必须与"迅速但并不意味着较少警惕性"的保证并存,以便为了"示范教学般"的目的使用奥尔德倡导的流行分类:"无罪者"免受错判,"有罪者"会受到惩处。[1] 但是,在缺少独立的事实裁判机构和确保遵守证据可采性规则、举证责任与举证标准等常规性程序的情况下,此类保障主要依靠实施法律的人员:检察官、法官和辩护律师。本章将会研究检察官和法官们在适当减少公众对国家诱导的被告人认罪答辩的各种顾虑方面,可提供此类保障的程度。这也是我们在本书第六章讨论辩护律师相关作用之前需要关注的重大问题。

---

[1] Sir Robin Auld, *Review of the Criminal Courts of England and Wales*, (2001) London: Lord Chancellor's Department.

二、检察官

公诉刑事案件的一线机构是根据 1985 年的《起诉犯罪法》(Prosecution of Offences Act)所设立的皇家检控署,其机构领导为公诉长官(Director of Public Prosecutions,DPP)。[①] 英格兰和威尔士的皇家检控署按照地域可划分为 13 个区,每一个区的检控署由首席检察官(Chief Crown Prosecutor)领导。[②] 截至 2013 年 3 月底,在皇家检控署雇用的 6841 人中,大约有 34% 的人员属于符合资质的检察官。就其独立性与合理性而言,检控署机构自身并不能保证其形式合法性,因为公诉长官接受检察长(Attorney-General,A-G)的监管,而反过来,检察长则是代表皇家检控署对议会负责的政府法律事务官员。

奥尔德在建议法官"提前表明量刑意见"时,认为可以区分与"认罪请求"或"指控罪行"的交易,其理由是这些都属于检察官负责的事项:[③]

[①] "Director of Public Prosecutions"一词有的文献中也翻译为"检察长"、"公诉专员"或"检察官",本书根据上下文译为"公诉长官"。——译者注

[②] 此外,还有一个"虚拟的"第 14 区,皇家检控署直属区(CPS Direct),可在工作时间之外向警方提供是否指控犯罪的决定。两个专业办案小组——中央欺诈案件侦破组(Central Fraud Group)和严重犯罪案件侦破组(Serious Crime Group)——处理以下公诉事项:所有由英国严重及有组织犯罪调查署(Serious & Organised Crime Agency)、英国边境管理局(UK Borders Agency)和女王陛下税务与海关总署(Her Majesty's Revenue & Customs)侦查的刑事案件,以及严重犯罪、恐怖主义犯罪、欺诈犯罪及其他需要专家经验的具有挑战性的案件。

[③] Sir Robin Auld, *Review of the Criminal Courts of England and Wales*,(2001) London: Lord Chancellor's Department, Chapter 10, para. 91.

在这个国家,如果检察官没有责任去寻求或推荐某一特定量刑意见,其参与辩诉交易的主要形式是,同意放弃某些指控的罪行,或按照程度较轻的罪行进行指控,以换取被告人承认其他或较轻罪行的指控。这种做法可为代表公众利益的检察官带来的有利条件是,它可以避免[正式]法庭审判的需要以及随后对被害人和证人的折磨。而对被告人的益处在于,他可以预计到自己认罪后可能会获得的量刑折扣。但是,法院并非此类交易的一方当事人。

奥尔德在讨论这一问题时提到了女王诉詹金斯案(R v Jenkins)[1986]。法院在该案引用了法律学院与律师业评议会律师委员会(Bar Committee of the Senate of the Four Inns of Court and the Bar)向检察官提供的指导意见:[1]

(1)控方的律师应当亲自在法庭上负责处理案件。在履行这一职责时,律师必须在每一起案件中决定是否提供指控被告人的证据、是否要接受被告人所作出的认罪答辩。虽然律师应当在作出最后决定之前告知公诉机关自己对这些问题的看法,并且应当考虑到任何可证明相反观点的合理性,但[这里有非常重要的词语]作出决定的最终责任依然在于律师自己。(2)控方的律师可酌情邀请主审法官来协助其作出决定,但他从来没有义务必须这样做;也不应该以此作为避免个人责任的一种手段。

---

[1] Bar Committee of the Senate of the Four Inns of Court and the Bar, headed *Guidance to Prosecution Counsel*, dated May 24, 1984.

(3)控方的律师在所有案件中都应准备[好]在公开审判的法庭上向主审法官解释其决定,并准备根据主审法官的评论意见重新考虑其决定。

我们从以上引用中可以清楚地发现,《奥尔德的调查报告》和各法院都认为,皇家检控署主要负责是否公诉刑事案件的决定——2003年的《刑事司法法》①现在已经正式确定了这一点——该决定包括诉辩双方对案件"指控"和"认罪"的交易,而法官对此过程享有有限的监督权。② 这些观点所隐含的是对控方履行这些职责的总体满意程度。因此,皇家检控署可发挥作用的程度,是决定被告人在合法性的框架内是否作出认罪答辩的关键因素。然而,任何有意义的评估必须从皇家检控署所处的组织结构、政治背景和证据要求等方面开始谈起。③

(一) 皇家检控署的组织结构与政治背景

皇家检控署自成立以来一直受困扰于自身的组织结构问题,这导致它在决定公诉以及实施相应改革举措时的效率非常有限。检控署的职能部分涉及一种与警方相关的关系性立场,部分涉及其机构文化,部分涉及其赖以运转的财政压力。虽然皇家检控署负责决定

---

① 除了未成年人的案件之外,这就意味着要将指控犯罪的权力从警方转移到皇家检控署的手中。
② 关于对检察官作用的早期论述,可参见以下案例:R v Berens & Others [1865]; R v Holchester & Others [1868]。
③ 关于对皇家检控署的更全面讨论,可参见:A. Ashworth, and M. Redmayne, *The Criminal Process*, 4th edn, (2010) Oxford: Oxford University Press; A. Sanders and R. Young, *Criminal Justice*, 3rd edn, (2007) Oxford: Oxford University Press。

是否公诉成年人的案件,但它需要依赖警方的工作,在很大程度上受制于警方事先准备的案件证据以及这些材料所隐含的目标。① 这可能会促使它继续指控本应完全停止的案件,或者公诉犯罪性质不太严重的案件,最终导致法院命令或指示[陪审团]判决被告人无罪的案件比例过高。与此同时,皇家检控署按照政府要求的目标在运转。除了其他事项之外,它需要尽量"缩小正义的差距",也就是警方记录的犯罪案件数与罪犯被绳之以法的案件数之间的差异。最重要的问题是,皇家检控署面临节约经费的压力。例如,据报道,根据英国政府的财政预算目标,皇家检控署在2007—2008财年至2010—2011财年之间必须完成节约6600万英镑经费的任务。除了其他方式之外,它需要通过提高公诉程序的有效性与效率,以及扩展《皇家检控署辩护策略方案》(CPS Advocacy Strategy Programme)来更多地使用内部律师等方式去实现这一目标。

皇家检控署展现出一定程度的组织性功能障碍,对其决策会产生影响;而女王陛下皇家检控署监察局的各项报告就证实了这一点。例如,在最近的一份报告中,②监察员们发现:③

……有效实施辩护策略正在受到两项因素的阻碍,即:皇家律师的供过于求……;当地分配工作的方式似乎是在追求最大

---

① M. McConville, A. Sanders and R. Leng, *The Case for the Prosecution*, (1991) London: Routledge; C. Clarkson, A. Cretney, G. Davis and J Shepherd, 'Assaults: the relationship between seriousness, criminalisation and punishment', (1994) *Criminal Law Review*, 4.
② HM Crown Prosecution Service Inspectorate (HMCPSI), *Follow Up Report of the Thematic Review of the Quality of Prosecution Advocacy and Case Presentation*, (2012) London: HMCPSI.
③ 同上注,参见:"总督察(Chief Inspector)前言"部分。

限度地节约律师的费用,而非实现和发展高质量的辩护。

虽然监察员们发现皇家检控署在最高战略层面上注重质量的承诺,但这并没有反映在地方层面上。[1] 当地区管理者(Area Manager)在向内部律师分派工作时,他们在很大程度上依然继续把重点放在如何节约案件在刑事法院审理的费用上。监察员们在评估期(2009—2011 年)内,[2]发现皇家检控署内部律师的服务质量有所下降,而从事自由职业的律师服务质量则有所提升,尤其是较高级别的律师。就皇家检控署律师的缺点而言,[3]监察员们主要指出了以下几个问题:案件缺乏准备、案件代理的不连续性、案情摘要存在被退回的情形、案件工作分配的时间较晚。皇家检控署作为机构的不当响应性表现在,它在 2009 年评估所确定的 22 个事项中仅完全落实了 2 项。在倡导新的体制安排时,《女王陛下皇家检控署监察局的报告》指出,皇家检控署必须设法克服之前与从事自由职业的律师

---

[1] 它披露了发生在伦敦大都会警察厅管辖区的一个类似例子。参见: Independent Police Complaints Commission (IPCC), *Southwark Sapphire Unit's Local Practices for the Reporting and Investigation of Sexual Offences, July 2008-September 2009—Independent Investigation Learning Report*, February 2013. 独立警察投诉委员会发现,一支"表现不佳并且过度扩张的"警察队伍在努力提高其业务表现并满足业务目标时,如果认为该项指控可能会被撤回或不可能达到公诉的标准,就会鼓励警察和被害人撤回指控(导致"没有犯罪"的记录),从而破坏了该组织的正式规定。这种做法在经过高级警员的授权后增加了被列为"没有犯罪"的事件数量,因此也"增加"了警方的案件处罚与侦破率。

[2] HM Crown Prosecution Service Inspectorate (HMCPSI), *Follow Up Report of the Thematic Review of the Quality of Prosecution Advocacy and Case Presentation*, (2012) London: HMCPSI, paras.1.2 – 1.3.

[3] 该报告发现,较大比例的副检察官(Associate prosecutors)在治安法院非常能干并且表现很好。

共事所面临的一些困难,"包括逾期归还案情摘要、缺乏代理案件的连续性、缺少案件的准备时间,这些现在都反映在机构内部的实践中"。①

公诉失败——主要是法官命令和指示的无罪判决——与强加的"缩小正义的差距"目标相结合,就会在社会与法律文献中产生有良好文书记录的体制性倾向:改变规则会导致行为的改变,但不一定会朝着它所期望的方向发展。② 因此,警方与皇家检控署通过不起诉程序——例如不恰当地采用告诫(warning)、警告(caution)和附条件的警告等方式——已将案件处理完毕。③ 同时,控方可以降格处理最初

---

① HM Crown Prosecution Service Inspectorate (HMCPSI), *Follow Up Report of the Thematic Review of the Quality of Prosecution Advocacy and Case Presentation*, (2012) London: HMCPSI. 公诉长官认为是时候来"固定"这一做法,以便由最好的律师来处理刑事案件。皇家检控署正在创建一个包含13套"分庭"的网络,以便将皇家检控署内部的律师脱离出来,并按照更像是独立律师界的模式来开展工作。

② 最近同时发生的一个例子是,英国国民医疗服务署(National Health Service, NHS)癌症部的工作人员声称自己受到了需要伪造病人数据的压力,以便满足科尔切斯特(Colchester)医院国民医疗服务信托基金所要求的病人就医等待时间的目标。医护质量委员会(Care Quality Commission)发现有关病人就医等待时间的数据并"不准确",而警方正研究是否有必要对此开展刑事调查。参见:BBC News, 'Colchester General Hospital: police probe cancer treatment', 5 November 2013。

③ 由警方或皇家检控署批准的指控决定在这些情况下可能几乎很少与"公共利益"或对被害人的关注相关。因此,附条件的警告可用于犯罪性质并不轻微的案件,包括欺诈、盗窃、严重殴打,甚至是严重的性骚扰等犯罪。参见:A. Edwards, 'Do the defence matter?', (2010) *International Journal of Evidence and Proof*, 14: 119。事实上,司法大臣(Justice Secretary)在2013年带有误导性地告诉国会下议院(House of Commons),虽然对犯有强奸罪的犯罪嫌疑人进行警告"完全不能接受",但在某些情况下,"被害人绝对不愿意出庭作证,而这可能是能够记录该罪犯些许信息的唯一途径。"参见:House of Commons, Hansard (Debate), Col.116, 5 February 2013。为了管理警告的使用,必须有足够的指控证据,而且被指控的人必须认罪。参见:Criminal Justice Joint Commission Inspection: *Exercising Discretion: The Gateway to Justice*, June 2011; BBC News, 'Sex offenders in Yorkshire given police cautions',

的指控罪名或减少已公诉的指控罪行项数，只要它提出的任何一项指控被法院定罪就可以算作是"成功地"完成了公诉目标。① 皇家检控署受制于财政压力及其机构功能性失调的特点进一步加剧了这种趋势。虽然该机构一再重组，但它仍然会反复出现过去曾被批判过的问题。尽管法院令人难堪地批评皇家检控署的公诉失败结果② 以

---

18 May 2012。该报告称，在 2008 年至 2011 年之间，除了其他事项之外，南约克郡的 125 名性犯罪者分别被警告或告诫，七名绑匪在西约克郡被警方警告；156 名夜盗者的案件在北约克郡的法庭之外被处理。其他在法院之外被处理的犯罪还包括意图危害他人生命的纵火罪、诱拐儿童罪、暴力骚乱和严重的种族或宗教袭击罪等。由女王陛下警察局督察署与女王陛下皇家检控署于 2011 年提交的《刑事司法联合检查报告：解决社区犯罪所需的新方法》(HM Inspectorate of Constabulary and HM Crown Prosecution Service in 2011, *A New approach to Tackling offending in Communities Needed*)指出，在正式的刑事司法制度之外（不包括恢复性司法的结果）处理犯罪案件的数量事实上在一个五年期内已"急剧上升"135%，而且全国使用法庭之外处理案件的情形存在明显的差异。此外，督察人员在审查的 190 起案件样本中发现，大约有三分之一的案件管理不当，犯罪过于频繁（多次犯罪者）、属于情节严重的以及简要理由的决定等情形"却记录得很少"(2.34)。关于警告的应用，可参见：L. Leigh, 'Cautioning—whatever happened to common sense?'，(2013) *Criminal Law & Justice*, 177:269。埃利斯和比格斯在提及警告时突出强调了这一问题：《第四电台今日》节目的听众在 2013 年 4 月 3 日无疑会目瞪口呆、大开眼界，因为他们听到治安法官协会的主席约翰·法森菲尔特诉埃文·戴维斯，给予一位性侵犯 13 岁女孩的神父警告（处分）是警方当前使用警告的一种"典型"方式。参见：R. Ellis and S. Biggs, 'Simple cautions'，(2013) *Archbold Review*, 5:6, p.6。

① HM Crown Prosecution Service Inspectorate (HMCPSI), *Thematic Review of Attrition in the Prosecution Process (the Justice Gap)*，(2003) London：HMCPSI。

② 例如，参见：C. Baksi, 'CPS under fire for failures in two serious cases', *Law Society Gazette*, 24 June 2013。皇家检控署因为委派一名"不称职"的律师参与公诉一起谋杀案件并导致一起强奸案审判延迟的"可悲过失"而分别受到了两名刑事法院法官的批评。"保险欺诈调查局与伦敦市的案件彻底败诉"报告了一起涉及 14 名被告人的此类案件。皇家检控署在该案未能出示任何被描述为在"正常的商业实践"中有错误行为的证据。主审法官形容为"可耻的"公诉。关于行政能力不足的报道更是频繁出现：例如，控方未能安排证人出庭作证等。

及一大批机构性的道歉①会成为头条新闻,但我们在这里主要关注的还是国家诱导的被告人认罪答辩所涉及的结构性问题及其对司法质量的影响。②

(二) 技能低下

任何公诉制度,如果要被视为适合参与旨在说服个人认罪的讨论,其基础性的先决条件可能会被认为属于技术能力。这里的技术能力至少会包括:能够确定并选择适当的刑事罪行;可起草能准确反映该罪行的起诉书的娴熟程度;③能够确定案件涉及的相关机构;精通并有能力提请法官注意相关量刑与程序的规定。皇家检控署的工作曾经多次无法达到这些基本标准。

---

① 例如,参见:BBC News,'CPS apology over woman's murder',5 March,2009。该新闻报道涉及一位被丈夫谋杀的女子。该女子已经报警,声称丈夫威胁要杀死她。这位丈夫被勒令远离该女子,却一再违反保释条件。皇家检控署对此表示:"我们在案件的早期阶段错误地接受了不指控曼南(Mannan)先生的决定";"公诉长官向遭受性侵犯后又在法院败诉的这位女性道歉"('DPP apologises to woman failed by courts after sexual assault',The Guardian,20 September 2010);"皇家检控署向遭受性侵犯但又败诉的这位女性致歉"('CPS apologises to woman over assault case collapse',BBC News,7 October 2010);"皇家检控署在性侵犯案败诉后表示歉意"('CPS issues apology after collapse of assault trial',Wales Online,12 April 2012);"罗奇代尔儿童卖淫团伙案:皇家检控署因为'未能认真对待案件'而对青少年性行为的被害人道歉"('Rochdale child sex ring: Crown Prosecution Service apologises to teenage sex victim for "not taking her seriously"',Mancunian Matters,9 May 2012)。
② 皇家检控署与警方都有不愿披露证据的悠久历史。当这些证据没有被披露的时候,被告人可能明显处于不利的地位。但是,如果披露了这些证据,那么这些公诉案件经常会败诉,对被害人不利。
③ 如果案件只是存在被称为对被告人"没有产生影响"的"纯粹技术性问题"的错误,法院就不会撤销原来的有罪判决:R v Stocker [2013]。当然,人们对于错误或是否属于"纯粹技术性问题"仍存争议。

皇家检控署未能根据众所周知的法律来指控某项犯罪,或者未能准备起诉书来证明本可以判决被告人有罪的某项罪行。下面就是一些最近发生的例证:①

- 女王诉希尔兹案(*R v Shields*)[2011]:事实上,上诉人被公诉的罪行,即违反了性犯罪[禁]令,其依据是违反了1998年的《反犯罪与骚乱法》(Crime and Disorder Act)第2条第8款的规定,而这属于法律[依据]不明,因为该法已被废除,取而代之的是2003年《刑事司法法》第113条第1款第d项所规定的罪行。上诉法院指出:"没有人在上诉人的庭审之前或庭审期间注意到起诉书中的缺陷。"代表王国政府对此提出上诉的X先生在审判时并没有出庭,他坦率地承认,控方的律师本应注意到此类错误(第7段)。

- 女王诉科尼利厄斯案(*R v Cornelius*)[2012]:被告人并没有犯下起诉书指控的罪行。上诉法院指出:"王国政府[皇家检控署]的错误在于未能确定指控犯罪的正确依据"(第41段);"虽然那些出庭的律师在审判中并没有指出这一点,但上诉人在事实上对于起诉书中的指控无需答辩"(第1段)。

---

① 控方败诉的其他情形一般不会出现,除非被告人提出上诉。关于这一方面令人震惊的例证,参见:*R v Banfield & Banfield* [2013]。该案的辩护律师在上诉中承认,要么是这两名上诉人一起,要么是其中一人谋杀了被害人。然而,正如上诉法院所指出的那样:"尽管完全有可能是这样,但起诉书并未陈述本案被告人故意杀人。相反,皇家[检控署]宁愿相信这是导致一起简单的、联合作案的小罪行。"假如控方的陈述表明被告人故意杀人,那么辩方的上诉就不会如愿以偿。正因为如此,法院撤销了这两起被判谋杀罪的案件判决。又可参见:女王诉乔纳森·多德(*R v Jonathan Dodd*)[2013]。该案涉及控方不恰当起草的起诉书,案件披露了"令人震惊的一系列错误",而"法官在庭审中也没有从其有权获得帮助的律师那里得到任何一点帮助"。

- 女王诉钱尼案(*R v Chaney*)[2009]：因为起诉书存在缺陷，本可判处罪名成立的指控中有三项（包括强奸罪和卖淫罪在内）被迫撤销。① 其中有一些是代表王国政府的律师在奉命处理一项刑事法院因时间推移而没有权力修改的非法量刑时才发现的错误。

- 诺兰与霍华德诉女王案(*Nolan & Howard v R*)[2012]：每位被告人都对其违反2003年的《税收减免法》第35条所禁止的诈骗行为作出了认罪答辩请求。但事实上，正如上诉法院在撤销该定罪时所发现的那样，它"无法从法律上理解"这些犯罪。"代表王国政府的律师和上诉人的律师都对自己未能正确分析法律表示歉意。"

- 女王诉佩尔蒂埃案(*R v Pelletier*)[2012]：虽然被告人对双方都同意的事实属于违反《性犯罪预防令》的行为作出了认罪答辩；但他事实上并没有违反该法令。上诉法院指出："因此，可以断定的是，这起案件基于双方同意的事实，尽管被告人作出了认罪答辩的请求，但他并不犯有自己所承认的罪行。因为这一简短而又简单的理由，我们必须允许他对不利于自己的有罪判决进行上诉。"（第6段）

- 女王诉劳伦斯案(*R v Lawrence*)[2013]：上诉人在经过非常有限的信息披露后作为"简化"程序的一部分，对持有违禁武器罪的指控作出了认罪答辩，但她事实上并没有犯此罪，因为其所持的枪支不属于被禁止的武器。为了解决这一问题，王国政府促请上诉法院依据1968年《刑事上诉法》(Criminal Ap-

---

① 又可参见：*R v C*[2005]；*CF v R*[2008]。

peals Act)第3条第a款所赋予的权力,用违反1968年《枪支[管制]法》(Firearms Act)第1条第1款第a项规定的无证持有武器的罪名来代替原指控,以判决被告人有罪。但法院裁定,即使根据该规定,也不能有效地判处本案上诉人有罪。

这些问题几乎不需要强调,但是上诉法院在女王诉劳伦斯案中认为:"本案有助于强调,就鼓励被告人尽早作出认罪答辩的'简化'程序而言,各方当事人需要谨慎核实,案件指控的事实是否可以证明那些有时属于相对具体罪行的必要构成要素,这一点非常重要。"(第10段)

假如皇家检控署恰当地准备了起诉书,它就有义务在考虑被告人认罪答辩的预审程序中提醒法官,检察长有权针对量刑畸轻的案件向上诉法庭表达意见,并具有更多的责任提请法官注意有关量刑指引和/或权威意见。① 然而,非常普遍的是,皇家检控署却无法完成这些基本的职责,正如以下实例所示:

● 检察长参考编号为[2006]第48号的案件(安德鲁·法罗)[A-G Ref No 48 of 2006(Andrew Farrow)2006]:上诉法院在审查案件一审过程中表示:"不幸的是,控方律师在本案中显然没有提醒法官检察长的这种权力。也可能是,这一方式对

---

① 控方对认罪答辩依据的正确方式载于女王诉陶勒拉案(*R v Tolera*)[1999],以及于2009年12月1日签发生效的《检察长关于接受[被告人认罪]答辩请求的指导准则以及检察官在量刑时的作用》(*Attorney-General's Guidelines on the Acceptance of Pleas and the Prosecutor's Role in the Sentencing Exercise*)之中。

案件诉讼程序的进展没有多少影响。不过在我们看来,这似乎是一起控方律师至少会想到并提出问题的案件,也就是判处被告人缓刑是否适当的问题。"(第22段)

● 检察长参考编号为[2009]第6号的案件:本案涉及被指控故意伤人和藏有攻击性武器的被告人作出的认罪答辩,没有引起主审法官对相关权威意见的注意。上诉法院明确表示:"根据我们的判断,这显然是一起可能没有'假如',没有'但是',也没有'也许'的案件。被告人被羁押的结果不可避免。但本案的最大悲剧在于,刑事法院的法官显然不知道首席大法官之前的判决意见——尽管该判决已经完全公开——而且没有人对其谈及该案。假如总检察长参考编号为[2008]第49号案的权威性还不够的话,那么与第18条规定的犯罪相关的《量刑指导委员会[量刑]指导意见》也明确指出,对成年被告人判处的监禁刑以四年为起点,在三至五年的范围内确定最终的刑罚,这对于那些不认罪的此类被告人来说属于适当的量刑幅度。"(第11段)

● 检察长参考编号为[2012]第44号的案件:法官在审判中暗示,判处[本案被告人]在青少年犯罪羁押机构(Young Offenders' Institution)被监禁三年以上时间的刑罚可能比较适当,但是代表政府的律师打断了法官的讲话并错误地指出,法官的权力仅限于作出两年羁押和培训的命令。法官问:"真的吗?"另一名律师回答道:"是的,法官大人。"当然,本案还有其他具有误导性的评论。上诉法院认为该法官"有权更好地从律师那里获得帮助"。(第18段)

这些只是皇家检控署在公诉刑事案件时存在基本缺陷的一些简

单例证。①

检察长也无法保证控方肯定不会犯此错误,正如以下例子所示:

● 检察长参考编号为[2012]第 26—28 号的案件:这里,上诉法院在拒绝接受检察长对抢劫案件的参考意见时认为:"令人失望的是,这一权威性意见并未被包括在检察长的权限内;更令人失望的是,该意见在控方申请之前就没有被考虑过。根据我们的判断,这是对律师意见所作出的完整答复。"(第 37 段)

尽管对被害人、公共利益和法律完整性有明显的影响,但那些支持国家诱导的被告人认罪答辩实践的人员并没有适当考虑这些令人沮丧的记录。② 该记录显示,抛开给无辜者带来的风险问题不谈,皇家检控署从最基本的层面上讲不能被认为是公众利益最可靠的监护人。它们对法律的无知不能作为其工作失误的借口,但这不应当成为个人可受雇于皇家检控署的一个条件。

(三) 太低级别的公诉

那些从事法律禁止行为的被告人因作出认罪答辩,可通过量刑折扣的方式获得过分的"奖励"。相对而言,人们很少注意到此类辩诉交易的后果。这种交易可通过获得控方提供的认罪条件来实现:

---

① 其他例证,可参阅:*A-G Ref No. 44 of 2007* [2007];*A-G Ref Nos. 25 - 26 of 2008* [2008];*R v Anouar Bouhaddou* [2012];*A-G Ref No. 44 of 2012* [2012];and *R v Court and Gu* [2012]. 上诉法院在上面提及的最后一起案件中称:"我们已经毫不犹豫地得出一个结论,认为这里所描述的此类情形,即使按照最高程度来考虑,也无法属于英美法所界定的犯罪。"

② 又可参见:*A-G Ref No. 50 of 2010* [2010]。

以不可抗拒的量刑(Knock-down sentence)条件获得被告人的认罪答辩,以指控项数较少的罪行获得被告人的认罪答辩,以另一种以及较轻程度的指控获得被告人的认罪答辩,[1]或通过"案件事实的交易"获得被告人的认罪答辩。[2] 在此类案件中,如果最初的犯罪指控实际上反映出可支持该指控的事实和证据,那么有罪的被告人会获得比其本应被判处刑期更少的量刑。于是,强奸犯在控方以猥亵罪指控的条件下表示认罪;抢劫犯在控方以盗窃罪指控的条件下表示认罪;掠夺式性犯罪者(predatory sex offender)[3]在控方仅指控部分犯罪的条件下并且在罪犯几乎以温和的方式参与犯罪的基础上表

---

[1] 此外,英国强有力的实证证据表明,所谓的"指控罪名交易"实践在治安法院非常普及。例如,参见:C. Hedderman and D. Moxon, *Magistrates' Court or Crown Court? Mode of Trial Decisions and Sentencing*, Home Office Research Study No. 125, (1992) London: HMSO; R. Henham, 'Further evidence on the significance of plea in the crown court', (2002) *Howard Journal of Criminal Justice*, 41:151。但是,实践中也有确凿的证据表明存在有逆向影响的不当决定问题——"过度指控"。参见:M. Blake and A. Ashworth, 'Some ethical issues in prosecuting and defending criminal cases', (1998) *Criminal Law Review*, 16; M. McConville, A. Sanders and R. Leng, *The Case for the Prosecution*, (1991) London: Routledge; C. Phillips and D. Brown, *Entry into the Criminal Justice System: A Survey of Police Arrests and their Outcomes*, (1998) Home Office。

[2] 例如,参见:*R v Beswick* [1996]。在该案中,检察官试图把"故意伤害罪"降格到简单的"伤害罪"来指控被告人并柔和案件"事实",以便对被害人造成的伤害性质在某一方面降至最低的同时,去掉在另一方面的伤害。但是,这一"交易"因为主审法官拒绝接受控方的做法而未能如愿。法官要求举行一次牛顿案那样的听证审理程序,从而可以核查被告人认罪答辩的事实依据。众所周知,涉及报告家庭暴力的案件有高流失率,而监察员们在许多案件中发现,皇家检控署在决定中止公诉时未能遵循相关准则,或未能记录其考虑有关准则的要求。参见:HM Crown Prosecution Service Inspectorate (HMCPSI), *Violence at Home: A Joint Thematic Inspection of the Investigation and Prosecution of Cases Involving Domestic Violence*, (2004) London: HMCPSI。

[3] "predatory sex offender"也可翻译为"潜在的性犯罪者"。——译者注

示认罪;①犯有夜盗罪者接受控方提出的盗窃罪指控条件并作出认罪答辩;暴力攻击者同意以简单的伤害罪或共同殴打罪而非故意伤害罪的指控条件作出认罪请求。②

《奥尔德的调查报告》讨论过这一问题,并把它归咎于警方的"过度指控"以及皇家检控署在诉讼早期阶段未能补救这些错误,其证据是检察官经常直到审判当天很晚才能彻底审查或足够现实地考虑是否决定公诉案件:③

无论被告人的想法是对是错,这一模式实际上鼓励被告人因相信自己被控方过度指控,就一直坚持到最后一刻才作出策略性的认罪答辩。它也可能导致控方仓促、草率、不恰当地接受被告人的认罪请求,从而令被害人感到迷惑和痛苦,扭曲这些量刑决定,引起针对量刑的上诉,而且有时会人为地阻止案件在上诉法院得以伸张正义。④

奥尔德建议的补救措施——自 2004 年起开始实施——是赋予

---

① 参见以下臭名远扬的案例:*A-G Ref No. 44 of 2000* [2001]。在该案中,一名校长对年轻的女学生(和一名男性)犯有非礼罪,其接受认罪指控的项数以及对其实施行为的陈述都被降到最低程度。因为控辩双方已经做出了"魔鬼般的交易",法官不允许检察长以量刑畸轻为由来质疑该案的判决。C. Dyer, 'Making a pact with the devil', *The Guardian*, 30 October 2000. 本案进一步导致检察长于 2001 年 12 月出台了《指导意见》。

② 皇家检控署在某些案件中的动机是通过只可在治安法院审理的方式来避免有陪审团参与的审判。

③ Sir Robin Auld, *Review of the Criminal Courts of England and Wales*, (2001) London: Lord Chancellor's Department.

④ 同上注,第 10 章第 36 段。

检察官对刑事案件(而非未成年人案件)是否作出指控决定的权力。然而,该建议未能充分考虑到皇家检控署对指控罪名作出较晚变更的原因及机构运转的背景,所以它很可能会以失败而告终。虽然控方有时可能会面临证据方面的困境,[①]但此类案件会带来一种可评估制度的预测性结果,其绩效指标包括降低"公诉失败的案件数"以及增加(任何级别的)成功将"罪犯绳之以法"的犯罪案件数等要求。而且,颇具讽刺意味的是,被告人及时地对控方情节较轻的指控作出认罪答辩自身会引起对量刑折扣的兴趣,从而可以获得"双倍的量刑折扣"!

女王诉马迟案为我们提供了一个令规定变样的生动范例。法官在该案中评论道,他从来没有处理过比该案更能令人感到恶心的案件。案件的被害人一直受到欺凌和恶毒行为的攻击;父母作为被害人被迫与自己的孩子分开,并且仍在遭受着精神上的痛苦创伤,一家人无处可去。法官批评皇家检控署接受了被告人对两项猥亵罪作出不认罪的答辩请求——被告人对其他一些指控的罪名,例如攻击罪、威胁杀人罪和煽动偷窃罪等表示认罪。因为辩诉双方达成的认罪交易,法官的量刑权力就受到了限制,正如该法官所言:[②]

  于是,当某一项犯罪性质特别恶劣的被告人的刑期总计只有两年的时间时,假如这就是刑事司法制度所反映的立场,公众

[①] 研究证明,皇家检控署对指控罪名的选择本可能会产生一些困难,这可能会导致控方按照比最初设想更轻的罪名来继续指控被告人。例如,参见:E. Genders, 'Reform of the Offences against the Person Act: Lessons from the Law in Action', (1999) *Criminal Law Review*, 689; R. Henham, 'Further evidence on the significance of plea in the crown court', (2002) *Howard Journal of Criminal Justice*, 41:151。

[②] *R v March* [2002] para.15.

一定会认为该制度令人失望……在本案中,被告人处于一种令人嫉妒的情形,但他们不值得皇家检控署接受被告人同意以较轻的指控对相同事件所作出的认罪请求。在我看来,被告人似乎已经获得了自己可能希望的量刑折扣,而且的确是非常大的折扣力度。假如他们被判决犯有猥亵罪,我就绝不会只判处两年的刑期。

假如王国政府不同意此类认罪安排,法官就可行使其签发拘留令的权力并作出与被告人事实上已减刑的犯罪严重程度相匹配的量刑。然而,人们会感受到更多的讽刺意味在于,因为上诉法院认为法官应受到[控辩双方达成的]认罪协议的约束,必须在此基础上进行量刑,所以就裁定其中一名被告人有权享受到25%的量刑减免:

对于法官而言,量刑的起点应该是针对上诉人与王国政府之间达成协议的、仍然属于"现有的"罪行。他[法官]仅有权对上诉人的这些罪行进行量刑。但他不能去探究上诉人与王国政府之间达成的妥协是否合适,不能根据这些皇家律师可能寻求但最终却选择不去追究的犯罪进行量刑。

于是,地区法院在休斯诉公诉长官案中主张,如果一名男性无端地遭到他人从背后的袭击并且导致昏迷,那么地区法院的法官就没有证据可以恰当地得出结论,认为被告人的行为构成了《公共秩序法》(1986)第4条第1款所规定的罪行。这需要由控方来证明,被告人打算使被害人相信,前者会立即采用不法的暴力行为来对付被害人。该罪行导致被害人在一家酒吧内被打得完全是措手不及并且失

去知觉。地区法院这样评论道：①

> 考虑到被告人击打此人［被害人］一次就导致其失去知觉的犯罪效果，为什么上诉人没有被指控犯有人身攻击罪，或者甚至是更严重的罪行？我们并不清楚其中的原因，而且控方的律师无法解释清楚……如果控方未能指控这种明显的犯罪，那么设法限制对事实的看法而采用一些不合理的"一刀切"（procrustean）将其拽入某种犯罪之中的做法就大错特错。因为该行为与简单指控攻击罪的标准相差甚远，而这本是该上诉人应该面对的指控。

似乎有答案可以直截了当地回答法庭的这个问题：要么是根据第47条规定的实际身体伤害罪，要么是根据第20条规定的故意伤害罪来提出适当的指控，它会导致被告人可能要作出由陪审团参与审判的选择，而这显然是皇家检控署希望避免的事情。

令人遗憾的是，有不少此类的例证表明，皇家检控署的决定显然与实际的犯罪情形有所不同。② 因此，法官在女王诉古丁斯案中，允许皇家检控署修改原来的刑事起诉书，指控被告人犯有不当持有伪

---

① *Hughes v DPP* [2012], para.9.
② 例如，参见：Tony Halpin, 'Judge outraged by CPS plea-bargain', *Daily Mail*, 23 June 1994. 在托尼·哈尔平曾经讨论的一起案件中，主审法官称，他对皇家检控署为达成辩诉交易而令案件"违反规定"的做法感到"震惊"，该交易导致两名被告人所涉及的、大量伪造球拍的罪行被判处最长两年的有期徒刑，而非他认为较为合适的十年有期徒刑。同样，汤姆·罗斯托曾讨论了一起涉及盗窃170万英镑的欺诈犯案件。法官在该案向被告人保证，假如其认罪，法院作为奖励，将不会判决被告人入狱。随后，被告人请求认罪。Tom T. Rawstorne, '£1.7m crook walks free after plea-bargain deal', *The Daily Mail*, 24 April 2003.

造身份证明罪,以便包括持有他人身份证明文件这一罪名较轻的指控,这也是被告人作出认罪答辩的罪名。但是,法官在较高刑期的基础上进行量刑。随后,被告人对此判决提出上诉。上诉法院在该案中指出:[1]

> 本案有充分的证据可以支持最初的指控……但是由于本院无法理解的原因,控方接受了上诉人对该罪行作出的不认罪答辩意见。因此,他们不愿意坚持被告人企图冒充别人而拥有该证明文件的指控。相反,他们接受了被告人对持有证件但没有合理理由的指控作出的认罪请求。

皇家检控署的做法意味着法官在被告人犯有更严重罪行的基础上进行量刑存在错误。上诉法院指出,允许被告人上诉并减轻量刑可以反映出的信息是,如果被告人对指控所作出的认罪答辩无法恰当地与相关证据相匹配,或者在法庭上展示的证据无法恰当地表明被告人犯有的罪行确实具有严重性的事实,那么控方就不应当接受被告人的认罪请求。

然而,这一信息不太可能切中问题的要害。皇家检控署无法摆脱"缩小正义的差距"目标与财政压力等问题,并且受制于机构性的功能障碍,以至于它在决策过程中经常会丢失真正的"正义"目标。我们从检察长参考编号为[2012]第50—53号的案件中就可以看出这一点。在该案中,四名被告人被指控犯有密谋夜盗罪,其中一名被告人还涉嫌密谋盗窃罪。被告人对控方的指控作出了认罪答辩。辩

---

[1] *R v Goodings* [2012], para.10.

方认为,这些量刑在控方缺乏效率与确定性以及存在某种程度的混乱等背景下具有适当性。上诉法院在加重判处刑罚时,强调了本案犯罪的严重性,认为起诉书未能适当地反映出这一点:①

> 这是一伙专业的窃贼。这些暴徒犯有夜盗罪。除了身着头盔和戴有面罩之外,许多人进入目标处所的事实是作为恐吓和吓唬——如果有人恰好在房间里——行动的一部分。他们破门而入,有时会携带武器,有时会将房屋内的财物洗劫一空。这些窃贼追求的是高价值的财物。除此之外,这一团伙看起来在必要时,准备在其即将盗窃的房屋里使用严重暴力来作案——该犯罪行为具有严重性,而且在两起与我们直接有关的案件中还涉及可怕的暴力。其中的两项罪行本可以用抢劫罪以及第18条规定的针对户主或室内其他人员犯有严重人身伤害罪来公诉这些被告人。被害人的影响评估报告告诉了我们一个持续影响时间长久——如果算不上终身持续影响的——却不令人吃惊的故事,可表明这些罪行的被害人所受到的影响。

事实上,皇家检控署在上述案件中的公诉行为具有一定程度的不确定性:法官是否认为罪犯有权获得其认罪请求的全部益处,即使其中三人提出了虚假的抗辩依据?上诉法院最初对于其中三人在此情形下所享有认罪的全部益处是否恰当的问题有不少保留意见。尽管如此,鉴于在法官主持的整个审理过程中发生的明显误解——每位罪犯会收到最大程度的量刑折扣,他们认为法院在一起被告人依

---

① A-G Ref Nos.50-53 of 2012[2012], para.66.

据虚假事实而没有认罪的案件中应该作出三分之一的量刑折扣,而在其他三起案件中应当给予大约20%的量刑折扣。

无论是在我们讨论的此类个案中,①还是在更广泛的公诉政策内所展示的个案中,②皇家检控署的决定都经常会出现一些无法理解的问题。在一种优先考虑降低成本而非实体正义的财政结构中,这种"分一半面包的"哲学所产生的部分后果就是,在经过所有的法庭程序后,受到犯罪行为侵害的被害人显然会再次不幸地受到伤害。在此类案件中,尽管检察长要求审查量刑"畸轻"案件的权力可能形同虚设,③但量刑本身通常是主审法官对情节较轻的指控罪行的被告人可判处的最高刑期。④ 这导致法官、被害人或媒体对一连串的案件发泄其愤怒或沮丧之情,如下所示:

- 巴里·史密斯(Barry Smith)是位职业盗窃惯犯,之前曾有34次被判处夜盗罪的历史记录。本案被告人在被捕之前破门进入一座房屋内盗窃,偷走了两部手机和一辆宝马车的钥匙。

---

① 又可参见:R v Dowty [2011]。皇家检控署在该案中承诺放弃指控两项罪名,以换取被告人对另外两项指控的认罪答辩。但是,当律师的建议认为其最初的决定"明显有误"时,控方又被迫跟进修改其指控意见。
② 例如,参见:R v Brereton [2012]。根据该案透露的信息,就伪装武器相关的案件而言,"至少在约克郡",皇家检控署的政策是按照较低而非较重程度的犯罪来指控被告人,以便"囚犯们因持有伪装的武器而在服刑的刑期,与指控较重程度的罪行可适用的最低刑期相比,要远远低于最低水平"。上诉法院在布里尔顿(Brereton)一案中指出:"首先,显而易见的是,控方在处理此类案件时,在对于按照'较重'或'较轻'罪行公诉被告人,或者是至少在接受被告人对较轻程度的指控作出认罪答辩时,存在前后不一致的,或许是属于任意公诉的政策。其次,控方在本案中作出了一连串令人惋惜的、但又截然相反的决定,而且不止一次地,先是勾起了上诉人的希望,然后又令其希望成为泡影。"(第16段)
③ 这种权力不适用于仅属量刑过轻以及检察官不赞同量刑或支持审判的案件中。
④ 例如,参见:A-G Ref No.44 of 2000 (Peverett) [2001]。

他经常用盗窃的车辆,试图以危险的驾驶方式——包括在单行道上逆行等——来逃避警方的追捕,之后又放火烧车。被告人与控方达成辩诉交易,皇家检控署接受其对以下指控的认罪请求:(i)处理一部被盗手机;(ii)未经授权而驾驶宝马汽车。法官在判处被告人有期徒刑12个月时指出:"我认为这一量刑相当荒谬,虽然我完全不会同意这样的决定,但是我的权限已经受到皇家检控署所作决定的约束,……如果按照[适当的指控]确定被告人有罪,那么我就会至少判处他四年有期徒刑。"①

● 一名法官由于控方决定仅以普通殴打罪公诉殴打老婆的被告人而无法判处后者超过六个月的刑期,就询问检察官为什么没有采用造成实际身体伤害罪这一更为严重的指控公诉被告人——假如这一指控罪名成立,法官认为就可以判处高达五年的有期徒刑。皇家检控署的律师回答说:"真的没有任何可解释的理由。"法官回应道:"有一本叫《皇家检控署检控指南》的小册子……除非被害人被杀害,否则就作为普通殴打罪进行指控。"②

● 一名男性被告人对母亲造成了严重的伤害,包括两次击打该受害人至昏迷。他对殴打致他人身体受到实际伤害的指控作出认罪答辩,控方接受了辩方的认罪请求并决定不再指控其犯有故意伤害罪。法官声称,这是他在一个月内第三次处理此类未按照标准指控被告人的案件:"[皇家检控署]对这名被告人的指控存在着严重的瑕疵,其决定过于草率,未作适当考虑……

---

① J. Narain,'Judge attacks "absurd" deal that saved serial thief from 4 years' jail', *Mail Online*,28 April 2011.
② Wales Online,'Judge attacks CPS over sentence for wife beater',13 June 2011.

他们对在坎布里亚郡（Cumbria）发生的这些暴力犯罪没有作出适当指控……这些都是基于权宜之计和削减成本——而非司法利益——所作的决定……从而令人沮丧地限制了法院判处被告人适当的刑期来保护被害人的能力。"①

● 一名男性被告人作为保姆造成一名年仅 19 个月的小女孩受伤 28 次。这名被告人仅被指控殴打致使被害人事实上身体受到伤害而非严重的身体伤害罪。刑事法院的法官约翰·哈迪（John Hardy）对此表示："任何有点智商的人在解读这一系列的伤害时都会认为,本案可表明被告人对一名年仅 19 个月的小女孩持续性的野蛮殴打行为。那么,控方又怎么会无法确定该行为是否可达到致人重伤（Grievous Bodily Harm，GBH）的程度？我认为［英国］存在非常大的制度问题……假如它会导致这样荒诞的失误……我估计本案如此指控的部分原因可能是这种装扮得噱头十足的、题为'停止拖延正义'的政策,它不可避免地会导致此类匆忙而又糟糕的决定。"②法官哈迪在判处被告人三年有期徒刑时指出："假如按照适当的指控来公诉你,即使不是无期徒刑,最起码也可以为了保护公众安全而对你加刑。"后来,皇家检控署向这位法官表示歉意。

● 法官布朗批评皇家检控署"低于标准来指控"一名用品脱

---

① *News & Star*, 'Cumbrian man jailed for brutal attack on his own mum', 5 May 2012.

② T. Airs, 'Judge slams "blunders" in baby assault case', *Banbury Cake*, 9 April 2012, available at: http://www.banburycake.co.uk/news/9638668.Judge_slams_blunders_in_baby_assault_case/. 这种参考是指英国于 2003 年设立的一种系统,皇家检控署直属区。皇家检控署据此可通过电话向警方提供指控被告人的建议。

杯砸在一名饮酒者头上的罪犯。他认为这名被告人在"懦弱地"袭击被害人后被控普通殴打罪实属幸运,之后又补充说:"我当然希望控方律师能把本案撤回到皇家检控署。控方对这一特定事项一直有低于指控标准的好做法……但我确信不疑的是,一般市民对此会感到震惊。"①

● 同样,法官海伍德(Heywood)认为自己受制于皇家检控署和哈弗福德韦斯特(Haverfordwest)治安法院所"协商和接受的"认罪依据:②该案被告人持有供他人吸食的摇头丸,但只是在其属于重度使用者,除了给别人供应一些之外,自己也会吸食其余药丸的基础上作出认罪答辩。"我要是现在对此认罪交易进行干预,那就不妥;但我不会接受这一行为属于非营利目的的说法。我不会接受双方的这种交易。"因为这一认罪交易的存在,法官海伍德无法下令没收现场缴获的现金,相应地也就返还给了被告人。"这种做法令人震惊,整件事情都显得乱七八糟。"刑事法院在同一天收到了皇家检控署的两封来信,其中一封信表示自己接受被告人认罪答辩的依据,而另一封信则称自己不接受被告人认罪答辩的依据。

这些都是可表明检察官们更广泛的指控实践的简单例证,它允许成本效益优先于正义作为公诉的考量因素,导致法官们无法判处

---

① *Liverpool Echo*, 'Judge blasts CPS for "undercharging" thug who smashed glass over drinker's head in Southport pub', 22 August 2012.
② *Western Telegraph*, 'Judge slams Haverford magistrates for "shambolic" case', 26 May 2010.

适合于被告人犯罪行为的刑期。[1]

从检察官们了解公共利益所在以及可根据公共利益作出公诉决定的意义上讲,他们作为公共利益监护人的假设根本无法继续存在。人们有充分的证据可质疑他们是否真正了解公共利益的含义,而且有许多证据可表明检察官们基于其他原因——而非公共利益——来例行公事地处理刑事案件并且进行决策。同样,皇家检控署大肆宣扬的关注被害人的程度也在减少。女王陛下皇家检控署监察局为了提醒皇家检控署需要注意改进的事项,在其最近的一项报告中[2]谈到了较早之前对控方"不当接受被告人认罪答辩"的担忧,这导致其要求所有检察官参加预计在本次检查时可以结束的强制性培训。监察局表示:"我们期待的这些改进措施还没有明显地出现……"[3]

(四) 辩诉交易的事实依据

假如皇家检控署在理解和适用法律或按照适当的级别指控被告人的犯罪时无法赢得社会的信任,那么人们可能会认为它在确定指控所依据的事实时会做得更好。当然,我们会期待控方在与辩方协

---

[1] 其他例子,可参见:'Attorney general "cannot review" GBH sentence', *BBC News*, 20 January 2012; 'Judge criticizes knife case charge', *Hexham Courant*, 28 July 2008; 'Judge hits out over handling of raid case', *Express & Star*, May 8 2009; 'Prosecutors criticized for not levelling a more serious charge in racism case', 24 March 2011; 'Carlisle judge criticizes CPS over danger driver charge', *News & Star*, 9 July 2011; 'Judge blasts CPS over savage gang attack case', *This is Cornwall*, 24 July 2009。

[2] HM Crown Prosecution Service Inspectorate(HMCPSI), *Follow Up Report of the Thematic Review of the Quality of Prosecution Advocacy and Case Presentation*, (2012) London: HMCPSI.

[3] 同上注,第3.8段。

商被告人的认罪答辩时,不会接受与案件犯罪情形不一致的事实陈述。上诉法院在女王诉贝斯威克一案为皇家检控署明确地提供了这一方面的指导意见:①

> 如果被告人提出认罪请求的依据是一些虚构而不真实的犯罪事实,那么控方就不应当借助任何此类协议而将案件提交给量刑法官来处理。

然而,检察官们在遵守这一简单的禁令时似乎遇到了困难。事实上,在女王诉贝斯威克案发生后不久,原达利奇学院预科学校(Dulwich College Preparatory School)的负责人,罗宾·皮弗里特,成为了一起臭名昭著的犯罪案件中事实与指控罪名交易的获益者。他涉嫌在过去八年间骇人听闻地滥用其职权,非礼了11名年轻学生。② 在皮弗里特最初面临的16项指控罪名中,控方最终撤销了其中的7项,并将案件中的4名投诉人或被害人排除在外。而且,它将被告人行为的定性从"掌掴"(spanking)改为"轻拍"(tapping)和"爱抚"(fondling);双方同意被告人的动机——皇家检控署对此可能缺乏决定性的知识——是想表达其对儿童的权力而非满足个人的性欲。主审法官根据这项协议同意判处被告人缓刑。于是,无论是被包括在该笔交易内的被害人,还是被排除在外的被害人,他们所遭受的痛苦伴随着公众的愤怒一起涌现出来。③

---

① *Beswick* [1996], per Jowitt J at (i).
② *A-G Ref No. 44 of 2000*(*Peverett*)[2001].
③ 参见:C. Dyer,'Making a pact with the devil',*The Guardian*,30 October 2000;
K. Ahmed,'Molester walks free',*The Observer*,22 October 2000.

这种情形并无独特之处。在很多情况下,皇家检控署故意曲解事实,未能核实被告人认罪的事实依据,未能明智地评估被告人的事实主张,或者是广泛地参与自己根本没有明确了解的事实交易。例如,曲解事实的情形会出现在皇家检控署认为不值得高度重视的那些案件中。最典型的例子就是家庭暴力案件:有研究表明,警方与皇家检控署根本没有按照案件应有的严重程度来处理此类罪行。根据这些研究,检察官会降格处理家庭暴力(domestic assault)案件,在向法院提起公诉时"淡化"事件的严重性,以便把"用刀威胁"变为"向某人展示了一把刀"。① 此外,控方在其他案件中根本没有核查案件事实。于是,在检察长参考编号为[2010]第 50 号的案件中,被告人书面提议对犯有夜盗罪和企图造成[他人]严重身体伤害的指控作出认罪答辩。正如上诉法院所指出的那样,当控方的律师知道——但法官却不知道——无人可以把被告人的认罪基础与被害人当初作出的有实质性差异的陈述进行对比时,就告诉法官该被告人的认罪依据可以接受。其结果是,等案件进入到量刑阶段,控方另一位负责公诉案件的律师却先告诉该法官,控方本不应当接受被告人的认罪请求。②

同样,审判在于调查事实"准确度"的目的可能会很容易让位于迅速地完成公诉案件的要求。例如,在检察长参考编号为[2012]第 21—22 号(本杰明·普格和乔丹·纳义夫)的案件中,被告人涉嫌犯有严重抢劫罪,他们在认罪答辩时提出了完全不符合证据的事实依据。根据从上诉法院传出的讨论意见,这不仅涉及皇家检控署的不

---

① A. Cretney and G. Davis, *Punishing Violence*, (1995) London: Routledge.
② 法官裁定,时光不能倒流,量刑不能受到检察长参考意见的影响。

当行为，而且也给案件带来了深远的负面影响：①

> 多少有点令人惊讶的是，控方的律师接受辩方认罪请求的依据……一旦这两名罪犯不再声称自己没有使用那把刀子并停止否认这些指控的事项，即第一次暴力实施的性堕落和性恐怖行为以及[控方]已经放弃指控的这两个事项之后，[控方]也没有再次进行适当的评估。我们认为这一问题非常令人遗憾。

此外，上诉法院在检察长参考编号[2012]第 11—12 号的案件中被迫对犯有强奸儿童罪的被告人大幅增加量刑(幅度超过两倍以上)。该案的两名被告人都已书面作出认罪答辩，即申诉人是"自愿的参与者"，而皇家检控署也没有理由地接受了被告人的认罪请求。上诉法院对此强调道："检察官负有举证责任，以确保仅有正当理由的情况下，才对认罪答辩的依据作出事实性的减免或者对犯罪行为减轻处罚。而且，如果有此决定，应当准确地引入被告人与法院可理解的刑期减免……"②

控方缺乏对确立案件事实的关注可能会给被害人带来其他影响。因此，在检察长参考编号为[2005]第 119—120 号的案件中，两名被告人之一对故意伤害罪的指控作出认罪答辩时声称，自己只是对被害人之前行为的回击。上诉法庭的判决证明了这种令所有当事人均不满意的认罪性质：③

---

① A-G Ref Nos. 21 and 22 of 2012（Benjamin Pugh；Jordan Naaif）[2012]，para.23.
② A-G Ref Nos. 11 and 12 [2012]，para.34.
③ 第 8—9 段。

金树星(Shusing Jim)同意认罪的条件是,被害人与被告人之间一直有激烈的争吵,而且在争吵的过程中,被害人又数次威胁被告人及其妻子。被害人据称在伯明翰一直与某一团伙保持联系,可以好好"照顾"被告人及其家人。金树星在此认罪基础上表示,非常遗憾的是,自己当时情绪已经失控,动手打了被害人。控方似乎接受了辩方的这一认罪依据。随后,受到被告人攻击的被害人对于辩方的这些陈述向检察长办公室提出投诉,认为所谓的威胁被告人的事实根本不存在。而且,因为当地的报纸显然已经报导过此案,所以被害人对此非常担心。

本院在控方接受辩方认罪答辩的条件后,几乎无能为力。然而,我们可以明确指出,辩方无法证明这些威胁的存在,而从被害人的角度要求其[辩方]表明本案所称的辩诉交易依据的准确性也并不公平。

最后,正如此类案件清晰表明的那样,认罪交易为犯有法律明文禁止行为的被告人提供了机会,可以尽量减少其罪责,并充分利用皇家检控署的低效或不惜任何代价避免审判的想法。在这一方面有洞察力的例证是女王诉凯莱案,它涉及指控一位抵押贷款经纪商令人震惊的欺诈活动。该案不仅涉及庞大的"交易协商"规模,而且,正如上诉法院所指出的那样,①它可使被告人在案件早期阶段确保获得控方认同一些从轻量刑的犯罪性质,并避免控方因进一步的调查可能会发现不同程度的罪行或更多数量的抵押贷款欺诈行为等潜在风

---

① 第80段。

险。此外,被告人可以与控方达成协议来限制相关没收程序。同样,皇家检控署在凯恩斯等人诉女王一案中接受了被告人认罪答辩的条件:被告人持有毒品"并不属于有偿供应,用通常意义的文字来表述就是,为了满足自己的吸食习惯"。然而,正如上诉法院所指出的那样,这一表述并没有真正地回答问题。也就是,被告人是否属于一名"街头交易者",为有需要的人员提供此类毒品?他是否"为社交场合的朋友和同事们提供毒品"?假如皇家检控署已经仔细地解决了案件的事实依据,本案就可能会出现完全不同的情形,正如上诉法院所指出的那样:[①]

> 被告人认罪的条件是,他曾在社交场合向朋友和同事们提供摇头丸,证明自己有吸食毒品的习惯但并非以营利为目的;控方(或者事实上包括法官在内)拒绝接受被告人的认罪依据,这一点完全合情合理。被告人没有工作,也没有长期就业的记录,而 11 包毒品、现金和手机短信结合在一起,就可能会推断他在提供有偿毒品交易的结论:无论是在街头还是在其他地方,被告人实际上正在街边进行有偿交易。

(五) 独立性

鉴于皇家检控署令人震惊的纪录,认为检察官具有独立地位并

---

① *Cairns & Others v R* [2013], para.15.

且不受政治和其他方面影响的观点就很难令人感到放心。当然,在理论上远非事实的是,皇家检控署最终向议会负责,在实践中是指政府一方。然而,在更实际的层面上,皇家检控署无法行使其不受主审法官影响的独立性。虽然《奥尔德的调查报告》、女王诉古德伊尔案和凯莱等人诉女王案都反映出这些法庭[审判]参与者作为独立的实体,但法官在现实世界中并非是一名裁判者的形象(umpireal figure),而是非常重要的庭审主导力量。①

因此,主审法官在检察长参考编号为[1999]第80—81号的案件中表示,可以在非监禁刑的基础上处理该案指控的这些罪行,而且这种暗示是皇家检控署在"毫无保留的默许"的情况下。人们由此可以推断出,即使该案的量刑程度畸轻,但上诉法院认为无法增加量刑幅度:②

> 我们必须牢记,控方的律师收到了皇家检控署的指示,后者向检察长负责并且正在提出这一申请。考虑到本案的不幸历史,我们会认为,现在重启这些量刑要求几乎是——如果实际上不是——属于权力的滥用,因为它对罪犯可能会造成伤害。③

更引人注目的是检察长参考编号为[2004]第19号的案件。该案完全可以证明,正如在早些时候发生的女王诉英斯案一样,律师是如何会受到法官强有力的威胁的。以下从上诉法院的判决书中摘抄

---

① Sir Robin Auld, *Review of the Criminal Courts of England and Wales*, (2001) London: Lord Chancellor's Department.
② A-G Ref Nos. 80 and 81 of 1999 [2000], per Lord Bingham, CJ.
③ Per Lord Bingham, CJ.

的部分内容则明确地指出了这一点:①

> 就本案所发生的事实而言,我们认为控方在给予罪犯量刑的相关期望方面,似乎并没有按照据说可适当发挥其作用的方式来行事……其立场如下:被告人的律师第一次在依据简单的伤害罪来寻求法官的量刑建议时并且获得了相关意见。当控方第二次回到法院,情况清楚地表明,它没有准备好按照辩方律师所建议的意见以及法官提供的量刑建议为基础来处理案件。在法院会议室内发生的事情清楚地表明,法官根本就没有参考律师的任何意见,却已经明确表达了自己的态度,而且事实上也相当清晰。毫无疑问,由于我们稍后将要提及的权威性,也就是对更严重的种族犯罪行为量刑的恰当性,控方律师的意见作为完美的建议应当已经提示法官,辩方打算处理案件的方式所存在的问题,但是该律师在这些情况下会处于一种面对法官主张的"既成事实"(fait accompli)的尴尬境地。在我们看来,随后发生的事情似乎并没有改变这种状况。控方律师只是在接受一种不可避免的结果而已。他不可能对已向法官表达的接受被告人认罪的交易表示反悔。②

---

① 其他的例证是,主审法官命令或指示[陪审团]判处被告人无罪或者终结性裁定不利于检察官所希望的案件。例如,参见:*R v H* [2010]。主审法官在该案庭审一开始就提出问题:"我们是否真的打算把法官和陪审团的时间浪费在这个案件上?"他明确表示,该案不值得在刑事法院受审。法官表示的关注是,该案在资源已经紧张的情况下属于浪费,并认为这是一起"可耻的浪费钱财"的案件。该法官的印象是,皇家检控署似乎没有多次审查此案就决定这样处理案件,因此他形容该案是"垃圾"。有人认为,法官在该案中并没有宣布被告人无罪的情形,因此陪审团接受法官的指示所作的决定应该无效。

② *A-G Ref No. 19 of 2004* [2004],para. 20.

三、法官

法官被认为是代表了一种保护被告人免受国家诱导的认罪程序中出现错误的影响。然而,刑事案件表明这并非是那种应当认真考虑的主张,没有人能够保证辩护律师在认罪答辩听证会上一定会遇到一位中立、公正、允许双方有争论的法官。相反,法官们可能带有偏见,比较偏执,而且不愿接受不同的观点。同样,此类案件不能令人感到安慰的是,法官也不一定真正掌握了相关法律规定;除非有可供审查的庭审笔录,否则他对法律的无知可能无法被人察觉。此类案件表明被告人在所有这些方面都会面临的危险是千真万确的。

法官们属于公正的一方的观点,是由首席大法官在 2011 年的约翰·哈里斯纪念讲座中精心提出的想法:①

> 从表面上来看,法官或治安法官就像是裁判。但一直到最近,这种特殊类型的裁判的作用还是在球场上等待,一直到比赛队伍露面。他们按照自己希望等待的时间来等待比赛开始。这一点不太好。我们需要裁判员事先走进更衣室,告诉各方游戏规则,警告可能会处于越位位置的球员,有人在监视着他们所处的位置,警告那些犯规者并可能会判罚他们离场。各支队伍在准备好他们会期待的裁判类型后,然后又在裁判员的引领下出场。当比赛开始时,[主]裁判把球放在比赛场地中心球圈内由

---

① 可访问网址:http://www.police-foundation.org.uk/uploads/holdingjohnharris/jhm12011.pdf。

一方开球。整个比赛程序按此进行。

虽然这恰好与法官主张的刑事案件并非"游戏"的观点相矛盾，但它在现实实践中属于一种虚幻的想法。

法官们经常主动发起案件的量刑讨论或者违反规则举行"听证会"。此类讨论或"听证会"采取了多种形式，包括法官推翻和/或蔑视律师的意见等。① 因此，当上诉人的律师在女王诉史密斯（*R v Smith*）[2011]案中向法官提出担心，认为后者的误导意见没有任何预兆时，该法官无礼并且不屑一顾的反应是："我无法想象，你表达的意见会阻止我表达看法的权力。最差是因为，假如我没有给出这种指示性的意见，他们也可能为了完全不正当的目的而使用此类意见。"

同样值得提及的是女王诉科尔这一臭名昭著的案件：该案的主审法官在[辩方]交叉询问警务人员时进行了不当而又粗鲁的干预。这种出现在[控方]证据与事先陈述不一致时的干预方式为控方提供了有效的帮助。法官对辩方的敌意明显地体现在他送给辩护律师的便条中。为此，上诉法院在撤销定罪时陈述如下：②

> 更不幸的是，他[法官]对 X 小姐[辩护律师]的态度典型地反映在一张留给她的便条上。法官表达的这些话应当不是当着陪审团的面，而是在第二天早上律师的当事人在场的时候。这个便条有六个英文大写字母 P 组成的六个单词，并且用粗体

---

① 又可参见：*R v Cordingley* [2007]。
② *R v Cole* [2008]，para.22.

字:"事先 计划［可］防止 小便［般的］糟糕 表现（Prior Planning Prevents Piss Poor Performance）"。我们无法从法官这里得到任何暗示,他是向 X 小姐尝试表明自己的幽默感,还是纯粹出于粗鲁的态度? 但在我们看来,法官将完全不恰当的便条送给律师的做法显然不妥。即使他的确觉得 X 小姐作为年轻的出庭律师处理该案的方式或许有很多问题,他感到 X 小姐的方法可能会导致她自己无法更好地帮助到当事人,也许就像他认为这位律师应该采取和帮助法院一样多的方式,但这绝不应当是法官表达意见的方式。此类做法只会影响到 X 小姐的信心。在我们看来,既然这似乎是要表达他对 X 小姐态度的试金石以及审判的方式,那么我们认为这似乎属于有助于理解上诉人是否感到自己在面对这位法官时可以获得公正审判的问题……这张便条使我们相信,X 小姐投诉的事项超越了投诉自身,我们可以说它没有影响到定罪的安全性问题。

其次,法官事先表明的量刑意见不符合相关权威意见或指导原则的现象并不少见。例如,上诉法院在检察长参考编号为［2002］第 8—10 号(女王诉穆哈迈德、女王诉哈比卜和女王诉侯赛因)［A-G Ref Nos.8, 9 and 10 of 2002（R v Mohammed, R v Habib, R v Hussain)2003］的案件中认为,主审法官提议的非监禁刑建议导致被告人对绑架罪指控作出了认罪答辩,而相关权威意见明确表示,判处被指控此类犯罪的被告人监禁刑更具有恰当性。其结果是,除非控方律师提出反对意见,罪犯得到的好处比其应得的要少。同样,法官在女王诉罗林斯(R v Rollings)［2012］案中未能充分考虑被告人的认罪请求。该法官对持有上膛的武器而意图危害他人生命的被告人事先表明可判处5年有期徒刑的承诺受到了被告人的欢迎,但刑期却远远不足,最终他按照量刑参考意见又把量刑增加到了10年。

令人不安的是,法官们表现出缺乏了解举证责任的根本问题,这一点乃众所周知。例如,法官在女王诉安妮·麦吉(*R v Anne McGee*)[2012]案中错误地指示陪审团,需要证明被告人违反了1971年《反滥用毒品法》(Misuse of Drugs Act)规定的罪行构成要素的关键问题,正如上诉法院所承认的那样:"令人遗憾的是,当时没有人发现这一错误……"事实上,这种错误属于该院较早以前已经裁决的事项,①但控辩双方的律师在庭审中都没有发现这一点。有人在上诉法院承认,控方没有对相关问题进行举证。

女王诉洛佩兹(*R v Lopez*)[2013]一案为我们提供了一个类似的例证。在该案中,刑事法院的法官在决定被告人不能缺席受审之前,并没有考虑那些必须考虑的相关事项。而法院认为,这是法官应该"极为小心和谨慎地作出的决定"。②此外,该法官总结的其他事项引起了上诉法院的严重关注,因为它与司法监督被告人作出认罪答辩的安全性问题高度相关:③

第一,尽管法官告知陪审团控方已经公诉案件,但他从来没解释过举证责任在于王国政府这一边,而被告人无须自证其清白。此类指示在被告人缺席审判的情况下甚至要比其他情形更

---

① *R v Auguste* [2003].
② *R v Jones* [2003], per Lord Bingham, at para.13.在这一方面,他没有得到控辩双方律师的协助,这两方应当提醒法官需要遵循的步骤。
③ 上诉法院未曾解决的问题是,"法官的言论整体上缺乏结构性,而且在总结陈词时没有任何真正的准备……"(第20段)。法院还注意到"该案的总结陈词中存在许多错误"。

为重要，但这种观点值得商榷。

第二，虽然该法官不止一次地告知陪审团，他们应当只在确信被告人有罪的情况下作出有罪判决，但令人相当困惑的是，法官在总结陈词时这样指示陪审团：

"……我要求你们作出的裁决，应当是你们全体一致认为自己确信被告人是否犯有被指控罪行的决定。"

这明显地留下了双重选择机会。陪审团必须决定自己是否可以确定被告人有罪。这一指示破坏了英国刑事司法制度中的核心原则之一，即被告人有权获得排除合理怀疑的好处。他不需要证明并使陪审团确信自己无罪，就可获得被判无罪的结果。

第三，就被告人持有并意图提供受管制的毒品这两项犯罪所包含的因素，以及控方需要证明的要素而言，法官几乎没有给予陪审团多少有价值的指示。①

显而易见，正如上诉法院所承认的那样，它必须推翻本案的有罪判决，但皇家检控署并不要求再审此案。就当前这些目的而言，更重要的问题是对被告人认罪答辩进行监督或诱导的法官并未犯有"过失"或轻微的"失误"，而是对绝对基本的法律问题犯有灾难性的错误。那么，人们又该如何对这位法官抱有任何信心？不幸的是，这些问题除了审判之外都不会被暴露出来。

此类严重的错误并非互不关联。事实上，法官们在证据的可采性或传唤证人出庭方面所犯错误的事例比比皆是。我们可以在 C 诉女王一案发现最近发生的、应当受到谴责的例证。该案的被告人

---

① Paras. 21-23.

面临强奸罪、夜盗罪和猥亵罪等三项严重指控。上诉法院承认该案的主审法官对"专家证人"的证据存在"严重的误导":"法官不应对专家证据作出指示。它掩盖了当事人对这些专家证人的证据投诉在法律上应具有的重要性。"此外,上诉法院在提及一名证人最初所做陈述的相关部分内容时指出:"很不幸,控辩双方的律师在庭审时都没有确保出示这一证据。"①因此,法官们在审判时心中存在的误解和误读显然很容易被复制在"认罪答辩听证会"上,或者是在审前阶段与律师的非正式交流过程中对辩方不利,并由此威胁到国家诱导的被告人认罪答辩的安全可靠性。

但是,这些司法失误在破坏辩诉交易错觉的另一个支柱方面已经超越了这一点。虽然人们应该从上述简单整理的程序性不当问题中可以发现,皇家检控署明显受制于严重的技术缺陷,但同样清楚的是法官在这些方面也存在不足。尽管皇家检控署在使用不为法律所知的"罪行"或不当起草起诉书来指控个人时完全错误,但主审法官允许继续推进此类案件也同样存在过错。当然,还有许多其他此类令人遗憾的例证。例如,上诉法院在女王诉尤娜案(*R v Unah*)[2011]撤销原判定罪结果时评论到,被告人请求认罪的唯一原因是,由于主审法官在错误的法律裁定中影响了被告人是否可能有抗辩理由的问题。同样,在阿斯梅隆诉女王案(*Asmeron v R*)[2013]中,被告人因未持有护照非法入境英国而遭到指控。该案的主审法官在审判之初错误地裁定被告人对于被指控的罪行没有抗辩事由,导致后者作出认罪答辩。最终,上诉法院推翻了被告人的有罪判决。

正如学识渊博的评论者所指出的破坏性效果那样,上诉法院本

---

① *C v R* [2012], para.7.

身受制于类似缺点的影响。一个鲜明的例证就是涉及被指控有抵押贷款欺诈的女王诉怀特案。① 在该案中,皇家检控署根据2006年《反欺诈法》和1968年《反盗窃法》准备的起诉书草稿包含有六项指控罪名,并最终被一名巡回法官批准留下一份获得支持的起诉书。② 正如詹姆斯·理查森所指出的那样,③这些指控没有一项不是漏洞百出(hold water)的,而且每一起案件的起诉书都存在致命的缺陷,因为除了其他事项之外,(i)控方指控的一项罪行称是在《反欺诈法》正式生效之前实施的;(ii)被告人的行为不属于《反盗窃法》所规定的罪行。随后,控方修正了起诉书的内容,用另一项有缺陷的指控代替了起诉书中的这两项罪名。怀特最终对控方根据2006年《反欺诈法》指控的两项罪名以及根据1968年《反盗窃法》获取[不当]金钱利益的两项罪名作出了认罪答辩。因此,理查森指出:"第二位巡回法院的法官……加上控方的律师以及代表被告人的出庭律师在处理案件时,没有人注意到有三项无效的指控罪名,一项指控据称[被告人]没有遵守本不存在的法律义务。"④更糟糕的是,这些错误还在继续。上诉法院不仅未能注意到这些缺陷,而且是根据原来(有缺陷)的刑事起诉书,并非那份修订过的(有缺陷的)起诉书来处理案件,确认"两个错误不等于一个正确"。

同样,大卫·托马斯(David Thomas)在女王诉塔尔博特案(*R v Talbot*)[2013]中评论指出,该案"展现出有特色的混乱不堪"。虽然

---

① *R v White* CLW/12/20/17.
② 这种批准似乎很有必要,因为皇家检控署未能遵守28天期限的限制。
③ James Richardson, 'Is the criminal appeal system fit for purpose?', *Criminal Law Week*, Issue 19, 20 May 2013.
④ 参见:同上。

上诉法院未以故意造成他人[身体]严重伤害罪判处上诉人有罪,但它在处理此案时就好似上诉人具有这种故意一样。此外,法院错误地依据之前的权威意见,两次提及上诉人有意逃跑的行为可作为加重处罚的因素,而这实际上是上诉人对被指控罪行作出认罪答辩的一个组成部分。托马斯声称:"令人不快的事实真相是,法院已经按照故意造成他人[身体]严重伤害罪来处理该案,而这是在上诉人试图逃跑的过程中所犯罪行的事实上又加重了案件的犯罪情节。法院的这种处理方法毫无原则而且也站不住脚。"

偶尔,我们也可能在快速行使量刑的背景下找到此类经常出现的错误。例如,上诉法院在检察长参考编号为[2012]第71号的案件中提到,仅有一种权威意见可提请法官注意的事实;它还补充指出,自己已经参阅了其他案件并且认为:"我们虽然想到,阅读这些权威意见可能已经告知了法官的量刑方法",但在没有考虑这些案件的情况下,"我们想知道控辩双方对于行使量刑的仔细关注程度到底如何"。同样,当事人在检察长参考编号为[2012]第61—62号的案件中提醒法官注意曾具有指导意义但现已过时的权威意见,只是短暂地提及了当代权威意见。而我们可以在法院的评论中发现这种权威的重要性:"[控辩双方]几乎没有在博学的法官面前展现出案件的关联性,这是它所反映的策略变化。已被变更为杀人罪的量刑起点和范围对于属于严重性质的犯罪来说具有不可避免的影响。"①

同样,法官们可能没有充分把量刑作为优先事项来考虑,这可能正是因为[被告人的]认罪答辩按照优先顺序应被视为不太重要的事

---

① *A-G Ref Nos. 61 and 62 of 2012* [2012], para.35.

情。最典型的例证就是检察长参考编号为[2011]第82—96号以及第104—111号的案件。以下从上诉法院摘录的段落可以明显地说明这一点：①

  试图对已发生的事情分配责任的做法并非是我们[上诉法院]的职能，它有可能是因为遇到的一些困难无法避免而已。但是，量刑持续了不少于七次不同的庭审，而且前后相隔好几个星期。这些庭审似乎是挤掉其他案件也包括其他审判在内的空闲时间进行的。法院在努力满足律师们履行的相关义务，或许，其他情形还涉及法院并不总是按照合理的[出庭]顺序来安排被告人面见法官；而且它们不会总是按照这样的顺序来安排。与此同时，法院一直面临开庭的困难，要么是因为没有足够大的法庭，要么是因为提押的囚犯到庭太晚或者监狱里没有足够可以使用的工作人员。当案件绝对要求有完全索引和分页的文件时，法官还经常面临着延迟提交的，但又无法管理的松散活页文件。此外，控辩双方对适当的量刑事实依据和被告人作出认罪答辩的时机还存在频繁出现的，但又往往不够确定的争议。这位法官先后多次努力解决这些问题，所以我们对其关照这样一起棘手的案件表示敬意（第2段）。

  时间压力有时会出现在由案件管理办公室（listing Office）分派给经验不足的法官的案件中。例如，在检察长参考编号为[2012]第21—22号（本杰明·普格和乔丹·纳义夫）的案件中，上诉法院撤销

---

① *A-G Ref Nos. 82 to 96 and 104 to 111 of 2011* [2012], para.2.

了这两名罪犯刑期分别为 3 年 9 个月和 3 年有期徒刑的判决,并且分别判处了显然更长的刑期:14 年和 13 年有期徒刑。我们可从以下摘录的段落中发现这一点:①

这位博学的、接受分派案件的刑事法院法官遇到了一起极其困难的案件。当我们问及为何将此类案件分配给一位普通法官而非经验丰富的专职法官的原因时,答案似乎是,案件管理办公室没有向法院常驻法官作出请示就分配给了一位法官,而该法官错误地认为必须在当天处理该案。最令人遗憾的是,该办公室作出了这样的决定。我们会要求巡回法院的首席法官来调查此事,以确保此类问题不再出现。我们认为,对于这位法官来说,就公平而言,这并非属于其本应被要求审理的案件,所以我们不可避免地得出这样的结论:我们认为这些[案件的]量刑畸轻,在若干方面存在不足,但如果将此结果归因于这位法官则显失公平,因为他本不应该被安排在这一位置上来审理此案。

四、结语

大法官海尔什姆(Lord Hailsham)认为,审判可能会对被告人有所不利,这并不是因为法院有意识地想要惩罚被告人,而是因为"在有争议的案件审理过程中详细出示的证据实际上往往会在量刑时有不利于被告人的加重情形"。虽然我们有时可以依靠海尔什姆

---

① A-G Ref Nos. 21 and 22 of 2012 (Benjamin Pugh; Jordan Naaif) [2012], para.20.

大法官的言论来支持辩诉交易,[1]但国家诱导的被告人认罪答辩的记录却正好显示出相反的事实:一种恰当进行的审判在提供更准确地描述被告人的罪责(culpability)方面的价值,以及一种强制性的、可能会掩盖这一价值的被告人认罪答辩程序时存在缺陷。

正如《奥尔德的调查报告》所批判的那样,皇家检控署已经完全放松了对指控决定和认罪协商的要求。[2] 撇开其技能水平低下这一点不说,人们可以预见的是,减少公诉案件数与降格指控被告人的做法则表明,在一种功能失调但又充满了文化与财政压力的组织机构内的日常实践。我们对皇家检控署的分析表明存在这种"半个面包式"(half a loaf)的政策影响,而狭隘的组织利益又在其中占据了主导地位,从而使这一政策——除了谈论"被害人的利益"作为背后隐藏着对公共利益理解不连贯的一个陈词滥调性口号之外,在事实上已经变得毫无意义。将国家诱导的[被告人]认罪答辩交给皇家检控署负责的做法是草率的,而且对司法公正产生了危害。

就司法机构而言,它对此类糟糕的事件所做的贡献已经超出了应有的公正性。它无法抑制那种草率起草的并且一再重新陈述的有罪假设、规则和程序所鼓励的判决冲动,而油腔滑调的法官们对此也不理会,律师们战战兢兢但又礼貌地绕过了这些基本标准,上诉法院的先例和指导原则也被他们抛在了一边。令人感到伤心的是,人们甚至很容易在上诉法院自身审理的案件中发现此类基本法律错误。

---

[1] 例如,参见:S. McCabe and R. Purves, *By passing the Jury: A Study of Change of Plea and Directed Acquittals in Higher Courts*, (1972) Oxford: Blackwell for the Oxford University Penal Research Unit。

[2] Sir Robin Auld, *Review of the Criminal Courts of England and Wales*, (2001) London: Lord Chancellor's Department。

因此，认为法官属于一种可适当防止国家滥用诱导认罪程序的保障者的观点就可以消失了。而且，正如我们在下一章所展示的那样，上诉法院越来越多地自称拥有确定、界定和限制被告人和辩护律师可在刑事案件中发挥作用的权力。

第六章　制度性困境：辩方

一、概述

我们在本章，通过详细研究辩护律师在行使法律规定的权利时所具备的能力与执业方式，对他们的主张进行评价，同时讨论政府削减刑事案件法律援助费用的计划可能会［对刑事辩护］产生的影响。从女王诉特纳案一直到女王诉古德伊尔案和女王诉凯莱案，辩护律师在正式的法律规定中一直被誉为"被告人的角斗士"或最终的保护者，①可提供一种"大无畏、强有力的有效辩护，以确保为当事人争取到最佳结果"。② 实际上，这也符合富勒的观点。他认为"武装平等"原则的目的是，③要求那些被控刑事罪行者应当获得由国家提供费用的律师代理，④这不仅仅是保护无辜者免受不公的有罪判决的

---

① R. Du Cann, *The Art of the Advocate*, (1964) London: Penguin Group, at p.46.
② Lord Chancellor's Department, *Code of Conduct for Employees of the Legal Services Commission who Provide Services as Part of the Criminal Defence Service*, (2001) London: The Stationery Office.
③ L. Fuller, 'The adversary system', in H.J. Berman (ed.), *Talks on American Law*, (1961) New York: Vintage Books.
④ "平等武装"的假设使杨与沃尔得出结论："因此，获得正义似乎意味着获得法律援助和律师的帮助。"参见：R. Young and D. Wall, 'Criminal Justice, Legal Aid and the Defence of Liberty', in R. Young and D. Wall (eds), *Access to Criminal Justice*,

第六章　制度性困境:辩方　　　255

可能性:"该规定的目的在于维护社会自身的完整性,旨在保持一致、合理而又健全的程序,社会可以据此对犯错的成员进行追责。"①富勒继续指出,如果被告人明显有罪,那么这种律师代理在某种程度上可能就只有象征意义,但这种象征意义具有重要的价值,因为"它标志着社会保持应有的圣洁与排除存疑的程序等决心,违反其法律者据此会被追责"。②

继特纳案之后,辩护律师需要确保被告人只有在真正有罪时才会作出认罪答辩。然而,英国有研究表明,一些位于刑事辩护工作第一线的律师事务所可能会在执业中优先考虑各种利益,而非保护犯罪嫌疑人与被告人权利③的律师文化与机构惯例;他们与出庭律师

(1996) London: Blackstone Press Ltd, p.6. 又可参见:M. McConville, J. Hodgson, L. Bridges and A. Pavlovic, *Standing Accused*, (1994) Oxford: Clarendon Press at p.2.

① L. Fuller, 'The adversary system', in H. J. Berman (ed.), *Talks on American Law*, (1961) New York: Vintage Books, at p.35.

② 富勒继续引述约翰·斯图尔特·穆勒(John Stuart Mill)在《论代议制政府》(*On Representative Government*)(1861)中的观点:"我们不需要假设,当权力属于某一具有排他性的阶级时,该阶级会明知并故意牺牲其他阶级的利益来满足自我;在没有自然捍卫者的情况下,那些被排除在外的阶级的利益总是处于被忽视的危险之中,这就足以说明问题。而在思考这一问题时,它会和那些直接[利益]相关者所看到的问题有所不同。"参见:J. S. Mill, *On Representative Government*, (1861) London: Parker, Son and Bourn.

③ 这是一种在传统上遭到司法机构抵制的结论。例如,斯泰恩大法官声称:"我不愿意支持认为法律界人士可能太专注于自身利益而无法关注我国宪法完整性与福祉的看法。"参见:Lord Steyn, 'The Weakest and Least Dangerous Department of Government', (1997) *Public Law* 84, p.95. 纽曼(参见下文的讨论)提供了丰富的实证数据,举例说明了"底线"优先的法律实践。一位高级合伙人告诉他:"你应该再次仔细审查那些未使用过的材料,追查证人,为了当事人的利益而加倍努力。但你没有这样做,因为你意识到不能那样做。归根结底,你在每一起案件中都必须努力盈利。"来自另一家律师事务所的年轻事务律师同样回应道:"如今,必须像企业那样运转才能生存。"参见:Daniel Newman, *Legal Aid Lawyers and the Quest for Justice*, (2013) Ox-

一起可能会按照有罪推定来办理刑事案件。① 在这两个具体的行业中,致力于提供专业、善解人意服务的那些律师和与其有不同动机的同事一起,在司法激励政策和政府削减法律援助经费等背景下,都面临着被引入认罪答辩处理机制或者被迫离开这一行业的风险。

那么从技术性角度上讲,司法机构是否可以证明信任律师界作为保护犯罪嫌疑人与被告人权利的保障者具有合理性?我们先就对这一问题产生影响的证据进行讨论。之后,我们暂不考虑辩护律师的权限,只是讨论法官如何重新部署辩护律师远离据说是在传统上应当承担的角色,以便使之成为控方的一分子。然后,我们会概述辩护律师在恐惧和"改革"的气氛中如何进行辩护,以及由此带来的一连串"不满的风暴行动"会如何影响到律师履行其望而却步的承诺,以及新入行者参与国家资助的法律服务的方式。

二、出庭律师:技术能力

在反思针对辩护律师的正式规定时,我们必须认识到非常重要的一点:这些赞美之词在整体上与众多的法社会学研究所发现的实际情形相反:诸多研究对刑事辩护行业是否已经并且继续存在缺陷

---

ford:Hart Publishing, p.86. 同样,布莱克斯托克等人提醒人们注意一些在警察局担任[被告人]法律顾问的律师,他们"尽可能地与警察保持亲切的关系——也许是在不知不觉中会这样做——用自己的利益来代替对当事人利益的考虑"等风险。参见:J. Blackstock, E. Cape, J. Hodgson, A. Ogorodova and T. Spronken, *Inside Police Custody: An Empirical Account of Suspects' Rights in Four Jurisdictions*, (2013) Cambridge: Intersentia Ltd., p.408.

① 又可参见:A. Mulcahy, 'The justifications of "Justice"', (1994) *British Journal of Criminology*, 34:411.

以及律师代理的程度是否存在不足等问题提出了严重的质疑。这是"改革派们"已经选择忽略的一点,他们所认可的是将其方案置于一种与"积极主动的"辩护行业有重大分歧的(人工)构造内。然而,正如我们所认为的那样,这种构造允许国家诱导的被告人认罪答辩实践继续合法化。事实上,女王诉特纳案及其后的案件所依据的前提以及奥尔德所提出的理论,都是建立在强健而独立的辩护服务业内进行竞争的基础之上。但是,这里会涉及两方面的矛盾。

首先,实证研究有证据表明,尽管法律界内不乏优秀(而且有很多这样)的个人,但是越来越多的律师事务所似乎无法履行其承诺的辩护职能。我们尚不清楚这是否可归咎于某一原因,但有大量的律师事务所在有罪推定(通常是无意的)基础上进行辩护,所有这些因为(财政或其他原因所导致的)法律援助的制约而被明显减弱,所有这些因为政府的各项政策已经不容置疑地令律师界备受打击。[1]

其次,这里还存在一个矛盾,因为《刑事程序规则》(见下文)将这

---

[1] 法律援助律师的罢工行动已产生了持续性的威胁。刑事法初级律师协会(Criminal Law Solicitors Association,CLSA)和伦敦刑事法院律师协会(London Criminal Courts Solicitors Association,LCCSA)团结刑事律师协会(Criminal Bar Association,CBA),宣布设立"大规模不参与辩护行动日",以抗议政府削减法律援助经费的做法。刑事律师协会的主席警告说,律师职业"已被削弱到了不存在"的地步。O. Bowcott,'Criminal barristers announce half-day refusal to work in legal aid protest', *The Guardian*, 3 December 2013; O. Bowcott, 'Solicitors to join walkout over MoJ plans to cut legal aid fees by up to 30%', *The Guardian*, 1 December 2013. 这些法律援助的抗议活动是英国法律史上——该记录可追溯至 1466 年——出庭律师第一次采取此类行动。刑事法院已经看到律师界临时关闭的情形。O. Bowcott,'Declining crime rates will "save £80m a year in legal Aid"', *The Guardian*, 13 January 2014. 皇家检控署在日期为 2014 年 2 月 27 日的一封信件中警告这些事务律师,他们参与罢工行动会导致其丧失未来工作的可能性。而出庭律师"直到第二天"才被要求通过其分庭负责人来确认罢工的态度。C. Baksi, 'CPS warns barristers against taking part in legal aid Protest', *Law Society Gazette*, 3 March 2014.

些律师置于一种已经抛弃传统辩护角色的地位,而且在各种令人厌恶的声明中进一步将他们塑造成——假如他们还不是——这样的形象。这些声明也是从实证研究中得出的结论。

麦高伟、杰基·霍奇森、李·布里奇斯和安妮塔·帕夫洛维奇等人(以下简称《站立的被告人》)①对英国近50家刑事[辩护]律师事务所的工作实践进行了详细的观察研究。他们发现,法律执业者常对当事人的案件缺乏整体的把握,他们倾向于假设当事人有罪,认为警方与控方陈述的案件事实正确,几乎总是忽略或平淡地回应当事人对警方不当行为的指控。

《站立的被告人》指出,与辩护律师和其当事人之间缺乏共鸣以及糟糕的辩护工作所产生的结果相比,此类假设与实践源自于辩护律师与控方律师之间的亲密关系以及警方的工作环境、态度、文化与思想意识。据说,辩护律师在为法律援助案件的当事人准备辩护时通常无法获得充足的经费。② 该研究也提出了被告人经常没有能力得知其案件应做哪些准备、无法说服其代理律师进行适当的准备、无力说服律师按照自己而非律师所希望的那样处理案件等顾虑。

近二十年来,《站立的被告人》与后续相关的人类学研究(ethnographic studies)相比,一直独树一帜。③ 自此之后,英国对律师在警

---

① Mike McConville, Jackie Hodgson, Lee Bridges, and Anita Pavlovic, *Standing Accused*, (1994) Oxford: Clarendon Press.
② 这就是一些辩护律师要求当事人自行开展调查的事件状态。
③ D. Alge, 'The effectiveness of incentives to reduce the risk of moral hazard in the defence barrister's role in plea bargaining', (2013) *Legal Ethics*, 16(1):162. 由阿尔格最近开展的一项研究支持《站立的被告人》(*Standing Accused*)的观点。该研究认为,一些出庭律师故意"使庭审戛然而止",因为这样有利于自己的经济收益。然而,阿尔格也承认,由于其研究所涉及的样本数量较小,这些结论并不一定具有普遍的代表性。

察局提供法律咨询意见①以及法律援助等方面的刑事程序改革发生了一些基本变化。其中,我们会在本书中提及大部分内容,但人们会提出一些问题:这项研究是否可以反映出当前英格兰与威尔士的律师事务所和律师行业的实践?② 因此,丹尼尔·纽曼最近进行的人类学实地调研,在提供法律援助事务所的辩护律师最新"考察"方面及时地做出了贡献。③

纽曼在为期 12 个月的时间内开展了一项研究,他相信最新的研究数据会与最初在《站立的被告人》研究中所提出的主要见解"相矛盾"。纽曼的信念部分地来自这一事实:自《站立的被告人》研究成果发表以来,英国"在干预期内为完善法律援助案件的刑事辩护质量采取了各种措施"。④

---

① 因此,那些被派去为犯罪嫌疑人提供法律建议的人员(律师)在接受了针对这一目的的培训之后,现在必须获得正式认证。布里奇斯和崇恩的研究发现了律师们在这一领域有待改进的证据。参见:L. Bridges and S. Choongh, *Improving Police Station Advice: The Impact of the Accreditation Scheme for Police Station Legal Advisers*, (1998) London: Law Society's Research and Policy Planning Unit/Legal Aid Board. 又可参见布莱克斯托克等人在英国四个司法管辖区的警察局开展的律师提供法律建议的比较研究:J. Blackstock, E. Cape, J Hodgson, A. Ogorodova and T. Spronken, *Inside Police Custody: An Empirical Account of Suspects' Rights in Four Jurisdictions*, (2013) Cambridge: Intersentia Ltd. 该研究发现,除了其他事情之外,经过认证的法律顾问在警方的讯问中比前一项研究所表明的信息具有更积极的干预行为。本研究主要聚焦于专业的辩护律师事务所的事实可能会部分地解释这一现象。参见:同上,第 408 页。
② 例如,参见:L. Bridges and E. Cape, *CDS Direct: Flying in the Face of the Evidence*, (2008) London: Centre for Crime and Justice Studies。
③ Daniel Newman, *Legal Aid Lawyers and the Quest for Justice*, (2013) Oxford: Hart Publishing.
④ 参见:Daniel Newman, *Legal Aid Lawyers and the Quest for Justice*, (2013) Oxford: Hart Publishing, p.39。这些变革包括引进一种可确保律师事务所派到警察局去会见被捕当事人的代表"获得认证"的计划,要求他们认识到现在占主流的法律制度及其在该制度中的作用。

160   纽曼的调研分为两个阶段：正式访谈和参与式观察。① 他在收集数据时，试图以一种可以抵挡外界批评的方式来构建其调查结果。因为根据《站立的被告人》的研究发现，刑事律师在采取《站立的被告人》所赞同的"结构主义"研究类型时会获取大量的"原材料"，这一点容易受到外界的批判。② 然而，纽曼的调查报告指出，"我给律师们留有多少余地并不重要，这只会成为他们'上吊自杀'的工具"。③ 纽曼的研究结果因其实证依据而具有重大意义：④

本研究专门针对那些据说可以向律师表明有光明前景的律

---

① 纽曼在英格兰的一座大城市的三家律师事务所开展研究。然而，他在每一家律师事务所花费了更长的、前后一致的时间（4个月），以便使自己可以深入进去并且"看到案件的重大进展"，提供机会"在某种程度上可概括归纳律师们从事的常规工作以及由此所产生的结果"。Daniel Newman, *Legal Aid Lawyers and the Quest for Justice*, (2013) Oxford: Hart Publishing, p.29. 同时，这样"也可以提供一些可能或不可能在其他地方复制的现实指标"。参见：同上注，第164页。

② 一位评论家认为《站立的被告人》研究所采用的方法论导致了"……一种理想化的、消极的刑事律师形象"。例如，参见：M. Travers, 'Preaching to the converted? Improving the persuasiveness of criminal justice research', (1997) *British Journal of Criminology*, 37:359, p.370. 纽曼注意到，"麦高伟等人至少继续按照其公开并被人们认可的价值观来进行研究，但特拉弗斯则未能注意到自身认识论或者专业性的偏见问题。"参见：Daniel Newman, *Legal Aid Lawyers and the Quest for Justice*, (2013) Oxford: Hart Publishing, p.28. 又可参见：M. McConville, J. Hodgson, L. Bridges and A. Pavlovic, *Standing Accused*, (1994) Oxford: Clarendon Press; M. Travers, *The Reality of Law: Work and Talk in a Firm of Criminal Lawyers*, (1997) Aldershot: Ashgate.

③ Daniel Newman, *Legal Aid Lawyers and the Quest for Justice*, (2013) Oxford: Hart Publishing, pp.38–39.

④ 参见：同上注，第39页。纽曼的人类学研究以麦高伟等人和特拉弗斯等提供的采样、方法和方法论为基础。参见：M. McConville, J. Hodgson, L. Bridges and A. Pavlovic, *Standing Accused*, (1994) Oxford: Clarendon Press; M. Travers, *The Reality of Law: Work and Talk in a Firm of Criminal Lawyers*, (1997) Aldershot: Ashgate.

师事务所,这不可避免地会影响到我的预设。最初,我倾向于正面表达我的所见所闻,因为那是我所希望相信的情形。但是,随着时间的推移,大量的负面数据使我有必要采取更加怀疑的态度来开展这项研究。①

纽曼首先研究了律师对其当事人的感性认识(perception)("态度"),进一步考察了这些态度是否可以反映在行动("行为")中。他接着"跟踪观察律师的态度与行为,一直到其逻辑终点"(被划分为"结果")。纽曼将这些律师事务所分为两类:一种是"激进派"律师事务所,它们代表了致力于帮助当事人"垂死挣扎"的律师;另一种是"香肠工厂式"的律师事务所,它们代表了那些属于自我利益保护的盈利能力优先于当事人的辩护实践。② 该研究指出,辩护行业的核心业务依然持续存在一种萎靡不振的现象。

纽曼不但没有实现其最初"发掘刑事案件律师在法律援助辩护中发挥积极因素"的宏伟目标,而且已有的证据显示出一幅"令人沮丧的画面","表明其研究的结论更多地与麦高伟等人所描绘的负面结论保持一致。"根据纽曼的观点,这种衰退自身表现在若干方面:

● 我们在接受访谈的律师身上可发现这种态度上的"显著分歧",它呈现出较强的公共服务倾向,"声称保持积极的律师与当事人关系",而通过参与式观察所收集的数据则"显示出律师

---

① 同上页注④,第39页。
② 同上注,第30页。

们的表现非常消极"。①

● 从这个意义上讲,纽曼将接受其研究的律师的访谈"表现"描述为"企图在欺骗,[或]耍花招"。②

● 律师中存在一种"无处不在的犬儒主义","无论他们是否已经与当事人交谈或向当事人宣读案件信息",都经常会假定当事人事实上有罪。尽管当事人宣称自己无罪的情形频繁出现,但律师们仍然"毫无同情心"、"拒绝相信当事人"并且"公开贬损当事人"。③

● 纽曼发现多起重复出现的律师"以缺乏礼貌的粗鲁行为"、"不敬的方式"对待当事人的实例,④通过"用来降低当事人人格的行为",⑤使后者"无法获得人性化的待遇",⑥处于"一种懵懂无知的依赖状态之中",⑦包括"律师们联系并会见当事人的方式只是适合追求阅卷便利与利润最大化,而非使当事人受益"。⑧ 律师们的行为超出了与当事人"通话"的目的,⑨"大多数律师在'证明'其当事人'假定有罪'",⑩"假设当事人会作出认罪答辩,从而有助于确保自己只是这样准备辩护",⑪尽管其

---

① Daniel Newman, *Legal Aid Lawyers and the Quest for Justice*, (2013) Oxford: Hart Publishing, p.39.
② 参见:同上注,第50页。
③ 参见:同上注,第47—48页。
④ 参见:同上注,第71页。
⑤ 参见:同上注,第101页。
⑥ 参见:同上注,第83页。
⑦ 参见:同上注,第98页。
⑧ 参见:同上注,第101页。
⑨ 参见:同上注,第107页。
⑩ 参见:同上注,第112页。
⑪ 参见:同上。

严正声明与此恰好相反。①

● "无论律师事务所如何,律师们似乎都认为,当事人的基本品格特征在于缺乏思想"。②

● 律师质疑当事人所感知的阶层的道德刚毅性。③

● 律师以强硬的措辞将提供的咨询意见误解为比其自身更强烈的含义。④ 那些"试图欺骗当事人的律师往往会去掉当事人的真正选择,并以自己认可的行动选择取而代之"。如果这种形式的"当事人权利滥用"没有成功,那么律师会运用"信心把戏"来"利用当事人的柔弱性"。⑤

● 律师坚持认为自己属于激进派"……这好像代表了积极辩护的做法,但似乎按照更消极被动的做法"进行辩护。⑥

尽管英国自从《站立的被告人》一书出版以来发生了各种变化,但纽曼同样为我们提供了法律援助中的律师与当事人关系的严苛评判,这应该与人们如今关注的事项具有可比性。特别是,他所发现的律师与当事人关系的"言"与"行"之间的明显差异提醒我们,接受一

---

① 参见:同上页注①,第114—115页。
② 参见:同上注,第45页。
③ 参见:同上注,第146—147页。
④ 又可参见:J. Blackstock, E. Cape, J. Hodgson, A. Ogorodova and T. Spronken, *Inside Police Custody: An Empirical Account of Suspects' Rights in Four Jurisdictions*, (2013) Cambridge: Intersentia Ltd. 布莱克斯托克等人发现的一些证据可表明,犯罪嫌疑人可能会受到某一特定处理方式(例如警告等)的鼓励,"而没有恰当地评估这些已有的证据"。参见:同上注,第320页。
⑤ Daniel Newman, *Legal Aid Lawyers and the Quest for Justice*, (2013) Oxford: Hart Publishing, p.119.
⑥ 参见:同上注,第148页。

种与其力求描述的情形显然有别的说法过于幼稚。① 纽曼解释说："许多律师力求对外传达的印象——他们支持当事人，给予当事人其他人所拒绝给予的尊重——等同于将自己定位为类似于英雄一样的角色。……他们看起来简直就像是烈士。"② 他认为这种说法"纯属虚构"；相反，律师对待当事人的方式似乎与"他们批评一般公众和政府的立场并无二样"。纽曼补充道："当事人四处碰壁，走投无路；他们作为没有人应该关心或者实际上会被关心的罪犯，匆忙走完整个刑事司法制度规定的审判过程。"③

因此，纽曼在研究中更总体的评估意见，揭示了"律师们的负面态度、无礼行为以及与当事人交谈的方式"。他认为，"律师与当事人关系的性质就像是将当事人置于诉诸司法正义的危险之中"那样明显。④

从纽曼的研究在干扰《站立的被告人》所确认的事实这一意义上讲，⑤它还强调了这些法庭参与者可能绝非愿意——我们先不考虑其能力问题——提供保证可恰当消除或减轻人们对国家诱导的被告

---

① L. Bridges, J. Hodgson, M. McConville and A. Pavlovic, 'Can critical research influence policy?' (1997) *British Journal of Criminology*, 37:378.
② Daniel Newman, *Legal Aid Lawyers and the Quest for Justice*, (2013) Oxford: Hart Publishing, p.85.
③ 参见：同上。
④ Daniel Newman, *Legal Aid Lawyers and the Quest for Justice*, (2013) Oxford: Hart Publishing, p.143. 纽曼承认，由于"各种系统性原因"，此类良性关系很难在实践中实现。其中，"最显著"的原因是"法律援助报酬的减少"。参见：同上注，第147页。
⑤ 纽曼对自己的研究结果明显感到震惊。他坦承自己"意识到该研究可能会进一步损害法律职业界这一行业的声誉"。Daniel Newman, *Legal Aid Lawyers and the Quest for Justice*, (2013) Oxford: Hart Publishing, p.150. 他内疚地得出结论，自己的研究并不打算具有"反对律师"的目的，并强调是用来"支持那些实行积极辩护的律师及其声称追求的事业"。参见：同上注，第147页。

人认罪答辩所产生的忧虑这一现实。

假如人们已经知晓有些律师在确保可控制当事人的决定实际上属于自己意见的情况下,很容易例行公事地通过刑事程序来处理当事人案件的做法,[1]我们可从纽曼所确认的律师与当事人关系最"基本的矛盾"[2]中得出的结论就是,尽管国家目前努力为认罪答辩提供正式合法性的外表,但构建这种依赖辩方的制度并不理智。然而,正如我们所看到的那样,此类观点是奥尔德报告的认知基础,而且在该报告发表后的数年内进一步得以发展。

三、律师界:技术能力

我们从本书第五章所引用的案例中显然可以发现,针对辩护律师的传统赞美之词充其量只是完美的"福音",而非对现实的真实描述。在这些案件中,按照法律上并不存在的罪名或者是按照控方起诉书本无法定罪的方式,裁定被告人有罪,允许被告人作出认罪答辩的辩护律师与皇家检控署的律师同样有错。事实上,上诉法院经常提请辩护律师注意其在案件中的失误,正如以下事例所示:

● 检察长参考编号为[2010]第50号(*A-G Ref No. 50 of 2010*)的案件:"代表控方提出了申请,我们对其帮助非常感激的[皇家律师],不可避免地接受,我们也不可避免地参考这样的事

---

[1] J. Baldwin and M. McConville, *Negotiated Justice*,(1977)London:Martin Robertson; A. Worrall, *Offending Women*,(1990)London:Routledge.

[2] Daniel Newman, *Legal Aid Lawyers and the Quest for Justice*,(2013)Oxford:Hart Publishing, p.143.

实：代表控方出庭的律师并未在法庭上恰当地提供帮助；实际上，没过多久，我们就必须说，他看起来似乎根本没有获得代表辩方出庭的律师的帮助。"（第3段）

● 女王诉希尔兹案[2011]："在一审案件代表被告人辩护的X女士，再次出庭代表被告人上诉，但令人尴尬的是，她同样也忽视了起诉书的缺陷[按照法律上并不存在的罪名进行公诉]。"

此外，辩护律师还在一些案件中提供了错误的法律意见，认为辩方没有可用的抗辩事由或未能告知有可用的抗辩事由，从而导致被告人作出了认罪答辩。① 例如，在女王诉博尔案中，上诉人博尔受雇于某公司，在总经理度假时担任某书店的"总经理助理"一职。在此期间，该书店发生了严重违反物业消防证书所禁止的行为。上诉人根本没有接受过任何管理培训，尤其是在工作场所的卫生与安全或消防方面。除了公司之外，上诉人也被指控犯有违反1971年《火灾预防措施法》(Fire Precautions Act)规定的罪行，依据是其符合该法所规定的"经理"身份。上诉人在一审期间收到的法律意见假设其无法否认自己属于该法所界定的"经理"范围。上诉法院(刑事法庭)在撤销该案判决时指出：②

[本案]上诉人很可能被认为只负责书店的日常运营工作，

---

① 又可参见：L. Leigh, 'Cautioning—whatever happened to common sense?', (2013) *Criminal Law & Justice*, 177:269. 利(Leigh)曾经讨论了卡耶塔诺诉伦敦大都会警察厅长官(*Caetano v Commissioner of Police for the Metropolis*) [2013]一案，并描述值班律师接受警告(该警告的决定在司法审查中被法院推翻)的法律意见根本"站不住脚"。
② *R v Boal* (1992), p.277.

他在该公司自身的事务方面并没有承担任何形式的管理角色。假如辩方在庭审中提出这一抗辩理由,那么案件就肯定不可避免地存在胜诉的可能性,坦率地讲,我们不可能这样认为……但是,我们的确可以得出这样的结论:此类辩护具有胜诉的现实可行性,而且这种可能性本可以获得压倒性的优势。

同样,在阿卜达拉·穆罕默德诉女王等人一案中,上诉人 MV 被控犯有 2006 年《身份证[管理]法》(Identity Cards Act)规定的罪行。MV 在治安法院与控方达成认罪协议,但在法院代表 MV 的值班律师(duty solicitor)根本就没有时间告知被告人根据该法第 31 条的规定所享有的法定抗辩事由,而代表其出席刑事法院审判的律师也没有提供此类建议。上诉法院撤销了该案的有罪判决,认为上诉人"根据该法第 31 条完全有胜诉的可能性"。[①]

最后一个例证是女王诉玛特等人案。五名上诉人试图用虚假护照或旅行证件——一种可根据 1951 年《联合国关于难民身份的公约》(1951 Convention Relating to the Status of Refugees)("日内瓦公约护照")签发的护照或旅行证件——进入或离开英国。这些护照或旅行证件要么是伪造的,要么是冒用他人的。他们没有根据第 31 条的规定提出抗辩事由,所有人都对没有正当意图持有身份证件

---

① 在同一起联合上诉案中,法院撤销了对拉玛·阿布卡·穆罕默德(Rahma Abukar Mohammed)的有罪判决。皇家检控署在该案中承认这名被告人未被告知潜在的抗辩事由,也认可她在这一方面本有很好的胜诉机会;它在涉及穆赫辛·诺法拉(Mohsen Nofallah)的案件中也承认,辩护律师曾坦率地告知上诉法院被告人可能有一项很好的抗辩事由,并愿意接受未能告知被告人相关建议的全部责任。又可参见:*R v Sina Jaddi* [2012]。该案的被告人在辩护律师提供了无抗辩事由的法律意见后请求认罪。上诉法院撤销了基于被告人认罪答辩而作出的有罪判决并且下令重审此案。参见:*Abdalla Mohammed v R et al.* [2010], para.39。

的罪行作出认罪答辩。就其中一名被告人戈西·玛泰塔(Koshi Mateta)所涉情形而言,上诉法院指出:①

> 从申诉人[事务]律师编写的出庭记录、对上诉理由的反应,以及向[出庭]律师提供的案情摘要内容来看,足够清晰的一点是,辩护律师不恰当地假设被告人没有抗辩事由,并在此基础上从未向申诉人提出可依据第31条进行抗辩的可能性。

同样,就另一名上诉人西蒙·安杜卡(Simon Anduka)而言:②

> 从申诉人的[事务]律师们所编制的出庭记录及其向[出庭]律师提供的案情摘要来看,没有任何迹象表明,上诉人收到了律师关于可依据第31条进行抗辩的法律意见;事实上,律师曾告诉刑事案件评估委员会(Criminal Cases Review Commission,CCRC),根据他们自己的估计,辩方不会适用这一抗辩事由。

第三上诉人亚辛·巴希尔(Yasin Bashir)收到了律师的"错误建议",认为他没有抗辩事由,而剩余的两位上诉人,阿米尔·加瓦尼(Amir Ghavani)和萨义德·阿夫沙尔(Saedeh Afshar),也没有从律师那里获得可用的抗辩理由等法律意见。因此,上诉法院在撤销所有五名上诉人的有罪判决时指出:③

---

① *R v Mateta et al*.[2013],para.30.
② 同上注,第36段。
③ 同上注,第56段。

鉴于本院在 MA 一案中的决定（更不用说我们所提到的其他案件的判决意见），无论是事务律师，还是辩护律师似乎都没有意识到相关法律规定，这一点不可思议并且令人感到不安。我们重申，这种情况将来绝对不应再发生。

四、律师职业的司法重构

（一）打击犯罪的合伙人：职业性的配合

无论辩护律师与法律援助律师的个人弱点如何，法官都会将律师们硬塞进一种具有结构性缺陷的位置之中，而这些弱点与结构性缺陷相比就不再重要。作为《奥尔德的评估报告》的结果，由女王诉特纳案发起并由女王诉古德伊尔案进一步扩展的、正式去除辩方权利的现象（disempowerment）得以强化。其中，实现这种做法必不可少的平台在于维护制度的正式合法性。该制度将律师与狡猾和工于心计的被告人混为一谈，把他们描绘为利用制度性弱点而毫不尊重制度去追求司法"竞技理论"（Sporting Theory）的人员，要求将辩护律师描述为［法院］大规模处理案件的障碍。然而，此类特性归纳也存在局限性，必须制定新战略来保持制度的形式合法性。

奥尔德的答案是，提议重构辩护律师可以发挥的作用，以便他们在"有成本效益的"司法管理中成为控方和法官的合作伙伴。换句话说，他打算将研究人员所证实的刑事辩护律师的最差特征与其新构造的正式角色挂钩。随着奥尔德制定的理论，其余剩下的就涉及政客们和法官们——通过包括奥尔德在内的这些成员的好运气——如何实施的问题而已。

(二) 辩护律师的义务:历史性的立场

在历史上,辩护律师的职责是"无论案件是非曲直如何,都应尽其所能,使被告人获得无罪判决"。① 正如里德大法官的著名评论所言,②"每位律师对其当事人都有义务大无畏地提出每一个问题,发动每一场争辩,并询问每一个问题,无论令人反感到什么程度,只要他认为有助于当事人的案例。"里德法官通过将律师界定为法庭官员的地位来限制其"大无畏的辩护律师"的含义:律师不得依据己方掌握的、未经证实的信息来误导法院,也不得诽谤中伤诉讼程序中的对方当事人或证人……

即使如此行事也可能导致当事人的不满,但里德的进一步阐述并未削弱法律规定的有关辩护律师义务的根基:③"……他[律师]不得藏匿可能会不利于其当事人但法律或职业标准要求其出示的权威[意见]或文件……"

在谈及"职业标准"时,回顾威廉·博尔顿爵士权威性的《律师界行为举止与礼节》(Conduct and Etiquette at the Bar)具有启发意义。该指导文件描述律师的作用如下:④"根据英格兰和威尔士律师

---

① Sir H. B. Poland, *Short History of the Criminal Evidence Act*, Mr. Baugh Allen's edition of the Act (1898), [originally cited in Rogers (1899)], at p. xxi.
② *Rondel v Worsley* [1969].
③ 同上注,第 228 页。
④ 博尔顿的《办案指南》(1953 年版)随后被翻印了五次(1957 年、1961 年、1965 年、1971 年和 1975 年)。本书的内容在 1975 年特纳一案的指导原则被通过之前大体上一直保持相同。它最终于 1980 年被称为律师行业常见的《行为守则》(Code of Conduct)所代替。参见:W. W. Boulton, *A Guide to Conduct and Etiquette at the Bar of England and Wales*, (1953, 1957, 1961, 1965, 1971, 1975) London: Butterworths.

界的最佳传统,[出庭]律师应该……大无畏地维护当事人的权益,而不考虑对自己或其他任何人有任何不愉快的后果。"该指南这样解释道：

> 律师享有与其当事人相同的[免责]特权,可自由而不受约束地陈述每个事实,合法地根据有助于实现这一目标的法律原则与实践来使用每个论点与评论,宣称和捍卫当事人的权益并保护当事人的自由与生命,应该小心翼翼地警惕着任何限制此类特权的企图。

在过去,法律对律师在法庭的义务都是按照消极被动的术语来表达的：主要是律师不得主动误导法院或允许当事人提供属于伪证的证据。单从这一意义上讲,律师对法庭的义务属于首要义务。但该义务并没有取代古老的格言要求,它依然构成了支撑对抗制的基础性规定："假如王国政府提出[控诉]主张,它就必须承担举证责任。"此外,"职业标准"对此也有所强调：①

> 在考虑律师为某名被指控犯罪的个人进行辩护的义务时,……有必要牢记以下几点：(1)每一项应受惩罚的犯罪是指某一心智健全并具有理解能力的个人违反普通法或成文法规定的行为；(2)刑事审判中围绕的问题一直是被告人是否犯有被指控的罪行,从来不涉及被告人是否无罪的问题；(3)举证的责任在于控方。

---

① 同上页注④,1953年版,第56页。

现代法规的干预对律师们的这些责任引入了一些限制性的规定。例如,1967年的《刑事司法法》要求被告人提供其不在犯罪现场的证明。同年,《道路安全法》(Road Safety Act)在分析[违法者]体内酒精含量的样本时引入了举证责任倒置原则。如今,这些重大变革已经过去了三十多年。1994年的《刑事司法与公共秩序法》允许从被告人的沉默行为中得出"恰当"的推论。紧接着,1996年的《刑事程序与侦查法》(Criminal Procedure and Investigations Act)又引入了这样一项要求:被告人在参加正式法庭诉讼时需要提供答辩书,该陈述应包括辩护的一般性质及详情、被告人对控方提出质疑的事项和原因,以及依赖的法律要点与法律权威意见等信息。2008年的《刑事司法与移民法》(Criminal Justice and Immigration Act)[①]扩大了这一要求的整体覆盖范围,要求辩方的陈述包括被告人拟在辩护中依赖的"有关事实事项的详情"。

(三) 辩护律师与"巨大的变革"

因为《奥尔德的调查报告》(2001),[②]刑事[辩护]律师协会自2005年4月以来已经按照与《刑事程序规则》(简称《规则》)所发生的"巨大变化"保持一致的方式来行事。[③]该《规则》在本质上代表了一种可把辩护律师引入到一条战线的工具,这条战线由法官来确定,其"边线"仍正在绘制,尚无定论。尽管有大肆称赞"刑事司法制度中

[①] 1999年《青年司法与刑事证据法》对性犯罪案件的审判中关于控方证人之前性行为的问题设置了明显的限制,这实际上也制约了辩方的交叉询问权利。
[②] Sir Robin Auld, *Review of the Criminal Courts of England and Wales*, (2001) London: Lord Chancellor's Department.
[③] Thomas LJ in *R (on the application of the DPP) v Chorley Justices* [2006].

更多整合的"愿望(苏格兰的女男爵),但这一行为规则已经成为一种退化的残余框架结构。① 现在,《刑事程序规则》、成文法和司法解释已经严重地限制了律师业的"自治权",律师作为"法院官员"承担有限的"义务",正如我们在下面所讨论的那样,他们现在仅仅变成了"法院工作人员"而已。

从本质上讲,《刑事程序规则》分配给辩方一种合作的角色,一起配合控方进行积极的案件"管理"与"进展"工作,以确保可在审判中"恰当"处理所有争议问题。② 除了其他事情之外,它对辩护律师规定的一些含糊不清的义务又进一步增强了此类角色的效果:"有效并迅速地"处理案件,③确定案件中的实际问题;④(与控方一样)任命"案件进展官员"与另一方[控方]和法院进行联络;⑤向控方/法院提供有关证人、书面证据、程序规则和法律观点等信息。

《刑事程序规则》将辩护律师业置于一种惩戒性的社会之中:法官掌握的惩戒性武器包括要求律师宣誓效忠"效率优先"——例如具有较高成本效益——的程序,应在法庭和所有当事人出现《刑事程序规则》《实践指导意见》或《法庭指令》(Order of the Court)所要求的任何重大程序失误时提出建议,⑥提前向被告人表明量刑信息等法律意见,确保起草的答辩书包括丰富的信息,并通过发出"浪费成本"的命令等制裁方式来削减辩方冗长的质证过程。

这一惩戒性社会建立的前提是,当事人受到忠实于来自民法"首

---

① Hansard HL Deb, vol.644, col.645, 1 February 2003.
② R (on the application of Lawson) v Stafford Magistrates' Court [2007].
③ 《规则》第1条第1款第2(e)项。
④ 《规则》第3条第2款第2(a)项。
⑤ 《规则》第3条第4款第1(a)项。
⑥ 第1部分,《规则》第1条第2款第1(c)项。

要目标"(Overriding objective)概念的正义再论述的约束之下。①为了记录这些发展,关于"巨大的变化"是否已经包含在规则本身中,或者是否仅属于一种预先存在的潮流表现这一问题,在很大程度上作为一种注意力的转移被揭示出来。实际上,这些发展已经相当醒目地证明了在"确立真理和司法正义高于枯燥无趣的、法律技术性"的祭坛上牺牲"职业标准"的程度。② 然而,正如我们将会看到的,当《规则》可能只是希望使律师界已经非常明显的做法——权利明显受到削弱的辩护队伍应承担的正式义务与截然相反的当事人权益保护的事实——予以合法化时,英国强化律师界的从属地位在《刑事程序规则》出台之前已经达到了一个"分水岭"的地步。

奥尔德左右逢源地挪用民事司法改革的内容,建议英国设立一套单一的[诉讼]规则:"与伍尔夫大法官在民法改革中开创性制定的《民事司法规则》(Civil Justice Rules)一样成功的是,本规则应当以明确声明其适用与解释的目的及一般规则作为开始。"③政客们对奥尔德的建议大做文章。以法官们为主的规则制定委员会根据2003年《法院法》(Court Act)第69条的规定而设立,从事一项整合

---

① 这导致它背离了传统的刑法立场,"律师行业的惩戒职能完全归属于法律学院与律师业评议会(Senate of the Inns of Court and the Bar),并且具体由英国出庭律师公会来行使。认为自己有理由投诉出庭律师专业操守的法官可以向出庭律师公会进行投诉,但他自己没有权力在这一方面直接对该律师采取惩戒措施。"McFadden [1975], per James LJ.

② P. Fields, 'Case comment. Clarke and McDaid: a technical triumph', (2008) Criminal Law Review, 8: 612–624.

③ Sir Robin Auld, Review of the Criminal Courts of England and Wales, (2001) London: Lord Chancellor's Department, Chapter 10, para.277. 此外,参考伍尔夫在改革民事案件中取得的所谓"成功",它充其量属于一种误导。可参见赞德尔对此改革的猛烈抨击:M. Zander, 'Zander on Woolf', New Law Journal, 13 March 2009。

行动,目的在于使《刑事程序规则》[Rules of Procedure (CPR)]在刑事法庭中"……确保:(a)公正、高效地使用刑事司法制度;(b)规则内容简洁,表达方式简单"。从表面上看,这就成为了该委员会狭隘的追求目标。《刑事程序规则》中有两部分内容特别可以落实这些意图:第一部分(首要目标)和第三部分(案件管理)。我们接下来对此逐一予以讨论。

(四) 首要目标

该规则的首要目标是"公正地处理案件"。① 然而,根据《刑事程序规则》的规定,"正义"的含义被重新界定为可包括以下事项在内:

(a) 判处无辜者无罪,判处有罪者有罪;

(b) 公正地对待控辩双方;

(c) 认可被告人的权利,特别是《欧洲人权公约》第6条所规定的各项权利;

(d) 尊重证人、被害人和陪审员的权益,使其可了解案件的进展情况。

虽然法官们开始谈论到涉及被害人利益、公众利益以及被告人利益的刑事案件,②但是,即使在《刑事程序规则》出台之前,《奥尔德的调查报告》就已经引入了一种可由司法"案件管理"方式来保证实现的新型"正义",它反映在女王诉查班案中:③

---

① 《规则》第1条第1款第1项。
② 例如,参见斯泰恩大法官在以下案件的意见:*A-G Ref No.3 of 1999* [2001]。
③ *R v Chaaban* [2003], para.35.

主审法官一直在负责管理审判事务,这是其最重要的职责之一。为了履行这一职责,他被迫对案件涉及的各方需求保持警惕。这一利益显然包括但并不局限于被告人,而且还可以延伸适用于控方,也就是原告,以及每位证人(无论是哪一方的证人)和陪审团,或者,假如陪审团尚未宣誓时,那些正在等待的陪审员。最后,法官不应忽视实现正义而产生的不必要延误等社会利益。他在所有这些利益之间应当保持公正的平衡点。

就法官在未来审理的案件中期望控制辩护律师的程度而言,女王诉查班案具有重要的意义。《刑事程序规则》稍后就被用来缓和法院"平衡"各方当事人之间的利益需求,而且也"终结了上诉法院在女王诉伊斯尔案(R v Jisl)[2004]案中备受批评的、各种无休止的刑事审判实践……"。

因此,随着伊斯尔案的出现,查班案成为在《刑事程序规则》出台之前发生的一大批此类案件之一;其中,法院相关语言表述的转变进一步突出了重点。法官通过把王国政府可证明案件指控成立的积极职责转化为控方可用来针对辩方的合法期望,这是法院在伊斯尔案中不厌其烦地提醒所有人关于刑事司法中已被"忽略"的一个方面。正如"被告人有权获得公正审判一样……,控方也同样有权获得合理的机会来出示对被告人不利的证据"。① 这一新生事物被命名为"司法管理与控制",属于一项无可指责地被宣布为"不容置疑的原则",它要求司法机构的相关人员采取"积极主动"、"自己动手"的方式,在合法化的过程中必须满足控方[指控犯罪]的需求。

---

① *Jisl* [2004], at para.114.

《刑事程序规则》辅助这一事由的核心策略采取了"首要目标"的形式。它对传统原则的主要背离在于其同等重要并且紧密捆绑在一起地对待该目标的构成要素。① 这种"平衡"策略对规则的适用提供了有限的实践指导意见,几乎没有降低"公正地对待控辩双方"的要求,②应当在强调"平等武装"原则的《欧洲人权公约》这一法律背景下来理解。③ 事实上,在该《规则》第1条第1款第2项详尽地说明了"公正对待"的概念之后,第一部分的其余条款则涉及案件的参与者按照首要目标来准备和处理案件、遵守法院制定的规则与指导意见的义务。然而,随着《刑事程序规则》的法律原则规定与该《规则》一起向前发展,"平等武装"被证明是法院应当弱化的一项准则而已。《刑事程序规则》的两项推论可以证明这一点。

其中,最显著的变化是辩方在控方的公诉业务中发挥的作用日益增加。因为每位"参与人"——包括被告人及其法律辩护团队在内——需要按照首要目标的要求来准备并处理案件,辩护律师及其当事人承担"确定有犯罪者被判决有罪的"义务。④ 对于那些承认自己事实上有罪但希望由控方来承担举证责任的被告人来说,要求控方举证是他们在传统上所享有的一项权利,至少法律规定如此。而现在,首要目标则仅仅意味着,代表被告人的辩护律师需要承担协助控方确定其当事人是否有罪的义务。

根据辩护律师对这一问题的理解,首要目标如今要求律师参与寻求"真理"的过程,而非"检测"控方的公诉案件是否可以成立。当

---

① 引自民事案件,例如参见:*Holmes v SGB Services*〔2001〕。
② 《规则》第1条第1款第2(b)项。
③ 例如,参见:*Kaufman v Belgium*〔1986〕。
④ 《规则》第1条第2款第1(a)项。

代辩护律师必须提醒自己保持良知上的沉默,尤其是,他们对"寻求[事实]真相没有垄断权",更无把握在缺少他人帮助的情况下可以对法律问题得出一个公正的结论。① 作为《刑事程序规则》规定的"参与者",律师们必须要强夺法官和陪审团本应发挥的作用。这一法令与对抗制的辩护并未被界定为涉及"真相"(而非案件)的社会现实截然对立,而且也没有考虑法庭[审判]经验的结构性现实。

为了表明所有当事人参与并努力实现一个共同目标所产生的不利影响,首要目标忽略了对"客观"真理的三项特定结构性制约因素。第一是需要欣赏[出庭]律师"职业准则会要求其使用包含在指导意见中的材料,别无他求"。② 第二,证人属于答辩人,"他在法庭上回答问题,仅此而已"。③ 第三,辩护律师在一种备受控制的诉讼结构中,处于通过审查证人证言而梳理出"事实真相"的地位。④《刑事程序规则》的重新配置涉及人们对辩护[律师]的传统认识的核心问题这一重大利益。对抗式辩护一直是一种有效解决法庭参与者——每一方在对抗中都有本质上截然不同的陈述——试图不可逾越地再现现实这一"哲学问题"的方式,因为它首先绕过了抽象的挑战。⑤ 无

---

① S. Rogers, 'The ethics of advocacy', (1899) *Law Quarterly Review*, 15:259, at p.264.
② M. Hilbery, *Duty and Art in Advocacy*, (1975) London: Stevens, p.11.
③ A. W. Cockburn, 'In lumine: an address on advocacy', (1952) Faculty of Law, Southampton, p.10.
④ Atkinson and Drew, 1979. 上述三个参考文献均引自: D. McBarnet, *Conviction: Law, the State and the Construction of Justice*, 2nd edn, (1983) London: Macmillan。
⑤ 尼科尔森在最近重新思考这一辩论时,假设"真相、原因或司法不可能是中立的、不受主观价值影响的、缺少上下文背景的主张,而是与社会标准捆绑在一起并与现有的权力关系相连"。D. Nicholson, 'Taking epistemology seriously: "truth, reason and justice" revisited', (2013) *International Journal of Evidence & Proof*, 17(1):1, at p.44. 又可参见: D. McBarnet, *Conviction: Law, the State and the Construction of Justice*, 2nd edn, (1983) London: Macmillan, p.16。

法验证的真相概念让位于事实的特性描述与围绕着待裁"案件"的情形以及伴随着"不太苛刻的法律概念"之间的实际较量。① 这一哲学前提的相反面——即可在法庭上获得事实真相——忽略了检察官在审判之前按照控方声称实际上发生的事实来构建并准备案件公诉的过程。检察官的作用是说服法庭相信自己对案件事实描述的版本属于正确的。与此相反,《刑事程序规则》的框架所孕育的不过是人为制造的正直,它甚至都去掉了说服的概念。

丹宁大法官似乎清晰地表明了这种说服作用:②

> 律师在民事案件中对当事人的义务——或在捍卫被告人权益时的义务——是作出一切诚实的努力,争取胜诉。当然,他不得故意误导法庭有关案件事实或法律;简而言之,他可以按照最有利于当事人的方式提出证据中有待证明的事项或酌情忽略其他此类事项……原因在于,他[律师]不是负责判断证人是否可靠或论点是否有效的法官。他是只受雇于当事人并为当事人讲话、代理案件的辩护律师。他必须竭尽全力,做到最好,而不是成为正确判决该案的法官,但只是涉及尽量诚实而已。西塞罗的评论指出,法官有追求真相的义务,但应允许辩护人竭力主张仅有真相外观的事项。③

伯基特大法官同样清晰地指出了这一点:④

---

① 同上页注⑤,第12页。
② *Tombling v Universal Bulb Co. Ltd* [1951].
③ [1951] 2 TLR 289, at p.297.
④ Lord Birkett, *Six Great Advocates*, (1961) Harmondsworth: Penguin Books, at p.99.

清楚的事实在于,当辩护律师在案件中陈述案情时,他不是在陈述自己的观点,而且事实上也的确没有这样做的权利……辩护律师的职能在于,尽自己所拥有的全部技能来呈现案件的一面之词,以便法官或法官与陪审团可以将其陈述与另一方[控方]律师的陈述进行对比,然后在经过充分的调查后决定事实真相所在。

随着司法机构以这种方式促进对抗制的传统,一些辩护律师和评论者——例如凯普、霍奇森、麦克尤恩等以及理查森等人——所感知的帮助控方案件的理念并不利于辩护作用的发挥,这一点并不令人吃惊。① 然而,他们的理念是上诉法院所理解的与律师"发现[事实]真相"的职能相敌对的一种态度。这种法官、检察官与(更对抗的)辩护人的心理态度彻底大转弯(volte-face)已经非同寻常,最典型的事例反映在马尔科姆诉公诉长官一案中:②

律师强调控方在结案之前有完全证明其案件指控罪名成立的义务;当然是在辩方最后一次发言结束之前,但此类意见有点过时和陈旧。刑事审判不再被视为是一场游戏,每一步都具有终局性,控方的任何疏忽将会导致案件败诉。辩方有义务进行

---

① 例如,理查森认为这种方法混淆了结果与过程,它要求法庭必须放弃其作为公正仲裁者的地位,并且"下到竞技场的中央"积极参与案件的处理,这从根本上就不符合对抗制的规定。参见:J. Richardson, 'Is the criminal appeal system fit for purpose?', *Criminal Law Week*, Issue 19, 20 May 2013.
② Malcolm v DPP [2007], para.31.

辩护,在案件的早期阶段向控方和法庭明确提出问题。《刑事程序规则》第3条第3项隐含有这种职责,它要求各方积极协助法院行使案件管理权,也就是说,需要尽早确定案件真正问题所在。

这种确定真正问题所在的职责事实上源于辩护律师的法定义务,他们在审判之前需要表明任何可能会影响审判进展的法律问题(point of law)。而且,至关重要的是,它也包括支持这一实践的权威性法律规定。① 这已经被解释为是指辩方对控方案件缺陷的依赖实际上是自己有效辩护的一部分内容。明确地说,辩方在审判之前必须指出其对手所犯的任何法律错误或程序性缺陷;假如它没有做到这一点,在庭审时将无法从控方的这些错误中受益——这种做法大致上可被贴上一个"突击埋伏[式辩护]"的标签——以便确保当事人被判决无罪。②

奥尔德直接沿袭使用其不当痴迷的"司法竞技理论",并在女王诉格里森案详细阐述了这一理论的含义。在该案中,辩方意识到自己可对控方的公诉案件进行技术性辩护。因此,辩方一直到控方案件结束时才作出不予答辩的意见,其依据是被告人根本不可能犯有控方指控的"罪行"。尽管法官认可辩方观点的真实性,但还是准许控方重新起草起诉书来补救控方提出的问题。随后,奥尔德代表上诉法院迅速地驳回了辩方的上诉:③

---

① Criminal Procedure and Investigation Act (CPIA) (1996), s.6A(1)(d).
② 《刑事程序规则》第3条第10款。
③ *R v Gleeson* [2003], para.35.

正如被告人不应因为其法律代理人在辩护中出现的错误而受到惩罚，导致其因此而受到不公平的损害一样，除非检察官的错误无可救药地导致辩方无法实现公平审判，否则不应因此类错误而阻挠控方的公诉。我们认为，鉴于近年来我国刑事司法程序的立法与程序变革，法院不再接受辩护律师设法利用控方的此类错误，故意拖延到最后一刻才确定案件事实或法律问题的做法。事实上，我们认为这种做法违反了1996年的《刑事程序与侦查法》第5条第6款有关保护被告人的要求，特别是第b项的规定，以表明"其[辩方]考虑与控方进行争辩的事项"以及对法院的职业责任，而非被告人的合法利益要求。

这种方法悍然不顾上诉法院在总体上不太情愿认可被定罪者的法律代理人能力不足的态度，认为"不能构成被告人上诉的基础，或者是一种不保险的定罪理由"。① 无论如何，奥尔德代表的上诉法院采纳了他本人在2001年起草的一份报告中的核心观点：②

就控方可能希望合法弥补其案件漏洞的程度而言，一旦辩方的陈述已经确定了问题，可以理解的是，被告人可能更愿意坚持把自己对案件的看法放在心里，不向对手透露任何信息，以此作为其辩护策略。然而，这不是在庭审中防止全面和公正审理、详细调查讨论案件相关问题的一个有效理由。刑事审判并非一

---

① *R v Day* [2003].
② Sir Robin Auld, *Review of the Criminal Courts of England and Wales*, (2001) London: Lord Chancellor's Department, Chapter 10, para.154. 又可参见：*R v Gleeson* [2003], para.36.

场有罪的被告人应当获得公平竞技机会的游戏。它根据两项并存原则——也就是说,控方必须证明其案件,而被告人没有义务证明自己有罪——来发现[事实]真相的过程,其目的在于判决犯罪者有罪和无辜者无罪。要求对被告人事先表明自己对控方案件争议的事项并没有冒犯这两项原则中的任何一项。

奥尔德在其自我引用的权威性意见的背后,赋予了一些人已经提到的、包含在《刑事程序规则》第一部分的"密告"(Grassing)条款的生命力。[①] 简单地说,庭审参与者的义务并不只是涉及这些自己应遵守的规则。他们被寄予厚望,"立即"通知法院及所有当事人"……任何未能遵守规则的重大失误"。[②]

奥尔德相当不确定的概括过程在《规则》第 1 条第 3 款中找到了存在的形式。根据他的观点,辩方在庭审中不能袖手旁观,什么都不做。辩方的消极责任现已被发展为积极的职责:辩方现在有义务弥补控方案件中的缺陷。

奥尔德的论点从根本上讲,在于这些新的职责并不影响"两种并存的原则——也就是说,控方必须证明其案件,而被告人没有义务证明自己有罪"。这完全是一种自私自利的想法。假如,而且情况确实如此,推动公诉案件的定罪是控方的责任,那么由此可以推断出,赋予辩方修复控方案件缺陷的义务与前一项原则的要求相矛盾。同样,确定公诉的正确法律依据必须是控方和主审法官(而非辩方)的责任。假如辩方需要表明控方案件的缺陷,而这些缺陷足以证明被

---

① J. McEwan, 'From adversarialism to managerialism: criminal justice in transition', (2011) *Legal Studies*, 31(3):519, at p.530.

② 《规则》第 1 条第 3 款。

告人被判无罪的合理性,它又怎么会符合本身源于沉默权原则的不得被迫自证其罪的要求?

奥尔德对相关主张进一步补充道,刑事审判不是一场有罪的被告人应该获得公平竞技机会的游戏,而正是通过要求辩方能够识别控方案件的弱点来对抗后者的指控。将这些规定参照为"告密"的做法,隐藏了辩方作为"线人"肯定属于被害人后果的法律规定与公正对待控辩双方首要目标之间的矛盾。①

等到法院在女王诉罗奇福德案作出判决的时候,我们可从这一引人注目的案件所引领的方向中探测到司法新"理念"的发展趋势(momentum)。在该案中,辩方的答辩书缺乏详情,导致法官声称[辩方]未能修订该陈述的做法将被视为藐视法庭罪,并进一步指出,被告人和辩护律师的行为都可能会因此被视为藐视法庭罪。虽然这些建议因为完全大错特错而被撤回,但是该法官的做法可使我们洞察到辩护律师可能面临的压力。事实上,当法官在该案中首次发出此类威胁后的当天晚上,辩护律师被迫向其分庭和英国出庭律师公会的领导寻求帮助。尽管上诉法院指出,原审法院的法官无权要求辩护律师公开其意见,但是据说,他[法官]有权"这样要求,而且的确执意地极力要求律师这样[配合]"。② 罗奇福德案的判决结果是,被告人可以声称自己要求控方举证,但只有在[辩方]根本没有证据的情况下。③ 换句话说,法官们针对任何旨在提出积极抗辩的被告人,

---

① 《规则》第 1 条第 1 款第 1(2)b 项。
② *R v Rochford* [2010], para.17.
③ 即使在当时,被告人也必须从一开始说明自己并不打算采取积极抗辩的做法。任何随后在庭审中尝试主张积极抗辩的做法很可能会导致法庭的制裁,包括对被告人进行积极抗辩能力的限制。

通过迫使其合作参与构建不利于他本人的案件过程并促进"效率"①这一更广泛的制度目标等方式,对此类被告人进行处罚。而且,他们在某些情况下,会对被告人不遵守上述规定的行为作出不利推论的惩罚!

对公诉案件失误的容忍在女王(根据佩恩的申请)诉南莱克兰治安法院一案显然达到了令人震惊的程度。控方在该案中无法证明其案件,但是法官在仁慈的司法行为之下,宣布休庭以便"整理好案件的指控顺序"。② 在只会对那些业务不精、准备不足的律师很快带来希望的司法烟雾弹信号之下,皮奇福德(Pitchford)大法官这样说道:③

> 只要没有因为延迟或其他特定原因而产生偏见,根据律师在法庭所犯错误的变化莫测来决定案件的做法并非是为了公共利益;应当根据案件的是非曲直来决定结果。

这些判决的实际效果在于辩方需要倾向于可使控方弥补其案件缺陷的做法。一方面,辩方依据能够纠正缺陷的控方案件中依然存在不足而宣告无罪的策略,可能会被认为没有证据优势。另一方面,被告人必须按照明显违背其利益的方式来行事,需要提醒控方证据的不足。珍妮·麦克尤恩对此表述得最好:"我们无法期望接受讯问

---

① *Balogun v DPP* [2010]; *R v Penner* [2010]; *R (on the application of Crown Prosecution Service) v Norwich Magistrates' Court* [2011].
② *R (on the application of Payne) v South Lakeland Magistrates' Court* [2011], para.39.
③ 同上注,第40段。

的犯罪嫌疑人能向讯问的警官解释清楚自己误解了《警察与刑事证据法行为准则》中的有关规定。"①那些"鹦鹉学舌式"模仿奥尔德提出的难以令人信服的反驳意见——即根据案件的是非曲直被判无罪总是属于被告人的权益——在这一点无法真正使人心安。

这种毫不妥协地亲近控方的立场(uncompromisingly pro-prosecution)所产生的必然结果就是,为了结果的"准确性"而导致诉讼程序的延长(protraction)。它会引出另外一个问题:为什么控方能够从案件存在的各种缺陷与过错中受益,但辩方却不能?恰恰相反,法庭可以通过休庭来允许控方重新考虑其案件并弥补案件缺陷所造成的延迟,很可能会导致被告人经受更多的艰辛,特别是在被告人已被羁押候审的情况下。从这个意义上讲,《刑事程序规则》的首要目标所制定的具有平等(或"并非不当")重要性的因素显然并没有得到平等适用。当控方犯错时,降低成本的目的让位于"判处有罪者罪名成立"的要求。与此相反的是,假如法院预计会产生逆向影响辩方"有效和迅速"处理的事项时,就会放弃所有"判处无辜者无罪"的希望。

显然,从证据披露制度的角度,辩方因为受到当事人面对面地武装平等的冲蚀要求而丧失其应有权利。根据司法规定而长期存在的假设,应由国家来面对诸多程序性的义务,以便减轻控辩双方之间资源悬殊的问题,并弱化控方负责扣留和搜查证据的独特法律权力。上诉法院指出:②

---

① Jenny McEwan,'Truth, efficiency, and cooperation in modern criminal justice',(2013) *Current Legal Problems*,66(1):203 - 32.
② *McIlkenny & Ors* [1991], at p.312.

对抗制的一个缺点可能是,当事人在资源配备方面并不对等……但控方有义务向辩方提供所有可能有助于辩护的材料来减轻这种资源不平等……

在我们的对抗制中,警方与检方控制侦查过程,而被告人获得控方证据披露的权利则是其公正审判权中不可分割的一部分。①

根据奥尔德所设立的制度,任何"不可分割"的概念都会受到严重限制。如今,由《答辩书》和《案件管理表》所产生的义务已经终结了[辩方]能够在被告人作出认罪答辩决定之前充分评估控方案件的任何想法。② 虽然大多数辩护律师会本能地保持其答辩书简明扼要,但简洁的陈述可能不足以确保控方有义务再次披露公诉材料的信息。法官们为了帮助控方理解辩方对案件的"坦率"要求,竭尽全力地以谴责的形式提出司法告诫意见,正如女王诉布莱恩特一案所示:③

另外,我们还注意到辩方的案情陈述存在严重不足。它包括对起诉书中指控罪名项数的总体否认,伴随着这样的表述:"被告人对任何证人意在作出与其拒绝事项相矛盾的证言提出

---

① *R v Brown* [1994], at 1606, per Lord Steyn.
② 参见:J. Clough and A. Jackson, 'The game is up: proposals on incorporating effective disclosure requirements into criminal investigations', (2012) *Criminal Lawyer*, 211;3, p.4. 克拉夫和杰克逊提醒我们,约翰·斯图尔特·米尔甚至早在1859年就已经注意到了平等武装原则,并这样写道:"只知道己方案件信息的人对案件另一方的准备情况知之甚少。"
③ *R v Bryant* [2005], para.12.

异议。"这样的评论意见根本不值得写在纸上。它并非属于辩方案情陈述的目的。

事实上,没有律师现在可以采取合理的方式去建议当事人不要作出答辩陈述;①但他们也不会公开地建议其当事人不要遵守提交答辩陈述的法定义务。② 休斯(Hughes)大法官在女王诉罗奇福德案中以一种符合惩戒性社会的方式提醒辩护律师:"律师的职责并不在于为被告人提供该如何采取行动的意见,而在于向当事人解释相关法定义务以及不遵守这些义务会产生的后果。"③

这种尽可能向控方提供详细信息的前提条件给辩方[行使辩护权]带来了更多的难题。法院的观点似乎是,答辩书无异于在接受访谈时对被告人进行的评论。④ 在此基础上,法官有权允许陪审团获得答辩书的复印件,所以该陈述材料的内容在审判期间会随时[给被告人]带来严重的后果。⑤

然而,格罗斯(Gross)和特里西(Treacy)的理解完全不恰当地使用了类比的概念。受访者在接受采访时可以有所选择地进行评论。虽然被告人的沉默权如今在某些情况下会受到不利推论的限制,但它强加的"处罚"仅仅是针对被告人,而非第三方。相比之下,如果辩方在答辩陈述中未能提供证人的姓名,则可能会引起不利于被告人

---

① *R v Essa* [2009].
② 同上。
③ *Rochford* [2010], para.25.
④ Rt Hon LJ Gross, and Rt Hon LJ Treacy, *Further Review of Disclosure in Criminal Proceedings*, (2012) Judiciary of England and Wales, para.21.
⑤ S.6E of the Criminal Procedure and Investigations Act 1996 as amended; and *R v Sanghera and Takhar* [2012].

的推论;①如果辩方未能遵守时限要求,那么法官则保留——尽管他很少使用——排除该证据实际证明价值的权力。②同样,法官在这一方面享有足够多的案件管理权来对付辩方。如果辩方未能遵守相关守则,那么就会受制于各种制裁和执法机制,包括支付浪费成本的命令、拒绝接受辩方的申请或者以专业知识进行立案报复等。③

如果辩方代表面临确保在案件管理阶段所有事项完整性的压力,他们强迫当事人顺应程序性障碍风险的行为则绝对真实。④由此可以进一步推断出,就针对被告人的制裁而言,这种使用"[辩方]程序性披露的失误作为暗示[被告人]有罪的做法"问题颇多。⑤麦克尤恩(McEwan)在得出这个结论时,强化了阿什沃思和雷德梅因首先提出的观点:仅有被告人未能披露材料这一事实本身不应证明"任何符合常识的有罪推理"的合理性。⑥换句话说,无论[法官]实际上可根据证据得出什么样的适当结论,但被告人在该新体制下处于一种更多的、人为的不利推断风险之中。

假如要求辩方承担一定的披露义务可以提高审判结果的准确程度,并且不会产生司法不公的问题,人们在理论上就会容忍此类规定。然而,假如出现在辩护服务面临众所周知的资金不足时,当其服务经常可能混乱不堪时,或者是假如辩护服务组织得井井有条,但

---

① R (on the application of Tinnion) v Reading Crown Court [2009].
② 参见:R (Robinson) v Sutton Coldfield Magistrates' Court [2006]; R v Delay [2006]。
③ R v Musone [2007]; R v SVS Solicitors [2012].
④ J. McEwan, 'Truth, efficiency, and cooperation in modern criminal justice', (2013) Current Legal Problems, 66(1):203-32.
⑤ 同上注,第9页。
⑥ Ashworth, and M. Redmayne, The Criminal Process, 4th edn, (2010) Oxford: Oxford University Press, p.263.

[律师]在当天参与案件的时间经常比较晚——有研究已经很好地证明了这一点——的时候,或者是由于控方未能披露或延迟披露案件证据时(见本书英文背页),这些要求对于辩方来说则很难实现。

(五) 案件管理

大法官、王室法律顾问罗德里克·德尼尔在其《刑事法院案件管理》(Case Management in the Crown Court)一书的前言中指出,"认为案件管理从《刑事程序规则》开始并根据该规则结束的想法属于大错特错。"①这位博学的法官无疑是指当今根据《刑事程序规则》处理每一起案件属于"受到管理的案件"事实。② 此类案件管理的必然结果就是产生一种只有司法机构才能掌控的管理模式。③ 如果这些规定在约束方面表述不清,那么《刑事程序规则》在概念上千变万化的设计(protean design)可保证它为在未来"根据个案需要"来设定限制条件留下了足够的空间。④

虽然《刑事程序规则》并未具体界定"案件管理",但它显然具有更广泛的含义。例如,该《规则》第3条第5款第1项规定如下:"法

---

① HHJ Roderick Denyer, *Case Management in the Crown Court* (2008), p.1. 也许是感到已经汲取了经验教训,第二版(2012)的这一标题中删除了这一训诫:……案例管理中有争议的而且是经常被人误解的因素已经被逐渐演变为一种现在似乎有其预期影响的制度。在确定肯定属于最典型的弗洛伊德式排印错误时,第14章(变更认罪答辩)错误地(我们假定是!)使用了标题:"变更对欺骗[指控]的认罪答辩"(第141页,着重号表强调)。

② N. Moss, *Every Case, A Managed Case: Using The Criminal Procedure Rules Speech to London CPS*, 5 March 2013, available at: http://www.judiciary.gov.uk/Resources/JCO/Documents/Speeches/nicholas- moss-speech-cps-london-050313.pdf.

③ 例如,参见: *R v Musone* [2007]; *R v Jarvis* [2008]; *R v Ensor* [2009]; *R (Firth) v Epping Justices* [2011].

④ 例如,人们尚不清楚法院可限制辩方在案件后期进行积极辩护的程度。

庭在根据规则第3条第2款履行其职责时,可能会作出任何指示并采取任何措施来积极管理案件,除非该指示或步骤不符合法律规定,包括这些规则。"鉴于唯一明文规定的限制是,①法院作出的指示和采取的措施不得违反相关立法规定,但在事实上,《刑事程序规则》规定的"案件管理"赋予了法官具有几乎毫无限制的权力。

英国已经形成了一套虽然重要,但在本质上存在诸多漏洞的规则,到目前为止已有56项此类规定。刑事程序规则制定委员会参与了这些规则的扩展适用和修订过程,使用修订后的规则对那些可成为"法律"的适用程序进行了更多实质性的修正。从这一角度上讲,《刑事程序规则》的发展方向是法官用来进一步阐述并"绑架"未来案件的工具。

无论怎么分析,我们都不难发现《刑事程序规则》的发展方向;而且可以从判例法中搜集到许多此类具有启示意义的线索。假如要起草《律师章程》并且简单表述,它可能会采取以下形式。②

《英格兰和威尔士律师协会成员章程》
经由女王陛下批准

● 在另有指示之前,可以继续称自己为"辩护律师"。
● 不要建议被告人行使所谓的沉默"权"。

---

① 此外,也可能还有其他隐含的限制。在女王(凯利)诉沃利治安法院[*R*（*Kelly*）v *Warley Magistrates' Court*,2008]一案中,有人认为《规则》第3条第5款并没有赋予法院权力来推翻法定免责特权或法律专业人士的免责特权,这也是被告人享有的基本权利。

② 参见英文原文本页背面的内容。

- 假如量刑折扣在该法院至少属于一般标准,就必须采取强硬措辞"建议"[被告人]认罪答辩属于公平的交易。

- 请牢记,对于说服被告人达成的任何认罪答辩的案件,将会获得额外的律师费。

- 无论对案件有所了解,还是一无所知,都必须告知被告人(以前称为"你的"当事人)他有权在一开始就从法官处获得有关量刑信息;假如忽略了此项任务,主审法官会在公开的法庭上提醒你[律师]此事。

- 必须建议被告人,对于获得法官支持的量刑建议,如果上诉法院认为刑期畸轻,也有可能会增加量刑。

- 必须告知被告人,法官可能会认为量刑畸轻,即使是在检察官已提请主审法官按照该级别来判处的情况下。

- 必须委任一名"案件进度监督员"与你的盟友公诉机关以及法院保持联络。

- 必须提交确定辩护性质的答辩书,包括被告人拟依赖的任何特定抗辩事由,表明会对控方案件提出异议的事实问题,提出辩方涉及此类事项时提出此类事实问题的原因,提出辩方拟依赖进行辩护的事实问题细节;并指明其拟采用的任何法律问题(包括任何有关证据可采性或滥用程序的法律问题),以及为此目的打算有所依赖的任何权威性意见。

- 不得建议被告人拒绝提交答辩书。

- 尽管可能会鄙视(并且可能属于自我厌恶的)自己在实践中的行为,但拒不遵守法庭有关答辩书的要求(尚)不会被指控藐视法庭罪。

- 有责任确保以法官界定的"公正性"来处理案件。

第六章 制度性困境：辩方

- 必须协助国家公诉那些被指控刑事犯罪的被告人,这种协助必须确保具有成本效益和迅速的案件处理方式。
- 必须告知法庭任何被告人已经违反,但必须遵循的规则或程序。
- 必须考虑到对其他受影响者所造成的后果,其他案件的需要,以及证人、被害人和陪审员的利益。
- 必须参与帮助控方的行为,即使这样做将会进一步鼓励其体制性能力不足并且不专业的表现。
- 不得通过借助于被视为"锋利策略"(sharp tactics)的方式来设法利用控方的能力不足,例如等待控方的案件在法庭上出示,然后指出其未能出示可证明该罪行关键因素的证据,或者是告知控方或法官公诉的罪名(很容易在这一方面犯错)没有法律依据。
- 有义务和职业责任及时提醒控方注意其案件中存在的任何致命缺陷,以便允许后者在可能的情况下修复缺陷;换句话说,如果公诉案件具有"重症监护室"或"患有致命心脏病"的情形,就必须适用"心肺复苏术"(cardiopulmonary resuscitation CPR)。

正如我们可以从这种专业规劝性的"墓碑式广告"中所看到的那样,《刑事程序规则》代表了一个继续妖化辩护律师的平台;一种从公开的法庭对正当程序的保护迈向可使控方最大程度地利用机会,获取有助于公诉案件的信息固化过程(crystallisation)。

此外,《刑事程序规则》还代表了一种根据对双方所谓都公平的托词以及奥尔德虚假的"无辜者"与"有罪者"二分法来实现"大无畏的辩护人"这一戏剧性的逆转;任何对控方的挑战被描述为具有试图寻求利用"司法竞技理论"的特性。

五、法律援助

不言而喻的是,由于辩护律师可能会受困于发生在刑事司法领域中的"无声的革命",[1]英格兰和威尔士不当处理法律援助的做法则是其桎梏律师职业的计划。在确定"效率"与"快速"司法作为首要目标的一部分时,《刑事程序规则》通过期待在刑事司法制度中采取更广泛的"效率"节约运行方式来正确理解其目标,而英国和威尔士在提供政府公共资助的法律服务方面曾被视为具有"全球领先地位"。[2]

诸如"刑事司法:简单、迅速、概括",[3]"停止拖延正义!"[4]和"迅捷并确定的司法"[5]等宣传政策标语说明,政府关注其资助的刑事辩护成本问题已有一段时间。刑事法院辩护人的渐进收费方案(Graduated Fee Scheme)以及律师在警察局工作的固定收费模式等削减成本的运动,已经成为刑事司法制度机构中已有的"固定装置和

---

[1] 伍尔夫大法官的言论,引自以下著作:F. Gibb,'Courts to reduce time-wasting',*The Times*,5 April 2005.
[2] R. Smith,'Legal aid in England and Wales:entering the end game',*ILAG Newsletter*,May 2011, available at:http://www.ilagnet.org/newsletterstories.php?id=37.
[3] Department for Constitutional Affairs,*Delivering Simple,Speedy,Summary Justice*,13 July 2006.
[4] Magistrate,'Stop delaying justice! A new training programme',67(9):6(2011).
[5] Ministry of Justice (MoJ),*Swift and Sure Justice:The Government's Plans for Reform of the Criminal Justice System*,Cm 8388,12 July 2012 London:HMSO.

设备",如今与原来承诺的规模相比似乎明显缩水。

这就是变革的力量,它要求司法部长毫无歉意地去解释独立的律师界远离"千刀万剐的灭亡"作为"极其痛苦"但必要的过程。①2012年《法律援助、量刑与惩罚罪犯法》(Legal Aid, Sentencing and Punishment of Offenders Act 2012, LASPO)设置了坚定不移的改革动议。这部影响到民事与刑事领域的立法②从根本上改变了政府与被统治者之间的关系。它也是我们接下来会关注的事项。

英国司法部在提到法律援助项目的改革时直言不讳地指出:"政府打算从根本上改革法律援助制度,缩减国家为个人提供法律援助的规模。"③即使它所概括的一些变化涉及《法律援助、量刑与惩罚罪犯法》,但很明显的是,政府在参考更重要的项目方案时暗示,"法律挑战现已构成对该方案成功实施的主要威胁。"④

(一) 关上大门

政府关于刑事法律援助改革议程的宏伟目标可以概括如下:从事[刑事]案件辩护的执业人员将被迫在工作中花费相同或者更多的时间与费用,但会获得更少的金钱回报。相应地,律师代理的质量会

---

① J. Hyde, 'Grieve: legal aid cuts hurt, but bar is just too big', *Law Society Gazette*, 30 September 2013.
② 第13—43条涉及刑事法律援助,第二部分(第44—62条)涉及刑事诉讼。
③ Ministry of Justice (MoJ), *Consultation Paper CP 14/2013. Transforming Legal Aid: Delivering a More Credible and Efficient System*, 9 April 2013, London: Ministry of Justice.
④ 相关回应,可参见: Doughty Street Chambers 'Response to the Ministry of Justice Transforming Legal Aid Consultation', 4 June 2013, available at: http://www.doughtystreet.co.uk/documents/uploaded-documents/Transforming_Legal_Aid_-_Doughty_Street_Chambers_Response_(2).pdf.

急剧下降。如果没有适当的法律咨询与辩护,就会出现司法不公现象。然而,国家通过限制被告人/犯罪嫌疑人获得法律援助的方法,用令人担忧的法律审查豁免权来强化自身的权力。换句话说,我们正在看到的"绿灯"继续破坏律师界的"独立性"及其质疑政府决定的能力。①

这些改革的预期后果是,政府想要隐藏的真相会依然存在。人们欲通过法院证实警察部队不值得信任来对[警方]自身行为负责的机会将要落空。② 对过去发生的事件所做——例如罗斯玛丽·纳尔逊、血腥星期日与希尔斯堡等案件③——的重要调查将处于一种虚幻的地位。《法律援助、量刑与惩罚罪犯法》清楚地表明,政府并不愿意采取相同的调查方式;或者是,如果此类调查不可避免,那么律师

---

① 这件事情与通过司法审查来确定国家对此应负责任的限制同时发生。
② 例如,参见:M. Ellison QC,'The Stephen Lawrence Independent Review-Possible Corruption and the role of undercover policing in the Stephen Lawrence case (summary of findings)',(Ellison Report),UK:HMSO,HC1094,6 March 2014。
③ 与此相联系的是,警方可使用巨大的政治权力。"庶民门"(Plebgate)丑闻就是一个很好的例证,它涉及警方的一份报告导致英国政府的一名内阁部长因此辞职的事件。事实上,包括独立警察投诉委员会、警察联合会、公诉长官、皇家检控署和伦敦警察局(又称为苏格兰场,Scotland Yard)在内的机构对这起历时45秒的短暂争吵所进行的调查和司法审查程序持续了15个月的时间,却没有解决问题。一名警察被指控公职人员行为失当,虽然新任命的公诉长官艾莉森·桑德斯(Alison Saunders)在非决定性证据的基础上决定不再对其他涉案的警员启动刑事程序。在这一方面,应该注意到,警方声称有游客在场,但在闭路电视的录像中却没有出现,而且警方也没有确定或主动提供此类证人。此外,据报道,罗兰德(Roland)警官大肆宣扬不利于安德鲁·米切尔(Andrew Mitchell)的指控从未进行过宣誓后的质证。(The Guardian,'Plebgate:police,camera,action',27 November 2013)。2014年年初,被指控的警官基思·沃利斯(Keith Wallis)承认自己(以普通群众的名义)在庶民门事件中撒谎,最终被判处入狱12个月。除了警方的名誉进一步受损之外,本案据说花费了纳税人大约几十万英镑的开支。参见:J. Halliday,'Plebgate row:police officer pleads guilty',The Guardian,10 January 2014。

不会发挥真正的作用。

新任司法大臣(Lord Chancellor)(兼上议院领导和大法官的)克里斯·格雷灵(Chris Grayling)是英国历史上自1673年以来第一位由非律师担任该职务的个人,[1]他迅速地宣布"公众已经对制度失去了信心"。无法令人信服的是,"大量的个人信件与电子邮件"据说都是对法律援助权利的担忧,[2]但格雷灵没有抓住这一点。他迅速地了解到,如果"公众信任"的惊慌可作为辩解理由,那么"财政方面的迫切需要"就会占据上风。

(二) 财政方面的迫切需要

政府采用的财政迫切需要的理由可概括如下:"我们每年有20亿英镑左右的开支,拥有世界上最昂贵的法律援助制度之一。"然而,司法部似乎已经忘记了自己适用于2009年《政府资助的法律服务与司法制度国际比较研究》中的警告事项。该《研究》观察到:"因为研究方法以及与司法制度相关联的数据报告方式的重大差异,本研究对国际司法制度的比较具有复杂性。因此,就其解释而言,我们应该慎重对待本报告中所有的数据比较。"[3]

虽然司法部公布的数字确认,英国自2007年以来有关法律援助的总金额一直徘徊在20亿英镑左右,大约相当于司法部86亿英镑

---

[1] 为此,一位评论员认为格雷灵担任此职的主要资格是因为他属于右翼党派。参见:J. Rozenberg,'Chris Grayling, Justice Secretary: non-lawyer and "on the up" politician', *The Guardian*, 4 September 2012.

[2] C. Baksi,'Chris Grayling', *Law Society Gazette*, 20 May 2013.

[3] R. Bowles and A. Perry, *International Comparison of Publicly Funded Legal Services and Justice Systems*, London: Ministry of Justice, Research Series 14/09, October 2009, p.36. 同一份文件称,其研究结果"具有建议性和激发性而非绝对性"。参见:同上注,第3页。

预算总额的 23%,①但是六个地区巡回法院所在的出庭律师公会的领导们认为,他们的经费开支在数年里一直呈下降而非螺旋式的上升趋势。② 在 2009—2010 年度,英国刑事法律援助总费用为 11.2 亿英镑,而到了 2012—2013 年度则减少了 1.46 亿英镑(13%),降至 9.75 亿英镑。③

政府完全无视此类限制并且已经明确表示,希望通过"管理整合"(managed consolidation)的方式④来消除大量的现有法律援助提供者。根据这种简化模式,几乎没有几家法律机构或个人在"财政迫切需要"的背景下会丝毫不受影响。例如,王室法律顾问迈克尔·曼斯菲尔德的律师事务所曾以开展民权工作而著名,但现已成为政府持续财政紧缩措施的受害者:该机构在 2013 年 10 月的解散就是"政府改革有关法律援助政策的直接结果"。⑤

---

① Ministry of Justice (MoJ), *Annual Reports and Accounts 2012-13*, 25 June 2013, London: Ministry of Justice, p.93.
② 难以置信的是,司法部自己的账户显示剩余有 2.89 亿英镑的刑事法律援助基金。参见:同上。
③ 同样,成本很高的案件主要涉及对严重犯罪和恐怖犯罪等较为复杂的刑事案件审判。此类案件的费用在同一时期几乎已经减半,从 2007—2008 年度的 1.24 亿英镑降至 2012—2013 年度的 6700 万英镑。参见:*The Guardian*, 'MoJ's misleading evidence on the cost of the legal system', 3 October 2013. 其他统计数据也支持这一点:根据国家审计署的信息,英国刑事法律援助的费用在 2003—2004 年度和 2008—2009 年度之间实际上已经下降了 12%。National Audit Office, *The Procurement of Criminal Legal Aid in England and Wales by the Legal Services Commission*, 27 November 2009, London: The Stationery Office. 又可参见伦敦大学国王学院库克森的综合性研究:G. Cookson, *Unintended Consequences: The Cost of the Government's Legal Aid Reforms*, (2011) London: King's College London.
④ 鉴于许多刑事辩护律师事务所难落俗套的财政问题,17.5% 的资金削减会迫使市场合并。最初的目标是把数量从 1600 家法律援助提供者——主要是专业化的律师事务所——减少为 400 家规模较大的非专业化的事务所。
⑤ 参见以下网站:Tooks Chambers.

（三）紧缩性司法："各项改革"

我们讨论一些由政府发起的重大"改革"建议，尽管它撤回了许多议案，但是它们象征着针对辩护服务而正在发展的官方（政府和司法）文化，自身有助于降低律师界的地位，而且不鼓励任何欲进入该行业的人员铭记有关辩护人作用的传统认识。

2013年4月，司法部发布了咨询文件《法律援助的转型：关于提供更可靠和更高效的制度》(Transforming Legal Aid: Delivering a More Credible and Efficient System)。除了其他事项之外，该文件允许很少或根本没有法律援助经验（如上议院的大法官）的大型商业公司竞标重要的法律援助合同。包括提供监狱管理服务（Jailers）的信佳公司①与提供奥运安保服务（Olympian）的士瑞克保全公司②被认为处于可赢得法律援助合同的核心位置，从而也成为刑事案件的辩护人。由于感到自己在正要创立的"辩护人/狱卒"二分法内的冲突问题，格雷灵以"恐怖故事"为由拒绝接受这些质疑。③ 更多的警告是要删除被指控犯罪者——或正如格雷灵公开描述的那样，"罪

---

① 信佳公司（Serco）已经陷入过多收费的丑闻之中，目前因被指控在监控罪犯的电子标签方面多收了政府"数千万英镑的费用"而正在接受英国反严重欺诈[案件]办公室（Serious Fraud Office）的调查。参见：*BBC News*, 'Serco chief executive stands down after scandal', 25 October 2012。该公司的老板于2013年10月辞职。英国由于对信佳公司正在进行的调查，就搁置了三座监狱私有化的计划。又可参见：*BBC News*, 'Whistle-blowers criticize privatized probation service', 21 November 2013。
② 士瑞克保全公司被审计机构发现对那些在狱中服刑或者已经死亡的罪犯收取标签跟踪费后，认为自己应该还给英国政府2410万英镑多收的标签跟踪费用。但是，司法部拒绝了该公司的建议（*BBC News*, 19 November 2013）。
　　士瑞克保全公司，英文全名为G4S Secure Solutions（缩写为G4S），是全球第一大保安公司，它于1901年在哥本哈根成立，后迁往英国。该公司主要从事小到物业、高级商店和银行的保安，大到名人保镖、现金珠宝押送和警报系统等服务。——译者注
③ C. Baksi, 'Chris Grayling', *Law Society Gazette*, 20 May 2013.

犯"——有权选择律师的议案。绝大多数公众在仅仅经过八个星期的"咨询期"之后均坚持完全批判性的意见。然而,他们针对司法大臣不太可能实现其立场的建议所做出的反议案提案,除非对该建议的其他替代方案具有"极好"的效果,否则就不可能被官方采纳。[①]

尼古拉·帕德菲尔德强化了政府提供了一种误导陈述的指控,也就是"认真分析相关实证或其他证据"的"经济学",它构成了支撑法律援助转型的基础。[②] 她举例说明政府引用李·布里奇斯等人的《公设辩护人服务评估报告》(Evaluation of the Public Defender Service)来造成一种印象,[③]竞争性投标可作为"在更多此类服务的'管理市场'中符合质量标准、最低成本和当事人选择其代表等要求的基本保证"。然而,正如帕德菲尔德所强调的那样,政府没有提及的是,这段摘录的问题说明并没有任何实际意义,因为最后一段文字实际上这样开始表述:"总之,我们在公设辩护人服务试验项目研究评价的基础上很难建议拓展这一服务……"[④]

这份咨询文件在全国范围内遭到了异口同声的反对。英国事务

[①] 据报道,当财政部在议会只要求司法部节约 2.2 亿英镑经费时,刑事律师协会主席迈克尔·特纳(王室法律顾问)提出了一项能节约司法部 20 亿英镑的计划,但格雷灵并没有响应该计划。参见:Hansard (HC) Debate, Cols. 75 – 77WH, 4 September 2013。

[②] Nicola Padfield, 'Transforming legal aid', (2013) *Archbold Review*, 5:5, at pp. 5 – 6。

[③] L. Bridges, E. Cape, P. Fenn, A. Mitchell, R. Moorhead and A. Sherr, *Evaluation of the Public Defender Service in England and Wales*, (2007) London:HMSO。

[④] 更为根本的是,就政府所设定的条件来说,可以判定公设辩护人的服务没有取得成功——它不符合成本效益,证明比私人执业的费用更贵。参见:L. Bridges, E. Cape, P. Fenn, A. Mitchell, R. Moorhead and A. Sherr, *Evaluation of the Public Defender Service in England and Wales*, (2007) London:HMSO, pp. 263 – 264。

律师协会形容这些议案很可能会对英国的法律援助制度造成灾难性的损害;①英国出庭律师公会声称,司法部"未能考虑确凿的证据,这些议案是找到了令人费解的方式……去节约[经费]";②皇家检控署指出,这些限制法律援助并支付事务律师固定费用的议案可能不"符合"英国的六项基本司法原则,甚至可能会增加费用;③而一些法官对弱势群体构成"一种司法正义等级拒绝"的这些计划表示关切。④

吝啬的司法部长格雷灵被迫在拒绝被告人有权选择自己法律代表的计划上作出让步。其中,英国进一步的重大政策改变是奉命引入"刑事法律援助市场的价格竞争"机制。政府在2009年引发争议的最佳价值竞标(Best Value Tendering,BVT)的竞争模式,已经复活并且被重新包装为同样令人讨厌的《竞争性价格投标》(Price Competitive Tendering,PCT)。根据《竞争性价格投标》,随着刑事

---

① Law Society, *Response to the Ministry of Justice Transforming Legal Aid Consultation*, June 2013, available at: http://www.lawsociety.org.uk/representation/policy-discussion/transforming-legal-aid-consultation-law-society-response/.

② Bar Council of England and Wales, 'Response to the Ministry of Justice Transforming Legal Aid Consultation', 4 June 2013, available at: http://www.barcouncil.org.uk/media/213867/the_bar_council_response_to_moj_transforming_legal_aid_consultation.pdf.

③ Crown Prosecution Service (CPS), *Response to the Ministry of Justice Transforming Legal Aid Consultation*, 4 June 2013, available at: http://www.cps.gov.uk/consultations/cps_response_to_legal_aid_consultation.pdf.

④ Lord Neuberger, 'Justice in an Age of Austerity', JUSTICE: Tom Sargant Memorial Lecture 2013, 15 October 2013, available at: http://www.justice.org.uk/data/files/resources/357/Neuberger-2013-lecture.pdf. 又可参见司法执行委员会(Judicial Executive board)在2013年对该咨询的回应:Judicial Executive board(2013), *Response to the Ministry of Justice Transforming Legal Aid Consultation June*, available at: http//www.judiciary.gov.uk/Resources/JCO/Documents/Consultations/jeb-response-reform-legal-aid-june-2013.pdf。

辩护工作的经济可行性被榨干后,刑事辩护的专营权被分配给"竞争到底"的最低投标者手中。① 在审判中代理被告人的辩护人可以发现,其日常薪酬随着时间的继续[延长]而降低。这一战略完美地满足了政府仅仅为了实现"恰当的"律师代理标准的宏大目标。②

虽然大法官指出《竞争性价格投标》"并非一种思想意识形态的选择,而是一种考虑到[节约]财政必要性的做法",但政府随后也放弃了这一选择。③ 政府在第二次掉头时发现,它开始紧盯自己已经实施改革的同一个方向:到2018—2019年度为止,无论是以任何方式,每

---

① 政府甚至设想实施"最低[价格]投标人[中标]"的模式。这一事实表明,英国漠视在律师代理采取竞争性价格的制度方面具有相关经验的美国所出现的一连串批评意见,包括过度鼓励被告人认罪的能力等。N. Lefstein, *Criminal Defense Services for the Poor' Methods and Programs for Providing Legal Representation and the Need for Adequate Financing*, (1982) Chicago, IL: American Bar Association; P. Houlden and S. Balkin, 'Quality and cost comparisons of private bar indigent defense systems: contract vs. ordered assigned counsel', (1985) *Journal of Criminal Law and Criminology*, 76: 177. 参见: Tom Smith, 'The "quiet revolution" in criminal defence: how the zealous advocate slipped into the shadow', (2013) *International Journal of the Legal Profession*, 20(1): 111.

② Ministry of Justice (MoJ), *Consultation Paper CP 14/2013. Transforming Legal Aid: Delivering a More Credible and Efficient System*, 9 April 2013, London: Ministry of Justice.

③ 与财政必要性相差甚远的是,人们对英格兰和威尔士犯罪率更仔细的考察可反映出这种"自然"发生的节约情形,而且无须削减刑事法律援助的年度预算。例如,司法部在减少律师到警察局为犯罪嫌疑人提供法律意见、到治安法院代理案件以及在刑事法院进行诉讼的费用时,建议到2018—2019年度为止,在2012—2013年度相关的费用基础上节约1.2亿英镑的经费。由英国事务律师协会委托第三方提交的一份报告批评法律援助机构"静态地"预测刑事法律援助费用的做法。Oxford Economics, *Forecasting Criminal Legal Aid Expenditure*, January 2014, Oxford, UK. 该报告提出了另一种"基于可信的犯罪与刑事司法制度来替代未来发展趋势假设的预测方式"。它强调英国的"犯罪在过去十年里一直在稳步下降",提供了强有力的证据说明刑事法律援助经费的节约会源于这种模式(到2018—2019年度之前为8400万英镑,大约是司法部计划节约的三分之二费用)。O. Bowcott, 'Declining crime rates will "save £80m a year in legal Aid"', *The Guardian*, 13 January 2014.

年需要完成节约 2.2 亿英镑经费的初始目标。① 这种短视的行动轨迹产生了各种有害的后果。我们在这里会讨论其中一些不良影响。

（四） 新的税收制度

第一，无辜者现在开始被"征税"。政府并不认为自己有责任通过法律援助来资助被告人。假如被告人有 3.75 万英镑的可支配[年]收入，或者更甚者有可支配的家庭[年]总收入，政府就不会提供法律援助来涵盖其所需的法律费用。即使陪审团决定被指控的个人属于无辜者，但也会产生费用。② 它使得一部分[被告]人处于一种令人不满的资金自筹地位来对抗由国家出资的控方。这就意味着自相矛盾！③

---

① 难以置信的是，司法大臣随后宣布首次由英国政府支持举办全球法律高峰论坛（2015 年），以庆祝《大宪章》签署 800 周年。他在政府新闻发布会上指出，英国将"基于历史悠久的自由与正义，向世人展现英国无与伦比的法律专长"。参见：C. Grayling, 'UK set to host 2015 Global Law Summit', Government Press Release, 6 October 2013, available at：https://www. gov. uk/government/news/uk-set-to-host-2015-global-law-summit. 这种与大幅削减经费做法相矛盾的奢侈表现使人可以得出这样一种结论："财政危机"已经与节约金钱无关。
② 费力收回任何此类"开支"的对象仅限于可笑的法律援助率，其金额几乎肯定会低于政府被迫聘用的私人法律顾问的费用。
③ 最高法院院长纽伯格（Neuberger）大法官绝非是第一个人指出，获得司法正义（access to justice）的缺乏可能意味着人们把法律掌握在自己的手中。参见：*BBC News*, 'Lord Neuberger, UK's most senior judge, voices legal aid fears', 5 March 2013. 纽伯格大法官考虑周全，他主张的拒绝向普通人提供法律援助并似乎以此来节约经费的观点无疑承认了这一点，而没有诉讼当事人亲自辩护的政府部门都极大地增加了诉讼成本。[被告人的]自我代理在刑事法院的审判中带来诸多问题。其中最重要的一个问题是，他们因为无法理解法律或领会某件证据在法庭的重要性而面临诸多司法不公的风险。这些自我代理的被告人根据他们不熟悉的法律和程序参与庭审，发现自己无法事先表明"真正的"问题所在，由此会产生庭审程序的延误并且被法庭忽略或明显忽视。

第二,新一代缺乏经验的律师将会受到财政激励,说服其当事人认罪。这种压力出现的原因是,律师们通过诉讼代理所获的费用与通过快速的认罪答辩来处理案件的代理费用一样多。事实上,伦敦刑事法院律师协会在分析政府的最新费用议案后得出的结论为,律师将会获得一种"不正当的财政激励"模式,可通过鼓励被告人及早认罪来影响治安法院和刑事法院处理的案件。一位律师指出:"从这些数字中可得出的唯一结论是一种可悲的事实,新的律师收费结构可反映出一种意识形态要求,但它与财政紧缩政策无关。"①

政府的政策是把法律服务当作一种由市场来确定价格与分销的商品,根本无法为受到冤枉的被告人提供最低的安全保护网络。② 丹尼尔·阿尔格认为,有效"减少此类道德风险的"激励机制几乎不存在,③而且还发现,"当前的律师收费结构是更容易引起[律师]通过间接采取可激励'有戛然而止的案件'等偏离传统办案方式的兴趣。"④

---

① O. Bowcott, 'Criminal barristers announce half-day refusal to work in legal aid protest', *The Guardian*, 3 December 2013.
② 这就是英国事务律师协会的领导层所表达的关注,它们于2013年12月已经召开紧急会议讨论了"不信任"议案,该组织声称其与司法部之间关于法律援助合同构架的谈判"伤害并违背了该协会会员的意愿"。O. Bowcott, 'Critics of legal aid cuts force Law Society vote', *The Guardian*, 19 November 2013.刑事律师协会也宣布设立"大规模不参与辩护行动日",以抗议政府削减法律援助经费的做法。刑事律师协会的主席警告说,律师职业"已被削弱到了不存在"的地步。参见:同上。刑事法初级律师协会和伦敦刑事法院律师协会宣布要加入这一声援行动之中。O. Bowcott, 'Solicitors to join walkout over MoJ plans to cut legal aid fees by up to 30%', *The Guardian*, 1 December 2013.律师们于2014年3月7日发起第二次大规模罢工行动,威胁要展开为期一个月的拒绝受理"被退回的案情摘要"的活动。
③ Daniel Alge, 'The effectiveness of incentives to reduce the risk of moral hazard in the defence barrister's role in plea bargaining', (2013) *Legal Ethics*, 16(1):162, p.180.
④ 同上注,第171页。

第三,律师与当事人之间的信任关系将不复存在。尽管大法官对被告人具有伤害性的观点认为"坏人"太多而无法全部抓获,[①]但当事人很快就会了解到这种由法律代理进行运转的新制度对自己的危险。被告人可能会产生一种律师拥有财政激励因素去辜负其信任的"印象"。然而,这并不是要表明,律师将会按照不利于当事人利益的方式来行事,而是表明这种利益冲突不可避免。

第四,处理的案件成本将会上升。这种印象会涉及信任问题。当事人在新的财政激励环境下,是否可以依赖律师的建议作出认罪答辩?如果依赖律师的建议,被告人很可能就错过了抗辩的机会,产生必要的上诉费用。显然,司法部对无辜者和有罪者信任其代理人的方式以及在确保该制度有效运行的重要作用故意视而不见。[②]

当司法大臣在解释处于行业收入低端、经验不太丰富的律师将会从此类平价收费机制受益时,他无意间证明了此类危险的存在:"我们仔细分析了更多年轻律师办理的案件种类。这看起来好像是确保其受到财政保护的最佳方式,因为他们是那些往往会简单建议当事人作出认罪答辩的律师。"[③]格雷灵无视没有浮出水面的事实分析,其主张具有伪装思想(pseudo-ideology)的不合逻辑性和症状。他通过将下级法院几乎所有的案件等同于"简单的"认罪答辩案件,一下子就全部抓住了现代司法的"其他"建筑师——奥尔德——所激励的同一有罪假设。

---

① House of Commons, Hansard (Debate), Col.523, 27 June 2013.
② 参见:Tom Smith, 'Trust, choice and money: why the legal aid reform "u-turn" is essential for effective criminal defence', (2013) *Criminal Law Review*, 11:906。
③ C.Baksi, 'Chris Grayling', *Law Society Gazette*, 20 May 2013.

六、结语

　　法律职业给人们留下的总体印象是,它在过去半个世纪左右的时间内具有一段不太辉煌的历史,律师们即使没有受到法官的羞辱,他们的锐气也已经大减。反过来,法官们对主张维护法律与秩序的政客们提供了无法估量的支持。人们对律师的专业能力及其对当事人承诺的可质疑程度与政府对法律援助经费资助的日益反感态度结合在一起,产生了一种有毒的"混合物",只能导致律师可提供给犯罪嫌疑人和被告人令人不满的服务。律师行业对《刑事程序规则》的冷遇也充分反映出这样一种现实:其中,我们可以看到,辩方自其产生之日起就一直柔弱无力,从历史上属于法官席旁的求助者(supplicant),到近来属于法官在法庭内可以粗暴地对待的一方,再到如今成为控方的"女仆"及法庭的帮手。事实证明,伴随着《刑事程序规则》出现的忠诚"再平衡",它遏制了律师对当事人的忠诚度并且重新将这种忠诚方向指向法院,致使辩方代表被迫但毫无悔意地行使着与维护当事人利益相矛盾的各项职责。

第七章 苏格兰:胁迫与话语

一、概述

苏格兰是一个可提供被迫妥协于国家诱导的被告人认罪答辩实践的法域,其经验似乎能反映出与英格兰和威尔士的法院形成鲜明对比的例证。后者的法官们发动并支持被告人作出的认罪答辩,而苏格兰高等法院的法官们则被法律强行地卷入这一议题之中。当他们在意识到遵守法规属于不可避免的任务之后,首先表达了反抗之意,然后继续展示出不安和意见分歧。虽然人们仍然可以察觉到英格兰法律制度的影响,但该国的法官个人或机构以象征其独特保持司法制度独立的方式来面对国家诱导的认罪答辩。然而,在高等法院之外,苏格兰的制度正在呈现出明显背离其传统实践与意识形态的迹象。

二、下级法院的非正式实践

尽管地方检察官(procurator fiscal)(公诉人)没有接受被告人提议的认罪答辩的义务,即使是针对起诉书中或公诉的单项罪名的认罪情形也不例外,①但大量的认罪协商实践通过非正式的指控罪名或事实交易的形式——特别是在下级法院②——正在不断涌现。控方似乎可以有效获得被告人的有罪答辩,但却没有法官的直接参与③或者是公开的量刑折扣机制。与此相关的一项重要实证研究由穆迪和图姆斯展开,以下简要叙述主要源自该研究。④

穆迪和图姆斯发现,假如控辩双方达成一致,检察官在传统上可以接受被告人的"部分认罪答辩意见",但是这种惯例属于"非正式且私下达成的事项",所以相关的案例法寥寥无几,而公众对此类实践的普遍性也存在认知不足的问题。尽管苏格兰的皇家办公室(Crown Office)⑤已经发布了各种有关控辩双方在达成[认罪]交易之前必须遵循程序的通知(见下文),以便与传统上抵制这一"核心政策"的思想完全相符,但它并没有发布统一的指导原则,而且也未形

---

① *Strathern v Sloan* [1937]. 检察官应该有节制地行使拒绝接受被告人认罪的权力,在每起案件中的主要考虑因素应当是公共利益(*MacDonald v Procurator Fiscal Aberdeen*)[2010]。

② 苏格兰与英格兰和威尔士的情形相反:后两者的下级法院受理的大多数案件都由非专业的治安法官审理,而在苏格兰,则由专业律师担任"行政司法官"(Sheriff)来处理这些案件。

③ 在传统上,苏格兰的法官在辩诉交易中的作用有限,但它与英格兰的立场不同,后者由王国政府而非法官来管控案件,因此,戈登这样指出:"许多苏格兰律师会认为法官参与辩诉交易的制度令人难以置信。" G. Gordon, 'Plea Bargaining', *The Scots Law Times*, 2 October 1970, p.155.

④ S. Moody, and J. Tombs, *Prosecution in the Public Interest*, (1982) Edinburgh: Scottish Academic Press.

⑤ 皇家办公室与地方检察官检控署(Crown Office and Procurator Fiscal Service)负责苏格兰刑事案件的检控服务。

　　皇家办公室与地方检察官检控署是苏格兰独立的公诉机关,属于苏格兰政府的部级单位,该部门由检察总长(Lord Advocate)领导,与地方检察官一起共同负责案件的公诉工作。——译者注

成此类实践的标准化。①

苏格兰采用的主要机制是"指控罪名交易",并不需要法官的积极参与。它包括使用代替性的控诉罪名,去掉某些控诉罪名以及修改指控罪名的措辞等。② 虽然穆迪和图姆斯发现,"指控罪名的交易"一般由辩方提出,但检察官有时显然也会将指控罪名纳入双方交易的筹码之中,③在没有足够证据的情况下也是这样。控辩双方达成认罪协议的一项关键因素是特定检察官与辩护律师之间存在的信任,他们在司法管理中对自己的作用有相同的理解。虽然无罪判决率已经相当低(3.5%),涉嫌袭警的案件一般被认为不适用于双方的协商,但检察官们受到了简易程序可减少审理案件数的激励,以确保有足够的惩罚结果并避免因陪审团参与审判而造成案件问题颇多的后果。④ 尽管辩护律师认为,为其当事人——后者通常在警方的羁押下无法获得律师的帮助⑤——争取到最佳结果属于自己的分内工作,但穆迪和图姆斯等人的研究发现,期待被告人"指示"辩护律师的想法会"相当奇怪并且不切实际"。

---

① 参见:C. Tata,'Sentencing and penal decision-making: is Scotland losing its distinctive character?', in H. Croall, G. Mooney and M. Monro (eds), *Criminal Justice in Scotland*,(2010) Oxford: Willan Publishing。
② 其目的在于减轻这些袭击案件指控罪名的严重性,或去掉某些据称属于被盗的物品。
③ 参见:前面引用的著作,第110页。
④ 与英格兰和威尔士的立场不同的是,苏格兰的被告人无权选择陪审团审判,由检察官来确定审判的场所。
⑤ 这种相当惊人的情形一直到2010年才得以解决。正如最高法院在凯德诉女王陛下律师(*Cadder v HM Advocate*)[2010]一案中所指出的那样,"引人注目的是",没有人认为苏格兰的这种犯罪嫌疑人在被警方羁押期间无权获得律师的帮助,以及在此背景下警方所获的认罪陈述可被法庭采纳的刑事诉讼程序到底有何错误。

当苏格兰资助辩护律师的机制于 1999 年开始,从根据花费的时间和参与的工作等计费方式转变为"固定收费"制后,[1]它对刑事司法制度的一些影响开始浮现。这一改革举措的目的在于消除不必要的准备工作并杜绝任何"榨取"(milking)法律援助制度的行为,使该制度更具成本效益。塔塔和史蒂芬发现,尽管这些变化对法律援助的收费要求产生了不同的结果,但它却导致被告人推迟认罪答辩的时间节点,而这与"改革"提案的目标恰好相反。[2]

苏格兰控辩双方对指控罪名的协商[3]和隐性的减轻量刑做法似乎还在继续,这无疑在一定程度上会有利于法院统计案件处理的数据。[4] 例如,苏格兰在 2010—2011 年度适用审理的简易程序中,96%的地区法院案件和 92.1%的治安法院(Sheriff Court)案件依照被告人的认罪答辩进行了处理;类似的数据在治安法官负责审理的

---

[1] 参见:C. Tata,'In the interests of commerce or clients? Legal aid, supply, demand, and ethical indeterminacy in criminal defence work',(2007) *Journal of Law and Society*,34(4):489。
[2] C. Tata and F. Stephen,'"Swings and roundabouts":do changes to the structure of legal aid make a real difference to criminal case outcomes?',(2006) *Criminal Law Review*,46:722.这似乎是由于律师减少花费在被告人身上的时间所造成的结果,导致他们说服其当事人/被告人早日作出认罪答辩可获得的优势的时间较少。
[3] 穆迪和图姆斯提供了以这种方式作出非正式安排的例证:有可能碰巧发生的是,其中一名警察会对我提及,被告人愿意如此请求等等,然后我会告诉司法行政官:"大人,您是否会如此这般接受被告人的认罪请求呢?"参见:S. Moody, and J. Tombs,*Prosecution in the Public Interest*,(1982) Edinburgh:Scottish Academic Press,p.120。
[4] 参见:T. Goriely, et al.,*The Public Defence Solicitors Office in Edinburgh:An Independent Evaluation*,(2001) Scottish Executive Council Research Unit/TSO。戈里耶利等人的研究表明,除了某些类别的罪行(值得注意的是性犯罪)之外,没有任何证据表明苏格兰存在量刑折扣的标准实践。

（有陪审团参与的）庄重诉讼①案件中占 77.4%，而在高等法院（有陪审团参与）的比例则为 59.6%。此类案件处理模式已持续存在多年。②

三、正式参与认罪协商

正如穆迪和图姆斯所发现的那样，除了在下级法院适用的认罪答辩之外，苏格兰对这些做法还存在一定程度的官方认知。皇家办公室（检察总长）[Crown Office (Lord Advocate)]为此专门作出解释，鼓励检察官们（Fiscal）尽早与辩方达成认罪协议，③以避免不必要的证人出庭以及打断法庭案件的审理计划，正如以下范例所示：

>地方检察官与辩护律师
>
>检察总长已经指示地方检察官，会见辩护律师属于其职责的一部分，以满足：(a)讨论可向王国政府提供的证据；(b)安排辩方对没有提出异议的控方证据的可采性备忘录；(c)给予辩护律师被视为属于正式或技术性证据的控方证人陈述的副本。

---

① 庄重的诉讼程序（Solemn proceedings）是指苏格兰由控方正式公诉然后由一名法官和陪审团来审理严重刑事案件的程序。它与在简易程序中由行政司法官或治安法官单独审理刑事案件的程序有所不同。此外，苏格兰也存在行政司法官或治安法官与陪审团采用庄重的诉讼程序来共同审理刑事案件的做法，但被告人的刑期一般不能超过三年。——译者注

② 可回溯到 2006—2007 年度的数据也大致相同。又可参见莱弗里克关于 2001—2002 年度类似数据的统计信息：F. Leverick, 'Tensions and balances, costs and rewards: the sentence discount in Scotland', (2004) *Edinburgh Law Review*, 8(3):360。

③ Crown Office Notice, *Journal of the Law Society of Scotland*, 25(4): April 1980. 又可参见：*Scots Law Times*, 15 February 1980, p.42。

为此,希望律师可以利用这一机会会见地方检察官,一些证人可能因此会被免除出庭的义务,尤其是,被告人在最后一刻的认罪答辩,会打扰各方的业务成本计划并且激怒那些本没有必要出庭的证人。双方的会议将会极大地减少此类问题。

地方检察官可要求在小型办公室内私下会见律师,但在大型办公室会见时可以详细地记录双方有争议的事项,以便完成该项任务。在任一种情况下,应建议律师进行电话预约,以便案件的相关资料在会议上可以准备就绪。

当然,这些条款并不等于苏格兰规定了国家诱导的被告人认罪答辩实践。苏格兰与英格兰和威尔士的立场不同,上诉法院的法官们并未确立有关量刑折扣的政策或者通过量刑折扣的方式[①]来司法宽恕"奖励"被告人认罪答辩的做法。[②]

当下级法院涉及的辩诉交易案件第一次受到当事人的上诉挑战时,它很快就遭到了苏格兰的最高刑事法院——高等刑事法院——的谴责。问题出现在斯特朗霍恩诉麦克劳德案中。该案上诉人在案件诉讼程序的中期阶段达成了认罪协议,从而允许法院据此可以建议控方的三名平民证人不必再出庭作证。但是,这一认罪协议并没有在案件程序的早期阶段达成,因为太迟而不可避免地导致两名警

---

① 研究人员发现,在下级法院审理的一些案件中,减轻一些量刑来认可被告人在早期作出认罪的请求并且可以减少对被害人的压力。J. Bennet and K. Miller, *Delay in Summary Criminal Proceedings: A Study of Six Sheriff Courts*, (1990) Scottish Office: Central Research Unit. 而且,有几起案件也认可了这一点。例如,参见: *Khaliq v HM Advocate* [1984]。

② 在苏格兰,被告人的认罪答辩构成一种对控方所有指控细节的充分认罪,它仅在特殊情况下可以撤回此类认罪。参见: *Reedie v HM Advocate* [2005]; *Lulce Sinclaire v Procurator Fiscal, Stranraer* [2013]。

察作为控方的证人出席庭审。因此,下级法院(司法行政官)拒绝裁定被告人获得量刑折扣。这位主审法官对于正常的量刑做法持开放的态度,告知高等刑事法院,预审程序是该院经常使用的一种尽可能避免因被告人在庭审中作出认罪答辩所引起的时间和财物浪费的程序。①

司法行政官的解释认为,这是一项颇具成效的程序,并列出如下基本理由:②

> 本院的司法行政官认为,被告人在案件程序的早期阶段所作的认罪答辩可避免不必要的证人出庭等事项所涉及的时间与成本浪费以及中断其他庭审安排。因此,认罪答辩的被告人值得在适当的案件中获得比其应判刑期更轻的判决。在本案中,案件原有的庭审安排被迫撤销。就警察证人而言,法庭撤销其作证的命令时间也出现得太晚。

下级法院所描述的"量刑折扣"原则受到了高等法院的批评,也减少了司法行政官对上诉人的罚款。这种实践在高等法院由克拉克大法官作出的判决意见中已被弃用,因为它限制了法官的自由裁量权,而且更为重要的是,正如英格兰的法律所论证的那样,它违反了包括无罪推定在内的数项基本原则:③

> 我们认为,法官在报告中提及的做法并不是有义务遵循的

---

① *Strawhorn v McLeod* [1987], at p.414.
② 同上。
③ *Strawhorn v McLeod* [1987], at p.415.

惯例,并且事实上属于令人反感的做法。它涉及一种辩诉交易的形式。在某种意义上,这种行为可诱使被告人早点认罪,但在我们看来,不应为被告人提供此类诱导。这个国家存在无罪推定原则,被告人有权进入审判程序,应由王国政府来证明被告人有罪。因此,将被告人置于以下境地的做法完全错误:被告人意识到,假如自己尽早认罪,就可以获得比其应判刑期更轻的判决。

克拉克大法官也提及辩诉交易实践对法官行使量刑权力的影响:[1]

重要的是,司法行政官在抉择适当的量刑时应当行使自由裁量权。假如司法行政官所描述的实践正在运行,在面对特殊案件时,其结果必然是,法官在某一特定的案件中无法充分和自由地行使自由裁量权。我们能够清楚理解该法官所提及的做法是考虑到司法行政管理的便利,但是根据我所提出的理由,我们确信这是一种令人反感的做法,现在就应当停止实施。

我们必须在苏格兰的语境中来理解这份判决意见。司法行政官以"量刑折扣"的方式来诱导被告人作出认罪答辩的做法并非不合法:高等刑事法院的裁决目的在于捍卫法官在量刑时所享有的司法自由裁量权原则,拒绝批准或制定国家诱导被告人的认罪答辩的政策。因此,任何诱导性的认罪答辩提议必须基于特定的事实。

---

[1] *Strawhorn v McLeod* [1987], at p.415.

然而,苏格兰的法规干预方式与英格兰和威尔士做法相同。有关政府部门(苏格兰办公室)在发布一份咨询文件[1]以及之后的白皮书《坚定与公正》[2]时开始采取行动,认可在适当情况下接受依据被告人的认罪答辩作出量刑折扣的原则,但不得以例行公事的方式行事。[3] 随后,苏格兰的相关立法迅速跟进。

根据1995年的《(苏格兰)刑事诉讼法》,第196条规定如下:

(1) 法庭在确定对某项罪行作出认罪的被告人[4]进行量刑、作出其他处置或命令时,必须考虑以下事项:
(a) 被告人表明其认罪意图的诉讼阶段;
(b) 被告人表明认罪的情形。

该法规仍然允许第1款告知法官"可以"考虑这些因素,除此之外,还留给苏格兰法院解释该条款的自由。

然而,博诺米大法官随后又审查了苏格兰法院的此类实践并建议,除了其他事项之外,应当在法规中用"必须"替代"可以"一词。[5]

---

[1] Scottish Office, *Improving the Delivery of Justice in Scotland: 1993 Review of Criminal Evidence and Procedure*, (1993) Great Britain: Scottish Office.
[2] 政府打算引入某一法定条款来确定,法庭可以考虑被告人的认罪请求以及作出此类认罪的情形,并作为它在作出适当量刑时予以考虑的一项减轻因素。Scottish Office, *Firm and Fair*, CM 2600, (1994) Edinburgh: HMSO, para. 4.13.
[3] 有关详细讨论,可参见:F. Leverick, 'Tensions and balances, costs and rewards: the sentence discount in Scotland', (2004) *Edinburgh Law Review*, 8(3):360。
[4] 原文为"offender"一词,意为"罪犯"或"违法者",但是根据上下文的语境,特处理为"被告人"的意思。——译者注
[5] Lord Bonomy, *Improving Practice: The 2002 Review of the Practices and Procedure of the High Court of Justiciary*, (2002) available at: http://www.scotland.gov.uk/Publications/2002/12/15847/14122, para. 7.8.

该建议并非以系统的调查为依据,而是根据大法官与各方进行的特别讨论,正如下面的摘录内容所说明的那样:

> 我与一些法律执业人员和部分以前曾服刑的囚犯的讨论表明,鉴于无罪释放的现实可能性,无辜的被告人很可能会接受法庭审判。但是,如果面对机会很少或根本就没有机会获得无罪释放的前景时,他最想知道的是自己可能被判处的刑期,并且希望实际的刑期会短于预期。因此,被告人是否以及何时作出认罪的决定不可避免地依据自己[通过律师告知的信息]对可获刑期的理解。①

> 无论被告人何时认罪,各方也广泛支持法院减少一定的刑期。假如被告人在相当晚的诉讼阶段提出认罪请求,……有一种观点认为,这有助于提高刑事司法制度的效率,完全可以避免受影响者出庭作证的需要,因此仍然值得给予一些认可。②

无论是博诺米大法官片面和非系统的评估,还是源于其观点的白皮书《苏格兰司法的现代化》,③都试图以强有力的辩解来证明提供量刑折扣的合理性。它们只是假定量刑折扣也属于苏格兰刑事司法制度的一部分。

随后,《(苏格兰)刑事诉讼法》第 196 条的实施具有了强制性的意味,它要求量刑者具体表明是否考虑了该认罪的判决与法院本应

---

① 同上页注⑤,第 7.8 段,脚注内容已省略。
② 同上注,第 7.17 段。
③ Scottish Executive, *Modernising Justice in Scotland: The Reform of the High Court of Justiciary*, (2003) Edinburgh: Scottish Government.

判处的量刑之间的差异;如果没有差异,则需说明理由:①

196.法庭对被告人作出认罪请求后的量刑

(1)法庭在对某项罪行作出认罪的被告人确定量刑、作出其他处置或命令时,必须考虑以下事项:

(a)被告人表明其认罪意图的诉讼阶段;

(b)被告人表明认罪的情形。

(1A)法庭在对上述第1款所提及的被告人进行量刑时,应当:

(a)说明在考虑该款第a项和第b项所述事项后,就该罪行判处的刑期与法院本应判处的刑期之间是否有所不同;

(b)如果没有差异,则需说明理由。

(2)省略②

无论司法独立的理论如何解释法规,无论苏格兰的法院如何保留"解读"法规的空间,2008年的《最高法院院长实践指导意见》(Lord Justice General's Practice Note)③毫不客气地强调了法官们的从属地位。其中,该《意见》也"提醒"法官、司法行政官和治安法官们根据第196条的规定应履行的义务,要求每家量刑的法院记录其对被告人的量刑结果,具体表明所适用的量刑折扣并详细说明被告

---

① 参见:2004年的《(苏格兰)刑事诉讼法》第20条。被修正的内容作为[……]被置于括号内。苏格兰的立法与英格兰不同:根据第196条第1A款第a项和第b项规定,[苏格兰的]法庭无论什么时候拒绝批准量刑折扣都需要提供原因。

② 该条款省略的内容涉及因涉贩毒而第三次被定罪量刑的被告人。

③ 最高法院院长(Lord Justice General)是苏格兰司法机构的负责人。

人本应被判处的更重刑期,但被告人作出有罪答辩的案件除外:①

案件量刑折扣记录

1. 提醒法官、司法行政官和治安法官(Justice of the Peace)应在所有案件中注意,如果根据1995年《(苏格兰)刑事诉讼法》第196条的规定适用量刑折扣,那么量刑折扣的事实和原本应被判处的刑期,除了根据1995年的这部法律第196条的规定实施之外,均应记录在法庭备忘录中。

2. 量刑法官应采取可确保书记员在法庭备忘录中作出适当记录的措施。法庭备忘录所需记录的内容包括,根据1995年的法律第196条的规定而作出的折扣量刑以及本应判处的刑期。一句大意如下的记录就足够了:"本案根据1995年《(苏格兰)刑事诉讼法》第196条作出的量刑折扣处罚,否则本应被判处X年刑期。"

3. 虽然作出某种程度的量刑折扣的原因并不一定必须要记录在法庭备忘录中,但如有上诉,则要求量刑法官提供相应的量刑折扣原因。

苏格兰的立法并没有伴随着量刑委员会的复杂程序(paraphernalia)与《量刑指南》(Sentencing Guidelines)②等规定而出现,也没有像英格兰和威尔士的法官们那样制定出许多类似的规定。因此,

---

① Practice Note (No.1 of 2008), Recording of Sentencing Discount.
② 苏格兰在指控涉及儿童色情物品的罪行等特定领域有《量刑指导意见》。参见:*HM Advocate v Graham* [2010]。法院在该案评估了英格兰和威尔士的量刑指引以及苏格兰法院的判决,但是警告说"遵守准则太过死板"。

更多的权力掌握在苏格兰各级法院的手中。苏格兰的法院与英格兰的法院有所不同,其回应并不是寻求用"新衣"来装饰国家诱导的被告人认罪答辩实践。相反,它在杜普鲁伊等人诉女王陛下律师案、①格默尔等人诉女王陛下律师案②等经典案例中,尽力认可国家诱导的被告人认罪答辩作为一种行政程序,并且明确承认其中存在的某些危害。

苏格兰的最高法院明确指出,以提供量刑折扣的形式所达成的国家诱导的被告人认罪答辩是被迫接受法律规定,而非法官改变立场所导致的结果。的确,继《(苏格兰)刑事诉讼法》第196条的立法规定之后,苏格兰在很长一段时间里既没有讨论过允许对认罪的被告人实施量刑折扣的依据或适用范围,也没有进一步对此类允许被告人获得量刑折扣的形式制定出任何明确的司法实践。这与英格兰的做法形成了鲜明的对比。英格兰的法官们实际上优先实施了类似于第196条的立法规定。这导致法院在杜普鲁伊等人诉女王陛下律师一案中评论道,人们甚至还可以认为,苏格兰的法律第196条的规定一直到当时还没有实现其应有的作用。③

然而,正如伊西大法官在格默尔等人诉女王陛下律师案中所阐释的那样,④法院最终承认,除了推翻斯特劳霍恩诉麦克劳德案(Strawhorn v McLeod)的判决意见之外,它无法有效解释第196条的含义。伊西法官在这一方面甚至痛苦地指出,量刑折扣在从值得

---

① *Du Plooy and Ors v HM Advocate* (2005 JC1).
② *Gemmell and Ors v HM Advocate* [2011].在格默尔案之前,法院在斯彭斯诉女王陛下律师案(*Spence v HM Advocate*)[2008]中设置了自己认为可反映出与被告人达成认罪答辩的阶段相适应的折扣水平。
③ Lord Justice General (Cullen), at para.6
④ 参见:前文引述,第137段。

保护的公众中来处理罪犯到底意味着什么:①

在一定程度上,决定量刑折扣时考虑被告人认罪的时间实际上可能侵犯了量刑对公众固有权利的保护。我认为,这似乎是立法机关决定推翻斯特劳霍恩诉麦克劳德案判决结果的原因。

苏格兰的法院在接受该法[《(苏格兰)刑事诉讼法》]的后果之后,②也承认了政治干预背后的真正依据(rationale)。③试图向新政策灌输一种标志着英格兰的法官们在早期努力——将量刑折扣与被告人真正悔罪的迹象联系起来——的伦理要求最终遭到了拒绝。吉尔大法官在格默尔等人诉女王陛下律师一案中以下列措辞来解释这种新的政策依据:④

人们可以认为委婉语"功利主义价值"(utilitarian value)赋予了一些具有伦理道德内容的折扣原则;但是,量刑折扣并不属于实施边沁学说的实践。它不是基于与罪行、罪犯或被害人有关的高层次道德原则。相反,量刑折扣涉及法院在量刑时,在其

---

① 参见:前文引述,第137段。
② 有实证证据表明,一些苏格兰法官对量刑折扣原则表示不安,特别是它可能代表了对有罪的被告人的意外惊喜。在一项研究中接受采访的两名法官对以下问题表示关注:由于正式的量刑折扣与犯罪事实和指控罪名交易之间的相互作用,此类折扣的幅度可能会比较大。F. Leverick, 'Plea and confession bargaining in Scotland', *Electronic Journal of Comparative Law*, 10(3) December 2006, available at: http://www.ejcl.org/103/art103-8.pdf.
③ 杜普鲁伊案有一项大概基于悔恨正当性的参考(意见),但人们认为这并不可信。
④ 同上注,第34段。同样的效果,可参见:*HM Advocate v Lee McNamara* [2012]。

经过深思熟虑的判决中,对被告人的量刑少于其罪行真正应予批准的程度。这是对被告人较早作出认罪请求的法定鼓励。而且,这会在某些案件中减少控诉人与证人的不便。在少数案件中,此类做法还会节约使用陪审团的成本。此外,它在避免逮捕与量刑之间出现的不当延误方面也会令刑事司法制度受益。但是,在每一起案件中可实现的最主要益处则是节约司法行政成本并减少法院的工作量。

四、"功利主义"的正当性:一个简短的插曲

我们在提到边沁及其"功利主义"学说时需要先进行点评,因为它只是政府在国家诱导的被告人认罪答辩领域所推出的粗糙的功利主义或后果论,而且与耶利米·边沁(Jeremy Bentham)的哲学思想错误地联系在一起。

边沁认为,其哲学思想可提供一种计算被告人值得受到惩罚程度的方法,也就是说,为什么通过一般的威慑性惩罚会对社会有益,但它没有为国家诱导的被告人认罪答辩提供理论支持。[①] 相反,边沁的思想涉及对各种事实调查方法的可靠性与准确性的坚持,以及社会从严惩罚罪犯的时机与方式。其观点是,当惩罚需要付出的代价过大时,我们[社会]就不应当惩罚那些犯错者的行为。这些都基于正确判定被指控者有罪或者无罪的假设属于这一进程中不可或缺的一部分。假如边沁接受国家诱导的被告人认罪答辩的理念,那么

---

① 人们在理论上或许会认为功利主义可证明此类交易的合理性,其条件是能够证明它可以产生(整体)效用。虽然如此,但是正如我们将会看到的那样,边沁没有支持这样的论点。

其根据被告人的罪责来量刑的整个思想基础将会不复存在。

事实上,边沁分析了影响被告人在法庭之外——例如在警察局——所作认罪供述的准确性问题,并在详细讨论被告人在"正义的舞台"(theatre of justice)上作出自发的认罪供述时,早已预见到国家诱导的认罪答辩的主要情形。① 他从哲学思想基础出发,认为证据应该准确、可靠或真实,并试图警告那些引诱被告人作出认罪供述的人员,其理由是有多种因素可能会导致被告人产生虚假的认罪供述:②"法官在审查被告人或犯罪嫌疑人的供述时,应该警惕处于这一情形下的个人所作的认罪供述是否受到了各种险恶行为的引诱。"

边沁列举了可能会导致被告人虚假认罪供述的原因,其中包括有罪的个人承认较轻的罪行以避免更严厉的制裁等。他提及了如今已经假设与国家诱导的认罪答辩相关的核心问题之一,即认罪的无辜者问题。边沁以这样的措辞来阐述其理论观点:③

> 那些并未犯有被指控的罪行,或者因此也不会公正地受到惩罚的被告人,一旦面对或设想自己面对检察官或其他一些当权者——无论是因为犯罪还是因为其他任何原因——就会经历更多的痛苦时,那么对于这些人来说,他们可以接受因有关罪行而受到的伤害。于是,他们会相应地作出认罪供述,由此希望能逃避此类更严重的痛苦。

---

① J. Bentham,*The Rationale of Judicial Evidence*,in 'The Works of Jeremy Bentham now first collected; under the superintendence of his executor, John Bowring',(1840) Google Books, at p.36.
② 同上注,第 37 页。
③ 参见:同上。

第七章 苏格兰：胁迫与话语

那么，根据边沁的观点，谁可能会如此行事，导致被告人作出此类虚假的认罪供述？

比较常见的是各种各样对拥有权力的某个人的描述（例如，其指向的希望和恐惧），这可能会导致一个人涉及虚假的认罪供述。它在很大程度上取决于犯罪行为的性质：普通犯罪或政治犯罪。相应地，它可能会是某一个人；也可能是属于君主政体中的君主，或服务于君主的一位或多位部长；也可能是在某个英联邦国家中，某些法律赋予或具有适当权力影响的官员或个人；它甚至可能是法官（虽然不可能有粗暴滥用司法权力的行为）。①

因此，诚如我们所见，边沁不仅仅关心准确断定犯罪的事实与依据。② 他还警告说，"险恶的诱供行为"可能会扭曲事实调查过程，包括被告人正在面临或相信自己会面临一些更严厉的制裁等。同样重要的是，此类在工作中发挥影响力的"险恶"力量不仅来自检察官，而且也直接来自（滥用权力的）法官，这也是反对辩诉交易的人士所明

---

① 参见：同上页注。
② 这也是边沁的惩罚理论的基本原理，完全依赖于正确识别罪犯的基础上。事实上，边沁承认没有一种审判制度是完美的，而且都可能会出现错误。然而，他担心自己在这一方面的建议可能会宽恕任何错误的惩罚，包括对无辜者的惩罚。边沁指出："一般的假设是，在适用刑罚时应确保其必要性；因此，在应当适用时就不能免除刑罚。但非常特殊的是，有可能会意外发生那些总是非常可悲的案件。可能会发生的情形是，根据法律本身的意图已经施加了惩罚，但它属于本不应该受到惩罚的情形：受害者是某项罪行的无辜者。被告人在法院通过量刑时，他似乎是有罪的；但从那时起，意外的情形证明了被告人的清白。情况就是如此，被告人已经遭受了那么多命中注定的惩罚，没有别的办法。那么接下来的问题是，如何使他从那么多的惩罚中解脱出来。"参见：J. Bentham, *An Introduction to the Principles of Morals and Legislation*, (1781) Oxford: Clarendon Press, Chapter XIV, at XXV.

确表达的顾虑。

五、格默尔案

就吉尔大法官在格默尔案发表的判决意见而言,我们从其分析中可以断定,无论被告人是否表达了悔恨之意,《(苏格兰)刑事诉讼法》第 196 条的规定均可适用。此外,除非有令人信服的证据可作为减轻其处罚的一个方面,否则,悔恨并非任何量刑折扣的恰当依据。正如里德(Reed)大法官在巴尔戈万诉女王陛下律师一案中所指出的那样,这一法定条款的适用主要是出于财政资源方面的考虑,因此不宜采取其他方式来解释其含义:①

> 我们认为,对这些法定条款的目的可以进行合理解释的是,……从鼓励被告人作出认罪答辩的意义上讲,它或多或少地属于功利主义,希望可以节约大量的公共时间与开支并免除证人出庭作证的麻烦、费用开支以及有时会存在的痛苦。在此背景下,虽然它也提到了被告人悔改的潜在重要性,但这通常属于法官应当考虑的一个相关量刑因素,显然不构成需要立法的原因。因此,就有关法规建立在权宜之计的基础之上而言,假如它们不随意借助于法律分析②或相关事项的相对公正,这也不足为奇。尽管如此,苏格兰还是将这些规定的适用问题留给了司法机构而非立法机构来处理。

---

① *Balgowan v HM Advocate* [2011], para.3.
② 人们并不完全清楚争论的事项,因为法官有义务按照法律术语在解释框架内对立法进行有效的阐释。

第七章 苏格兰:胁迫与话语

虽然该政策建立在希望而非后果论者的功利主义所暗示的精确计算基础之上①——正如克拉克大法官所指出的那样,②"……这是一种处理行政问题和避免公共开支的务实策略",但苏格兰高等刑事法院的全体大法官在格默尔一案中却认为,③采用澳大利亚高等法院的柯比(Kirby)大法官在卡梅伦诉女王案中④所提出的理论依据较为保险。也就是说,事先提出量刑折扣的适当依据不是对被告人表示悔恨的回报或作出认罪答辩的预期后果,而是认可以提供量刑折扣的方式来促进被告人认罪的做法符合"公共利益":⑤

促进有罪者作出认罪答辩并将案件的庭审程序实际上保留给那些控辩双方对于被告人是否有罪尚存争议的案件的做法符合公共利益。对于推迟必须举行案件审判的法庭而言,这有助于减轻因案件过多而产生的积压候审现象。此外,这种做法会鼓励提高犯罪案件的结案率(clear-up rate),并在保护社会和维护法律的过程中赢得公众的信任。

苏格兰的法官们在接受了澳大利亚的柯比大法官所提出的理论

---

① 法院自身满足于将被告人早期认罪案件的法庭费用(348英镑)和公诉费用(4419英镑)与一般的有陪审团审判的法庭费用(17492英镑)和公诉费用(19269英镑)之间进行简单的对比,认为可节省由刑事法律援助资助的辩护费用。苏格兰的法院并不打算参与这些假定益处的有关"复杂计算":Gemmell(above);Harkin & Anor v Procurator Fiscal;Falkirk & Anor [2012]。
② 参见:同上注,第35段。
③ 这是一宗涉及七起不同上诉的联合审理案件,被告人对法庭每位成员提供单独法律意见的量刑判决均表示不满。
④ Cameron v The Queen [2002]。
⑤ 同上注,第67段。

依据后认识到,无论自己的意见以及苏格兰在这一问题上的历史立场如何,"如今不得挑战此类根据被告人的认罪答辩在适当的情况下作出减少刑期的合法性。"①

就采取量刑折扣的政策而言,尽管这种观点并没有问题,但苏格兰的法官们对格默尔案的分析意见,也许会因为不加批判地接受柯比大法官在卡梅伦案中所提出的理论依据而存在过错。在格默尔案中,麦克休(McHugh)大法官认为,尽管存在认罪答辩后会获得较轻量刑处罚的事实,但没有作出认罪答辩的被告人并不会因此受到惩罚而且也不会获得加刑。他坦承,"这种学术性论点的微妙之处在于,它不可避免地会遭受到那些从实质上而非从形式上看待法律问题的人士的批评。"②此外,麦克休大法官参考了考克斯(Cox)大法官在女王诉香农案(R v Shannon)③的评论意见——被告人"需要头脑敏锐,以不同寻常的同情心去理解法律的方式"来接受这种观点——以及柯比大法官在卡梅伦案中提到其他法官所描述的接近"形而上学"(metaphysical)与具有"一定逻辑性"之间的区别。④

更重要的一个关注点在于,法院在格默尔案没有提到卡梅伦诉女王案存在这样一个事实:正如大多数判决所显示的那样,⑤接受国家诱导的认罪答辩所依据的理由是基于被告人表示悔恨的主观证据以及节约司法资源的主观愿意等虚构想法。法官从希甘图诉女王

---

① Lord Osborne in *Gemmell*, op. cit., at para. 11. 奥斯本(Osborne)大法官早先曾在同一段中认为《(苏格兰)刑事诉讼法》第 196 条提供了这种量刑折扣的合理性:"它承认至少是在第 196 条颁布之后,对被告人有罪答辩作出减少量刑的做法存在恰当的理由。这一点是正确的,不容辩驳。"
② 第 351 页。
③ [1979]21 SASR 442, at 458 - 459.
④ 参见:前文引述,第 358—359 页。
⑤ Gaudron, Gummow and Callinan JJ.

(Siganto v The Queen)[1998]案中引证,"被告人的认罪请求通常属于法庭可考虑减轻刑罚的一个事项,其理由包括:第一,因为这通常是犯罪者表达一些悔恨之意的证据;第二,它建立在社会可免于支付控辩双方有争议案件的庭审费用这一务实的基础之上。"①大多数法官对卡梅伦案的判决意见所依据的立场也存在相当大的分歧,即被告人作出的认罪答辩作为控辩双方协商的结果在主观上是否打算节约司法机构的时间和资源;②

  应当立刻指出的是,[被告人的]悔恨并不一定是其认罪答辩所能反映出的唯一主观事项。这种认罪请求也可能是表示承担责任并促进司法公正过程的意愿……应当在一个人不会因为没有作出认罪答辩而受到惩罚的要求与被告人作出认罪答辩请求可以被考虑从轻判处的规则之间作出平衡。就其所依据的并非悔恨的其他因素以及承担责任而言,它要求明确规定该规则的理由是,被告人愿意促进司法公正过程,而非依据认罪可以节约社会支付双方有争议的案件的庭审费用。

换句话说,法院事实上在卡梅伦案中努力尝试着它在格默尔案假设未能完成的事项:试图将"道德"的内容灌输到被告人的认罪答辩之中。这肯定与被告人的实际想法相背离,就像法院在早期关于"悔恨"的司法合理化解释的尝试没有取得成功一样。

它本身可以表明,法官寻求证明量刑折扣的合理性无非是对虚

---

① 参见:前文引述,第663—664页。
② 参见:前文引述,第11段和第14段。这一点在判决书的其他地方也重复出现,如第22段。

构想法进行构建解释的"资源"论而已。它与卡尔多－希克斯(Kaldor-Hicks)的经济效率理论产生了共鸣:如果一方受到的损失可以获得另一方的补偿,不论实际上是否会作出补偿,那么该交易就具有经济效益。这是以脱离所涉人员个性的方式进行评估的最终结果。如果每个人的情况会获得好转,或是在情况更糟的情形下,另一方或其他各方会心甘情愿地予以补偿时,那么该决定似乎就是正确的。同样,在国家诱导的被告人认罪答辩中,被告人的个人重要性似乎会被削弱到完全微不足道的地步,没有人会考虑怎样对被告人才公平,或者他们是否会抵制认罪交易。与卡尔多－希克斯的理论相比,控辩双方提议的被告人认罪答辩的"交易"无法证明这些规定的效率。事实上,大多数法官在卡梅伦案中公开承认,为了解决该案所涉的微妙问题,根据被告人的认罪区分量刑的理论依据"可能在表达方面需要进行一定的细化,条件是此类区分在那些作出认罪答辩的被告人与经过审判后被判决有罪的被告人之间的适用被认为没有歧视性"。① 换句话说,虽然该理论依据既站不住脚也不可信,但是,为了确保公众对此有相当依赖的信心,这就需要按照一定的措辞形式进行解释,使其看起来似乎就是如此!

六、自由裁量权与政策:哲学鸿沟

虽然苏格兰的各级法院认为自己被迫承认法定量刑折扣的必要性,但它们坚持,这种实践的应用程序仍然属于由法官来确定的事项,并且试图解决该规定所产生的实际影响。这就意味着,被告人不

---

① 第344页,着重号表强调。

仅无"权"以认罪答辩来换取任何特定幅度的量刑折扣；而且，假如存在此类量刑折扣，就其折扣程度而言，也始终属于量刑者自由裁量权的事项。① 然而，法官们同时又承认，为了公众及被告人的利益，有人主张制定相关量刑折扣政策，以便量刑者掌握应当予以折扣的幅度，而被告人的律师至少应该知道被告人在诉讼早期认罪有可能获得量刑折扣的程度，以便他们可以相应地向被告人提出法律建议。② 与此同时，有人还认为，应当对第 196 条的适用确定相关原则。③

法院的自由裁量权并非完全不受约束。鉴于量刑折扣所依据的原则并且从第 196 条的规定可作出的明确推理意见，拒绝给予在案件早期阶段作出认罪答辩的被告人任何量刑折扣的做法都有悖常理。其次，即使在此类涉及自由裁量权的事项中，法院也需要按照某些广泛的一般原则行使其自由裁量权。通过这些原则，量刑折扣不会成为一种杂乱无章的做法，而会反映出量刑者与法律执业者[律师]的共识。

这就意味着，负责量刑的法官应当在所有相关因素的"本能合成"(instinctive synthesis)的基础上确定适当的刑期；然后，假如法律允许，就仅仅适用该量刑折扣惯例。④ "量刑者通过这种方式避免作出复杂计算量刑折扣的努力，尤其是在业务繁忙的治安法院，由此

---

① 参见：克拉克大法官在格默尔案第 31 段的意见。
② 参见：卡伦大法官在杜普鲁伊案第 25 段的意见。
③ 参见：吉尔大法官在格默尔案第 32 段的意见。
④ 参见：同上注，第 59 段，提及澳大利亚的马尔卡里安诉女王案（*Markarian v R*）[2005]。

产生的量刑结果代表了一种真正行使量刑权的判决,而没有反映出精确算术(arithmetical exactitude)的虚假外观。"

与英格兰的法院在女王诉古德伊尔案的做法有所不同,苏格兰谨慎行使量刑折扣的实践在很大程度上源自以下顾虑:被告人的决定在总体上可能被歪曲,无辜者可能受到这种量刑折扣制度的逆向影响,①公众对刑事司法制度的信心可能会因不当的较轻量刑而遭到破坏。

至于第一个顾虑问题,最高法院院长卡伦大法官在杜普鲁伊等人诉女王陛下律师案中明确解释了相关事项。虽然他不打算引入一种僵硬固化的量刑折扣制度,②但却认为在引入相关法律规定后可清楚地表明,国家对于为被告人提供量刑折扣以换取其认罪答辩可能性的做法在原则上并没有反对意见。之后,卡伦大法官继续指出:③

> 与此同时,我们应当牢记,任何给予被告人量刑折扣的做法必须保持在一定范围内,以避免妨碍或者似乎妨碍被告人行使其要求控方证明其犯有被指控罪名的权利。这一点非常重要。

---

① 早在1970年,杰拉尔德·戈登在评论女王诉特纳案[1970]时指出,"必须认识到,在实践中,无辜者如果认为控方的案件明显对自己不利,可能会导致法官在庭审后按照控方原来的指控罪名判决自己有罪,那么他就有可能准备承认犯有较轻的罪行。他也可能有想要作出认罪的不切实际的或其他的理由。"参见:Gerald Gordon,'Plea Bargaining', The Scots Law Times, 2 October 1970, p.154。
② 苏格兰的副国务大臣(Under-Secretary of State for Scotland)詹姆斯·道格拉斯-哈密尔顿大法官(Lord James Douglas-Hamilton)在提出该法案时指出:"应该鼓励那些正在胆怯考虑认罪的被告人这样做。该法不会引入人们通常所称的正式的或严厉的量刑折扣。"Hansard HC, vol.566, col.139。
③ 参见:前文引述,第4段。

国家诱导的被告人认罪答辩会诱使无辜者请求认罪的风险还困扰着苏格兰的法院,并且随着量刑折扣的幅度及其对公众信任的潜在损害程度而增加。吉尔大法官指出:①

> 量刑折扣有两大风险:首先,批准大幅度的量刑折扣可能会导致那些有可抗辩理由的被告人不会采取冒险措施,他们为了获得量刑折扣就会作出认罪请求。我个人认为,被告人潜在的量刑折扣幅度越大,这种做法的风险就会越大。因此,获得大幅度量刑折扣的前景可能是破坏无罪推定原则的潜在危险因素。②
>
> 第二个风险是,批准大幅度的量刑折扣可能会导致刑事法院的判决失去威信,并且以此方式有损法院的总体权威性。
>
> 然而,最根本的问题在于可能存在的不公正认知,特别是在应当予以从严判处的案件中。假如此类案件涉及两名被告人,一名利用最早的机会作出认罪答辩的被告人可能会被判处的刑期,要比经过审判后被判处有罪的另一名被告人的刑期少好几年的时间……

但是,法院在格默尔一案中无法解决这种量刑折扣制度在两种不同需求之间进行平衡的问题:一方面是在指导被告人及其法律顾问时进行一些有序分类的需要;另一方面是保护无辜的被告人免受不当压力的需要。苏格兰早期在斯彭斯诉女王陛下律师案(Spence

---

① 参见:格默尔案,参见前文引述,第 73—74 段和第 76 段。
② 文献引自:A. Ashworth and M. Redmayne, *The Criminal Process*, 4th edn,(2010) Oxford: Oxford University Press, pp.312-314。

v HM Advocate）中[1]提供的非规范性指南（non-prescriptive guidance），是根据高等刑事法院和治安法院实施杜普鲁伊案所提供的"实质性经验"指导意见，而法院也承认这种指导意见会产生前后不一致的做法：

14……量刑折扣的程度可有一定比例的浮动范围，最大幅度为应判刑期的三分之一，在特殊情况下可以更多，而最小幅度为零。除了其他因素之外，案件审判的准备以及庭审花费公共资源的程度会影响被告人早期作出认罪答辩的实用价值。当被告人已经提出申诉请求后，王国政府在送达起诉书之前越来越多地承担案件的调查与准备工作。另外，被告人在此期间可以利用的过程是，根据1995年的《（苏格兰）刑事诉讼法》第76条向王国政府提供书面请求，正式表明其作出认罪答辩的意图并希望立即处理其案件的意愿。假如被告人在这一阶段提出（并且一直坚持）明确表示认罪的意图，那么我们就会期待他可获得三分之一的量刑折扣。被告人在预审第一次开庭（或者治安法院初审[at a first diet]）时作出认罪的声明可能会得到四分之一的量刑折扣；在此之后所作的认罪请求可获得的量刑折扣幅度会进一步减少。当案件到了法庭审判阶段后，被告人作出的认罪答辩通常不会获得超过十分之一的量刑折扣，而且在某些情形下会更少，甚至没有折扣。此外，被告人所获的任何程度的量刑折扣都要记录在法庭的备忘录中。

---

[1] [2008]JC 174.

然而，事情到此还远未结束。在那些支持法官享有自由裁量权的人员，与那些认为制定政策性规定以提供给量刑者更清晰的指导意见属于比较恰当做法的人员之间，还存在巨大的思想"鸿沟"。

因此，克拉克·吉尔大法官在格默尔一案中指出，"法院在运用量刑折扣的自由裁量权时应当谨慎，而且必须要有令人信服的理由"；在已经给出量刑折扣的情况下，"只有在特殊情况下"，法院才会干预［被告人的］上诉；而且只能在量刑折扣幅度达到三分之一时才会进一步审查。① 吉尔大法官只想表明，"被告人认罪越早，获得的量刑折扣幅度就会越大……"这一宽泛原则已经给出了充分的指导意见，因此他在斯彭斯案中无须提供更多的指导意见，来表明该案适用的量刑折扣幅度是否恰当，或者更重要的是，该折扣是否存在应当予以取消的情形。

相反，伊西（Eassie）大法官则认为，这些实际考虑因素需要有一种可暗示量刑折扣幅度标志的指导意见：②

> 当然，尽管我同意这种量刑折扣在本质上属于法官行使自由裁量权的范畴，但人们应当非常熟悉这些具有自由裁量权的判决领域，在总体上由既定的规则或原则来指导法官们的自由裁量权。此类规则或原则具有指导或指挥法官行使自由裁量权的实用性，可使法院不仅实现判决的前后一致性——在本质上属于相对公平——而且也会使执业人员带有一定合理程度的信

---

① 参见：吉尔大法官在格默尔案第 79 段的意见。假如其目标在于增加认罪答辩请求的数量，那么这一方式存在的问题是，在缺乏主要的、可预测的量刑折扣方案的情况下，它就不可能取得成功。而这是吉尔大法官不太满意的政策。
② 第 145 段。法庭上的其他法官也没有人直接提及这一问题。

心来向当事人提供法律咨询意见。虽然人们可能会对语言的使用问题提出异议,大意是被告人有"权"获得量刑折扣,但在我郑重其事地看来,这似乎是表明,如果构成立法机关批准的量刑折扣原则之基础的功利主义①与节约成本效益可以有效地得以实现,那么执业人员在一般情况下应该能够带有某种程度的信心,告知当事人可能会获得量刑折扣的具体刑期。这必然会涉及精心制定的原则或指导意见。因为除了特殊情形之外,法官们在行使执业人员可以有一些依赖以及因此产生合理期待的自由裁量权时,将会遵循这些指导意见。

伊西大法官建议的"指南"而非粗糙的量刑折扣的请求存在的一个核心问题是,一旦法官们在作出应当考虑其他因素的量刑决定时,对这些因素自身无法完全进行具体的衡量,那么他们就难以——假如说并非不可能——制定出此类指南。例如,被告人如何会悔恨地作出认罪答辩请求?此类事情可以想象得到,至少在一种可以讨价还价的情形下,如何与那些没有任何忏悔的被告人作出的认罪答辩请求进行比较?更重要的是,伊西大法官的方法将涉及苏格兰的法官采取一种量刑折扣政策,悍然不顾法官们在量刑方面享有自由裁量权的历史承诺。

---

① 伊西大法官使用了与"成本节约效益"(cost-savings benefits)作一区分的"功利主义"一词,采取了在传统上主要关注于成本效益分析(cost-benefit analysis)的功利主义理论特征的含义。

七、实践现状

然而,尽管法院在格默尔案件之后存在法理分歧,但是越来越多的证据表明,它开始不再过于强调关注哲学和伦理问题,而是更多地接受这种[量刑折扣]实践的必要性。苏格兰法院在短期内所面对的问题变成了量刑折扣的适用和幅度,而非以减轻量刑的原则来换取被告人作出认罪答辩的问题。同样,量刑折扣的基础只是表明,就算是真的有,也不过是接受一种产生或可能起因于认罪答辩安排但又无法解释的"功利主义"效益。

例如,在女王陛下律师诉李·麦克纳马拉(*HM Advocate v Lee McNamara*)[2012]一案中,被告人与受害人发生争吵之后倒车撞向被害人,最终致被害人死亡。被告人承认犯有应受惩处的杀人罪但遭到了拒绝,并被判处谋杀罪名成立。被告人在量刑阶段被判处无期徒刑,但实际上最终被处以13年半的刑罚。主审法官声称,如果不是被告人在第一次预审中提出认罪请求,那么法庭会判处的刑罚将为15年有期徒刑。随后,王国政府因为该案判决量刑畸轻而提出上诉,理由是此类案件以15年有期徒刑作为起点过低,而10%的量刑折扣幅度又过高,因为被告人提出的认罪请求没有产生明显的功利主义价值。高等刑事法院采取如下方式来处理该案的核心论点问题:

[1995年的《(苏格兰)刑事诉讼法》第196条]……适用于已经存在被告人认罪——无论控方是否接受——而法庭正在按照该项罪行(被告人已经提出的认罪请求)进行判处的情形。第

196条不适用于按照上诉人没有作出认罪答辩的罪行进行量刑的情形。由于这一简单的原因,它没有适用于本案出现的情形,即被告人承认犯有应受惩处的杀人罪并被判处谋杀罪名成立。本案没有第196条规定的正式量刑折扣,而事实上,应当根据第196条第1A款的规定记录并给予本案被告人此类折扣。法院一定不同意巴尔戈万诉女王陛下律师(Balgowan v HM Advocate)一案的判决附带意见(obiter dictum),因为它可能认为情况并非如此。

　　无论如何,正如吉尔大法官在格默尔诉女王陛下律师案中所阐述的那样,①在评估量刑折扣幅度时唯一相关的考量因素是被告人较早作出认罪请求的功利主义效益。而在本案件中,被告人的认罪答辩根本没有任何功利主义效益。其认罪请求并没有缩短庭审时间,也没有避免证人作证的程序。显然,被告人就出示的证据而言,已经与王国政府达成了协议。控辩双方在其联合会议纪要中就许多事实达成一致,至少会导致许多证人不必出庭作证。然而,这种明显的功利主义效益与被告人的认罪请求无关。被告人的悔恨之意与其他许多从轻判处的特征在对此罪行选择适当的刑罚时可以反映出这种效益。然而,它不会转化为正式的百分比量刑折扣。由于这些原因,[上诉]法院认为,本案的初审法官在选择适用量刑折扣时存在法律错误。②

---

① Lord Justice Clerk Gill, at p.491 (p.398) para.37.
② 第17段。

同样，在女王陛下律师诉利泰尔（亚当）案［*HM Advocate v Lyttell（Adam）*］［2012］中，王国政府认为三分之一的量刑折扣过高而提出上诉，理由是被告人的律师选择与控方进行认罪协商，拖延到两次预审后才作出认罪答辩，但减少了对司法管理的价值。

尽管法院通常并没有完全明确的"量刑折扣标准"，[①]但除了少数例外情形之外，[②]法官们把格默尔案的判决意见作为对被告人以认罪答辩来换取量刑折扣的权威性处理原则，在这些案件中屡见不鲜：仅通过简略参考认罪答辩的"功利主义"价值[③]来处理上诉案件，并规定案件被告人应当获得的"量刑折扣标准"[④]或者是适当的"量刑折扣"幅度。[⑤] 例如在莱格特案（*Leggatt*）［2012］中，[⑥]被告人强奸了一名11岁的女孩并企图强奸另一名3岁的女童。法官告诉被告人，假若不是因为其认罪答辩，就将会被判处12年的有期徒刑。换句话说，根据法院的表述，被告人最终被判处8年的刑期，可减少量刑的幅度已达三分之一，实际上是按照减刑的50%作为标准。事实

[①] 例如，法庭在詹姆斯·图赫诉检察总长（*James Tough v Lord Advocate*）［2012］一案中将较早作出认罪答辩的被告人的三年有期刑期降低至27个月，适用的减刑标准为25%。

[②] 法院有时会强调"正确地解释"量刑折扣的问题（*Stephen Murray v HM Advocate*）［2013］。它坚持认为，量刑折扣没有可浮动的标准，具体判决的刑期取决于属于法官自由裁量权的范畴。然而，其中一个后果就是，法院只会在极少数特殊案件中干涉一名量刑法官在具有充分理由的情况下所作出的自由裁量性减刑决定。参见：同上。

[③] *Shawn Ernest Divin v Procurator Fiscal*，*Dundee*［2012］；*George Gerald Doherty v HM Advocate*［2012］.

[④] 法庭在利斯诉女王陛下律师（*Lees v HM Advocate*）［2012］一案中适用"标准为应判刑期的三分之一的减刑幅度"。

[⑤] *Debbie Harkin v Procurator Fiscal*，*Falkirk and Selina Sin Tung Fung v Procurator Fiscal*，*Aberdeen*［2012］；*James Tough v HM Advocate*［2012］.

[⑥] 参见：*BBC News*，'David Leggatt jailed for rape and sex assaults on girls in Fife'，19 December 2012。

上,"功利主义"规则除了成为法院判案的基石之外,似乎已被辩护律师行业所认可。例如,我们可以从诶姆斯(Emslie)大法官在奥塔韦诉尼斯比特案(Ottaway v Nisbet)①的判决中看出这一点:"……上诉人的律师非常公正地承认,正是被告人认罪答辩的客观实用价值,而非出于主观考虑的悔恨或悔改之意,导致法庭作出减少量刑的判决。"其结果是,就算最初有点不情愿,苏格兰法院似乎也不可避免地被拖入到那些与英格兰和威尔士的同行保持高度一致的实践之中。

八、默里案:"哲学鸿沟"的消除

尽管如此,属于格默尔案核心问题的自由酌量权与政策之间的重要分歧,并没有静悄悄地持续太长的时间。越来越多的司法部门官员逐渐产生了一种感觉,认为这种量刑折扣实践正在趋于标准化,它类似于某项政策,但过于宽泛。②正如我们可从默里诉女王陛下律师案(Murray v HM Advocate)[2013]中③所看到的那样。该案的上诉人对于被指控的涉嫌性侵犯(sexual assault)的罪名——包括对在护理中心(Care Home)强奸患有严重痴呆病人的指控——作出认罪答辩,结果使其刑期从九年被降至七年。量刑法官在确定被告人

---

① [2012] HCJAC 36, at para.13.
② 与英格兰和威尔士的同行一样,苏格兰法院可能会增加被认为属于案件量刑畸轻的被告人的刑期。例如,参见以下案件:*HM Advocate v Bell* [1995];*HM Advocate v Q* [2013]。法庭在这些案件中认为案件量刑畸轻而增加了被告人的刑期,但却拒绝批准控方上诉。
③ 本案为我们提供了一个有效的例证,可证明辩护律师在最后一刻案情摘要所涉及的风险,上诉法院宣布休庭一段时间,以便"可以阅读社会调查和心理报告以及其他文件,并从中获取那些可能有助于了解辩方准备的细节信息"。

的量刑折扣幅度时承认,被告人提出的认罪答辩具有功利主义的价值;因此,允许法官选择对被告人判处适当的量刑折扣完全恰当。根据格默尔案的判决意见,上诉人无权获得任何特定的量刑折扣幅度;允许判处的折扣幅度属于法官行使自由酌量权的事项;法官应当谨慎地考虑量刑折扣,并且仅容许存在令人信服的理由时行使其自由酌量权,而且对量刑折扣幅度的评估取决于被告人在早期作出的认罪答辩能够实现功利主义效益的程度。此外,该案的法官还补充指出:①

就本案所涉情形而言,我认为任何必要的庭审似乎都不会历时太长;而且,任何控诉者自然都无法出庭作证。尽管如此,毫无疑问的是,一旦出现控辩双方都有争议的案件,庭审肯定会对控诉者的家人进一步造成巨大的痛苦。因此,我认为,考虑到每一个特点并牢记庭审准备方面的其他节约,无疑会通过被告人早期提出的认罪请求来实现,这一点似乎无可厚非。然而,在我看来,相关的特征似乎并不能轻易地形成特定幅度的量刑折扣百分比。此外,我意识到,固定百分比的量刑折扣幅度对本应值得判处被告人较长刑期的案件会产生不当影响。在这一方面,我考虑到法院量刑决定的可信度风险,而这是吉尔大法官在格默尔案已经确认并表达观点的事项。

当本案尝试在各项相互竞争的利益之间作出适当平衡时,对我来说,似乎应当尽力确认一个可充分反映司法管理效益的时间段,但又不会不成比例地削弱我所得出的关于恰当量刑起

---

① 第13段。

点的主张。我认为,两年的期限似乎可以实现这种平衡。

有上诉人认为,法庭批准的量刑折扣幅度不足,而且应当在九年有期徒刑为起点的三分之一范围内。最高法院院长(吉尔大法官)试图总结其早期在格默尔案件所做判决中其他法官对此也表示同意的考量因素:

> 我认为,确定量刑的起点和适当的量刑折扣分别是由不同考虑因素所规范的程序……我考虑到犯罪和被告人的情形决定了最高刑期,但这些事项与量刑折扣的具体幅度无关。此类量刑折扣的幅度完全由被告人在早期作出认罪答辩所产生的功利主义效益来决定。
>
> 我也表达了自己的担忧,认为斯彭斯诉女王陛下律师案的判决意见已经在执业者之间形成了一种期待的氛围。我反复声明,被告人无权要求以任何特定的减刑幅度作为其认罪答辩的交换条件……我认为,法院的自由裁量权并非完全不受约束。它应按照广泛的一般原则来行使这一权利……在任何特定的案例中,被告人越早作出认罪请求,其所获减刑的幅度就越大……我想,既然被告人早期作出认罪的请求总会有利于案件的处理,假如被告人的[认罪]行为能带来司法管理效益,那么他至少应该获得象征性的量刑折扣……被告人早期作出认罪答辩所带来的效益等级取决于特定案件的情形。例如,控诉者和其他证人免于接受审判考验的事实在总体上属于一项相关的考量因素;然而,潜在的证人是提供证据会带来极大不便的警察还是专家,则属于不相关因素……我还认为,为了保持公众对于司法制度

以及法庭判决可信度的信心,法庭应当谨慎考虑并且仅容许存在令人信服的理由时行使其自由酌量权……①

最高法院院长吉尔大法官对该案作出了主要判决意见,而且法院一致认为,原审法官在该案所采取的量刑折扣方式并没有错误。虽然上诉人在早期达成了认罪协议,但却没有利用最早的机会,只是辩方在考虑其立场大约两个月后才作出认罪的请求。吉尔大法官指出,斯彭斯案并没有设置灵活的量刑折扣幅度,而是把量刑折扣的[具体]决定留给了享有自由裁量权的法官。吉尔大法官认为,该案上诉建立在每位被告人早期作出的认罪请求有权获得三分之一的量刑折扣的主张之上,但法院在格默尔案并没有支持该主张。② 最终,法官在量刑折扣方面享有自由裁量权的观点战胜了制定有关量刑折扣政策的主张。

九、"标签式"正义的注释: 财政处置权力的升级

正如我们在前面已经提到的,苏格兰很难协调下级法院辩诉交易实践与高等刑事法院的法官对此做法明显一无所知之间的关系。虽然我们关注的重点是罪行较为严重的案件,但为了完整地讨论问题,有必要指出一种更为激进的实践与理论发展。也就是说,苏格兰有大量的"轻微"案件已被消化掉,而不需要诉诸法院。据估计,各种

---

① *Murray v HM Advocate* [2013], para.16.
② 依据上述事实,法院认为大肆宣传的九年有期刑期的判决太过宽松。法院命令从更恰当的十二年刑期的判决中减少两年半,最终判处被告人九年半的有期徒刑。

"公诉的替代性方案"①如今已经吸收消化了近乎四分之三的刑事案件,在苏格兰被归类为"处理完毕"的案件类别。②

这一不同寻常的数字主要涉及附条件的定额罚款案件,俗称"财政罚款",也就是说,由代表皇家办公室与地方检察官检控署的检察官向被指控的罪犯提出罚款的建议,以免除其因被指控的罪行而被公诉后承担刑事责任的做法。苏格兰于1988年开始引入这一规定,③随后的立法变革④规定检察官可对根据简易程序审理⑤的罪行——包括某些类型的严重殴打(aggravated assaults)、伤害、武器和抢劫等犯罪⑥——被告人提出罚款建议。如果被指控的罪犯接受这一建议,则不会涉及被判有罪的结果;如果罪犯拒绝这一建议,控方则可按照在法庭上处理的正常方式来推进案件程序。财政罚款赋予了检察官一项准司法职能(quasi-judicial function),有效地引入了一种在庭外解决案件的处置层次与自我规范⑦的权力,涵盖了所有可根据简易程序公诉的犯罪,并赋予了[控方]建议工作与赔偿命

---

① 该制度试图通过假装财政罚款或有条件的命令(conditional order)不属于"刑事指控"的方式来避免保护刑事司法制度。

② R. White,'Out of court and out of sight',(2008) *Edinburgh Law Review*,12(3):481.

③ 采用了《斯图尔特委员会报告》(1983)中的建议。参见:Stewart Committee Report,*Keeping Offenders Out of Court:Further Alternatives to Prosecution*,2nd Report,Cmnd.8958,(1983) HMSO.

④ McInnes Report,*Report of the Summary Justice Review Committee:Report to Ministers*,16 March,2004.

⑤ 但是,驾车违章的罪行除外。

⑥ 参见:I. Callander,'The pursuit of efficiency in the reform of the Scottish fiscal fine:should we opt out of the conditional offer?',(2013) *Scots Law Times*,5:37-43;6:47-53.

⑦ 参见:P. Duff,'The not proven verdict:jury mythology and "moral panics"',(1999) *Juridicial Review*,1:1.

令的额外权力。

特别需要指出的是,2007 年的《(苏格兰)刑事程序(改革)法》对财政罚款引入了一种"选择退出"(opt out)的制度。据此,假如控方提出财政罚款,原则上应假设被指控的违法者会接受这一建议,除非其在控方发出罚款通知的 28 天内提出异议。虽然"接受"财政罚款并不构成该违法者有罪的结果,但被指控的违法者可在未来两年内的任何程序中向法院披露控方曾经提出的罚款建议。自从 1998 年引入该规定以来,苏格兰使用财政罚款的案件数量剧增,每年从 9000 件左右上升到 2011—2012 年度的近 4.2 万件。[1]

这种"默认的"或"标签式"(hashtag)司法是对国家诱导的被告人认罪答辩这种普通程序的装饰,也可能是英格兰和威尔士在下一阶段发展辩诉交易的指导方向。被指控的违法者所作出的"同意"与"事先表明刑期"的做法一样属于强制获得的产物,[2]因为地方检察官与被指控的违法者之间存在着不可逾越的知识鸿沟,人们不可能期望,也不能假设后者能真正理解财政罚款的含义、成功挑战控方指控的前景以及在未来的法庭诉讼中可能会产生的影响。[3] 但是,也

---

[1] 在这一方面较为全面、深刻的论述,可参见:I. Callander, 'The pursuit of efficiency in the reform of the Scottish fiscal fine: should we opt out of the conditional offer?', (2013) Scots Law Times, 5:37 – 43; 6:47 – 53。

[2] 参见以下著作:P. Richards, E. Richards, C. Devon, S. Morris and A. Mellows-Facer, Summary Justice Reform: Evaluation of Fiscal Work Order Pilots, Scottish Government Social Research (2011), available at: http://www.scotland.gov.uk/Publications/2011/01/24140850/0; P. Richards, E. Richards, C. Devon, S. Morris and A. Mellows-Facer, Summary Justice Reform: Evaluation of Direct Measures, Scottish Government Social Research, (2011) Morris Richards Ltd。

[3] 参见:F. Leverick, 'Sentence discounting for guilty pleas: a question of guidelines', (2012) Edinburgh Law Review, 16(2):233。

没有证据表明财政罚款可保护社会的利益。至少可以说,较早表明此类量刑的做法在处理惯犯(persistent offender)时并没有显著的效果。①

十、结语

尽管本研究的关注点主要集中在犯罪性质更严重的案件上,但我们完全可以指出,苏格兰高等刑事法院对下级法院的量刑折扣做法缺少兴趣,甚至是缺少相关知识。已有研究充分证明此类实践的存在并且已经成为官方决策的一部分。因此,当法院在直接面对量刑折扣时,其反应就好似正在处理一种突然被引入其管辖区的怪物一样,不欢迎这些怪物的出现,斥责并且把它们送回原地。这种"睁一只眼闭一只眼"的策略不能持续存在,一种更开放、更智慧的话语很快就会出现。

就犯罪性质严重的刑事案件而言,苏格兰国家诱导的被告人认罪答辩的结果与英格兰和威尔士的实践形成了鲜明的对比。虽然苏格兰的高等法院不愿意接受这种以量刑折扣来换取被告人作出认罪请求的原则,而且明显带有厌恶之情,但它不仅在[法官享有量刑折

---

① 参见:P. Richards, E. Richards, C. Devon, S. Morris and A. Mellows-Facer, *Summary Justice Reform: Evaluation of Fiscal Work Order Pilots*, Scottish Government Social Research (2011), available at: http://www.scotland.gov.uk/Publications/2011/01/24140850/0; P. Richards, E. Richards, C. Devon, S. Morris and A. Mellows-Facer, *Summary Justice Reform: Evaluation of Direct Measures*, Scottish Government Social Research, (2011) Morris Richards Ltd。

扣的]自由裁量权与[制定有关量刑折扣的]政策之间存在分歧,①而且对如何适用量刑折扣的理念也缺乏明确的规定。②

一方面,法院在斯彭斯案采取的策略支持法官们在决定被告人的量刑折扣时享有自由裁量权。它向量刑法官提供的指导意见是,被告人获得折扣的幅度在很大程度上取决于该人作出认罪答辩的阶段。正如伊西大法官在格默尔一案中所阐述的那样,赞成这一观点的论据是,它可促进相对正义,并且与量刑实践保持一致,而且使法律执业者能够带有某种程度的信心向被告人提供法律建议,可获得较高的认罪率,从而实现节约成本效益的目标。

另一方面,一些法官则表示出顾虑,认为量刑折扣不应被视为被告人"应享有的权利",不应随便给予被告人此类权利而使司法管理受到损害。他们认为,此类量刑折扣实践已经过于随便,希望任何有关量刑折扣的决定应当属于量刑法官的自由裁量权范畴,③不能再有其他规定。对于某些法官来说,反对这种做法的观点认为,它不可

---

① 据说,高等法院在女王陛下律师诉格林汉姆(*HM Advocate v Graham*)[2010]一案中提到有关儿童色情案件的指导原则,更受下级法院的欢迎。这些具体量刑者在传统上欢迎上诉法院的量刑指导意见,但却反对那些假定会约束效率的指导原则。参见:G. Brown,'Sentence discounting in England and Scotland—some observations on the use of comparative authority in sentence appeals',(2013) *Criminal Law Review*,8:673(原文有着重号,表强调)。

② 上诉法院没有驳回杜普鲁伊案和斯彭斯案的判决,而且这两起案件经过仔细研究作出的判决也没有遭到当事人的反对。参见:C. Shead,'The decision in *Murray v HM Advocate*',*Scottish Criminal Law*,February(2013):93。

③ 这些案件反映出各种不同的量刑折扣策略。因此,法院在威沙特诉女王陛下律师(*Wishart v HM Advocate*)[2013]和史提芬·麦克阿瑟诉女王陛下律师案(*Steven McArthur v HM Advocate*)[2013]中,认可被告人的认罪答辩可获得的量刑折扣比例为 10%;在柯林·罗斯诉女王陛下律师案(*Colin Ross v HM Advocate*)中裁定被告人可获得的量刑折扣比例为 20%;在女王陛下律师诉詹姆斯·伊斯特案(*HM Advocate v James East*)中(该案由于其他原因而被撤销)批准的量刑折扣比例为 28%。

避免地产生前后不一致的判决;有些法官会很少或者几乎不认可被告人认罪的价值。这导致法律执业者缺乏合理的依据来建议被告人作出认罪答辩,随之可能会出现认罪率下降的问题。

因此,苏格兰的上诉法院在法律规定的要求下开始对以下观念进行公开的话语讨论:对国家诱导的被告人认罪答辩应给予量刑折扣。然而,苏格兰的法官们与英格兰和威尔士的同行们有所不同,他们对于那些相当于公开强迫被告人认罪的做法没有多少兴趣,更关心的是如何满足公众信任司法管理的需求。但是,不能如实反映此类犯罪性质严重程度的判决结果会危及公众的信任。在此背景下,苏格兰的法官们已经发现自己有义务来协调这些问题与成本效益结果之间的关系,而这些结果意在解决并确保被告人认罪的难题。苏格兰的上诉法官们已经表明自己热衷于维护其自主权,不愿干涉量刑法官历来所享有的自由裁量权。在高等法院的公开场合中,各法庭的不同量刑折扣实践已经逐渐出现,并与英格兰和威尔士上诉法院的做法形成了鲜明的对比。法官们试图通过精心考虑的判决,而非牺牲个人的自主权与诚信度,来单独解决其中所涉及的道德风险,强制性地坚持自己的集体性立场。

第八章 结论

一、概述

国家诱导的被告人认罪答辩程序已经威胁到法院作为机构的合法性,因为与罢工、公众骚乱和无家可归的原告人等情形相比,此类实践不能被描述为,针对没有规律的"一次性"政治或社会"危机"在返回常态之前需要作出的回应。这种认罪答辩程序旨在全部或部分取代对抗式司法的承诺,挑战传统上刑事法院合法性要求所依赖的基础。当法院有意识地促进各种避免审判的机制作为公平与公正的举措时,意识到有充分理由拒绝法庭审判时,法律合法性与理性的要求就会处于危险之中。

二、影子制度

以前,尽管法官们和各级法院的做法有所不同,但被告人的律师可以到法官的房间内寻求并获得有关[量刑的]指示。然而,上诉法院在1970年审理的女王诉特纳案中试图杜绝此类律师与法官的私下会见,认为仅有个别特殊情形属于例外。①

---

① Sir Robin Auld, *Review of the Criminal Courts of England and Wales*, (2001) London: Lord Chancellor's Department, Chapter 10, para.94.

在女王诉特纳案[1970]之前，英国的刑事司法制度有两种不同的运作模式：一种是秉承公平、正式、透明为代表，以夸夸其谈的审判团审判（fanfaronade of jury trial）作为最完美体现的官方模式；另一种是以法庭之外的、秘密的、非正式的、不透明的、反对审判的、"非官方"的不公开模式。这两种模式并非毫无关联，后者的存在使得法官能够基于其主张的现实性而向前者表达有点言过其实的敬意。

在处理绝大多数案件时，这种言不由衷的立场（hypocritical posture）明显地赋予了法官的控制权。法官们在审判之前能够，而且的确是，召唤律师到其房间议事；他们能够，而且的确是，作出仓促的决定来"恰当地"处理案件；他们能够，而且的确是，通过量刑"折扣"①或威胁加重量刑来使用"优惠"的承诺。

这种影子结构对于辩护律师具有重大的影响。它强化了出庭律师的从属地位，无论其是否回应司法命令，或者以人际关系作为交换条件，②他们都被迫学习商人的做法，以便了解到最坏的结果或者是

---

① 但是，可参见：R. Henham, 'Bargain justice or justice denied? Sentence discounts and the criminal process', (1999) *Modern Law Review*, 62(4): 515. 恒汉姆的实证研究证明，各法院之间有关量刑"折扣"的做法存在重大差异。

② 自1972年以来的《司法统计数据》信息表明，[出庭]律师与某些巡回（区域）法官的关系较为密切，但在其他地区则不太密切。尽管被告人的认罪率在不同的区域有所不同，但每个巡回区每年的比例往往会保持不变。因此，一些巡回区（如西米德兰兹郡）的被告人认罪答辩达75%以上，而伦敦由于城市人口规模和配置的缘故，[出庭]律师与法官之间的个人关系会更疏远一些，所以被告人的认罪率一直最低，典型的认罪率在45%—55%之间。虽然最新（覆盖2010年在内）的统计数据显示英格兰和威尔士的平均认罪率为71%，但仍然存在较大的地域差异。例如，亨伯河和南约克郡（Humber and South Yorkshire）被告人的认罪率为82%，克利夫兰、达拉谟和诺森布里亚、东米德兰兹郡和大曼彻斯特地区（Cleveland, Durham and Northumbria, East Midlands and Greater Manchester）均为79%，而被告人认罪率较低的地区包括伦敦中部与南部地区（56%）和伦敦北部和西部地区（57%）。参见：Ministry of Justice

第八章 结论

为当事人争取到最佳利益。这些律师一旦不认可法官的看法并且没有《行为准则》作为指导,①就被迫利用自己的资源来说服当事人认罪,或冒着风险在既有能力又有地位的法官面前参与审判,以此来影响审判的结果。事务律师与被告人一样,则被排除在这种[法官与辩护律师]私下交流的环境之外。

司法控制[在英国]普遍存在。"证据"的收集作为确定案件结果的核心事项,都掌握在毫无监管的警察机关手中,这是明显处置不当的(contra-indicative)《法官裁判规则》——不能称之为规定的"规则"——所赋予它们的权力。尽管公众广泛关注警方的失职行为,其范围从错误的"承认罪行"归因到通过哄骗(blandishment)或刑讯逼供等手段诱导和威胁获得被告人的"认罪供述", 但此类诉讼制度

(MoJ), *Judicial and Court Statistics 2010*, 30 June 2011 (revised July 2011), London: Ministry of Justice. 有关早期此类数据的叙述,可参见:M. Zander, 'What the annual statistics tell us about pleas and acquittals', (1991) *Criminal Law Review*, 252。

① 例如,参见博尔顿的以下权威性指南:W. W. Boulton, *A Guide to Conduct and Etiquette at the Bar of England and Wales*, 5th edition, (1971) London: Butterworths, at pp.70-73。《英格兰和威尔士律师界行为与礼仪指南》(第五版)在第70—73页建议,如果被告人已经向律师承认有罪,那么该律师依然可以继续辩护,但"不得断言自己所知道的内容属于谎言,他不得尝试证实欺诈的存在"。虽然刑法与刑事诉讼法的权威阿奇博尔德(Archbold)在《刑事案件认罪、证据与实践》中规定了有关被告人模棱两可的认罪请求等基本事项,但该《指南》并没有提供被告人认罪答辩方面的指导意见。参见:T. Butler and S. Mitchell, *Archbold*, *Pleading*, *Evidence & Practice in Criminal Cases*, 37th edn, (1969) London: Sweet & Maxwell, Chapter 2, para. 424ff。在特纳案之后,博尔顿在1975年的《英格兰和威尔士律师界行为与礼仪指南》(第六版)只是简单地列出了特纳案的指导意见,而阿奇博尔德则包括了该意见的内容概要。参见:W. W. Boulton, *A Guide to Conduct and Etiquette at the Bar of England and Wales*, 6th edition, (1975) London: Butterworths; T. Butler and S. Mitchell, *Archbold*, *Pleading*, *Evidence & Practice in Criminal Cases*, 38th edn, (1973) London: Sweet & Maxwell。

218 安排还是出现了。① 与此同时,法官在庭审期间和公开场合赞扬警方的行为,并呼吁减少犯罪嫌疑人的"权利"。

由于警方无视《规则》,个人在被指控前后通常会遭到拘留和讯问,其获得律师帮助的请求通常也会被拒绝。因为法官通常会纵容可证明警方不当行径的证据,所以律师也就缺少勇气来检举警方的不当行为并进行辩护。同样,他们会在法官们私下暗示的"交易中"寻求专业的安慰。警察的伪证一直被纵容,一直到法官们通过巴斯案(Bass)构造出一种可使伪证常被采纳为证据的策略为止。如果被告人的"沉默权"在警察局形同虚设(nugatory),那么辩方在庭审中

---

① 例如,参见皇家警察权力与程序委员会的讨论:The Royal Commission on Police Powers and Procedure (RCPPP) (1929), Report, Cmd. 3297.《谢菲尔德警方上诉调查报告》(Sheffield Police Appeal Inquiry)发现专业的犯罪侦破小组采用包括"犀牛鞭"(Rhino whip)在内的各种工具,对犯罪嫌疑人进行长时间的殴打伤害,以便获取后者的"认罪口供"。Home Office, Sheffield Police Appeal Inquiry, Cmnd 2176, (1963) London: HMSO. 在这一方面,可参见伦敦刑事侦查部门(Criminal Investigation Department, CID)缉毒队被曝光的活动。它反映出侦探工作的伦理问题,远远超过了某个警务人员的不当行径:B. Cox, J. Shirley and M. Short, The Fall of Scotland Yard, (1977) London: Penguin Books Ltd. 此外,又可参见对臭名昭著的西米德兰兹郡重案组(West Midlands Serious Crime Squad)警员行为的描述:C. Mullin, Error of Judgement: The Truth about the Birmingham Bombings, (1986) London: Chatto & Windus; I. Burrell and J. Benetto, 'Police unit to blame for "dozens more injustices"', The Independent, 1 November 1999; C. Lissaman, 'Birmingham Six Release Remembered', BBC News, 14 March 2011; G. Peirce, 'The Birmingham Six', The Guardian, 12 March 2011. 此类做法也因为布莱尔·皮奇案而遭到曝光:皮奇据说于1979年在伦敦死于某一臭名远扬的特别巡逻组(Special Patrol Group, SPG)的警察之手。事后,有关机构对特别巡逻组的储物柜进行搜查之后发现了储存的各种武器,包括犀牛鞭、铅皮棍棒(Lead-weighted leather sticks)、皮革包裹的警棍(Leather-encased truncheons)和木板(Wooden staves)。参见:C. Foley, 'Police violence and death: an old story', The Guardian, 26 April 2009; P. Lewis, 'Blair Peach killed by police at 1979 protest, Met report finds', The Guardian, 27 April 2010。

行使这一权利可能会对被告人产生不利评论的风险。

三、体制内的隔阂

刑事法官们的私人世界在其所承诺的意识形态中与警察局中的"神秘世界"一样有效。他们的私人世界也在神秘的面纱下运作，却受到了精致化、程式化礼仪、礼貌性和礼节性的保护。它自身也有"蛊惑人心的巫术"(black arts)——诱惑、威胁和惩罚——来针对被告人和辩护律师，后者的案件与未来的实践业务可能主要取决于他们与法官保持有益的关系。就像是在警察局一样，只有受到信任的极少数律师才了解警方的惯例。[出庭]律师赞扬这些类似于共济会的传统，[1]并珍视他们之间的秘密。女王诉特纳案导致一名事务律师——并非英格兰及威尔士律师协会的成员，以及被排除在秘密的司法互助会之外的成员——揭示出这一"黑暗的角落"。

四、问题的浮现

法院在特纳案中试图以各种方式来协调"秘密司法"(backdoor

---

[1] 共济会对英格兰和威尔士刑事司法的影响(masonic influence)没有太多的伤害。这就是共济会(Freemason)对刑事司法制度影响程度的关注，内政大臣杰克·斯特劳(Jack Straw)于1998年发布了一项命令——尽管受到挫败——要求警察和法官声明自己是否属于此类组织的成员。两份警方的报告《2012提比利乌斯行动》(Operation Tiberius)和《2008河滨工程》(Project Riverside)已经确认有警察与"秘密"组织保持联系，这为特有的警察腐败提供了便利条件。除了其他事项之外，它涉及该组织渗入警方对谋杀案的调查，以及收集其他有组织犯罪的敏感情报的行为。一份报告的结论无可奈何地指出，警察参与"兄弟会"(Brotherhood)是"打击有组织犯罪腐败时最难证明的方面"之一。参见：T. Harper, 'Revealed: how gangs used the Freemasons to corrupt police', *The Independent*, 13 January 2014。

justice)与形式法律理性之间的关系。被告人完全享有选择认罪的自由权;辩护律师有绝对的自由来履行其职责;禁止法官直接向被告人提供量刑折扣建议;基本上应在公开审判的法庭中来处理司法事务。然而,不可避免的是,"公开审判的法庭"这一理念在实践中会被颠覆:律师们一再寻求进入法官私人房间内的可能性,而法官也乐于对此作出回应,或者主动提议会见律师。更为重要的是,特纳案构建了法院的"指导意见",如今使律师的从属地位正式化;出庭律师在向被告人提供法律意见时则任由主审法官摆布。

虽然特纳案在表面上承认当事人意思自治原则,甚至看起来还出现了一些取缔私下交易的做法,①但其潜台词则使司法权力集中化,并且明确了可以常规性地——而不仅仅是在特殊情况下或社会出现"危机"的情形下——适用国家诱导的被告人认罪答辩实践。特纳案合法化工程的核心是"虚拟法官"(virtual judge)。为了避免外界的批评,上诉法院展开了一项"廉洁"工程:通过规定律师必须向当事人传达"量刑折扣"信息,仿佛是来自天堂一样的巧妙办法,将法官从易遭非议的"交易"业务中分离出来。

这种虚构情形无法长期存在。出庭律师急匆匆地前去了解法官心中的想法,他们一路小跑,法袍(robes)和假发(wigs)被拖在身后。法官们用安静的手势把律师们召唤过来,然后私下提出一项被告人认罪的交易条件或者是有关量刑折扣的最后通牒(ultimatum)。随着这种视角受限的"哑剧"的继续存在,越来越多的被告人对此表示

---

① 例如,参见:R. Tyler, 'Lord Parker bans court deals', The Daily Mail, 25 April 1970。《每日邮报》1970年4月25日的新闻标题为"帕克大法官禁止法院交易",并且以这样的方式开始介绍该故事:"昨天,首席大法官裁定[控辩双方在法]庭外达成的秘密协议违法。"

不满。于是,越来越多的上诉案件也随之而来。随着上诉案件的公开,在实践中表现出与合法性的传统诉求相矛盾的司法尴尬情形也相继被公开。因此,英国必须要采取一些行动。

一场针对之前三十年司法实践的运动所带来的立法变革,[1]为英国采取相关行动策略做好了准备。英国的法律与秩序在历史上不光彩地出现了一系列灾难性的司法不公案件之后,正式地削弱了犯罪嫌疑人和被告人的"沉默权"。[2]与此同时,有关量刑折扣的法律通过措辞模糊的规定获得了立法认可,它要求法院在定罪量刑时应当考虑被告人作出认罪答辩的阶段。然而,国家诱导的被告人认罪答辩仍然具有合法性,并且与对抗式的司法制度相协调。

五、合法性需要

以定罪为导向的刑事司法制度将法院置于要求其公开信奉对抗式的理想做法与庆祝随之而来的新思想之间的矛盾之中。在此情形下,英国据说还存在一种所有人均享有的审判权:[3]"获得公正审判权应该是有罪者与无辜者均享有的一项权利,被告人在公平的审判中被证明有罪之前应当被假定为无罪。"

---

[1] 关于这些变革的全面叙述,可参见:A. Ashworth and M. Redmayne, *The Criminal Process*, 4th edn, (2010) Oxford: Oxford University Press; A. Sanders and R. Young with M. Burton, *Criminal Justice*, 4th edn, (2010) Oxford: Oxford University Press。

[2] 《刑事司法与公共秩序法》(1994)第34条。以前的司法运动也有令人敬佩的例外,例如大法官麦肯纳这样写道:"[规定被告人]只能在面临充满敌意的评论风险时主张不提供证据的权利显然不够完美。"参见:Mr. Justice McKenna, 'Police interrogation', *New Law Journal*, 16 July 1970, 120。

[3] *Randall v R* [2002], para. 28.

检察官是"司法官员",他必须排除一切"输"或"赢"的观念,①而法官则是中立的仲裁者。② 这一官方话语的结果是对公平与正直的象征性庆祝:③

我们不能过分强调这些要求不是某项游戏规则。它旨在保障公平诉讼规则,以确定被告人是否罪行成立,或者所犯罪行是否可使其面临严重的刑事惩罚后果。刑事审判与其他活动一样,当事人遵守某些基本规则已被证明是避免司法不公、司法误判和司法权力滥用的最有效保障。

然而,这种思想构建是一场需要不断重新定性其规则的游戏。

虽然法院的最终作用与国家的压制性角色有关,并且看起来似乎颇具合法性,但正如布里奇斯所指出的那样,自由民主的国家在法律领域中从来不会过于重视完全理性的需求,而该领域承担着社会的非生产部分,正好以刑事法院作为主体,尤其是下级刑事法院。"事实上,尽管有必要支持基于意识形态目的所宣布的原则,但形式理性可发挥的功能性目的却很少。于是相应地,因为存在这种坚持具有象征性的意义而非制度化的价值,所以,它即使在平时也很容易与危机情形下保持一致。"④这种意识形态自我展现出的挑战,主要是因为国家诱导的被告人认罪答辩日趋规范;官方对被告人施加的

---

① *R v Puddick* [1865] and *R v Banks* [1917].
② *Michel v The Queen* [2010]; *R v Grafton* [1993].
③ *Randall v R* [2002], para.11.
④ L. Bridges, 'The Dialectics of Legal Repression', (1975) *Race and Class*, 17:83, p.85.

影响不仅出现在"危机"情形下,而且还反映在日常的"严重"案件之中。但是,此类做法会损害对抗式司法制度的理想。

六、合法化工程

奥尔德对英格兰和威尔士刑事法院的评估报告迎头接受这种挑战,并提出了自己的偏见。它为我们讲述了一个悲伤的故事:刑事司法一直遭受外界(公众)的误解。奥尔德作为福音的给予者(Gospel-giver),他发现了一种解决方案:"假如有公众的无知挡在面前……那么应采取恰当的措施向公众证明事实确实如此。"[1]同样,英国现在没有迫切提及司法机构回避有关辩诉交易实践的必要。无论如何,如果我们认为法官们在这一方面并不可靠,那么鬼知道他们在其他方面是否值得我们的信任。但是,错误出现在其他方面:"公众存在广泛的误解,认为所有或绝大多数的刑事司法程序会发生在法庭之内。"[2]

尽管"公众"无疑对此存在一定程度的误解,但令人不安的是,他们发现其中一种误解"广泛存在",而且还涉及一个重要的问题。人们可以轻描淡写地指出,英国的辩诉交易实践甚至在特纳案之前就一直存在,此后违法的规则无疑是"为了最佳动机"[3]并且有若干理由可证明其正当性:奖励被告人表达忏悔之意、避免庭审时间过长而

---

[1] Sir Robin Auld, *Review of the Criminal Courts of England and Wales*,(2001)London: Lord Chancellor's Department, Chapter 4, para. 32. 自私自利的奥尔德坚持认为,公众应当更好地获得信息,但只是对那些影响到"公众信任"的事项保持无知即可。

[2] 同上注,第10章,第1段。

[3] 同上注,第94段。

导致的公共支出、免于被害人和证人因作证而带来的痛苦、对意识到并承认其罪行的被告人给予可能属于最佳的量刑结果。① 在此背景下,对无辜者受到伤害的风险就会被公开而且被特定边缘化。像奥尔德一样,法院为国家诱导的被告人认罪答辩实践提供了正当性,其中最突出的理由部分表达如下:

(一) 节约公共开支

将司法成本效益提升到神圣地位所造成的主要影响是:认为它解决了因"拒不合作且不负责任的"被告人通过拖延认罪战略所造成的浪费恶害。正如我们已经看到的那样,既然被告人的决定并非司法"浪费"的实质性原因,那么此类主张就属于一种不负责任并且相当残酷的欺骗,与已有的诸多证据相矛盾。

其中,一种相关的论点是,有关国家诱导的被告人认罪答辩的正当性理由在经过一场"利益均衡"的评估之后已经实现,这意味着需要权衡以下两种关系之间的风险问题:(1)无辜者可能会因害怕而作出认罪答辩的请求;(2)鼓励真正的有罪者作出认罪答辩来获取"利益"的目的。② 正如德沃金在一种相关语境中颇具说服力的争论那样,此类平衡因素具有极强的误导性。它不仅没有规定任何法律平衡分配的比重,而且"还假定我们可通过一种成本效益分析来确定应

---

① Sir Robin Auld, *Review of the Criminal Courts of England and Wales*, (2001) London: Lord Chancellor's Department, Chapter 4, para.32.
② 参见: The Royal Commission on Criminal Justice (RCCJ), *Report*, Cm 2263, (1993) London: HMSO, para.7.45。关于这一点,又可参见: A. Ashworth and M. Redmayne, *The Criminal Process*, 4th edn, (2010) Oxford: Oxford University Press, at p.314。

第八章 结论

该承认哪些人权,也就是我们决定采取何种'限速'方式"。① 相反,文明社会则认可一些伤害过于严重——例如对无辜者定罪的做法——其自身会付出一定的代价来保护公民免受此类伤害。因此,即使国家诱导的被告人认罪答辩可以节约公共资金,但此类实践的基本依据是以牺牲原则为代价,而这些原则是我们所有人迄今为止作为文明社会的一分子一直珍惜的事项,包括法官们在内。

当然,如果法院真的相信"被告人的认罪答辩可以节约资源的论点",那么量刑"折扣"实际上可能会实现资源节约的标准化,它不会单纯(或者一定会占有主导地位的)涉及时间依赖性问题。例如,控方的证据越复杂、要求越高或者越容易受到辩方的攻击,被告人"应当获得"的量刑折扣就会更多,反之亦然。但是,没有人曾经尝试过这样的计算方法。② 事实上,无论案件是否存在瑕疵,或者证据是否充分,控方都会例行公事地提供量刑"折扣"。③ 诉讼程序在这一方面就像是其他商品化的制度一样,覆盖了原则。

这些争论的核心问题是"有关案件工作量的假设"。该观点认为,强迫性的认罪答辩是案件工作量所造成的结果,或者是有必要处

---

① R. Dworkin, 'It is absurd to calculate human rights according to a cost-benefit analysis', *The Guardian*, 24 May 2006.
② 最近在所有刑事法院推出的《[被告人]早期认罪的计划》(Early Guilty Plea Scheme)只是确认政府不愿在量刑折扣方面进行更有原则的尝试。为了减少"不必要的文件工作"并增强"生产力",该《计划》加速了被告人认罪的过程。作为交换条件,被告人将"确保获得最大程度的回报"。总体上,可参见:http://www.justice.gov.uk/downloads/legal-aid/early-guilty-plea-scheme.pdf。
③ 法院对于案件具有势不可当的优势时是否应批准被告人的量刑折扣问题语焉不详。普遍认可的立场是,如果法院确信处于这一原因而给予被告人较低幅度的量刑折扣时,量刑指导意见建议减少20%的刑期,条件是被告人利用第一次的合理机会就作出认罪答辩。

理的案件工作量的需求。① 当然,如果人们可以接受该观点的有效性,那么这种直接涉及"审判权"的假设似乎仅具有象征意义,因为其实用性取决于其他情形较为类似,但并没有大量出现在法院庭审案件清单中的被告人[所作的选择]。②

然而,这种关于案件工作量的假设经不起推敲。人们根据自己对刑事司法的一丁点了解就可以表明,国家诱导的被告人认罪答辩程序如今在没有多少审判业务的法院和案件庭审安排较满的法院内一样普遍。至少在过去的五十年中,英格兰和威尔士的法院都是如此,尽管它在特定的历史时刻非常繁忙,而在有时则会面临人员不足的情形。③

此外,据称位于案件工作量问题核心地位的"财政危机"自身属于国家的一种解释,这是政治家和法官们依赖了 150 多年的事项④——现在争夺英国法制史上历时最长的"危机"——他们在制造危机方面也发挥了不小的作用。这一解释的核心在于,通过剥夺被

---

① 顺便说一下,这也是解释在美国出现的辩诉交易时令人怀疑的论据。参见:M. McConville and C. Mirsky, *Jury Trials and Plea Bargaining*,(2005) Oxford:Hart。
② 参见:P. Shattuck,'Law as politics',(October 1974) *Comparative Politics*,7(1):127。
③ 美国的研究也已证明了这一点。可参见:M. Heumann,'A note on plea bargaining and case pressure',(1975) *Law and Society Review*,9:515;M. Feeley,'Plea bargaining and the structure of the criminal process',(1982) *Journal of Justice Systems*,73:338;M. McConville and C. Mirsky, *Jury Trials and Plea Bargaining*,(2005) Oxford:Hart。
④ 参见:G. Wilmore, *Is Trial By Jury Worth Keeping?*,2nd edn,(1850) London。威尔莫尔的观点与某一立法草案关于在陪审团审判中要引入"节约刑事司法管理费用并避免拖延"的主张几乎完全相同,正如威尔莫尔所认为的那样,"因为某一制度价格便宜就假定它不好,或者因为它蓄意设计或者枯燥无味就假定它不好……在政治上没有比这样更危险的错觉。"参见:同上注,第 36 页。

第八章 结论

告人选择陪审团审判的权利,强迫其作出认罪答辩,将犯罪类型归入到治安法院审判的案件范畴内,以此来削减陪审团对审判的影响。

另一种并行存在的目标则被用来减少国家在刑事案件中的举证责任。英国在这一方向所采取的最重要的第一步是于 1967 年(在实践中)废除了"完全交付审判的诉讼程序"(full committal proceedings)规定。在过去,该程序要求控方必须提供可供交叉询问的证人来证明案件至少表面证据成立。除了受制于被告人必须有律师代理的要求之外,颇为讽刺的是,这只是为了更好地管理被告人,案件随后以"书面形式"(on the papers)提交给刑事法院来审理,控方不需要证人出庭,或者是治安法院的法官不需要对控方的这些证据进行审查。

其结果是,程序比原则更能蒙蔽法官与政客们的双眼,导致他们被财政紧缩的现实问题所蒙蔽。这些现实问题一方面考虑欠周,而另一方面却符合道德要求,但每个问题都需要付出昂贵的代价。虽然皇家检控署可以中止公诉一些证据较弱的案件,[1]然而,一旦取消了完全交付审判的诉讼程序,缺少严格的内部筛选程序[2]则意味着,

---

[1] 参见:HM Crown Prosecution Service Inspectorate(HMCPSI),*Discontinuance* (*Thematic Review*),(2007) London:HMCPSI。女王陛下皇家检控署监察局的《(专题审查)中止审理的调查报告》[*Discontinuance*(*Thematic Review*)]揭示出,在九个地区治安法院审查的样本案件中,有一小部分案件中止审理的比例差异介于 8.8% 至 13.0% 之间。其中,绝大多数涉及证据不足而无法提供判处被告人有罪的现实可能的情形。

[2] 有研究已经明确了往往不利于中止审理的各种因素,包括"案件的发展势头"(case momentum),也就是支持最初警方行动和[避免]角色冲突的要求。参见:M. McConville, A. Sanders and R. Leng, *The Case for the Prosecution*,(1991) London:Routledge;G. Barclay and C. Tavares, *Information on the Criminal Justice System in England and Wales: Digest 4*,(1999) London:Home Office。

缺少对证据充分性或公众利益的考虑。法官大卫将此描述为"垃圾"事项。① 案件最后将会洪水般地涌向刑事法院,导致司法成本增加,造成不必要的压力以及可以预测的结果:法官命令或者指示[陪审团]作出无罪判决。

另一种(良性)影响是,随着辩护律师被引入这一程序之中,它会不可避免地导致国家的诉讼成本呈指数型的增长。律师们会成群结队地出现在此类诉讼中:一方面,因为可使用的法律援助在平稳增长;另一方面,与之并行存在的是其他市场的崩溃,尤其是在引入无过错证明的离婚②以及现代有关夫妻财产分割规则之后的婚姻法市场。③ 因此,通过取消完全交付审判的诉讼程序所期待的资金结余被证明纯属幻想。④

国家的诱导行为已经迫使另外一些被告人作出了认罪答辩。虽然这一程序自身会付出更多的诚信代价,但它并没有实现节约经费的既定目标。打算作为认罪答辩的工厂已成为产生巨大成本的、令人讨厌的"收割机",将其从系统的一个部分被转移到另一个部分,无疑会增加整体成本开支。⑤ 花费昂贵代价组成的法庭体现了这种认罪诱导的坐标(coordinates),而反过来说,由于这些坐标的复杂性通

---

① Judge David,'In the Crown Court',(1978) *The Magistrate*,34:74.
② 《离婚改革法》(1969)于1971年1月生效。
③ The Matrimonial and Proceedings Property Act,1970.
④ 可以补充的一点是,现代刑事司法立法所暗示或假定被告人有律师代理的性质。更加全面的评论,可参见:E. Cape,'The rise (and fall?) of a criminal defence profession',(2004) *Criminal Law Review*,72。
⑤ "无疑"是因为,除了上诉法院的费用之外,没有可以精确计算的方式来确定案件所涉及的费用,例如议会立法起草者的时间、立法所需时间、检察总长办公室下设的各委员会和司法委员会等机构的时间。

常表现出非透明性、不合理性①或相互矛盾性等特点，[国家]定期要求其他构成费用昂贵的法院——这就不可避免地会充满律师的参与——重新定义并改进这些坐标。

举例来说，女王诉古德伊尔案[2005]的判决产生了大量的上诉案件，而且这一现象仍在持续。它们涉及法官在[一审]案件中是否已作出了类似于古德伊尔案的量刑意见，②是否遵循了古德伊尔案的程序以及遵循该程序是否存在信任损失等问题。③其他有争议的事项包括被告人的认罪答辩是否属于"不可避免"，尤其是在案件具有"压倒性的优势"、几乎不值得或很少值得获得量刑折扣的时候；④是否有双方认可的认罪请求基础；是否有"牛顿案那样的庭审"来确定案件"事实"，或者说，如有此类庭审，其实施的方式是否恰当；被告人是否利用"第一次合理的机会"达成认罪协议；是否给了被告人足够的量刑折扣。于是，上诉法院在十名律师的帮助下，最终在凯莱等人诉女王[2012]案中制定了一些规则，规定案件只有在符合这些要求时才能进一步上诉。

为了遏止运行不畅的问题，法院在审理凯恩斯等人诉女王案时又成立了另一个构成代价较为昂贵的上诉法庭——令人失望的是仅获得了七名律师的协助——来重新论述相关原则，但该案的判决以遭到下述强烈抗议（cri de coeur）而告终：⑤

---

① 例如，法院通常认为，如果案件的优势明显，则被告人不应得到"量刑折扣"奖励。但这是被告人拒不认罪并且律师也会如此建议的激励因素，因为这样就能保留在一种量刑完全中立的环境中被判处无罪（尽管几率很小）的机会。
② *R v Ibori* [2013].
③ 例如，参见以下案件：*R v JA* [2012]；*R v Hackney* [2013].
④ 然而，正如《西布鲁克报告》得出的结论那样，"事实上，可能没有这种属于'无望[胜诉]的案件'。"[原文如此]参见：R. Seabrook, *The Efficient Disposal of Business in the Crown Court*, (1992) London：The General Council of the Bar。
⑤ *Cairns* [2013], para.1.

针对该判决提出的上诉案件数量太多。其理由是,法官没有任何或充分考虑被告人作出认罪答辩的依据。本判决力求重申哪些应当属于我们熟知的原则,我们相信,所涉事项的相似清晰度将会减少上诉干预的需要。

人们几乎不需要有太多的远见就会发现重复出现的问题,正如其他人之前所呼吁的那样,这些令人怜悯的情感会在适当的时候,随着上诉法院采取另一拨"拥挤的哭墙"式解决方式(overflowing wailing wall)而宣告结束。

此外,所有这些做法都必须受到代价昂贵的"脚手架式规定"的约束,例如正式报告(Official Reports)、实践指导意见、白皮书和议会法案等。而且,由于较低级别的法官在司法实践中会背离该规定,它不断地需要其他高阶实体——上诉法院、全体法院(Full Courts)以及以法官为主的量刑[指导]委员会等机构①——来维护和更新这些规定。颇具讽刺意味的是,就从财政灾难(financial carnage)的角度而言,这一程序就是对国家的惩罚。

(二) 保护被害人和证人免受作证的痛苦

我们必须强调,刑事司法制度一直忽视犯罪对被害人的影响,而

---

① 我们在此处先把控方失误所造成的巨大财政费用问题放在一边。其中,控方在涉及大约 26 名被告人的巴克夏等人(*Barkshire & Ors*)[2011]一案(及相关的审判)中未能披露警方卧底信息而导致公共资源的流失。警方、皇家检控署、公诉长官(Director of Public Prosecutor)、女王陛下警务督察局(HM Inspectorate of Constabulary, HMIC)、打击严重有组织犯罪署(Serious Organised Crime Agency, SOCA)等机构先后五次单独展开官方调查,这导致上诉法院在巴克夏案中慎重反思控方的行为是否等于"过度滥用"(Overkill),并拒绝称之为增加的调查,即使这本来属于各被告人受到影响的唯一场合,他们作为诉讼程序的当事人应当完全参与这些调查。

第八章 结论

这种影响并不会因为犯罪自身的结束而停止。被害人在等待案件进入庭审程序时承受了不少的压力;其等待的时间越久,承受的压力就会越大。此外,被害人出庭作证可能会导致他们产生极大的焦虑感,尤其是在重新复原那些不愉快的犯罪细节方面。[1]

然而,被害人与其他证人一样,他们不属于刑事审判中控辩双方的任何一方,正如霍尔所说的那样:"被害人的存在对于诉讼程序来说既不必要也不充分。"[2]被害人的许多需求可通过其他方式得以解决;而且在事实上确实有一些解决方式。因此,对于脆弱和易受惊吓的证人来说,法庭可采取的一些特殊措施包括:以证人与被告人进行隔离的方式作证;通过现场网络链接提供证据,尤其是通过视频记录的证据,以及视频记录的交叉询问或重复询问和通过中介机构进行询问等。[3]《被害人影响评估报告》(Victim Impact Statements)现在较为常见;重新修订的《被害人[保护]法》(Victims' Code)允许被害人在法庭宣读陈述材料来亲自控诉罪犯。[4]

即使在大多数案件中都有被害人,但被害人的利益只能以个案

---

[1] 这种正式制度让被害人感到失望的一个实例是臭名远扬的"格拉斯哥强奸案",最终导致苏格兰的副总检察长(Solicitor General for Scotland)辞职。参见:R. Harper and A. McWhinnie, *The Glasgow Rape Case*, (1983) London: Hutchinson。

[2] A. Hall, 'Where do the advocates stand when the goalposts are moved?', (2010) *International Journal of Evidence & Proof*, 14:107, p.110.

[3] 例如,参见:《青年与刑事证据法》(Youth and Criminal Evidence Act)(1999)和《刑事司法法》(Criminal Justice Act)(2003)。又可参见:B. Hamlyn, A. Phelps, J. Turtle and G. Sattar, *Are Special Measures Working? Evidence from Surveys of Vulnerable and Intimidated Witnesses*, Home Office Research Study No.283, (2004) Home Office, Research Development and Statistics Directorate; R. Bull, 'The investigative interviewing of children and other vulnerable witnesses: psychological research and working/professional practice', (2011) *Legal and Criminological Psychology*, 15(1):5.

[4] 参见:*BBC News*, 'Crime victims to get voice in court under new code', 29 October 2013.

227 为基础进行分析和解决;否则,就会否定被害人的差异性(individuality)。一些被害人希望提供证据,而且确实也会如此。其次,还存在一些司法利益问题。① 有些人属于犯罪案件的被害人,但并非此被告人所犯罪行的被害人。有些人声称自己属于被害人,但其主张可能需要接受一定程序的检验。许多"被害人"正在或者已经成为罪犯;同样,"罪犯"也有可能成为[其他案件的]被害人。② 此外,即使在强奸等犯罪性质严重的案件中,也存在虚假报案的现象。该制度在历史上的主要失误当属它未能认真对待女性控诉的问题。③

事实上,"被害人"(和"证人")的象征意义正在被用来为国家诱导的被告人认罪答辩以及其他被灌入到刑事司法制度的市场导向政策提供支持。在现实中,国家往往缺乏对被害人的恰当支持,或者只

---

① 皇家检控署的政策要求考虑到被害人对案件某些事项的意见,但它在历史上往往会依没撤回家庭虐待案件(domestic abuse)指控的被害人的意愿采取行动。有所争论的是,后者的意见不应占据主导地位。另可详见:M. Dempsey, *Prosecuting Domestic Violence*, (2009) Oxford: Oxford University Press。

② 参见:D. Faulkner, *Criminal Justice and Government at a Time of Austerity: An Extended Review*,(2010) London: Criminal Justice Alliance。

③ 参见:P. Rumney, 'False allegations of rape', (2006) *Cambridge Law Journal*, 65(1): 12; C. Duffin, 'Woman who made a string of false rape allegations is jailed', *The Telegraph*, 9 July 2013; N. Hunter, 'Soldier tells how false rape claims ruined his life', *The Northern Echo*, 24 June 2013; *BBC News*, 'Angela England jailed over Conwy false rape allegation', 10 August 2013。又可参见:A. Levitt and the Crown Prosecution Service Equality and Diversity Unit, *Joint Report—Charging Perverting the Course of Justice and Wasting Police Time in Cases Involving Allegedly False Rape and Domestic Violence Allegations*, March 2013。由艾莉森·莱维特(Alison Levitt)和皇家检控署平等与多样性办公室(Crown Prosecution Service Equality and Diversity Unit)于2013年发表的《联合调查报告》分析了控方在2011年1月和2012年5月之间所作出的[公诉]决定。在此期间,控方起诉了5651起强奸案和35起作出虚假强奸指控的案件,111891起家庭暴力案件以及6起作出虚假家庭暴力指控的案件;另有3人因为作出虚假强奸和家庭暴力控诉而被公诉。又可参见:*R v A* [2010]。该案涉及一名女性声称被强奸,随后又撤回真实的强奸指控,最后被判处妨碍司法公正罪。

第八章 结论

是提供了表面支持。① 被害人没有受到真正的保护，或者其利益服务于目标导向文化，警方把不少犯罪行为——其中包括强奸罪和抢劫罪——记录为"无犯罪"；② 或者是，被害人被迫撤回其指控以帮助警方完成既定的[低犯罪率]目标。③ 此外，部分犯有严重罪行的罪犯根本没有被指控，或者是控方通过在法庭之外处置案件的方式对

---

① 例如，参见：HM Inspectorate of Constabulary（HMIC），*South Yorkshire Police's Response to Child Sexual Exploitation*，11 November 2013。该报告对南约克郡警方向遭受儿童性剥削的被害人提供前后不一致的保护措施、管理失误以及缺乏优先性的做法表示严重关切。其次，可参见：*BBC News*，'Courts failing child sex abuse victims, says NSPCC'，5 October 2013。根据该报道，证人保护组（Witness Care Units）的数量已经从 2012 年 1 月的 80 个下降到 2014 年 1 月的 45 个，而且证人保护人员的水平自 2010 年以来下跌了 57%。参见：*The Independent*，25 February 2014。
② 一名伦敦大都会警察厅的举报人（Whistleblower）在 2013 年 11 月告诉议会行政管理委员会，该机构漏报了多达四分之一的强奸案件和性犯罪案件。同一委员会还听取了现任警员或前任警员详细介绍如何固定犯罪报案数的技巧：通过"没有犯罪"、降格犯罪等级（例如，将夜盗记录为偷窃或刑事破坏；将盗窃记录成为"财物遗失"）或者因为不相信报案人而"处理"（cuffing）犯罪。警方承认，"心理健康"或其他"脆弱性问题"被用来证明"没有犯罪"和被害人在程序中受到压力的合理性。此外，最受人尊敬的警察局长之一、米克·克里登（Mick Creedon）也证实了这种操纵统计数据的方式：他告诉委员会，"真实的情况"是家庭暴力和性暴力的案件一直在增长。根据一名曾在伦敦大都会警察厅工作的警员提供的信息，由伦敦市长办公室设立的降低 20% 的犯罪率目标就意味着，"就高级警员而言，这一要求被转化为'减少记录 20% 的犯罪案件数'。"又可参见：HM Inspectorate of Constabulary（HMIC），*Crime Recording in Kent：A Report Commissioned by the Police and Crime Commissioner for Kent*，17 June 2013。该报告指出，"以目标为导向的文化"导致一些警察追求记录那些容易解决的犯罪案件，"而非根据案件的严重性，或者其对被害人或社会影响的程度"。
③ 独立警察投诉委员会的报告揭示出苏格兰场[Scotland Yard]专门设立的南华克警察分局蓝宝石小组（Southwark Branch Sapphire Unit）的问题。警方的统计数字并非可表明犯罪水平的良好指标，而是实施人为目标所产生的不利影响的结果。
　　"Scotland Yard"苏格兰场是英国首都伦敦市警察局的代称，于 1829 年成立，负责包括整个大伦敦地区（伦敦市除外）的治安及维持交通。位于伦敦的威斯敏斯特市，是英国首都大伦敦地区的警察机关。该机构也负担着重大的国家任务，例如配合指挥反恐事务、保卫皇室成员及英国政府高官等。——译者注

罪犯进行了不当惩罚;①或是在"案件处理"(case shedding)的过程中,警方或皇家检控署②为了应对外部强加的目标而对罪犯作出警告,③或者对被告人作出降格指控,或者根据"交易"的一部分条件进行指控;或者是协商的量刑交易无法干扰上诉,因为该量刑应该从宽,但却不能量刑"畸轻"。④ 当然,被害人及其家属与幸存者的悲痛并不会因为一名无辜者被国家诱导作出认罪答辩的事实而得以减轻。在现实中,被害人的权益往往被边缘化。但是,当国家诱导的认罪答辩程序需要净化思想时,它就会毫不害羞地利用这一抽象的"被害人"概念。

---

① 关于这些影响的部分讨论,可参见罗布森对白皮书《快速而又有把握的司法:政府改革刑事司法制度的计划》(White Paper, *Swift and Sure Justice. The Government's Plans for Reform of the Criminal Justice System*)的评论:G. Robson, 'Swift and sure justice? Here we go again', *Criminal Law & Justice Weekly*, 7 September 2012。此外,又可参见:HM Inspectorate of Constabulary (HMIC), *Crime Recording in Kent: A Report Commissioned by the Police and Crime Commissioner for Kent*, 17 June 2013。根据该报告,肯特郡的《犯罪记录》表明警方就对被害人产生严重影响的犯罪(例如夜盗)案件处置明显不当,例如采取警告等措施。
② 以最近发生的一个实例为证。2013年10月,尽管2012—2013年度向警方报案的强奸案数(17000起)增加了30%,但是向皇家检控署移送起诉的案件(5404起)创下五年来的最低数量。参见:*BBC News*, 'Rape case referrals to CPS reach five-year low', 27 October 2013。此外,皇家刑事司法委员会(1993)和奥尔德的报告(2001)均表明,警方出于值得赞赏的目的,扩大使用警告和附条件警告等措施,而没有意识到这些措施的适用可能并不恰当。参见:Sir Robin Auld, *Review of the Criminal Courts of England and Wales*, (2001) London: Lord Chancellor's Department; The Royal Commission on Criminal Justice (RCCJ), *Report*, Cm 2263, (1993) London: HMSO。
③ 警方和皇家检控署曾给自己增加在法庭外处理案件数量的目标,但在2008年4月取而代之的是增加将严重犯罪的罪犯绳之以法的目标。该规定于2010年5月被删除。
④ 例如,参见:*A-G Ref Nos. 73 & 74 of 2012* [2013]。

（三）帮助认罪者尽可能争取到最有利的案件结果

国家诱导的认罪答辩或许会确保有罪的被告人获得"可能属于最有利的案件结果"的主张，可能只意味着最低刑期。正如我们已经看到的那样，它往往意味着完全不合理的量刑结果。因此，这一主张在核心层面上，与另一种认为国家诱导的认罪答辩可保护被害人权益的观点不可协调。

它还冠冕堂皇地控制了带给无辜者的风险，或者正如奥尔德所希望使用的术语那样，"无论如何都属于无辜的被告人"对于司法管理的"公正"运作和有效性的风险。假如不考虑"效率"——例如成本效益等——这一似是而非的主张，奥尔德的合理化依据就必须对抗一系列旨在支持那些保护无辜者的刑事司法核心原则的司法声明。传统的司法声明通常被封装在众人皆知但可能不太标准的格言之中："宁可错放十名有罪之人，也胜过错判一名无辜之人。"它反映出一种长期对结果主义思维（consequentialist thinking）有原则的拒绝态度。此类声明虽然并不欢迎许多有罪者未受到惩罚的后果，但它适当地认识到，这一结果也需要被公众所接受，因为人们不能容忍这种明知且故意惩罚无辜者的可能性。此类拒绝也是用来协调刑事判决与人权保护之间关系的唯一方法。[1]

---

[1] 关于对尊重[被告人]权利与人格尊严的重要性以及这些权利功利性"平衡"等错误做法强有力的声明，又可参见：R. Dworkin, 'It is absurd to calculate human rights according to a cost-benefit analysis', *The Guardian*, 24 May 2006. 更总体的评论，可参见：A. Ashworth and M. Redmayne, *The Criminal Process*, 4th edn, (2010) Oxford: Oxford University Press。

七、"有罪"与"无罪":诋毁性的政治

所谓的强迫被告人认罪的正当性基于似是而非的"有罪"与"无罪"二分法,它不仅仅涉及被挤到一端的无辜被告人:更隐晦的作用,实际上是指目的,在于从刑事程序的机制中移除国家的举证责任,并证明对犯罪嫌疑人和被告人的歧视性待遇具有合理性。

任何与刑事司法的聪明接触的起点不应当是其终极目标,而应该是最基本的原则。也就是说,由于国家声称自己有权惩罚某位公民,那么我们就需要它来证明该主张的合理性。人们正是从这一原则中才可以推论出其他核心原则,例如无罪推定、反对自证其罪特权、控方承担高标准的举证责任等。① 据说,正是因为被告人可以在审判中享有无罪推定原则,我们才能够谈论其被[法院]宣告无罪的"无辜"假设。② 虽然审判中关注的技术性问题并非"无罪",而在于控方能否成功地证明被告人有罪,③但我们应当坚持无罪推定原则。

---

① 例如,参见:*R v Director of the Serious Fraud Office, ex parte Smith* [1993]。马斯蒂尔(Mustill)大法官在讨论英国法律中公民沉默权的一般或特定豁免及其"动机"时,未能认识到这些作为核心推动力(Central motivating force)的权利是国家对其公民的义务。

② 例如,参见:大法官德夫林(Devlin)先生在约翰·博德金·亚当斯(John Bodkin Adams)博士一案的审判:"坐在被告席上的被告人在法庭上与其他人一样属于无辜者,而且在陪审团的裁决判其有罪之前仍会如此。"参见:S. Bedford, *The Best We Can Do*, (1958) Harmondsworth: Penguin, p.194。

③ 法官们在案件定罪后的立场则相当不同,他们所关注的只是判处被告人有罪的可靠性。在苏格兰,这种立场涉及更为复杂(很少使用)的"不能证明[有罪]"的判决。在2010—2011年度,5%的案件最终判决被告人无罪,其中16%的属于"不能证明[有罪]"的判决。"不能证明[有罪]"的判决交由苏格兰的法律[改革]委员会审查(Scottish Law Commission)。参见:P. Duff, 'The Scottish criminal jury: a very peculiar institution', (1999) *Law and Contemporary Problems*, 62:73。

第八章 结论

"无论如何都属于无辜的"类别只能作为对原则的一种误解或者诽谤而存在。"无辜的"和"无论如何都属于无辜的"之间的差异被视为属于可使诽谤与含沙射影智慧化的尝试,被用来转移人们对体制性运作失灵的注意力。于是,对于司法制度的"完整性"保护就成为了此类实践的晴雨表。①

更糟糕的是,诽谤在诋毁性的政治中扮演了重要的角色,属于合法化工程中必不可少的因素,而参与该工程的国家官员则受到了部分有影响力的媒体支持。在这一工程中,[警方]维护治安的对象之间的差异在于"值得尊敬的"穷人——在政治口号中被称为"勤劳"的多数人——与"不值得尊敬的"穷人——在政治口号中被称为"闲散的"、"懒惰的"和"野蛮的"社会低层犯罪者,也就是长期以来血统低贱和声誉扫地的群体。② 这一策略一直被用来对付以下群体:(1) 公民个人。例如温斯顿·西尔科特(Winston Silcott)案、查尔斯·让·德·梅内塞斯(Jean Charles de Menezes)案、伊恩·汤姆林森(Ian Tomlinson)案③和斯蒂芬·劳伦斯(Stephen Law-

---

① 参见:M. Naughton (ed.), *The Criminal Cases Review Commission: Hope for the Innocent?*, (2010) Basingstoke: Palgrave.
② 参见福克纳的优秀点评:D. Faulkner, *Criminal Justice and Government at a Time of Austerity: An Extended Review*, (2010) London: Criminal Justice Alliance。又可参见:G. Stedman Jones, *Outcast London*, (1971) Oxford: Clarendon Press; S. Rowntree, *Poverty: A Study in Town Life*, (1901) London: Macmillan; M. McConville and C. Mirsky, *Jury Trials and Plea Bargaining*, (2005) Oxford: Hart.
③ 伊恩·汤姆林森被伦敦大都会警察厅警察西蒙·哈伍德(Simon Harwood)推倒在地后死亡。在该事件发生之前,哈伍德长期有用拳击打、用膝盖顶打或恐吓犯罪嫌疑人的记录。他曾因涉嫌改变笔录来证明非法逮捕的正当性后从[警察]部队辞职,但紧接着不久又重新被警方雇用。

rence)案①。(2)"犯罪嫌疑人"群体。例如伯明翰六被告人案、托特纳姆三被告人案和吉尔福德四被告人案。(3)易受到犯罪怀疑的社区人群。例如,警方从20世纪50年代开始针对黑人的行动、针对"移民"的一般行动、20世纪70年代针对爱尔兰人的行动,以及当前对穆斯林团体的妖魔化行动。(4)有组织的劳工。例如,警方在1976—1977年度处理的格林威克纠纷案和矿工大罢工事件。(5)政治性示威者/环保示威者。例如,警方在红狮(Red Lion)案与索思豪尔(Southall)案中的做法。② (6)失业者与欺诈领取"福利"者。③

---

① 一项针对警方企图抹黑斯蒂芬·劳伦斯的行动以及破坏出席麦克弗森(Macpherson)调查的证人的可信性调查报告所得出的证据确凿的结论为:没有证据显示其中一名警务人员在最初的谋杀案调查中涉嫌腐败;最初调查中所涉有关腐败的关键性文件已于2003年被苏格兰场的警方系统地撕碎;伦敦大都会警察厅已经对斯蒂芬·劳伦斯悲伤的家庭采取了窃听行动(Spy operation);伦敦警察厅可能仍然保留有未移交给调查组的案件材料;警方跨越几十年的行动可能会导致大量被误判有罪的案件:M. Ellison QC, 'The Stephen Lawrence Independent Review—Possible Corruption and the role of undercover policing in the Stephen Lawrence case (summary of findings)', (Ellison Report), UK: HMSO, HC1094, 6 March 2014. 埃里森应内政大臣的要求调查涉及伦敦大都会警察厅特别示范分队(Metropolitan Police's Special Demonstration Squad)的卧底人员——因为这些成员经常在法庭作伪证——以确定是否应提交给检察总长考虑。之后,该案计划由法官领衔的调查组进行公开调查。最近,斯蒂芬·劳伦斯的弟弟斯图亚特·劳伦斯于1993年在伦敦发生的种族主义袭击中被刺死亡,这位弟弟曾经抱怨说警方仅仅因为自己是黑人就被拦截和搜查达25次之多。伦敦大都会警察厅调查清理了一名有不当行为的警员,独立警察投诉委员会部分地支持了该人的上诉,并得出结论认为该警员对于种族歧视的有关不当行为存在可答辩的情形。参见:BBC News, 'Stuart Lawrence race complaint against Met upheld', 12 October 2013.
② 例如,参见:T. Ward, Death and Disorder, (1986) London: Pluto Press.
③ 正如根据《反欺诈法》指控欺诈领取福利者的运动那样,将判处被告人的最高刑罚从2年有期徒刑增加到了10年徒刑。BBC News, 'Benefit fraud could lead to 10-year jail terms, says DPP', 16 September 2013.

第八章 结论

此外,这些策略还被用来转移人们对国家官员过失的注意力,[1]例如血腥星期日事件、斯蒂芬·劳伦斯谋杀案、矿工大罢工案和希尔斯堡惨案[2]等。

事实上,法官们在针对各阶层人士和城市地域分布的制度性贬低过程中发挥了关键性的作用。该过程形成了基于种族、阶级和种族地位来构建意识形态的基石,它加强了相关警务政策的力度,并且更好地确保"犯罪"与"社会问题"的政治管理。[3]反过来,诚如我们所见,这些方法和观点构成了一种更广泛策略的一个关键组成部分,允许其他国家机构据此证明自己对无家可归、失业及社会保障"福

---

[1] 根据举报人彼得·弗朗西斯提供的信息,伦敦大都会警察厅特别示范分队(大约有130名警察并于2008年被解散)的大部分工作是,寻找可能会贬低德怀恩·布鲁克斯及其家庭其他成员的信息,因为布鲁克斯是该案目击斯蒂芬·劳伦斯被刺杀的主要证人。但是,警方对德怀恩·布鲁克斯涉嫌刑事毁坏的指控因为滥用程序而未被[皇家检控署]受理。后来有证据显示,伦敦大都会警察厅的警察秘密窃听了德怀恩·布鲁克斯与律师之间的会谈内容。参见:D. Shaw, 'Police chief Dal Babu criticises ethnic recruitment', *BBC News*, 4 February 2013; D. Shaw, 'Lawrence friend Dwayne Brooks "bugged by police"', *BBC News*, 25 June 2013。王室法律顾问马克·埃里森律师目前正在调查处理斯蒂芬·劳伦斯案的腐败问题。但中立地讲,警方莫名其妙地错过了斯蒂芬被杀案可在24小时内逮捕嫌疑人的机会。此外,还有更广泛地涉及对利维森调查的证人的诽谤可能性是正在继续调查的议题。参见:*BBC News*, 'Sir Norman Benison smear claim shocks Lawrence witness', 5 July 2013。其他相关的调查包括"赫恩行动"(Operation Herne),它属于由独立警察投诉委员会监管的一个警方分支机构的行动。

[2] 参见:P. Scraton, 'The legacy of Hillsborough: liberating truth, challenging power', (2013) *Race & Class*, 55(2):1。斯克兰顿通过介绍官方以能力欠缺的方式描述了对利物浦俱乐部球迷在希尔斯堡球场踩踏压死事件的诋毁。该事件首先以撒切尔夫人的新闻大臣伯纳德·英厄姆(Bernard Ingham)爵士的"解释"开始,其案件摘要认为,假如没有"一群显然已经喝醉的暴徒试图强行入场",就不会发生这场灾难。

[3] 可详见:M. Spector and J. Kitsuse, *Constructing Social Problems*, (2001) New Brunswick, NJ: Transaction Publishers。

利"等问题的干预具有合理性。①

在这些分析性的网格化体制思维框架下,各种揭露警方腐败以及作伪证的努力均被以下主张所证实:要相信这一论点,就会指控警方被卷入更广泛的阴谋之中,而且事实上往往如此。虽然丹宁勋爵等法官令人反感的评论并没有完善前后不一致的司法解释,但诽谤性运动(whispering campaigns)通常会伴随着有罪判决的撤销,甚至是伪造证据、掩盖真相、②警察作伪证或侦查失误等问题而出现。例如,在哈勒姆诉女王(*Hallam v R*)[2012]案中,萨姆·哈勒姆(Sam Hallam)于2005年被误判谋杀、密谋造成他人严重身体伤害和暴力骚乱等罪名成立。上诉法院在审查证据,尤其是在事后调取哈勒姆的手机之后,发现该手机可证明案发时[被告人]不在犯罪现场的证据,就撤销了原来的判决。它对警方或辩方当时"为了逃避我们[法庭审判]的原因"而没有认真审查被告人手机的行为表示惊讶。上诉法院没有集中在警方的失误上——主要反映在举证责任方面——而是忍不住作出了讽刺性的评论:"上诉人不可能出现在犯罪

---

① 术语"利益"一词的归属已经从社会福利理想中被移除,而成为"乞丐"、"寄生虫"、其他"不速之客"在越来越多地以市场为导向的社会中导致国家资源流失的那一部分。
② 掩盖同事的不当行为经常成为警察文化的核心要素,它抑制当局查明并起诉违法者的行动。例如,参见指挥官卡斯(Cass)关于对伦敦索尔示威者布莱尔·皮奇(Blair Peach)被杀案的调查报告。卡斯几乎可以肯定,伦敦大都会警察厅特别巡逻小组的一名成员打死了皮奇。卡斯的报告结论为,特别巡逻小组的警察妨碍其调查,以欺骗调查的形式来掩盖其同事的过错。有关信息,可参见:http://www.met.police.uk/foi/units/blair_peach.htm。皮奇同伙的律师拉珠·巴哈特(Raju Bhatt)认为卡斯的报告表明,调查者曾经试过但未能努力"破坏"的证据表明其中的一名警察杀害了皮奇。参见:P. Lewis, 'Blair Peach killed by police at 1979 protest, Met report finds', *The Guardian*, 27 April 2010.

现场和错误的回忆与不正常的生活方式(dysfunctional lifestyle)具有一致性;而且,它不属于蓄意撒谎。我们现在知道真的存在这种可能性。"①我们至少可以说,人们可能会认为贬低司法不公——但没有举证责任——的被害人属于道貌岸然的做法。

八、公众的信任

　　这种诋毁计划与司法制度过分关注公众的信任度密不可分。尽管经常有压倒性的证据可以支持,但上诉法院还是一再油腔滑调地驳回了诸多上诉案件。然而,被告人的家庭、互助小组、新闻调查记者和无私的律师,即使面对官方强大的阻力,仍然采取积极行动,揭露出英格兰和威尔士在过去六十多年中发生的一系列令人感到可耻的司法不公案件。② 同样,各种司法调查无耻地利用民事证明标准,公然不顾案件证据的证明能力,一再坚持明显属于错误的有罪判决结果:有的被告人被法庭以从未被指控过的罪名判处"有罪",③而其

---

① *Hallam v R* [2012], para.78.(着重号表强调)
② 参见本书第二章。
③ Sir Henry Fisher, *Report of an Inquiry by the Hon. Sir Henry Fisher into the circumstances leading to the trial of three persons on charges arising out of the death of Maxwell Confait and the fire at 27 Doggett Road*, London SE 6, (1977) London: HMSO.除了费希尔的著作之外,又可参见:Lord Denning, *The Circumstances Leading to the Resignation of the Former Secretary for War*, *Mr. J. D. Profumo*, Cmnd. 2152, (1963) London: HMSO. 丹宁大法官的结论指出,斯蒂芬·沃德(Stephen Ward)已经安排了各种"虐待(狂)"(Sadistic)事件,但在审判中并没有提供此类证据。另外,丹宁确定被告人因为介绍女孩子从事不当行为(拉皮条)而被判有罪,而这一项指控在其早先的审判中却被判决无罪。

中一些人后来又被证明完全无罪。①

英国在吉尔福德四被告人案和伯明翰六被告人案等若干性质恶劣的司法不公案件出现后设立了皇家刑事司法委员会。在该委员会设立期间,其他一些司法不公案件也迅速被曝光,包括马奎尔七被告人案和朱迪思·沃德(Judith Ward)案在内。但是,该委员会没有选择审查这些案件,而是轻蔑地称之为"恐怖案件"。相反,它大胆地指出了警务人员在这些案件中的不当行径:②

……警方的动机往往可能是由于过度热心确定并确保其相信,根据规则或程序属于有罪的犯罪嫌疑人可被判处有罪,但案件对那些负责侦查的人员来说似乎更有利于辩方。然而,警方必须承认,无论其动机如何,玩忽职守的行为都不得也不会被容忍。补救的措施在于提供更好的培训、配备更好的设施以及更好地监督警察队伍,而不是默许警方破坏程序规则的行为。

正如尼古拉·雷斯所指出的那样,这一引用巧妙地表达了官方的话语技巧。③ 第一,问题在于个人的玩忽职守,仅涉及个别有问题

---

① 正如在孔费特一案所显示的情形。参见:Sir Henry Fisher, *Report of an Inquiry by the Hon. Sir Henry Fisher into the circumstances leading to the trial of three persons on charges arising out of the death of Maxwell Confait and the fire at 27 Doggett Road, London SE 6*, (1977) London: HMSO.

② The Royal Commission on Criminal Justice (RCCJ), *Report*, Cm 2263, (1993) London: HMSO, para. 24, p. 7.

③ Nicola Lacey, 'Missing the wood…pragmatism versus theory in the Royal Commission', in M. McConville and L. Bridges (eds), *Criminal Justice in Crisis*, (1994) Aldershot, UK and Brookfield, VT, USA: Edward Elgar.

的警察,但拒绝承认任何涉及体制的问题。① 第二,有问题的警察在一定程度上会获得宽恕,因为其动机良好,违反规则只是为了保证那些真正被认为有罪者可被判有罪。第三,这些规则自身被描述为,人们有理由相信它会妨碍侦查人员的工作,从而妨碍对有罪者进行定罪。第四,提出的救济性措施在于进一步制定规则,而这正是皇家刑事司法委员会声称警方破坏和违反规则的原因。尽管事实上因为很多由职业文化造成的"制度性背离做法"导致内部监督完全无效,但该委员会提供补救的良方包括更多的此类内部监督以及警察职业文化的改变等措施。皇家刑事司法委员会的正当性所浮现出的原因是:"不能接受一套可防止警察将大量的违法者绳之以法的保障性措施。"②

九、体制性的腐败

然而,英国存在体制性的③警察腐败问题。警方不当行为的特

---

① 例如,参见:伦敦大都会警察管理局(Metropolitan Police Authority, MPA)对警察枪杀吉恩·查尔斯·德·梅内塞斯一案的各种调查报告,如2008年《伦敦大都会警察管理局斯托克韦尔审查报告》(MPA Stockwell Scrutiny)。警察管理局把焦点放在伦敦大都会警察厅从独立警察投诉委员会建议的"经验教训学习"中所取得的进步,而非惩罚任何(其负责监督工作)应为此事负责的警察。参见:K. Blowe, 'Policing the police', *Red Pepper*, 9 March 2011。
② The Royal Commission on Criminal Justice (RCCJ), *Report*, Cm 2263, (1993) London: HMSO, para.2, p.9.
③ 我们在这里没有包括警方涉嫌违法的个人行为,如克利夫兰警察局局长最近因严重不当行为而遭到解雇的事件:一个纪律检查小组发现这名局长接受调查时向独立警察投诉委员会撒谎。参见:P. Walker and V. Dodd, 'Cleveland police chief sacked for "shameful" misconduct', *The Guardian*, 5 October 2012。同一机构的副局长(Deputy Chief)因此也被解雇。参见:*BBC News*, 'Cleveland Police deputy chief

有方式与程度显而易见,① 这是警方"监督部门"(watchdog)被证明无力解决的事项。② 要不然,为什么在伯明翰六被告人案中,当某一警察局的警官在向犯罪嫌疑人施加威胁和暴力时,而另一个区域的

constable Derek Bonnard sacked', 25 March 2013。首席指挥官助理(Assistant Chief Officer)已经辞职,令该纪律检查小组举行的听证会非常失望。此外,艾塞克斯的一位警官错误地告知一名声称遭到强奸的被害人,其案件已被撤销,结果导致该被害人自杀未遂。参见:BBC News,'Essex policewoman jailed for "rape" lie', 6 December 2013。最近获悉的报告显示,全国各地的警察部队逮捕了一些自己的警员,因为他们犯有严重的罪行,例如运营一家妓院、藏有虐童图片和销售枪支等。参见:T. Payne, 'Brothel-running, child abuse images, and selling firearms among nearly 200 crimes committed by police in last three years', The Independent, 16 January 2014。

① 参见:J. Miller, Police Corruption in England and Wales: An Assessment of Current Evidence, (2003) Home Office, Online Report 11/03。根据这份内政部的报告,腐败关系问题涉及信息泄露、毒品交易与使用、欺诈、盗窃和暴力。后来,来自透明国际(Transparency International)的报告谴责警察使用罪犯提供的合成代谢类固醇并且生活堕落地获取性方面的好处。参见:BBC News, 'Police corruption: criminals "give officers steroids"', 23 January 2013。又可参见:C. Williams, 'Britain's police forces: forever removed from democratic control?', (2012) available at: http://www.historyandpolicy.org/papers/policy-paper-16.html; Independent Police Complaints Commission(IPCC), Corruption in the Police Service in England and Wales: Second Report—a report based upon the IPCC's experience from 2008 to 2011, (2012) London: The Stationery Office。1000多名警察和社区辅警有包括夜盗、抢劫、提供毒品和妨碍司法公正等方面犯罪的记录。参见:The Guardian, 'Police forces confess 944 officers have a criminal record', 2 January 2012。此外,人们很容易获得警方捏造证据、陷害犯罪嫌疑人和销毁证据等不当行为的证据。参见:H. Porter, 'Police corruption is now so rife that radical reform is the only answer', Observer, 20 October 2013。

② 参见:Home Affairs Committee, Eleventh Report, 2012—2013 on the Independent Police Complaints Commission, HC 494, 1 February 2013。内政事务委员会在2012—2013年度第十一份关于独立警察投诉委员会的报告中总结认为,"当警方的诚信受到怀疑时,独立警察投诉委员会既无权力,也无资源来获取事实的真相。"在2012年年底,在英格兰39支警察部队中,有不少于11支(将近30%)的机构内有一名以上高级领导的诚信受到怀疑。例如,在之前的18个月内,有7人因行为不检而被解雇、暂停领导职务、受到刑事或纪律调查或是被迫辞职。参见:A. Gilligan, 'Have the men in blue crossed the line?', The Telegraph, 21 December 2012。此外,至少有4人此后遭到调查。

第八章 结论

警察机关可以提供协助或者对该违法行为故意视而不见？要不然，为什么在吉尔福德四被告人案中，萨里郡警察局的警官在另一警察机关（伦敦大都市警察厅）的警察赶来之前可以直接向犯罪嫌疑人施加暴力？要不然，为什么西米德兰兹重案组这一"精英"警察部队中的一名警官被发现对100余名无辜者伪造"认罪供述"、施加暴力和无法形容的刑讯逼供，①包括模拟处决，把枪塞进其嘴里，把塑料袋套在犯罪嫌疑人的头上模拟窒息一直到其失去或几乎失去意识，并且在拘禁室内放警犬来恐吓他们？要不然，为什么大量被曝光的警方陈述材料可以误导法院并导致欧格里夫矿工案的审理无法继续？②要不然，为什么罗伯特·马克大法官会呼吁（非常值得）支持开除伦敦大都市警察厅大约400名涉嫌腐败问题的侦探？③ 这些人

---

① 由于上诉案件仍在处理中，所以我们尚不清楚具体的数字。但是，控方至少有19起案件的审判随着警方腐败行为的曝光而败诉。西米德兰兹重案组的一名警察（肖）在1998年退休后，因于2001年在伯明翰实施的两起武装抢劫案而获刑12年。释放后，又因在康沃尔抢劫邮局未遂而获刑13年半。

② 独立警察投诉委员会仍在考虑是否要调查南约克郡警署（*BBC News*, 14 November 2013）。8名警察因为在卡迪夫三被告人案中硬套罪名，告知法院与该案件相关的文件已被粉碎，导致控方败诉并且花费了国家3000万英镑的费用，随后被起诉审判。一个月后，这些材料在一名高级侦查官的办公室被发现：据称，他当时在清理自己的桌子时才发现，结果被迫[提前]退休。P. Peachey, 'Collapse of Britain's biggest police corruption trial: "No misconduct involved" in Cardiff Three fit-up case', *The Independent*, 16 July 2013.

③ 类似模式的系统性腐败发生在警察机动队警官（Flying Squad Officers）的身上：前任首席指挥官德鲁里（Drury）因贪污被判入狱；并且近期还有伦敦里格地区（Rigg Approach）的腐败案被曝光。伦敦大都市警察厅投诉调查局发现许多隶属于警察机动队的警察在里格地区已经卷入了一种令人震惊的腐败形式和妨碍司法公正的行为。相关涉案警员会配备有仿制手枪和巴拉克拉瓦盔式帽子，并且"栽赃给"犯罪嫌疑人。这样可以保护一位向善意的、非配备武器的嫌疑人开枪的警察的地位（因此为其开枪行为提供合理的理由），或者增强一起证据说服力薄弱的案件。大约有25名警察要么被控以刑事罪行，要么被免职或退休。又可参见花园法庭大律师（Garden Court Barristers）于2012年8月2日刊登的不相关的《肖恩·瑞格调查报告》（Sean Rigg In-

数与其他案件以及埃里森的调查报告随后所证明的人数相差甚远。

法院只有在面对这些无可辩驳的证据时,才会束手无策地被迫承认自己的失误,有时候会有限地承认这一点。① 例如,女王诉麦克斯韦尔(*R v Maxwell*)[2010]一案就属于这一情形。该案涉及两名兄弟被判谋杀罪和抢劫罪,而提供关键证据的却是一位臭名昭著的罪犯卡尔·查普曼(Karl Chapman),他是"(为求取宽大处理而)向警方告密的人"(supergrasses)② 并且属于警方在押服刑的囚犯。在

---

quest Report)。该报告指出,独立警察投诉委员会的调查人员未能正确检查闭路电视录像证据,而它可证明警方巡佐提供的关键证据并不真实。

① 最高法院的两位法官在麦克斯韦尔案(见下文)的判决中指出,尽管警察有不当行为,但不应当重新审理该案。

② 起诉中对"(为求取宽大处理而)向警方告密的人"的使用一直被认为是可信度不高的证据。2005 年的《严重的有组织犯罪与警察[侦查]法》恢复了这一制度,从而使得向警方告密的[犯罪嫌疑]人可以得到全部或部分起诉豁免。在某些案件中,此类证据至关重要,例如用来识别杀害男生里斯·琼斯的凶手的"男孩 X"。然而,(为求取宽大处理而)向警方告密的人属于不可靠的证人,他们有着明确的动机:其提供的信息尽可能地减少自己卷入该案的程度却提高别人的参与程度。英国广播公司全景和新闻调查局(BBC Panorama and Bureau of Investigative Journalism)的研究发现,在 49 名涉及此类情报人的案件中,差不多有一半的人获得了三分之二以上的减刑幅度。参见:E. Slater, 'Scrutinising government—a case to answer: The return of the Supergrass', 7 October 2012, The Bureau of Investigative Journalism, available at: http://www.thebureauinvestigates.com/2012/10/07/the-return-of-the-supergrass/。2012 年,被控谋杀罪名的 12 名男子,因为其中两名警方的情报证人的可信度遭到怀疑而被判无罪,初审法官把这些证人形容成"以撒谎为生的人",他们也是"穿着不同服装的同一批人"。*BBC News*, 'Nine men cleared of murdering UDA man Tommy English', 22 February 2012. 该案花费了 1150 万英镑的费用。*BBC News*, 'Mark Haddock UVF supergrass trial cost taxpayers £11.5m', 11 October 2012. 又可参见:S. Greer, *Supergrasses: A Study in Anti-Terrorism Law Enforcement in Northern Ireland*, (1995) Oxford: Clarendon Press; R. Martin, 'The recent supergrass controversy: have we learnt from the troubled past?', (2013) *Criminal Law Review*, 4:273; E. Slater, 'Scrutinising government—a case to answer: The return of the Supergrass', 7 October 2012, The Bureau of Investigative Journalism, available at: http://www.thebureauinvestigates.com/2012/10/07/the-return-of-the-supergrass/。

第八章 结论

该案上诉过程中,《刑事案件审查委员会的报告》表明,除了其他事项之外,查普曼及其家属获得了一定的好处,但皇家检控署和控方律师却刻意地隐瞒了这一点:警方允许查普曼在被羁押期间去逛妓院、酗酒和吸毒(包括海洛因),参加警务人员家中的社交活动,与一名女警官(Woman Police Constable,WPC)发生性关系,享有不受监督的自由时间等。其次,查普曼曾恶意攻击一名同室囚犯,涉嫌强奸另一名囚犯,袭击与其分手的女警官却可以不被警方控诉。此外,警方也没有对查普曼的母亲试图向正在狱中服刑的儿子及其儿子的女友提供海洛因的行为提起诉讼。因此,布朗大法官总结法院的立场如下:①

> 大量的警察涉嫌这起抢劫与谋杀案的侦查与起诉工作,其中包括几名较高级别的警官,他们参与了长期的、持续性的和普遍存在的密谋策划,妨碍了司法公正。他们串通在一起,给予查普曼各种完全不恰当的好处,以确保其在起诉和审判上诉人的案件中继续保持合作。然后,警方串通查普曼在审判中作伪证,打算让后者在作证时撒谎,谎称自己受到[警方]对待的方式以及收到许诺的信息。他们确保查普曼在警方的羁押记录以及其他各种官方文件中可证明这些虚假的事实;实际上,警方甚至伪造了一次羁押记录;当法律强制性地要求控方向辩方披露这些信息时,这本应暴露出案件的事实真相。当上诉人被定罪后,这些警察在答复皇家检控署的调查时仍然撒谎;还有两名高级警官在上诉法院作伪证以确保申请翻案的上诉人没有成功的机

---

① 第83段。

会。将警方的此类渎职仅仅描述为令人震惊和可耻的行为，其实是轻描淡写了它对案件公诉程序的重大影响。人们很难想象，更糟糕的情形是，控方不惜一切代价，持续采取弄虚作假行为的目的是用来确保并确定被告人的有罪判决。

另一起"证人受到保护"的案件，女王诉乔夫等人案（R v Joof & Ors）[2012]，也显示出惊人的相似性：该案涉及五位全都被判处犯有谋杀罪成立的上诉人。① 上诉法院认为该案存在"严重歪曲司法公正的"行为，因为控方未能披露可支持辩方反驳其关键证人的物证，其中就包括一位当时受控于（不贴切命名的）斯塔福德郡机密警务部门（Staffordshire Sensitive Policing Unit）的证人西蒙·泰勒（Simeon Taylor）。在一名模范警察 DI·安德森（DI Anderson），也就是该部门负责人的投诉后，有关部门在该谋杀案庭审之前对警方的《管理评估报告》已经完成，但却没有向辩方披露相关信息。该评估报告本可以表明，机密警务部门属于"被暗斗和混战破坏掉正常职能的组织，包括一些个人诚信度和忠诚度都值得怀疑的警察，他们本不应相信西蒙·泰勒的有关陈述笔录"。② 该评估报告还审查了可表明泰勒不诚实地获得警方 320 英镑的退款，从而允许其入住酒店的相关证据。人们有充分的理由相信，而且 DI·安德森也的确相信，相关警员故意没有把这一事件记录在恰当的文件中，其目的在于

---

① 王国政府并非尽力支持定罪的立场。据报道，斯塔福德郡警察局（Staffordshire Police）的四名高级警官，包括前任或者现任的警官在内，因在该案件中涉嫌渎职而正在接受调查。这四人分别是北安普敦郡警察局局长和副局长、西米德兰兹郡警察局长助理（Assistant Chief Constable）和斯塔福德郡警察局长助理。参见：BBC News，'Police chiefs in misconduct probe over Kevin Nunes murder'，23 December 2011.

② R v Joof & Others [2012]，para. 22.

阻止控方向辩方披露此类信息。《管理评估报告》还披露,负责处理西蒙·泰勒一案、代号为DC"N"的一名警官在其忙于履行保护包括泰勒在内的证人这一职责时,还安排一名女警官[代号为DC"S"] 与其一起待在酒店的房间内。而第二名警官则是负责本案信息披露的警官。两名警官否认与泰勒住在同一家酒店,其中的女警官否认自己见过泰勒。皇家律师在向法院提交的记录中指出: [238]

> 负责西蒙·泰勒案的警官之一代号为DC[N],他与负责披露该案信息的[女]警官有不正当关系。他们在西蒙·泰勒入住的地方见面,其潜在的影响显而易见。假如辩方能够利用控方披露的这一信息,他就可以证明,西蒙·泰勒对有关案件犯罪事实的了解并非是因为自己出现在犯罪现场,而是因为办理他本人所涉案件的某个人传递了相关信息……值得注意的是,当西蒙·泰勒提供证据时,他声称自己知道调查组没有法医证据。但他说不清楚自己到底是怎么知道这一点的……他知道缺少目击证据。他知道乔夫向警方所陈述的内容。

此外,我们应当注意到,侦破警方关于未能采取行动的贪污腐败行为,可能令人震惊并且非常困难,因为此类行为的性质会导致案件无法被诉讼到法院的后果。①

---

① 此类例证包括:首先是在2012年,《埃里森的调查报告》(2014)声称警察腐败阻碍其最初对发生于1993年的斯蒂芬·劳伦斯谋杀案的调查。据称,犯罪嫌疑人受到庇护并且逃脱了逮捕,而且在杀人后被允许从家中戴上黑色的头套,结果警方的监督人员也没有制止。参见:M. Ellison QC, 'The Stephen Lawrence Independent Review—Possible Corruption and the role of undercover policing in the Stephen Lawrence case (summary of findings)', (Ellison Report), UK: HMSO, HC1094, 6 March 2014.

十、腐败、警察与法官

就法官与警察的腐败而言,我们注意到以下几点:

第一,由于警察机关的组织机构形式,腐败事件往往不止一人参与,可能会涉及若干群体或单位部门内的体制性问题。[1] 正如在某些关键的不披露信息的案件中所显示出的那样,[2] 腐败可能属于警方

又可参见:A. Grice and P. Peachey, 'Lawrence murder: police "corruption" will be investigated', *The Independent*, 10 March 2012. 其次是对声称警察腐败阻碍了对丹尼尔·摩根(Daniel Morgan)谋杀案定罪的审查,摩根系一名在伦敦大都会警察厅进行腐败调查的新闻记者。参见:*BBC News*, 'Daniel Morgan murder: inquiry to examine "police corruption"', 10 May 2013. 相关的一名大都会警察厅的高级警官公开声明,"警察腐败在该调查中属于一项不利的因素。"参见:*BBC News*, 'Private detective axe murder case collapses 24 years on', 11 March 2011. 该案因为潜在的证人信息未能提供给辩方,而且也未能恰当处理(为求取宽大处理而)向警方告密的证人,导致控方败诉。参见:*BBC News*, 'Timeline: Daniel Morgan axe murder', 21 May 2013. 再次,八名南威尔士警察被控在勒奈·特白——谋杀三名无辜男子已被定罪但后来被无罪释放——死亡案中伪造证据,导致控方败诉,并且以纳税人承担了3000万的费用为代价。法院被告知关键证据已被警方故意销毁,但是据后来透露的信息,相关的文件实际上掌握在南威尔士的警察手中。参见:*BBC News*, 'Lynette White: fresh concerns raised over investigation', 13 August 2012;*The Observer*, 'Justice must be seen to be done in South Wales police scandal', 28 January 2012. 最后,针对发生在1979年的布莱尔·皮奇的死亡案件,指挥官卡斯在2010年被调查后总结认为,伦敦大都市警察厅特别巡逻分队的警察在案件谋杀细节方面对其撒谎。参见:*Mail Online*, 'Police killed Blair Peach during riot three decades ago then launched a cover-up', 28 April 2010.

[1] 例如,参见东南地区犯罪侦破组(South-East Regional Crime Squad)的侦探出售其缴获的毒品,通过安排证据和使用"口供"来给他人硬套重罪罪名的行为。C. Mullin, *Error of Judgement: The Truth about the Birmingham Bombings*, (1986) London: Chatto & Windus; G. McLagan, 'The last old-style fit-up?', *The Guardian*, 2 November 2004.

[2] 例如,参见:Barkshire & Ors [2011]。该案导致国家遭受到巨大的损失,20名激进分子被判共谋非法侵入的重罪案件被法院撤销,因为控方未能披露警方有卧底马克·肯尼打入该犯罪集团,以及对辩方有用或可能会破坏公诉的信息。

第八章 结论

的政策,而这正是法官们不愿接受的事情。①

第二,警察文化与意识形态以保密原则为基础创建了"沉默之墙",②这是一种"屏蔽公众得知其违法行为的防护性'装甲',它对于法官们来说似乎有些难以想象"。③

第三,撇开已知的案件不说,法官们对于这一切本不应当感到意外,因为最高级别的警官已经公开表示,其警务人员参与了"善意的伪证"和"高尚的事业性腐败"行为。④

第四,法官们在面对有关警方腐败的证据时会一直抵制到最后,并且会告诉陪审团,警方的腐败问题实际上难以想象,他们在现已被证明属于司法不公的案件中,一次又一次地拒绝[被告人的]上诉请求,几乎连眼睛都不眨。

第五,当社会面对司法[机构的]反感时,要依靠[被告人的]家庭、支持者和敬业的律师在漫长的辩护道路中掌握方向,来对抗司法

---

① 参见以下案件及著作:Maxwell [2010];Joof [2012];M. McConville,'Videotaping interrogations: police behaviour on and off camera',(1992) *Criminal Law Review*, 532。约克郡电视台拍摄了警方伪造被告人羁押记录的过程。其他正在进行调查的例证包括希尔斯堡惨案,导致96名足球球迷的死亡原因被隐瞒了23年,但却大量修改了警方的陈述。参见:P. Scraton,'The legacy of Hillsborough: liberating truth, challenging power',(2013) *Race & Class*, 55(2):1。
② A. Jennings and P. Lashmar,'The wall of silence that refuses to fall',*The Guardian*, 13 August 1990。
③ R. Refiner, *The Politics of the Police*,(1985) Brighton: Wheatsheaf Books, p.93。
④ 需要补充的是"卧底"警察的使用,其中有多人参与了不光彩的行为。P. Lewis and R. Evans, *Undercover: The True Story of Britain's Secret Police*,(2013) London: Faber and Faber;*BBC News*,'Undercover police "used dead children's identities"',3 February 2013。而且,这些人员身份的确定已导致控方在许多庭审案件中的败诉。*BBC News*,'Ratcliffe power station protectors cleared on appeal',19 July 2011。

人员的不妥协与敌意。①

第六,了解法官拒绝承认警察作伪证可能性的出庭律师会受到恐吓,以便达成相关"交易",从而避免案件进入审判程序,甚至在有被告人无罪抗议的案件中也是如此。

第七,当案件痛苦的结局到来时,而且往往是在多年以后,控方在庭审中出示的证据被发现作假,法官这时会掉下几滴"鳄鱼的眼泪",对所有的错误感到"震惊"和"恐惧"。但是,他们当中仍然有人会坚持到底,不愿改变原有态度,并且继续贬低被告人的地位。

第八,而且是最重要的一点,法官们没有认识到,更不要期望他们会承认,警方的腐败行为以及相关的伪证有相当一部分原因在于他们这些法官:因为他们在法庭职权之外所作的评论,因为他们操纵法律使得某些特定的警察伪证行为合法化,因为他们反感辩方对警方证据的攻击,因为他们热衷于强迫律师接受被告人的认罪答辩,因为他们向陪审团作出对被告人不利的总结。也就是说,法官们导致此类警方腐败现象**的产生**。

这并不是说所有的警方证据都会涉及腐败问题,因为事情并非如此,而且在事实上,诚实和敬业的警察到最后根除了警方的许多腐

---

① 令人遗憾的是,这种情形在警方不作为的案件中属实。例如,伦敦大都会警察厅已经承认警方在对丹尼尔·摩根(见上文)谋杀案五次调查的失败以及历时三年的谋杀案听证会方面都存在警察腐败的问题(花费超过 3000 万英镑)。*BBC News*,'Private detective axe murder case collapses 24 years on', 11 March 2011. 由于警方和皇家检控署未能提供证据,有一起案件的审判随之败诉。内政部随后宣布任命一个"独立小组"来调查这次可怕的惨剧。V. Dodd, 'Former judge to examine role of police corruption in murder investigation', *The Guardian*, 10 May 2013.

第八章 结论

败行为。① 然而,法官对警方证据的预先处置仍然表达了公开鼓励警察参与贪污和伪证的意愿,历史会告诉我们有一部分人如何回应法官们的此类鼓励。②

---

① 伦敦大都会警察厅的警官尝试警告苏格兰场"某个犯罪头目"的犯罪活动,这导致控方公诉失败的结局。在一起相关的诽谤诉讼中,大法官西蒙将该行为描述为"误导",并发现给予警告的个人是一个涉及"极端暴力和欺诈"组织的头目。S. Tomlinson,'Britain's newest "underworld king" unmasked after he loses libel claim against Sunday newspaper that labelled him violent and dangerous', *Mail Online*, 5 July 2013. 然而,人们应当恰当地注意到,大法官莱韦森勋爵的调查报告(2012)中提出的阻止告密者向媒体透露内部消息的建议,会使打破警方内部等级制度的努力愈加困难。相反,该报告建议通过"需要制订一系列务实的解决方案,目的在于提供给真正告密者使用其信任的机密途径最大化的机会,而不是认为有必要去打破这些信任,通过向媒体披露相关信息而导致更广泛的公共事件传播"。Leveson Report, 'An Inquiry into the Culture, Practice and Ethics of the Press', UK: TSO, 29 November 2012, available at: http://www.officialdocuments.gov.uk/document/hc1213/hc07/0780/0780.asp, Chapter 4, para.8.9.

② 据报道,刑事司法体制中的腐败程度非常广泛,犯罪团伙已侵入多个司法机构,包括英国税务海关总署(HM Revenue & Customs)、皇家检控署、伦敦市警察局和监狱服务处(City of London Police and the Prison Service)等,且不算他们介入陪审团和律师界的情形。2002年的《提比利乌斯行动报告》解释说,"这些团伙在过去五年中没有发生过一次严重的混乱,就可充分表明该网络的有效性"。T. Harper, 'The corruption of Britain: UK's key institutions infiltrated by criminals', *The Independent*, 10 January 2014. 有关对劳伦斯谋杀案中一名警察卧底角色的独立调查《埃里森调查报告》,进一步揭示了令人惊叹和巨大的腐败问题。该调查发现了覆盖间谍工作的严格保密事项,而这些"间谍"则匿名参加了案件的刑事审判。此外,"体制性的种族主义"困扰着"谋杀案的调查"、伦敦大都会警察厅(Metropolitan Police Service, MPS)和其他地方的警察服务部门以及其他机构和组织。M. Ellison QC, 'The Stephen Lawrence Independent Review—Possible Corruption and the role of undercover policing in the Stephen Lawrence case (summary of findings)', (Ellison Report), UK: HMSO, HC1094, 6 March 2014, p.4. 它谴责先前由伦敦大都会警察厅在1993年所做的初步调查评估意见(《巴克尔评估报告》[Barker Review]),认为这些意见提供的就是一项无关痛痒并且未加鉴别的结论,存在事实上的错误和不当之处,导致这份有缺陷和站不住脚的报告被官方故意淡化。《埃里森调查报告》发现,之前的调查给人留下的"恰当并且专业"的印象"完全属于误导"。参见:同上注,第7页。英国内

241　奥尔德拒绝接受辩方可在审前阶段不表明自己对案件争议问题的观点,认为这些"站不住脚",其目的在于防止案件在审理过程中出现警方和/或检察官不诚实行为的可能性:① 司法盲区可以通过奥尔德的调查报告以及参考司法不公案件中法官处理审判的方式得到验证。②

"信任那些行使法律权力的人员可能不属于法律的职能",但刑事司法程序的合理设计不能建立在那些负责执法的人员很可能会出现违法行为的前提下。不幸的是,在涉及警方或其他公职人员不诚实的案件中,刑事审判程序自身成为了保护和揭发此类违法行为的媒介。(脚注已省略)

政大臣在《埃里森调查报告》公布的当天于下议院发表讲话,下令由法官主导的一个公开调查组采取重点调查指控腐败的方式对警方卧底的工作进行调查。原来的调查在很大程度上受到了大量证据丢失和撕毁的影响,包括涉及秘密反腐的"奥斯纳行动"(Operation Othona)材料在内。参见:同上注,第10—11页。例如,该报告强调了一种"真正的可能性",与丹尼尔·摩根独立调查小组同时成立的机构调查警方腐败在保护那些杀人犯未被绳之以法方面所扮演的角色,以及未能面对"可能持有或获得相关材料"的腐败问题。参见:同上注,第12页。内政大臣为回应该报告调查结果的严重性,提出了一项新罪行:"警察腐败"。前内政大臣杰克·斯特劳认为该声明是其在下议院的35年经历中所有部长发表的声明中"最令人震惊和严肃的声明"之一。*BBC News*,'Policing "damaged" after Stephen Lawrence report',6 March 2014.

① Sir Robin Auld, *Review of the Criminal Courts of England and Wales*, (2001) London: Lord Chancellor's Department, Chapter 10, para.154.非同寻常的是,在经过司法调查未能获得事实真相的不幸并且至少经历了40年可耻的司法不公后,任何一位法官可以促进——也正如近几年的做法一样——这样一种思想:法庭审判已经成为保护和曝光官方错误行为的一种可靠媒介。

② 在某些情况下,如果控方获得虚假证据和因为腐败行为而导致被告人有罪,即使这是被告人认罪所导致的结果,那么上诉法院就会撤销原有罪判决。例如,参见:*R v Brown* [2006].

第八章　结论

恰恰相反，正是因为审判在曝光［警方的］违法犯罪行为方面并不充分，导致警方违背"诚信"并且"调整"证据来抵消合法辩护的有效性，从而使辩护律师寻求其他策略，例如被轻蔑地称为"埋伏"的辩护策略等。其中，一个实质性的原因就是法官倾向于支持警方的立场。法官在审理案件时一直努力维持公众对刑事司法制度的信任而非仔细审查案件的证据。而且，他们只是审查警察机关是否具有诚信和可靠性的证据。但是，法庭可能会简单地忽视掉那些可引起人们怀疑的相反信息。

一个现成的例子[1]就是涉及西米德兰兹重案组负责侦查而最终导致被法院误判的那些案件。鉴于司法不公案件的规模，我们有必要研究，该案是否可显示出任何"预警信号"？如有此类信号，那么在审判的哪个阶段，法官才会怀疑控方公诉案件的诚实性？用奥尔德的话来说，"保护和揭露违法犯罪的方法"是什么？我们接下来列举一些出现在此类案件中的预警信号，正如我们在下文所看到的那样：

警报1：辩护律师被非法排除在审讯之外。

警报2：警方的讯问笔录显示出被告人已经作出"认罪供述"，但经常都没有被告人的签名。

报警3：一旦允许律师介入警方的讯问，被告人会拒绝承认其"认罪供述"。[2]

---

[1] 我们感谢大卫·马丁-斯佩里（David Martin-Sperry）大律师提供的有关特里沃·坎贝尔案（*Trevor Campbell*）的注解，这对我们的研究非常有帮助。他在23起涉及西米德兰兹重案组的案件中成功地帮助了当事人上诉。

[2] 在某些案件中，小组警官在羁押登记簿中插入某侦探警司（Detective Superintendent）的名字来拒绝批准一名律师访问当事人的请求。假如没有其他警官的默许和理解，这种做法不会维持太长久。

警报 4：一旦律师到场，警方在按照规则进行的正式讯问中就不会试图确认被告人/犯罪嫌疑人的"认罪供述"。

警报 5：当被告人在警方的讯问笔录上签名时，律师经常注意到当事人沮丧的表情，并且抱怨遭到警方审讯人员的恐吓：要么签字，要么就得承受身体伤害。

警报 6：更改或重新撰写数页"讯问笔录"的事件，永远都不会伴随有任何此类理由出现在警官们的记事本上。

警报 7：被"重新开始编写"或"被破坏掉的"（错误）页码据说不会作为证据目的而予以保留。

警报 8：连续讯问通常由不同组别的、成对的警察进行，导致被告人怀疑警察人数的完整性。

警报 9：可能会反映警方某支队伍中有违法行为的原始文献经常会"消失"。

警报 10：目击证人陈述的与被告人外貌不一致的内容会"消失"，只会用其他更合适的描述信息来替代。

警报 11：在犯罪现场中无法指证被告人犯罪的科学检查报告的内容经常会遭到削减或者根本就不会存在。

虽然人们对公诉案件正直性的信任程度跌落到崩溃边缘的时间可能会有争议，但它在最后的警钟敲响之前一定会遭到土崩瓦解。然而，法官们在案件的任何诉讼阶段都没有发出警告，[1]甚至拒绝受

---

[1] 我们抛开这些警方与公诉不公开的证据不谈。主审法官对此一无所知，导致了案件的败诉并且花费了国家上千万英镑的经费，如在梅德斯通皇家刑事法院（Maidstone Crown Court）审理的一起重大毒品案件中，用克拉什（Crush）法官的话说，根本上是由"非公开和非服从的文化"所造成的败诉。参见：*The Guardian*，6 November 2000。又可参见以下案件：*R v William* [2013]，*R v Cole* [2013]，*R v Austin* [2013] and *R v Kinnaird* [2013]。

理许多被告人遭到误判的上诉案件。① 事实上,"法律"建立在赋予这些案件个性化的若干限制性基础之上,将一系列组成法律规定的部分孤立开来,从而使腐败的警察部门拥有很大的优势:②控方有权呼吁不要把掌握在法官手里的"相似事实"证据提供给辩方,因为后者"试图表明警务人员采取的所谓行为或制度过程是用来废除法律规定的"。控方主张的大意是,法院应当以"观点错误"和"缺乏法律依据"为由驳回辩方的意见。③ 这是将警方的做法转化为"法律"的司法习惯所给出的一种可笑理由。

十一、意识形态与规则

阿什沃思和雷德梅因、桑德斯和杨等人的著述从不同角度出发,已经相当成熟地发展了刑事程序的一般理论。④ 其中,阿什沃思和雷德梅因采用以权利为基础的途径,认为刑事程序应该具有双重目

---

① 由于这种内在的局限性,用大法官史蒂芬·赛特笠的话来说,上诉法院仍然坚持自己的原则,认为它不能采纳这样的建议;因为自己的疏忽大意犯错而导致质疑制度本身所造成的巨大影响。Lord Justice Stephen Sedley, *Ashes and Sparks: Essays on Law and Justice*,(2011) Cambridge: Cambridge University Press. 上诉法院经常把过去延伸一段时间作为转换点,这点已被德夫林大法官充分证明。Lord Devlin, *The Judge*,(1979) Oxford: Oxford University Press.

② 令人担忧的是,伦敦大都会警察厅没有能力解决其腐败官员这个"烂芯"——有组织的犯罪集团"任意"贿赂这些官员的问题在 2002 年的《提比利乌斯行动报告》中被曝光,确定有 80 名腐败的个人都与警方有关,包括 42 名当时在职的警员和 19 名原来的侦探。T. Harper, 'Scotland Yard's rotten core: police failed to address Met's "endemic corruption"', *The Independent*, 10 January 2014.

③ *R v Edwards* [1991]. 英国随后修改了法律,但辩方参与交叉询问的情形仍然可能会受到限制。

④ A. Ashworth and M. Redmayne, *The Criminal Process*, 4th edn,(2010) Oxford: Oxford University Press.

标——一种是规范犯罪嫌疑人进入审判程序而产生准确判决的目标,另一种是在诉讼过程中保护被指控者各项基本权利的目标。与此相反的是,桑德斯和杨的著作则强调自由:当保护人权与其他利益进行比较时,人们更倾向于采取有可能增强保护个人自由的方式,赋予正义和公平更高的价值。虽然这些"自上而下"的观点往往在特定主题上会得到相似的结论,但每一种观点都认识到一般理论所产生的问题:当包括犯罪嫌疑人、被害人和整个社会群体在内的数种相互竞争的利益(competing interests)并存的情况下,到底应该优先考虑保护哪一种利益? 我们认为,保护任意一种利益的主张都会有其令人信服的说服力。

与此相反,我们更多采用的是"自下而上"的方法,利用法院的判决和实证研究,从国家诱导的被告人认罪答辩的视角来阐明这种范围更广的司法制度,因为该制度在英格兰和威尔士以及苏格兰已迅速成为官方青睐的刑事案件处理方式。虽然这种认罪答辩制度如今地位已经牢固,但这一模式仍然值得我们在理论与实践方面进行反思。

十二、官僚化的司法

当美国第一次深入讨论这一问题时,有人就认为辩诉交易制度可服从于对抗制的基本理念,正如布隆伯格把法院描绘为官僚机构时所指出的那样:[1]

> 社会学家和其他人的注意力都集中在种族、民族和社会阶

---

[1] A. Blumberg, *Criminal Justice*, (1967) Chicago IL: Quadrangle, p.19.

层等变量的匮乏(deprivation)和社会功能障碍(social disabilities)方面,认为这些因素是被告人在刑事法庭上败诉的根源。他们在很大程度上忽略了具有推动力、目的及其指导方向的法院组织自身的变量:它基于务实的价值观、官僚化的优先考虑事项和行政手段而存在。这些因素会增强该组织的最佳生产力和司法人员的特定职业生涯设计,其职业与生涯的承诺往往会产生一套优先考虑的事项。这些优先事项会提出比"正当法律程序"既定思想目标更高的要求,而且经常会与这些目标相冲突。

对于布隆伯格来说,这种明显属于合作的努力以认罪答辩为特征的法院标志,它可以用服从于社会化要求的辩护律师"选择合作"(co-option)来解释。公诉人和法官们会利用其手中的自由裁量权,例如控方有披露证据的权力,以及法官可在当天非常早或非常晚的时间审理律师代理的案件等方式,迅速采取"胡萝卜加大棒政策"来教训那些拒不合作并寻求审判的律师。

十三、法庭工作组

布隆伯格的解释模式与爱森斯坦和雅各布的著述并不一致,[①]因为后者并没有发现法院内部存在等级结构的证据。[②] 相反,他们

[①] J. Hodgson, 'The future of adversarial criminal justice in 21st century Britain', (2010) *North Carolina Journal of International Law and Commercial Regulation*, 35:319; J. McEwan, 'From adversarialism to managerialism: criminal justice in transition', (2011) *Legal Studies*, 31(3):519.

[②] J. Eisenstein and H. Jacob, *Felony Justice*, (1977) Boston: Little, Brown. 又可参见: Malcolm Feeley, *The Process is the Punishment*, (1977) New York: Russell Sage。

将案件的审理描绘为由"法庭工作组"负责处理的过程,其重点据说在于激励机制和共同的目标——主要是"伸张正义"和"处理沉重的案件工作量",激发这些法庭参与者以相互均可接受的方式履行其任务。据说,这些参与者的相互依赖性形成了可使案件以经济合算、可预测结果的方式得以处理的价值观和工作模式。①

十四、管理主义

与此相反,一些评论者已经把英国最近的司法发展视为"管理主义"的诞生。霍奇森(Hodgson)和麦克尤恩(McEwan)在这一方面的论述颇有说服力。②霍奇森在范围广泛的调查中认为,此类变革的推动力在于"将案件在法庭之外进行处理的形式可提高效率和完善管理主义"的观点,而非朝向纠问式的制度发展的举措。③同样,

---

① 霍伊曼将辩护律师的合作行为解释为"学习"过程的结果。参见:M. Heumann, *Plea Bargaining*, (1978) Chicago: University of Chicago Press. 那些在法学院接受过培训的见习律师(novitiate lawyers)在开始其职业生涯时,会期待每一起或几乎每一起案件都能进入正式的审判程序。然而,一旦进入法律实践后,他们开始意识到大多数被告人有罪,案件不值得进入正式的审判程序。

② J. Hodgson, 'The future of adversarial criminal justice in 21st century Britain', (2010) *North Carolina Journal of International Law and Commercial Regulation*, 35:319; J. McEwan, 'From adversarialism to managerialism: criminal justice in transition', (2011) *Legal Studies*, 31(3):519.

③ J. Hodgson, 'The future of adversarial criminal justice in 21st century Britain', (2010) *North Carolina Journal of International Law and Commercial Regulation*, 35:319, at p.361. 又可参见:R. Young, 'Street policing after PACE: The drift to summary justice', in E. Cape and R. Young (eds), *Regulating Policing: The Police and Criminal Evidence Act 1984 Past, Present and Future*, (2008) Oxford: Hart Publishing. 他记录了在法庭之外处置刑事案件的运动。

麦克尤恩指出，管理主义的核心在于秉承干涉主义的法官减少当事人的意思自治权以及"对案件处理的控制因素……移交给法院"。①在刑事司法制度中，成本效益(cost-efficiency)作为这种变革的推动力在部分程度上据说可归因于历史上过度赋予当事人意思自治的权利——例如，参与庭审的律师未能遵守法定披露信息的规定等行为——所引起的延迟与花费。

十五、准纠问式的司法制度

一种相关的回应将国家诱导的被告人认罪答辩视为一种迈向更类似于纠问式制度的运动。② 其共同点(Indicia)包括：减少当事人的意思自治权，削弱其"沉默权"，改变有关证据规则以便允许采纳有倾向性的证据，通过在特定案件中引入没有陪审团参与的审判制度等方式对被告人要求陪审员参与审判的权利进行限制，减少对案件的法律援助支持，③以及制定《刑事程序规则》等。因此，霍尔发现了

---

① J. McEwan, 'From adversarialism to managerialism: criminal justice in transition', (2011) *Legal Studies*, 31(3):519, at p.530.

② 在对系统进行分类时一定要多加小心。霍奇森在其对法国刑事司法制度的研究中令人信服地说明了这一点。J. Hodgson, 'The future of adversarial criminal justice in 21st century Britain', (2010) *North Carolina Journal of International Law and Commercial Regulation*, 35:319. 正如她在其他著述中所指出的那样，"……纠问式制度也发展了简洁的审判程序以及控诉罪名交易的形式，从而减少了案件的审判数量。"J. Hodgson, 'The future of adversarial criminal justice in 21st century Britain', (2010) *North Carolina Journal of International Law and Commercial Regulation*, 35:319, p.321.

③ 传统的法律规定在以前是适用所有人的，但"非常富裕者除外"。参见：Lord Bingham, in R v CCRC ex pane Pearson [2000]。

一种微妙的但有意义的转变,它正在迈向一种纠问制模式:①

> 此外……政策的制定者似乎认为前者属于一种合法性遭到质疑的"游戏",在这种"游戏"中长期设立的程序性权利和保护只存在于为了隐藏"事实真相",帮助有罪者逃脱惩罚的目的。在此观念下,后者的做法是一种专门致力于获得事实真相的程序,它不受陈规陋习的束缚;所有的律师们——包括法官在内——都在共同努力参与一种惩罚有罪者并释放无罪者的行动。②

管理主义以成本效益要求,而非以促进犯罪嫌疑人和被告人权利保护的名义,重点强调审判法官的角色转变,但纠问式的模式极其强调减少当事人的意思自治权以及由此对被告人权利所产生的威胁。对于某些理论家来说,这种向纠问式制度的过渡还远远没有完成,因为英国诉讼模式的核心在于保留其基本特征,也就是敌对双方之间的一场对抗。③ 其结果是,虽然双方都会有"相当多的权力(利)

---

① 又可参见:A. Edwards, 'Do the defence matter?', (2010) *International Journal of Evidence and Proof*, 14:119. 爱德华兹讨论官僚化强加的目标所具有的破坏性影响,它导致了警告和定额罚款通知的增加,以及随之而来的"令人震惊的人口高犯罪率"。

② A. Hall, 'Where do the advocates stand when the goalposts are moved?', (2010) *International Journal of Evidence & Proof*, 14:107, at pp.107-108.

③ 参见:J. McEwan, 'From adversarialism to managerialism: criminal justice in transition', (2011) *Legal Studies*, 31(3):519, at p.544; M. Langer, 'The rise of managerial judging in international criminal law', (2005) *American Journal of Comparative Law*, 835。

损失,但是该制度的发展趋势现在还明显缺乏透明性"。①

十六、惩戒性司法:国家、合法性与法官

在历史上,法院作为国家社会控制工具的一部分,法官们的一项主要任务就是保持公众对刑事司法制度的信任,而且正如伯顿与卡伦所评论的那样,"重构新的合法性形式并确保合并策略,表面上表现出回应公众关注的意愿。"②在"犯罪性质严重"的刑事案件中,③法院过去采用的策略在中立的裁判和个体无差别的陪审团权利等概念的培育中得以体现④——冠以被告人享有无罪推定、沉默权、反对自证其罪的特权,而受到证据规则约束的控方必须履行其高标准的举证责任。

正如我们所看到的,这种思想意识不仅在实践中未能实现,而且还被高级[法院的]法官们在极其公开地促进"法律与秩序"这一平台时所中伤。此类话语论述与实践之间的矛盾持续不断。当法官们试图隐藏传统规定所赋予被告人的"权利"时,他们发现更有必要继续保留此类赞美之词。尽管这种矛盾的思想意识在过去纯粹只涉及意识形态,在国家诱导的被告人认罪答辩实践中得到最清晰的体现,但

---

① J. McEwan, 'From adversarialism to managerialism: criminal justice in transition', (2011) *Legal Studies*, 31(3):519, at p.544.
② F. Burton and P Carlen, *Official Discourse: On Discourse Analysis, Government Publications, Ideology and the State*, (1979) London: Routledge and Kegan Paul, p.95.
③ 治安法院已被描述为用来处理琐碎事件中的"事实"场所,人们希望这样的程序不会那么正式、严格和准确。
④ 这一意识形态不允许分化社会或人们的个性,但只承认一种理想化的特性。它可以用这种方式在平等的要求中删除阶级、种族和性别等差异。

是此类认罪请求都必须具有正当性与合理性,因为一种"新的"①程序正在替代一种制度。法院面临的任务是解释一种社会惩戒性政策;其中,强迫被告人认罪属于其核心要素之一,同样具有合法的权威性。就这一点而言,正如我们所记录的那样,法院未能提供似是而非的合理性理由,它导致出现了更重要的问题:如何理解刑事法院当前的做法?

最初,《法官裁判规则》是作为警方需要遵守的行为准则提出的指导意见,以便后者获取的证据在庭审中可被法院采纳。即使不考虑法官放弃执行自己制定的规则这一事实,该《规则》事实上有另外两种相互关联的基本功能,具有延续至今的传统。

第一,《法官裁判规则》试图将法庭限制为一个有关国家权力在刑事案件中具有局限性,以及伴随着公民质疑国家过度压迫个人权利的公共话语场所。假如可以,辩方只能在法官设置的界限之内发挥作用,其质疑该《规则》依据的行为在很大程度上会遭到法官的禁止,②例如国家权力是否具有正当性,犯罪嫌疑人和被告人应享有的权利和免责特权等问题。

第二,《法官裁判规则》按照用来惩戒审判法官的方式进行运转,以便上诉法院可以立即更正这些法官的"异常行为"。随着警方在20世纪上升为社会控制的代理人,其享有的拘禁并审讯犯罪嫌疑人以及获得所谓的"认罪供述"等权力并非没有一点争议。然而,一些法官拒绝警方的这些做法并且裁定此类证据不具有可采性。该《规则》的引入旨在结束这种司法的异端思想。

---

① 这一过程在宣传效应迫使法官采取行动之前就已经潜在地出现了。
② 也就是说,除非根据立法规定可提出一种"人权"诉求,例如1998年的《人权法案》。

第八章 结论

这种惩戒性框架的制定具有实用性,丝毫不受上诉法院(刑事法庭)的实践影响。事实上,上诉法院坚定地掩埋了普通法的典型印记——法官属于可从独立作出的(并且签字的)判决中看出其性格的个人。尽管会有三名、有时是五名需要国家支付费用的法官[①]参与庭审,但法院在个案中作出的判决意见不允许强调不同的问题或方法,更不要说是意见分歧。顺便说一下,这也是在中国复制使用的一种结构和惯例。[②]

如果允许我们提及"体育竞技理论",那么公平游戏需要提出的问题是,独任法官在任何上诉案件中都持反对意见的可能性到底有多大?最终,要么在这个"法院"中任职的所有法官对每个问题都持有相同的观点——如果真是这样,那么从宪政角度来讲这就非常令人担忧;要么这种"共同的信念"属于见不得人的欺骗行为——如果真是这样,它对民主辩论原则会表现出蔑视之情,据说这本是《宪法》所具有的另一个印记。在任何一种情形下,讨论此类实践会涉及正式削减公民的权利与自由。顺便说一下,在不能被称为民主,而被称

[①] 而且,正如理查森准确观察到的那样,使用高等法院和巡回法院的法官来补充专职上诉法院法官空缺的做法,可能会涉及来自相同的(或较低)"休息室"(common room)的审判法官作为上诉法官来处理上诉案件的情形,这会在上诉人的头脑中产生有偏见的印象和一个总体上属于第二等级的上诉制度。参见:J. Richardson, 'Is the criminal appeal system fit for purpose?', *Criminal Law Week*, Issue 19, 20 May 2013.

[②] 可详见:J. Heydon, 'Threats to judicial independence: the enemy within', (2013) *Law Quarterly Review*, 129:205; J. Richardson, 'Is the criminal appeal system fit for purpose?', *Criminal Law Week*, Issue 19, 20 May 2013. 关于中国在这一方面的实践,可参见:M. McConville, et al., *Criminal Justice in China: An Empirical Inquiry*, (2011) Cheltenham, UK and Northampton, MA, USA: Edward Elgar; M. McConville and E. Pils (eds) *Comparative Perspectives on Criminal Justice in China*, (2013) Cheltenham, UK and Northampton, MA, USA: Edward Elgar.

为其他名称的管辖区内,例如英格兰和威尔士,这种情况应属可使司法蒙羞之事。

尽管随着在法院系统之外处理的刑事案件数超过了在法院系统内处理的数量之后,英格兰和威尔士的"司法"越来越模糊,但其上诉法院的做法与苏格兰高等刑事法院的做法形成了鲜明的对比。在苏格兰,虽然法官们被迫根据法律来认可量刑者必须认可被告人的认罪答辩,但他们继续公开地相互讨论个案判决对司法制度和给予被告人的量刑折扣的影响,至少在某种程度上是这样。苏格兰的法院在给予量刑者自由裁量权的优越地位时,它至少强调了每一起案件的独特性(unique character)与差异性。此外,苏格兰的法官们仍然有权发表自己对法律实施与国家诱导被告人认罪答辩的主导思想之间的不同意见,从而保持公开理性辩论的可能性。

在英格兰和威尔士,《法官裁判规则》的颁布见证了国家对犯罪嫌疑人和被告人残留"权利"的废除。这令法官们无论是在法庭之内,还是法庭之外,更加肆无忌惮;他们明确表示,犯罪嫌疑人和被告人的"权利"与"恰当"的司法管理相矛盾。处于幕后的法官们在对抗式司法的"骗局"被移到舞台后面之前,强迫被告人及其律师同意作出认罪请求。其中,法院在女王诉特纳案中公开迈向抛弃对抗式司法规定以及加强律师对司法命令从属性的第一步。

此后,法官们加入到高级警官攻击被告人享有法律规定的书面权利与辩护律师的行动之中,有计划地把律师与"罪犯"联系起来。此类反社会控制的思想意识的加剧围绕着警方在侦查中并未完全遵守其廉洁性与可靠性的问题,几乎很少被一系列令人震惊的司法不公案件所打断,这揭露出警方有损信誉的侦查行为以及令人感到可耻的司法偏见。法官和政治家们借助各皇家委员会的优质建议,开

第八章 结论

始在强化警方权力的同时,正式缩小个人的"权利"范围。他们几乎没有向自己带来的人类灾难屈服过。

奥尔德的"焚书(book-burning)行为"[①]完全忠实于英国悠久的传统,而其祖辈冲洗掉了"对抗式司法"传统这一"棺材"上的土块。他"放火烧掉"的图书馆几乎没有保留几本迄今为止具有一定意义的小册子,那本不厚的《被告人的权利》早已被其前任所焚毁,而《警察权》和《司法特权》小手册却被安全地放置在英国皇家司法院(Royal Courts of Justice and Petty France)的储藏库中,[②]等待在沉重的书卷中添加更多的此类著作。[③]

[①] "book-burning"的意思是指焚书,通常以压制信仰或言论自由为目的,销毁被认为在政治上或对社会有害或具有颠覆性的著作或图片。此处是指对现有制度的破坏。——译者注
[②] 司法部所在地和刑事诉讼程序规则委员会的汇合点。
[③] 作为对警方根据原反恐体制第44条的规定(参见本书第二章)滥用令人恐惧的拦截与搜查权方面的回应,亚裔人被警方拦截的可能性与白人相比要多42倍,2000年《反恐怖主义法》第7计划表继续反映出司法机构通过一种严重缺乏的、非民主的安全服务机构(Security Service)来保护此类滥用权力的做法。V. Dodd, 'Asian people 42 times more likely to be held under terror law', *The Guardian*, 23 May 2011. 例如,高等法院在米兰达案中认为,一名记者的同伴(不涉嫌恐怖活动)因为藏有——根据立法专门设计来打击恐怖主义的规定——敏感文件而遭到安全局的逮捕,警方的做法具有合法性和恰当性,并没有违反欧洲有关言论自由的人权保护规定(*Miranda v S of S* [2014])。尽管本案当事人没有任何涉嫌违法行为,但其在有争议的基础上陷入到涉嫌影响"国家安全"的困境(morass)中。因此,三名法官一致支持警方拘留大卫·米兰达九个小时,并且在律师没有在场的情况下,没收其电子设备及复制品的做法。H. Kennedy, 'The David Miranda judgement has chilling implications for press freedom, race relations and basic justice', *The Guardian*, 19 February 2014, at 52. 司法机构支持的安全部门的过激行为令人感到不安。除了严重侵犯新闻自由之外,这一判决还会影响每一位英格兰或威尔士的公民,他们会面临类似的来自政府官员的威胁,不需要有丝毫的怀疑,只需受制于含糊不清的"善意"警告即可。正如J.乌斯利直截了当地指出的那样,"官员必须善意行事……不得随意采取行动,例如,在最多不过是凭预感或直觉的情况下……"(在第91段)。

奥尔德的遗产位于别处：他严词谴责将犯罪嫌疑人和被告人的"权利"写在薄薄的纸张上，而这些书的书脊却无法承受重塑的火焰，在一种"成本效益"思想盛行的时代里成为了实现正义的障碍，其作为合法性代理人的声望如今已被归入档案室，成为历史。之前的法官们所确信的规范这些正式对抗式制度的规则，必须得以忠实遵守，它们并非"游戏规则"，①但现在却被嘲笑为"游戏规则"。

上诉法院通过奥尔德本人及其（大都保持缄默的）司法弟子们急切地使用被奥尔德所蔑视的"司法竞技理论"。这些弟子们有时不理解这一概念，就称之为律师们被迫"摊牌"的新时代！② 奥尔德的建议如此诱人，以至于他们准备了各种混合性的理由，作为拒绝接受对抗式司法基础的幌子（pretence），正式否认律师行业的独立概念以及设立公开的社会惩戒性团体的权利。而且，该理论很快通过解除财政部门管制的方式，在界定的政治气候中确定了延续使用的基础，关注"法律与秩序"的重点在于市场经济中失效的事项，这是法官们现在可以公开炫耀的，而且无须依靠传统合法性的要求［就能实现］。③ 必须强调的是，"成本效率"的首要口号不仅仅属于政府的一项发明创造，而且正如司法大臣编著的手册中所强调的核心内容那样，它也是由司法机构以不切实际的支持手段所培育的结果。事实上，司法大臣已经与首席大法官达成一致，决定由大法官莱韦森（Leveson）勋爵对刑事诉讼程序进行审查，但不得采用任何不诚实

---

① *Randall v R*［2002］.
② 例如，参见：*R v Newell*［2012］.
③ 例如，参见：M. McConville and C. Mirsky, 'Guilty plea courts: a social disciplinary model of criminal justice', (1995) *Social Problems*, 42(2):216; S. Choongh, *Policing as Social Discipline*, (1997) Oxford: Clarendon Press.

的"公开"方式,而是"找到精简和优化这些程序的方法"。首席大法官力图重振1975年詹姆斯委员会所主张的贬低陪审团的建议,以消除"不诚实的小行为"——也许包括虔诚的伪证或者高尚的事业在内——所滋生的腐败等问题。为此,他建议这些——当然还有其他——事项应由一个只由法官组成的中级法院来处理。①

增强这一总体战略的基础已经成为了不确定的政治问题(Politics of indeterminacy):法官们在女王诉特纳案之前通过一种不确定的、更糟糕的事情或许会发生的潜在威胁,来试图笼络被告人及其律师。而在特纳案发生之后,他们可通过更糟糕的事情很有可能发生的公开威胁,确保可以获得被告人及其律师的配合。这得益于《刑事程序规则》。根据该规则,据说有"完全选择自由权的"被告人及其律师——据说具有完全的咨询建议自由权——在事实上屈服于一种强制性的制度。律师们受到警告,如果存在不配合的行为,则可能会出现其他惩罚性的规则以及相关的(且未详细说明)处罚措施。② 而其他惩罚性规则所包含的内容由法官们主导的委员会秘密制定,已经取代了"法律"神话。

奥尔德和《刑事程序规则》所支持的"法律"高高耸立,反对个人权利概念的存在,并以严厉的目光压制那些与其主张相矛盾、支持那些受制于警方多番侵入个人生活的人士(这一点现在已得到警方督察组的承认),或者是那些被错误指控犯罪的人员。刑事法官以此方式应验了福柯关于"新的权利方法"的预言,该方法的运作依靠技术

---

① J. Rozenberg, Lord Chief Justice helps politicians grasp courts''hot potato', *The Guardian*, 4 March 2014.
② 朱尼厄斯(Junius)的话对于法官制定的《刑事程序规则》来说属于恰当的评论:"法律的目的不在于信任个人会做什么,而在于要防范他们可能会做什么。"

而非权利,依靠标准化而非法律,依靠控制而非惩罚。①

十七、诸多理论模式与经验现实

252　　国家诱导的被告人认罪答辩在英格兰和威尔士的历史短暂,而在苏格兰的历史则更短暂,但对上述提到的各种理论模式却具有重要的意义。尽管这些模式有其引人注目的因素,但它们作为解释性的框架也存在诸多不足。因此,拜尔巴斯假设"形式法律理性"属于"正当程序"的一种工具,认为在社会危机时期应当忽视这种理性。②事实上,这种理性在大多数情况下被例行公事般地放在一边,正如他顺便记录的那样,无论是在"正常"还是"危机"的局面下,都变成了空洞的言辞规定。

　　强调审判法官在管理主义解释模式中的角色改变体现了英格兰和威尔士的一种判决风格(style of judging),③与政府对"公共服务"的回应产生了共鸣。该"公共服务"的绩效指标(performance indicator)与各种目标和市场挂钩,而不是围绕着服务的标准与交付,但这种所谓的"驱动引擎"("成本效益")仍然存在不少问题。据说,这是源于已经明显地成为国家建设中的"财政危机",暗示出法官们会在很长的一段时间内也会卷入其中;而如今它已经便捷地成为全球金融"危机"的寄生物。

---

① M. Foucault, *The History of Sexuality* (ed. Robert Hurley), (1978) London: Allen Lane, p.84.
② I. Balbus, *The Dialectics of Legal Repression*, (1973) New York: Russell Sage.
③ 其他一些法域正在往这一方向发展。参见:J. McEwan, 'From adversarialism to managerialism: criminal justice in transition', (2011) *Legal Studies*, 31(3):519.

第八章　结论

此外，法院也不能被理解为布隆伯格所描述的官僚机构，因为这意味着它们拥有一种从广泛的政治与社会秩序中被移除的内在逻辑。[1] 相反，假如说[英国]国家诱导的被告人认罪答辩的近代史可以带给我们一些经验教训的话，那就是法院代表着国家在运转，再现所有的权力结构与强制方法，可适用于围绕着种族、性别、机会及财富的不平等地位来划分的社会秩序。

虽然将重点放在对被告人认罪答辩的处理方面似乎会与"法庭工作组"的模式保持一致，但正如舍斯金所指出的那样，一个核心的问题是研究人员——如今还可包括其他人——因为可以看到个人的相互作用以及正在被完成的工作，所以就简单地假设此类实践的存在。[2] 爱森斯坦和雅各布提出，尽管"这些团队成员可能并没有意识到这一点"，但他们具有相同的价值观与行为规范。[3] 然而，正如舍斯金颇具讽刺意味的问题所涉及的那样，"假如他们（团队成员）并没有意识到这一点，那么其他人又怎么会假定此类价值观和行为规范的存在？"[4]

英格兰和威尔士并不存在具有相同行为规范和价值观的"法庭工作组"，法官们已经建立起一个"强制的劳动集中营"（forced labour camp），毫不留情地用于限制辩护律师的作用。实际上，律师们的作用已经随着法律援助制度的变革而遭到削弱，他们被贬低为"拒不合作者或不负责任者"，或被不分青红皂白地指责为"贪婪的肥

---

[1] A. Blumberg, *Criminal Justice*, (1967) Chicago IL: Quadrangle.
[2] A. Sheskin, 'Trial courts on trial: examining dominant assumptions', in J. A. Cramer (ed.), *Courts and Judges*, (1981) Beverly Hills, CA: Sage Publications.
[3] J. Eisenstein and H. Jacob, *Felony Justice*, (1977) Boston: Little, Brown.
[4] A. Sheskin, 'Trial courts on trial: examining dominant assumptions', in J. A. Cramer (ed.), *Courts and Judges*, (1981) Beverly Hills, CA: Sage Publications, p.84.

猫",并且只能按照法官提出的条件来办理刑事案件。① 在此背景下,对于"辩护"出庭律师来说,他们作为"法院的官员"所承担的有限"义务"要比法院的工作人员所承担的义务更少。

昨日幽灵已经再现,过去适用于"低级社会阶层"的方法现在都已经被常规化。那些"低级阶层"主要包括少数民族社区成员、失业者、无家可归者、罢工的矿工和参与扰乱公共秩序的人员。所有的刑事法院——以及很快就会被创建的新型法院——现在都属于"特别法庭",它们通过"例行"行使的"自由裁量权"来实施"群体性司法公正",可以"正确预测"并通过"剥壳式练习法"(shelling exercise)恰当地传达案件的结果。负责监督并受到这一情形困扰的机构是上诉法院,该机构内充满了沉默的法官;他们对"合议庭"的描述大概是无心的误称,或者是个具有讽刺意味的笑话。它如今在案件处置的标准化方面用"给予充分的信任"来取代"没有信任"。

那么,这就不是向纠问式制度(inquisitorial system)迈进的举措。相反,获得无情政客帮助的刑事法官们正在寻求构建一种单一制(unitary system)。包括被告人在内的当事人被迫发誓,一起携手维护这些共同目标,如果按照法官的定义来说,那就是"配合";否则,就会有制裁不遵守该目标的行为。

代替对抗式司法的秘密,源源不断的法官席人员"供应链"正式地贬低审判为一场"游戏"(偶尔点头假装致敬),在被贬低为"不值得同情"的犯罪嫌疑人/被告人群体的背景下,由日益丧失能力并且令人担心的辩方来提供服务,自由并且自愿地参与定罪活动。它涉及

---

① 它必须取得彻底的成功,所以律师行业中高级别的律师会继续探索并对抗司法创建的程序法体系结构的薄弱点。

一种更广泛的程序,但并不按照"法律程序",而是由强制性的规则,也就是被司法机构——通过由法官占据主导地位的委员会以及不可分割的法院判决等方式——私下决定的标准来确定。这应该是当今大多数高级法官所从事的工作,而首席大法官则斗志旺盛地称之为"紧缩的时代"(age of retrenchment)。①

法院不再属于"政府中力量最弱、危险性最小的政府部门",而法官们也在受到诽谤的过程中成长。一旦法官"打算违反规则,作出不当的行为",②如今负责指导司法政策的他们不仅会违反规则,在大肆宣传之外更会改变严格规定的规则,而且还会使这些规则变质,引入与政府政策完全一致、更具可塑性的内容,其本身是被扭曲的理性主义与行政部门犬儒主义思想的联合。并列存在于一个"大帽子"之下的权利规定其实只是一种修辞技巧,反映了一种拙劣的政治化品牌,它威胁到有原则的、有实证经验的司法"处置"争论被边缘化的问题。

一种日益专制的程序不再需要在形式法律理性中寻求其合法性,而是在处理社会"污垢"时要求这种"廉价"、没有原则但又卑鄙的主张。这一无耻的生产线流程的特点是要求警察、检察官、法官和辩

---

① 具有讽刺意味的是,当首席大法官在对人权与法律改革组织司法正义(JUSTICE)发表的一次演讲中,把全部注意力都集中到"国家的角色及其准备花费的开支已经发生变化"时,他强烈批评现有的刑事司法制度与保护被告人权利的规定。Lord Thomas of Cwmgiedd, 'Reshaping Justice', Speech delivered to JUSTICE, 3 March 2014, available at http://www.judiciary.gov.uk/Resources/JCO/Documents/Speeches/lcj-speech-reshaping-justice.pdf, p.2 (着重号表强调). 托马斯大法官的"战争"呼声指出了英国司法制度的脆弱性,他声称该制度"未获保护"并且"根本无法免受"攻击,将会"继续被削弱"。参见:同上注,第3页。
② G. Robertson, *Stephen Ward Was Innocent OK: The Case for Overturning His Conviction*, (2013) London: Biteback Publishing, p.99.

护律师力争保持一致,他们就好像是同一个工厂中的四个车间——这是英国保留下来的少数传统做法——由刑事法官负责召集和控制整个[诉讼]流程。

参 考 文 献

Adams, J. (1971),'The second ethical problem in *R v Turner*: the limits of an advocate's discretion', *Criminal Law Review*, 252.

Alge, D. (2013),'The effectiveness of incentives to reduce the risk of moral hazard in the defence barrister's role in plea bargaining', *Legal Ethics*, 16 (1):162.

Alschuler, A. (1975),'The defense attorney's role in plea bargaining, *Yale Law Journal*, 84:1179.

Alschuler, A. (1981),'The changing plea bargaining debate', *California Law Review*, 69:652.

Alschuler, A. (1983),'Implementing the criminal defendant's right to trial: alternatives to the plea bargaining system', *University of Chicago Law Review*, 50:931.

Anderson, D. (2011), *Report on the Operation in 2010 of the Terrorism Act 2000 and of Part I of the Terrorism Act 2006*, London: Stationery Office.

Ashworth, A. (2010),'Coroners and Justice Act 2009: sentencing guide lines and the Sentencing Council', *Criminal Law Review*, 388.

Ashworth, A. (2012),'Departures from the sentencing guidelines', *Criminal Law Review*, 2:81.

Ashworth, A. and M. Redmayne (2010), *The Criminal Process*, 4th edn, Oxford: Oxford University Press.

Atkinson, J. M. and P. Drew (1979), *Order in Court*, London: Macmillan.

Auld, Sir Robin (2001), *Review of the Criminal Courts of England and Wales*, London: Lord Chancellor's Department.

Baksi, C. (2012a),'LSC improvements fail to satisfy auditor', *Law Society*

Gazette, 11 July.

Baksi, C. (2012b), 'Spending watchdog trains fire on interpreter contracting chaos', Law Society Gazette, 12 November.

Baksi, C. (2013a), 'Chris Grayling', Law Society Gazette, 20 May.

Baksi, C. (2013b), 'CPS under fire for failures in two serious cases', Law Society Gazette, 24 June.

Baksi, C. (2013c), '"Overwhelming" support for action as 400 barristers stay away from court', Law Society Gazette, 22 April.

Baksi, C. (2014), 'CPS warns barristers against taking part in legal aid Protest', Law Society Gazette, 3 March.

Balbus, I. (1973, 1977), The Dialectics of Legal Repression, New York: Russell Sage.

Baldwin, J (1985), Pre-Trial Justice, Oxford: Basil Blackwell.

Baldwin, J (1997), 'Understanding judge ordered and directed acquittals in the Crown Court', Criminal Law Review, 536.

Baldwin, J. and F. Feeney (1986), 'Defence disclosure in the magistrates' courts', Modern Law Review, 44:593.

Baldwin, J. and M. McConville (1977), Negotiated Justice, London: Martin Robertson.

Baldwin, J. and M. McConville (1978a), 'Legal carve-up and legal cover-up', British Journal of Law and Society, 5(2):228.

Baldwin, J. and M. McConville (1978b), 'Allegations against lawyers: some evidence from criminal cases in London', Criminal Law Review, 741.

Ball, R. and J. Drury (2012), 'Representing the riots: the (mis)use of statistics to sustain ideological explanation', Riotstats, 106.

Bankowski, Z. and G. Mungham (1976), Images of Law, London: Routledge.

Barclay, G. and C. Tavares (1999), Information on the Criminal Justice System in England and Wales: Digest 4, London: Home Office.

Bar Council of England and Wales (2013), 'Response to the Ministry of Justice Transforming Legal Aid Consultation', 4 June, available at: http://www.barcouncil.org.uk/media/213867/the_bar_council_response_to_moj_transforming_legal_aid_consultation. pdf.

Barry, J. (2010), 'A barrister's role in the plea decision', PhD thesis, University of London, available at: http://qmro. qmul. ac. uk/jspui/handle/123456789/394.

BBC News (2014), 'Police to be told not to confer before writing up notes', 5 March.

Bedford, S. (1958), *The Best We Can Do*, Harmondsworth: Penguin.

Bennet, J. and K. Miller (1990), *Delay in Summary Criminal Proceedings: A Study of Six Sheriff Courts*, Scottish Office: Central Research Unit.

Bennett, R. (1993), 'Criminal justice', *London Review of Books*, 24 June, 15 (12):5.

Bentham, J. (1781), *An Introduction to the Principles of Morals and Legislation*, Oxford: Clarendon Press.

Bentham, J. (1840), *The Rationale of Judicial Evidence*, in 'The Works of Jeremy Bentham now first collected; under the superintendence of his executor, John Bowring', Google Books.

Berger, M. (1976), 'The case against plea bargaining', *American Bar Association Journal*, 62: 621.

Bingham, Lord (2006), 'The rule of law', 6th David Williams Lecture, Centre for Public Law, University of Cambridge, 16 November, available at: http://www. cpl. law. cam. ac. uk /Media/THE%20RULE%20OF%20LAW%202006. pdf.

Birkett, Lord (1961), *Six Great Advocates*, Harmondsworth: Penguin Books.

Blackstock J, E. Cape, J Hodgson, A. Ogorodova and T. Spronken (2013), *Inside Police Custody: An Empirical Account of Suspects' Rights in Four Jurisdictions*, Cambridge: Intersentia Ltd.

Blackstone, W. (1765), *Commentaries on the Laws of England*, Vol. 1.

Blake, M. and A. Ashworth (1998), 'Some ethical issues in prosecuting and defending criminal cases', *Criminal Law Review*, 16.

Block, B. , C. Corbett and J. Peay (1993a), *Ordered and Directed Acquittals in the Crown Court*, Royal Commission on Criminal Justice, Research Study No. 15, London: HMSO.

Block, B., C. Corbett and J. Peay (1993b), 'Ordered and directed acquittals in the Crown Court: A time of change?', *Criminal Law Review*, 95.

Blowe, K. (2011), 'Policing the police', *Red Pepper*, 9 March.

Blumberg, A. (1967), *Criminal Justice*, Chicago IL: Quadrangle.

Blume, J. (2007), *The Dilemma of the Criminal Defendant with a Prior Record—Lessons from the Wrongfully Convicted*, Cornell: Cornell Law School Legal Studies Research Paper Series No. 83.

Bonomy, Lord (2002), *Improving Practice: The 2002 Review of the Practices and Procedure of the High Court of Justiciary*, available at: http://www.scotland.gov.uk/Publications/2002/12/15847/14122.

Borrie, G. and J. Varcoe (1970), *Legal Aid in Criminal Proceedings: A Regional Survey*, Birmingham: Institute of Judicial Administration.

Bottoms, A. and J. McClean (1976), *Defendants in the Criminal Process*, London: Routledge.

Boulton, W. W. (1953, 1957, 1961, 1965, 1971, 1975), *A Guide to Conduct and Etiquette at the Bar of England and Wales*, London: Butterworths.

Bourke, S. (1970), *The Springing of George Blake*, London: Cassell.

Bowers, J. (2008), 'Punishing the innocent', *University of Pennsylvania Law Review*, 156:1117.

Bowles, R. and A. Perry (2009), *International Comparison of Publicly funded Legal Services and Justice Systems*, London: Ministry of Justice, Research Series 14/09, October.

Bowling, B. and C. Phillips (2002), *Racism, Crime and Justice*, Harlow: Longman.

Boyle, K., T. Hadden and P Hillyard (1975), *Law and State: The Case of Northern Ireland*, London: Martin Robertson.

Brabin, Justice (1966), *The Case of Timothy John Evans: Report of an Inquiry*, Cmnd. 3101, London: HMSO.

Bridges, L. (1975), 'The Dialectics of Legal Repression', *Race and Class*, 17:83.

Bridges, L. (1994), 'Normalizing injustice: The Royal Commission on Criminal Justice', *Journal of Law & Society*, 21:20.

Bridges, L. (2006), 'The ethics of representation on guilty pleas', *Legal Ethics*, 9(1):80.
Bridges, L. (2012), 'Four days in August: the UK riots', *Race & Class*, 54(1):1.
Bridges, L. and T. Bunyan (1983), 'Britain's new urban policing strategy—The Police and Criminal Evidence Bill in context', *Journal of Law & Society*, 10(1):85.
Bridges, L. and E. Cape (2008), *CDS Direct: Flying in the Face of the Evidence*, London: Centre for Crime and Justice Studies.
Bridges, L. and S. Choongh (1998), *Improving Police Station Advice: The Impact of the Accreditation Scheme for Police Station Legal Advisers*, London: Law Society's Research and Policy Planning Unit/Legal Aid Board.
Bridges, L. and M. McConville (1997), 'Keeping faith with their own convictions: The Royal Commission on Criminal Justice', in M. McConville and L. Bridges (eds), *Criminal Justice in Crisis*, Cheltenham, UK and Lyme, NH, USA: Edward Elgar.
Bridges, L., E. Cape, P Fenn, A. Mitchell, R. Moorhead and A. Sherr (2007), *Evaluation of the Public Defender Service in England and Wales*, London: HMSO.
Bridges, L., S. Choongh and M. McConville (2000), *Ethnic Minority Defendants and the Right to Elect Jury Trial*, London: Commission for Racial Equality.
Bridges, L., J. Hodgson, M. McConville and A. Pavlovic (1997), 'Can critical research influence policy?' *British Journal of Criminology*, 37:378.
Brogden, A. (1981), 'Sus is dead: What about "SAS"?', *New Community*, 9:44.
Brogden, M. (1982), *Police, Autonomy and Consent*, London: Academic Press.
Brogden, M. (1991), *On the Mersey Beat*, Oxford: Oxford University Press.
Brown, G. (2013), 'Sentence discounting in England and Scotland—some observations on the use of comparative authority in sentence appeals', *Criminal Law Review*, 8:673.

Bryan, I. (1997), *Interrogation and Confession: A Study of Progress, Process and Practice*, Dartmouth: Ashgate.

Bull, R. (2011), 'The investigative interviewing of children and other vulnerable witnesses: psychological research and working/professional practice', *Legal and Criminological Psychology*, 15(1):5.

Burney, E. (1979), *Magistrate, Court and Community*, London: Hutchinson.

Burton, F. and P. Carlen (1979), *Official Discourse: On Discourse Analysis, Government Publications, Ideology and the State*, London: Routledge and Kegan Paul.

Butler, T. and M. Garsia (1969), *Archbold, Pleading, Evidence & Practice in Criminal Cases*, 37th edn, London: Sweet & Maxwell.

Butler, T. and S. Mitchell (1973), *Archbold, Pleading, Evidence & Practice in Criminal Cases*, 38th edn, London: Sweet & Maxwell.

Cain, M. (1979), 'The general practice lawyer and the client: towards a radical conception', *International Journal of the Sociology of Law*, 7:331.

Callander, I. (2013), 'The pursuit of efficiency in the reform of the Scottish fiscal fine: should we opt out of the conditional offer?', *Scots Law Times*, 5:37 – 43; 6:47 – 53.

Cape, E. (2004), 'The rise (and fall?) of a criminal defence profession', *Criminal Law Review*, 72.

Cape, E. (2013), 'The counter-terrorism provisions of the Protection of Freedoms Act 2012: preventing misuse or a case of smoke and mirrors?', *Criminal Law Review*, 5:385.

Carlen, P. (1976), *Magistrates' Justice*, London: Martin Robertson.

Carlile, Lord (2010), *Report on the Operation in 2009 of the Terrorism Act 2000 and of Part I of the Terrorism Act 2006*, July. London: TSO.

Carter, Lord (2006), *Legal Aid: A Market-Based Approach to Reform*, London, available at: http://www.lccsa.org.uk/assets/documents/consultation/carter%20review%2013072006.pdf.

Casale, S. (2013), *Report of the Independent External Review of the IPCC Investigation into the Death of Sean Rigg* (May), available at: http://www.ipcc.gov.uk/sites/default/files/Documents/investigation_commissioner_reports/

Review_Report_Sean_Rigg. PDF.

Chibnall, S. (1977), *Law and Order News: An Analysis of Crime Reporting in the British Press*, London: Tavistock Publishing.

Choongh, S. (1997), *Policing as Social Discipline*, Oxford: Clarendon Press.

Christian, L. (1985), 'Restriction without conviction: the role of the courts in legitimising police control in Nottinghamshire', in B. Fine and R. Millar (eds), *Policing the Miners' Strike*, London: Lawrence & Wishart.

Clarkson, C., A. Cretney, G. Davis and J Shepherd (1994), 'Assaults: the relationship between seriousness, criminalisation and punishment', *Criminal Law Review*, 4.

Clough, J. and A. Jackson (2012), 'The game is up: proposals on incorporating effective disclosure requirements into criminal investigations', *Criminal Lawyer*, 211:3.

Cluss, P. A., J. Boughton, E. Frank, B. D. Stewart and D. West (1983), 'The rape victim: psychological correlates of participation in the legal process', *Criminal Justice and Behavior*, 10:342.

Cockburn, A. W. (1952), 'In lumine: an address on advocacy', Faculty of Law, Southampton.

Cohen, S. (1979), 'The punitive city: notes on the dispersal of social control', *Contemporary Crises*, 3:339.

Cookson, G. (2011), *Unintended Consequences: The Cost of the Government's Legal Aid Reforms*, London: King's College London.

Council of Circuit Judges (2013), *Response to the Ministry of Justice Transforming Legal Aid Consultation*, June 2013, available at: http://www.judiciary.gov.uk/Resources/JCO/Documents/Consultations/cocj-response-transforming-legal-aid-june-2013.pdf.

Cox, B., J. Shirley and M. Short (1977), *The Fall of Scotland Yard*, London: Penguin Books Ltd.

Cretney, A. and G. Davis (1995), *Punishing Violence*, London: Routledge.

Cretney, A. and G. Davis (1997), 'Prosecuting domestic assault: victims failing courts or courts failing victims?', *Howard Journal*, 32(2):146.

Criminal Law Revision Committee (1972), *Eleventh Report*, *Evidence (Gen-*

eral), Cmnd 4991, London: HMSO.

Crown Office Notice (1980), *Journal of the Law Society of Scotland*, 25(4): April.

Crown Prosecution Service (CPS) (2009), *Annual Report and Resource Accounts for the Period April 2008—March 2009*, London: Stationery Office, available at: http://www.cps.gov.uk/publications/reports/2008/index.html.

Crown Prosecution Service (CPS) (2013), *Response to the Ministry of Justice Transforming Legal Aid Consultation*, 4 June, available at: http://www.cps.gov.uk/consultations/cps_response_to_legal_aid_consultation.pdf.

Curran, P. (1991), 'Discussions in the judge's private room', *Criminal Law Review*, 79.

David, Judge (1978), 'In the Crown Court', *The Magistrate*, 34:74.

Dawes, W., P. Harvey, B. Mackintosh, F. Nunney and A. Phillips (2011), *Attitudes to Guilty Plea Reductions*, Sentencing Council Research Series 02/11, London: Sentencing Council.

De Burgh, H. (2000), *Investigative Journalism: Context and Practice*, London: Routledge.

Dell, S. (1971), *Silent in Court*, London: Bell.

Dempsey, M. (2009), *Prosecuting Domestic Violence*, Oxford: Oxford University Press.

Demuth, C. (1978), *Sus: A Report of the Vagrancy Act of 1824*, London: Runnymede Trust.

Denning, Lord (1963), *The Circumstances Leading to the Resignation of the Former Secretary for War, Mr. J. D. Profumo*, Cmnd. 2152, London: HMSO.

Denyer, R. (2008), *Case Management in the Crown Court*, Oxford: Hart Publishing.

Denyer, R. (2012), *Case Management in Criminal Trials*, 2nd edn, Oxford: Hart Publishing.

Department for Communities and Local Government (2013), *Response to the Riots: Communities and Victims Panel's Final Report*, 12 July.

Department for Constitutional Affairs (2006a), *Judicial Statistics: England*

and *Wales for the Year 2005*, CM 6799, May.

Department for Constitutional Affairs (2006b), *Delivering Simple, Speedy, Summary Justice*, 13 July.

Dervan, L. (2012), 'Bargained justice: plea bargaining's innocence problem and the Brady safety-valve', *Utah Law Review*, 51.

Dervan, L. and V. Edkins (2012), 'The innocent defendant's dilemma: an innovative empirical study of plea bargaining's innocence problem', available at: http://ssrn.com/abstract = 2071397.

Devlin, J. D. (1960), *Criminal Courts and Procedure*, London: Butterworth.

Devlin, Lord (1979), *The Judge*, Oxford: Oxford University Press.

Devlin, Lord (1991), 'The conscience of the jury', *Law Quarterly Review*, 107:398.

Devlin, P. (1956), *Trial by Jury*, London: Stevens.

Devlin, P. (1960), *The Prosecution Process in England*, Oxford: Oxford University Press.

Dicey, A. V. (1885), *Introduction to the Study of the Law of the Constitution*, 1st edn, Macmillan.

Dignan, J. and A. Whynne (1997), 'A microcosm of the local community? Reflections on the composition of the magistracy in a Petty Sessional Division in the North Midlands', *British Journal of Criminology*, 37:184.

Dixen, B. (2012), 'The record of the House of Lords in Strasbourg', *Law Quarterly Review*, 128 (July), 354.

Dixon, D., A. K. Bottomley, C. A. Coleman, M. Gill and D. Wall (1989), 'Reality and rules in the construction and regulation of police suspicion', *International Journal of the Sociology of Law*, 17:185.

Doob, A. and C. Webster (2003), 'Sentence severity and crime: accepting the null hypothesis', in M. Tonry (ed.), *Crime and Justice: A Review of Research*, Vol. 30, Chicago: University of Chicago Press.

Doughty Street Chambers (2013), 'Response to the Ministry of Justice Transforming Legal Aid Consultation', 4 June, available at: http://www.doughtystreet.co.uk/documents/uploaded-documents/Transforming_Legal_Aid_-_Doughty_Street_Chambers_Response_(2).pdf.

262 Downes, D. and R. Morgan (2002), 'The skeletons in the cupboard: the politics of law and order at the turn of the millennium', in M. Maguire, R. Morgan and R. Refiner (eds), *The Oxford Handbook of Criminology*, Oxford: Oxford University Press.

Du Cann, R. (1964), *The Art of the Advocate*, London: Penguin Group.

Duff, P. (1999a), 'The not proven verdict: jury mythology and "moral panics"', *Juridicial Review*, 1:1.

Duff, P. (1999b), 'The Scottish criminal jury: a very peculiar institution', *Law and Contemporary Problems*, 62:73.

Duff, P. (1999c), 'The Prosecution Service: independence and accountability', in P. Duff and N. Hutton (eds), *Criminal Justice in Scotland*, Aldershot: Ashgate.

Dworkin, R. (1985), 'Principle, policy, procedure', in R. Dworkin, *A Matter of Principle*, Cambridge, MA: Harvard University Press.

East, R. and P. Thomas (1985), 'Freedom of movement: Moss v McLachlan', *Journal of Law & Society*, 12(1):77.

Eastwood, N., M. Shiner and D. Bear (2013), *The Numbers in Black and White: Ethnic Disparities in the Policing and Prosecution of Drug Offences in England and Wales*, Release (LSE consulting), August.

Edwards, A. (2010), 'Do the defence matter?', *International Journal of Evidence and Proof*, 14:119.

Eisenstein, J and H. Jacob (1977), *Felony Justice*, Boston: Little, Brown.

Ellis, R. and S. Biggs (2013), 'Simple cautions', *Archbold Review*, 5:6.

Ellison QC, M. (2014), 'The Stephen Lawrence Independent Review—Possible Corruption and the role of undercover policing in the Stephen Lawrence case (summary of findings)', (Ellison Report), UK: HMSO, HC1094, 6 March.

Equalities and Human Rights Commission (EHRC) (2010), *Stop and Think: A Critical Review of the Use of Stop and Search Powers in England and Wales*, London: EHRC.

Equalities and Human Rights Commission (EHRC) (2012), *Race Disproportionality in Stops and Searches under Section 60 of the Criminal Justice and

Public Order Act, 1994, available at: http://www.equalityhumanrights.com/uploaded_files/research/bp_5_final.pdf.

Faulkner, D. (2010), Criminal Justice and Government at a Time of Austerity: An Extended Review, London: Criminal Justice Alliance.

Feeley, M. (1976), 'The concept of laws in social science: a critique and notes on an expanded view', Law and Society Review, 10:497.

Feeley, M. (1977, 1979), The Process is the Punishment, New York: Russell Sage.

Feeley, M. (1982), 'Plea bargaining and the structure of the criminal process', Journal of Justice Systems, 73:338.

Feinberg, J. (1992), 'In defence of moral rights', Oxford Journal of Legal Studies, 12:149.

Fenwick, H. (1997), 'Procedural "rights" of victims of crime: public or private ordering of the criminal process?', Modern Law Review, 60(3):317.

Ferguson, G. and D. Roberts (1974), 'Plea bargaining: directions for Canadian reform', Canadian Bar Review, 52:498.

Fields, P. (2008), 'Case comment. Clarke and McDaid: a technical triumph', Criminal Law Review, 8:612–624.

Fine, B. and R. Millar (eds) (1985), Policing the Miners, London: Lawrence & Wishart.

Finkelstein, M. (1975), 'A statistical analysis of guilty plea practices in the Federal Courts', Harvard Law Review, 89:293.

Fisher, Sir Henry (1977), Report of an Inquiry by the Hon. Sir Henry Fisher into the circumstances leading to the trial of three persons on charges arising out of the death of Maxwell Confait and the fire at 27 Doggett Road, London SE 6, London: HMSO.

Fitzgerald, M. (1993), Ethnic Minorities and the Criminal Justice System, Royal Commission on Criminal Justice Research Study No. 20, London: HMSO.

Flanagan, R. (2008), The Review of Policing: Final Report, London: Home Office.

Foot, P. (1986), Murder at the Farm, London: Sidgwick & Jackson.

Foucault, M. (1978), *The History of Sexuality* (ed. Robert Hurley), London: Allen Lane.

Franey, R. (1983), *Poor Law*, London: CHAR, CPAG, CDC, NAPO, NCCL.

Frey, R. (1980), *Interests and Rights: The Case Against Animals*, Oxford: Clarendon Press.

Fuller, L. (1961), 'The adversary system', in H. J. Berman (ed.), *Talks on American Law*, New York: Vintage Books.

Fuller, L. (1978), 'The forms and limits of adjudication', *Harvard Law Review*, 92(2):353.

Garden Court Chambers (2012), 'Sean Rigg Inquest report', 2 August, available at: http://www.gardencourtchambers.co.uk/news/news_detail.cfm? iNewsID = 759.

Garfinkle, H. (1955), 'Conditions of successful degradation ceremonies', *American Journal of Sociology*, 61:420.

Garrett, B. (2008), 'Judging Innocence', Columbia Law Review, 108:55.

Gee, J. and M. Button (2013), *The Financial Cost of Fraud Report 2013*, University of Portsmouth: Centre for Counter Fraud Studies.

Genders, E. (1999), 'Reform of the Offences Against the Person Act: Lessons from the Law in Action', *Criminal Law Review*, 689.

Gibson, J. (2006), 'Judicial institutions', in R. Rhodes, S. Binder and B. Rockman (eds), *The Oxford Handbook of Political Institutions*, Oxford: Oxford University Press.

Golding, P. and S. Middleton (1982), *Images of Welfare: Press and Public Attitudes to Poverty*, Oxford: Martin Robertson.

Gordon, G. (1970), 'Plea Bargaining', *The Scots Law Times*, 2 October:153.

Goriely, T. et al. (2001), *The Public Defence Solicitors Office in Edinburgh: An Independent Evaluation*, Scottish Executive Council Research Unit/TSO.

Grayling, C. (2013), 'UK set to host 2015 Global Law Summit', Government Press Release, 6 October, available at: https://www.gov.uk/government/news/uk-set-to-host-2015-global-law-summit.

Green, P. (1990), *Policing the Miners' Strike*, Milton Keynes: Open University Press.

Greer S. (1995), *Supergrasses: A Study in Anti-Terrorism Law Enforcement in Northern Ireland*, Oxford: Clarendon Press.

Gregory, J. (1976), *Crown Court or Magistrates' Court*, Office of Population and Censuses and Surveys, London: HMSO.

Gregory, W., J. Mowen and D. Linder (1978), 'Social psychology and plea bargaining', *Journal of Personality and Social Psychology*, 36:1521.

Gross, Rt Hon LJ and Treacy, Rt Hon LJ (2012), *Further Review of Disclosure in Criminal Proceedings*, Judiciary of England and Wales.

Gross, S., R. Jacoby, K. Matheson and D. J Montgomery (2005), 'Exonerations in the United States, 1989 through 2003', *Journal of Criminal Law & Criminology*, 95: 523.

Guardian/LSE (2011), *Reading the Riots: Investigating England's Summer of Disorder*, London: Guardian/LSE.

Guest, S. (2009), 'How to criticize Dworkin's Theory of Law', *Analysis*, 69 (2):1.

Hall, A. (2010), 'Where do the advocates stand when the goalposts are moved?', *International Journal of Evidence & Proof*, 14:107.

Hamlyn, B., A. Phelps, J. Turtle and G. Sattar (2004), *Are Special Measures Working? Evidence from Surveys of Vulnerable and Intimidated Witnesses*, Home Office Research Study No. 283, Home Office, Research Development and Statistics Directorate.

Harman, H. and J. Griffith (1979), *Justice Deserted: The Subversion of the Jury*, London: National Council for Civil Liberties.

Harper, R. and A. McWhinnie (1983), *The Glasgow Rape Case*, London: Hutchinson.

Harries, R. (1999), *The Cost of Criminal Justice*, Home Office Research Directorate, No. 103.

Harris, J. and S. Grace (1999), *A Question of Evidence? Investigating and Prosecuting Rape in the 1990s*, Home Office Research Study No. 196, London: Home Office.

265 Hedderman, C. and D. Moxon (1992), *Magistrates' Court or Crown Court? Mode of Trial Decisions and Sentencing*, Home Office Research Study No. 125, London: HMSO.

Heilbroner, D. (1990), *Rough Justice: Days and Nights of a Young D. A.*, New York: Pantheon Books.

Henham, R. (1999), 'Bargain justice or justice denied? Sentence discounts and the criminal process', *Modern Law Review*, 62(4): 515.

Henham, R. (2002), 'Further evidence on the significance of plea in the crown court', *Howard Journal of Criminal Justice*, 41:151.

Heumann, M. (1975), 'A note on plea bargaining and case pressure', *Law and Society Review*, 9:515.

Heumann, M. (1978), *Plea Bargaining*, Chicago: University of Chicago Press.

Heydon, J. (2013), 'Threats to judicial independence: the enemy within', *Law Quarterly Review*, 129:205.

Hilbery, M. (1975), *Duty and Art in Advocacy*, London: Stevens.

Hillyard, P. (1994), 'The politics of criminal justice: the Irish dimension', in M. McConville and L. Bridges (eds), *Criminal Justice in Crisis*, Aldershot, UK and Brookfield, VT, USA: Edward Elgar.

HM Crown Prosecution Service Inspectorate (HMCPSI) (2003), *Thematic Review of Attrition in the Prosecution Process (the Justice Gap)*, London: HMCPSI.

HM Crown Prosecution Service Inspectorate (HMCPSI) (2004), *Violence at Home: A Joint Thematic Inspection of the Investigation and Prosecution of Cases Involving Domestic Violence*, London: HMCPSI.

HM Crown Prosecution Service Inspectorate (HMCPSI) (2007), *Discontinuance (Thematic Review)*, London: HMCPSI.

HM Crown Prosecution Service Inspectorate (HMCPSI) (2012a), *CPS London: Follow-up Report*, London: HMCPSI.

HM Crown Prosecution Service Inspectorate (HMCPSI) (2012b), *CPS Gwent and CPS South Wales: Follow-up Inspection*, March, available at: http://www.hmcpsi.gov.uk/documents/reports/AEI/GWSW/WALS_FU_GWN_SWA_Mar12_rpt.pdf.

HM Crown Prosecution Service Inspectorate (HMCPSI) (2012c), *CPS Core Quality Standards Monitoring Scheme: Thematic Review of the CPS Core Quality Standards Monitoring Scheme*, London: HMCPSI.

HM Crown Prosecution Service Inspectorate (HMCPSI) (2012d), *Follow Up Report of the Thematic Review of the Quality of Prosecution Advocacy and Case Presentation*, London: HMCPSI.

HM Inspectorate of Constabulary (HMIC) (2013a), *Stop and Search Powers: Are the Police Using Them Effectively and Fairly?*, 9 July.

HM Inspectorate of Constabulary (HMIC) (2013b), *South Yorkshire Police's Response to Child Sexual Exploitation*, 11 November.

HM Inspectorate of Constabulary (HMIC) (2013c), *Crime Recording in Kent: A Report Commissioned by the Police and Crime Commissioner for Kent*, 17 June.

HM Inspectorate of Constabulary and HM Crown Prosecution Service Inspectorate (2011), *A New Approach to Tackling Offending in Communities Needed*, London: Criminal Justice Joint Inspection.

Home Affairs Committee (2013), *Eleventh Report, 2012–2013 on the Independent Police Complaints Commission*, HC 494, 1 February.

Home Office (1963), *Sheffield Police Appeal Inquiry*, Cmnd 2176, London: HMSO.

Home Office (1992), *Costs of the Criminal Justice System 1992*, Vol.1, London: Home Office.

Home Office (2002), *Justice for All*, Cm 5563, London: Home Office.

Home Office (2004), *Analysis of Ethnic Minority Deaths in Police Custody*, London: HMSO.

Home Office (2011), *An Overview of Recorded Crimes and Arrests Resulting from Disorder Events in August 2011*, October.

Home Office (2012), *Police Powers and Procedures, England and Wales 2010/11: Second Edition (Stop and Searches)*, 19 April.

Hodgson, J. (2005), *French Criminal Justice*, Oxford: Hart Publishing.

Hodgson, J. (2006), 'The Role of the Criminal Defence Lawyer in an Inquisitorial Procedure: Legal and Ethical Constraints', *Legal Ethics*, 9(1):125.

Hodgson, J. (2010), 'The future of adversarial criminal justice in 21st century Britain', *North Carolina Journal of International Law and Commercial Regulation*, 35:319.

Hoffman, L. (1964), 'The Judges' Rules', *Lawyer*, 7:23.

Hohl, K. (2011), 'The role of mass media and police communication in trust in the police: new approaches to the analysis of survey and media data', PhD thesis, LSE, available at: http://etheses.lse.ac.uk/213/.

Honess, T., M. Levi and E. Charman (1998), 'Juror competence in processing complex information: implications from a simulation of the Maxwell Trial', *Criminal Law Review*, 763.

Honess, T., M. Levi and E. Charman (2003), 'Juror competence in serious frauds since Roskill: a research-based assessment', *Journal of Financial Crime*, 11(1):17.

Hood, R. (1992), *Race and Sentencing*, Oxford: Oxford University Press.

Houlden, P. and S. Balkin (1985), 'Quality and cost comparisons of private bar indigent defense systems: contract vs. ordered assigned counsel', *Journal of Criminal Law and Criminology*, 76:177.

House of Commons (1995), Hansard, *First Scottish Standing Committee*, Col. 556, 4 April.

House of Commons (2005), 'Terrorism and community relations, sixth report of sessions 2004 – 2005', *Home Affairs Select Committee*, Vol.1, HC 165 – 1, London: TSO.

House of Commons (2013a), Hansard (Debate), Col.116, 5 February.

House of Commons (2013b), Hansard (Debate), Col.523, 27 June.

House of Commons (2013c), Hansard (Debate), Cols 75 – 77WH, 4 September.

Howitt, D. (1998), *Crime, the Media and the Law*, West Sussex: Wiley.

Hucklesby, A. (1997), 'Remand decision makers', *Criminal Law Review*, 269.

Hughes, E. (1971), *The Sociological Eye*, Chicago: Aldine-Atherton.

Human Rights Watch (2010), *Without Suspicion: Stop and Search Under the Terrorism Act 2000*, London: Human Rights Watch.

参考文献

Hyde, D. (2010), 'Tax evasion costs the Treasury 15 times more than benefit fraud', *Citywire Money*, available at: http://citywire.co.uk/money/tax-evasion-costs-treasury-15-times-more-than-benefit-fraud/a378274.

Hyde, J. (2013), 'Grieve: legal aid cuts hurt, but bar is just too big', *Law Society Gazette*, 30 September.

Independent Police Complaints Commission (IPCC) (2012), *Corruption in the Police Service in England and Wales: Second Report—a report based upon the IPCC's experience from 2008 to 2011*, London: The Stationery Office.

Independent Police Complaints Commission (IPCC) (2013), *Southwark Sapphire Unit's Local Practices for the Reporting and Investigation of Sexual Offences, July 2008—September 2009—Independent Investigation Learning Report*, February.

Institute of Race Relations (1987), *Policing Against Black People*, London: Institute of Race Relations.

Ip, J. (2013), 'The reform of counterterrorism stop and search after *Gillan v. United Kingdom*', *Human Rights Law Review*, 13(1):1.

Jackson, J. (1993), 'Trial procedures', in C. Walker and K. Starmer (eds), *Justice in Error*, London: Blackstone Press.

Jackson, J. (1996), 'Judicial responsibility in criminal proceedings', *Current Legal Problems*, 49(1):59.

Jackson, J. and S. Doran (1995), *Judge Without Jury*, Oxford: Oxford University Press.

James Committee (1975), *The Distribution of Criminal Business between the Crown Court and the Magistrates' Court*, Cmnd.6323.

Jeremy, D. (2008), 'The prosecutor's rock and hard place', *Criminal Law Review*, 925.

Jones, R. (2009), 'From Orgreave to the City', *Red Pepper*, June.

Judge, Lord (2011), 'Summary justice in and out of court', John Harris Memorial Lecture, available at: http://www.judiciary.gov.uk/media/speeches/2011/lcj-speech-john-harris-memorial-lecture-07072011.

Judicial Executive Board (2013), *Response to the Ministry of Justice Transforming Legal Aid Consultation*, June, available at: http://www.judiciary.

gov. uk/Resources/JCO/Documents /Consultations/jeb-response-reform-legal-aid-June-2013. pdf.

Judiciary of England and Wales (2013), *Response of the Judicial Executive Board to the Government's Consultation Paper CP14/2013, Transforming Legal Aid: Delivering a More Credible and Efficient System*, June.

JUSTICE (1971), *The Unrepresented Defendant in Magistrates' Courts*, London: Stevens & Sons.

Kalsi, S. (2011), 'August riots—the legal aftermath', 3 October, available at: http://www. law. ac. uk/august-riots/.

Kee, R. (1986), *Trial and Error*, London: Hamish Hamilton.

Kelly, L. , J. Lovett and L. Regan (2005), *Gap or Chasm? Attrition in Reported Rape Cases*, Home Office Research Study No. 293, London: Home Office.

Kemp, V. (2010), *Transforming Legal Aid: Access to Criminal Defence Services*, London: Legal Services Research Centre.

Kennedy, L. (1990), *On My Way to the Club*, London: Fontana.

Kettle, M. and L. Hodges (1982), *Uprising*, London: Pan Books.

King, M. (1971), *Bail or Custody*, London: The Cobden Trust.

King, M. and C. May (1985), *Black Magistrates*, London: Cobden Trust.

Kipnis, K. (1979), 'Plea bargaining: a critic's rejoinder', *Law & Society Review*, 13(2):555.

Labour Party (2005), *Tackling Crime: Forwards Not Back*, Labour Party, UK.

Lacey, N. (1994), 'Missing the wood... pragmatism versus theory in the Royal Commission', in M. McConville and L. Bridges (eds), *Criminal Justice in Crisis*, Aldershot, UK and Brookfield, VT, USA: Edward Elgar.

Langer, M. (2005), 'The rise of managerial judging in international criminal law', *American Journal of Comparative Law*, 835.

Law Society (2013), *Response to the Ministry of Justice Transforming Legal Aid Consultation*, June, available at: http://www. lawsociety. org. uk/representation/policy-discussion /transforming-legal-aid-consultation-law-society-response/.

Lea, J. and S. Hallsworth (2012), 'Understanding the riots', *Criminal Justice Matters*, 87(1): 30.

Lea, S., U. Lanvers and S. Shaw (2003), 'Attrition in rape cases', *British Journal of Criminology*, 43: 583.

Lefstein, N. (1982), *Criminal Defense Services for the Poor' Methods and Programs for Providing Legal Representation and the Need for Adequate Financing*, Chicago, IL: American Bar Association.

Leigh, L. (2013), 'Cautioning—whatever happened to common sense?', *Criminal Law & Justice*, 177:269.

Leipond, A. (2005), 'How the pre-trial process contributes to wrongful convictions', *American Criminal Law Review*, 42:1123.

Leishman, F. and P. Mason (2003), *Policing and the Media: Facts and Fictions*, Cullompton: Willan Publishing.

Leon, H.C. (1970), *The English Judge*, The Hamlyn Lectures, London: Stevens and Sons.

Leverick, F. (2004), 'Tensions and balances, costs and rewards: the sentence discount in Scotland', *Edinburgh Law Review*, 8(3): 360.

Leverick, F. (2006), 'Plea and confession bargaining in Scotland', *Electronic Journal of Comparative Law*, 10(3) December, available at: http://www.ejcl.org/103/art103-8.pdf.

Leverick, F. (2012), 'Sentence discounting for guilty pleas: a question of guidelines', *Edinburgh Law Review*, 16(2):233.

Leveson Report (2012), 'An Inquiry into the Culture, Practice and Ethics of the Press', UK: TSO, 29 November, available at: http://www.officialdocuments.gov.uk/document/hc1213/hc07/0780/0780.asp.

Levi, M. (1993), The Investigation, *Prosecution and Trial of Serious Fraud*, Royal Commission on Criminal Justice, Research Study No.14.

Levitt, A. and the Crown Prosecution Service Equality and Diversity Unit (2013), *Joint Report—Charging Perverting the Course of Justice and Wasting Police Time in Cases Involving Allegedly False Rape and Domestic Violence Allegations*, March.

Lewis, P. and R. Evans (2013), *Undercover: The True Story of Britain's Secret*

Police, London: Faber and Faber.

Lippke, R. (2011), *The Ethics of Plea Bargaining*, Oxford: Oxford University Press.

Lloyd-Bostock, S. (2007), 'The Jubilee Line jurors: does their experience strengthen the argument for judge-only trial in long and complex fraud cases?', *Criminal Law Review*, 255.

Lord Chancellor's Department (2001), *Code of Conduct for Employees of the Legal Services Commission who Provide Services as Part of the Criminal Defence Service*, London: The Stationery Office.

Lynch, D. (1994), 'The impropriety of plea agreements: a tale of two counties', *Law and Social Inquiry*, 19(1):115.

Mack, K. and S. Anleu (1997), 'Sentence discount for a guilty plea: time for a new look', *Flinders Journal of Law Reform*, 1:123.

Magistrate (2011), 'Stop delaying justice! A new training programme', 67(9):6.

Mansfield, M. (2009), *Memoirs of a Radical Lawyer*, London: Bloomsbury Press.

Mark, Sir Robert (1973), *Minority Verdict*, London: BBC Publications.

Martin, R. (2013), 'The recent supergrass controversy: have we learnt from the troubled past?', *Criminal Law Review*, 4:273.

McBarnet, D. (1978), 'The Fisher Report on the Confait case: four issues', *Modern Law Review*, 41:455.

McBarnet, D. (1983), *Conviction: Law, the State and the Construction of Justice*, 2nd edn, London: Macmillan.

McCabe, S. and R. Purves (1972), *By passing the Jury: A Study of Change of Plea and Directed Acquittals in Higher Courts*, Oxford: Blackwell for the Oxford University Penal Research Unit.

McConville, M. (1992), 'Videotaping interrogations: police behaviour on and off camera', *Criminal Law Review*, 532.

McConville, M. and J. Baldwin (1981), *Courts, Prosecution and Conviction*, London: Oxford University Press.

McConville, M. and L. Bridges (1993a), 'Pleading guilty whilst maintaining innocence', *New Law Journal*, 143:160.

McConville, M. and L. Bridges (1993b),'Guilty pleas and the politics of research', *Legal Action*, 9 April.

McConville, M. and C. Mirsky (1993a), 'The disordering of criminal justice', *New Law Journal*, 143:1446.

McConville, M. and C. Mirsky (1993b), 'To plea or not to plea', *Legal Action*, February.

McConville, M. and C. Mirsky (1995), 'Guilty plea courts: a social disciplinary model of criminal justice', *Social Problems*, 42(2):216.

McConville, M. and C. Mirsky (2005), *Jury Trials and Plea Bargaining*, Oxford: Hart.

McConville, M. and P. Morrell (1983), 'Recording the interrogation: have the police got it taped?', *Criminal Law Review*, 158.

McConville, M. and E. Pils (eds) (2013), *Comparative Perspectives on Criminal Justice in China*, Cheltenham, UK and Northampton, MA, USA: Edward Elgar.

McConville, M. and D. Shepherd (1992), *Watching Police Watching Communities*, London: Routledge.

McConville, M., J. Hodgson, L. Bridges and A. Pavlovic (1994), *Standing Accused*, Oxford: Clarendon Press.

McConville, M., A. Sanders and R. Leng (1991), *The Case for the Prosecution*, London: Routledge.

McConville, M. et al. (2011), *Criminal Justice in China: An Empirical Inquiry*, Cheltenham, UK and Northampton, MA, USA: Edward Elgar.

McEwan, J. (2011), 'From adversarialism to managerialism: criminal justice in transition', *Legal Studies*, 31(3): 519.

McEwan, J. (2013), 'Truth, efficiency, and cooperation in modern criminal justice', *Current Legal Problems*, 66(1):203-32.

McEwan, J. and F. Garland (2012),'Embracing the overriding objective: difficulties and dilemmas in the new criminal climate', *International Journal of Evidence and Proof*, 16(3):233.

McInnes Report (2004), *Report of the Summary Justice Review Committee*:

Report to Ministers, 16 March.

McKenna, Mr Justice (1970), 'Police interrogation', *New Law Journal*, 16 July, 120.

Metropolitan Police Service (2012), *Strategic Review into the Disorders of August 2011— Final Report*, London.

Mill, J. S. (1861), *On Representative Government*, London: Parker, Son and Bourn.

Miller, J. (2003), *Police Corruption in England and Wales: An Assessment of Current Evidence*, Home Office, Online Report 11/03.

Miller, J., N. Bland and P Quinton (2000), *The Impact of Stops and Searches on Crime and the Community*, Home Office Research Paper No.127, London: Home Office.

Ministry of Justice (2005), *The Criminal Procedure Rules and Criminal Practice Directions*, London: Ministry of Justice, available at: http://www.legislation.gov.uk/uksi/2013/1554/contents/made.

Ministry of Justice (MoJ) (2011a), *Statistical Bulletin on the Public Disorder of 6th to 9th August 2011*, London: Ministry of Justice.

Ministry of Justice (MoJ) (2011b), *Judicial and Court Statistics 2010*, 30 June, 2011 (*revised July 2011*), London: Ministry of Justice.

Ministry of Justice (MoJ) (2012a), *Statistical Bulletin on the Public Disorder of 6th to 9th August 2011—February 2012 Update*, London: Ministry of Justice.

Ministry of Justice (MoJ) (2012b), *Judicial and Court Statistics 2011*, 28 June, London: Ministry of Justice.

Ministry of Justice (MoJ) (2012c), *Swift and Sure Justice: The Government's Plans for Reform of the Criminal Justice System*, Cm8388, 12 July, London: HMSO.

Ministry of Justice (MoJ) (2013a), *Criminal Justice Statistics*, *Quarterly Update to December 2012*, 30 May, London: Ministry of Justice.

Ministry of Justice (MoJ) (2013b), *Consultation Paper CP 14/2013. Transforming Legal Aid: Delivering a More Credible and Efficient System*, 9 April, London: Ministry of Justice.

Ministry of Justice (MoJ) (2013c), *Statistics on Race and the Criminal Justice System 2012*, November, London: Ministry of Justice.

Ministry of Justice (MoJ) (2013d), *Annual Reports and Accounts 2012 – 13*, 25 June, London: Ministry of Justice.

Ministry of Justice (MoJ) (2013e), *Her Majesty's Court and Tribunal Service Statistics*, September, London: Ministry of Justice.

Mitchell, B. (2011), 'Sentencing riot-related offending: considering Blackshaw and others', *Archbold Review*, 10:4.

Moody, S. and J. Tombs (1982), *Prosecution in the Public Interest*, Edinburgh: Scottish Academic Press.

Morton, J. (1977), 'Trial by blacklist', *New Law Journal*, 127:280.

Morton, J. (1993), *Bent Coppers*, London: Warner Books.

Moss, N. (2013), *Every Case, A Managed Case : Using The Criminal Procedure Rules Speech to London CPS*, 5 March, available at: http://www.judiciary.gov.uk/Resources/JCO /Documents/Speeches/nicholas-moss-speech-cps-london-050313.pdf.

Moxon, D. (1988), *Sentencing Practice in the Crown Court*, Home Office Research Study No.103, London: HMSO.

Mulcahy, A. (1994), 'The justifications of "Justice"', *British Journal of Criminology*, 34:411.

Mullin, C. (1986), *Error of Judgement: The Truth about the Birmingham Bombings*, London: Chatto & Windus.

Murray, K. (2014), 'Stop and search in Scotland: an evaluation of police practice', The Scottish Centre for Crime & Justice Research, University of Edinburgh, January.

Nardulli, P (1979), 'The caseload controversy and the study of criminal courts', *Criminal Law & Criminology*, 70:89.

National Audit Office (2009), *The Procurement of Criminal Legal Aid in England and Wales by the Legal Services Commission*, 27 November, London: The Stationery Office.

National Audit Office (1992), *The Ministry of Justice's Language Service Contract*, *Memorandum*, 10 September 1992, available at: http://www.nao.

org. uk/.

Naughton, M. (ed.) (2010), *The Criminal Cases Review Commission: Hope for the Innocent*?, Basingstoke: Palgrave.

Neuberger, Lord (2013), 'Justice in an Age of Austerity', JUSTICE: Tom Sargant Memorial Lecture 2013, 15 October, available at: http://www.justice.org.uk/data/files/resources /357/Neuberger-2013-lecture.pdf.

Newburn, T., M. Shiner and S. Hayman (1994), 'Race, crime and injustice: strip search and the treatment of suspects in police custody', *British Journal of Criminology*, 34:677.

New Law Journal (1970), 'Comment. Plea bargaining—conflicts of interest', *New Law Journal*, 19 March.

New Law Journal (1970), 'Guilty pleas: counsel's role', *New Law Journal*, 30 April.

New Law Journal (1975), 'Right to counsel', *New Law Journal*, 13 February.

Newman, D. (2013), *Legal Aid Lawyers and the Quest for Justice*, Oxford: Hart Publishing.

Nicholson, D. (2013), 'Taking epistemology seriously: "truth, reason and justice" revisited', *International Journal of Evidence & Proof*, 17(1):1.

Ormerod, D. (2012), *Blackstone's Criminal Practice*, 22nd edn, 2011, Oxford: Oxford University Press.

Orwell, G. (1945), 'Notes about nationalism', first published, London: Polemic.

Oxford Economics (2014), *Forecasting Criminal Legal Aid Expenditure*, January, Oxford, UK.

Padfield, N. (2013), 'Transforming legal aid', *Archbold Review*, 5:5.

Parnas, R. I. and R. J. Atkins (1978), 'The elimination of plea bargaining: a proposal', *Criminal Law Bulletin*, 14:101.

Pattenden, R. and L. Skinns (2010), 'Choice, privacy and publicly-funded legal advice at police stations', *Modern Law Review*, 73:349.

Percy-Smith, J. and P Hillyard (1985), 'Miners in the arms of the law: a statistical analysis', *Journal of Law and Society*, 12(3): 345.

Phillips, C. and D. Brown (1998), *Entry into the Criminal Justice System: A*

Survey of Police Arrests and their Outcomes, Home Office Research Study No. 185, London: Home Office Research and Statistics Directorate.

Poland, Sir H. B. (1898), *Short History of the Criminal Evidence Act*, Mr. Baugh Allen's edition of the Act [originally cited in Rogers (1899)].

Ponting, C. (1987), 'R v Ponting', *Journal of Law and Society*, 14(3):366.

Rauxloh, R. (2012), *Plea Bargaining in National and International Law*, Abingdon: Routledge.

Rawls, J. (1972), *A Theory of Justice*, Cambridge: Harvard University Press.

Refiner, R. (1985), *The Politics of the Police*, Brighton: Wheatsheaf Books.

Rhodes, D. (2013), 'Life in Crime: "Degrees of separation"', *Solicitor's Journal*, 157(12), 26 March.

Richards, P, E. Richards, C. Devon, S. Morris and A. Mellows-Facer (2011a), *Summary Justice Reform : Evaluation of Fiscal Work Order Pilots*, Scottish Government Social Research, available at: http://www.scotland.gov.uk/Publications/2011/01/24140850/0.

Richards, P., E. Richards, C. Devon, S. Morris and A. Mellows-Facer (2011b), *Summary Justice Reform : Evaluation of Direct Measures*, Scottish Government Social Research, Morris Richards Ltd.

Richardson, J. (2011), 'A "just" outcome: losing sight of the purpose of criminal procedure', *Journal of Commonwealth Criminal Law*, 105.

Richardson, J. (2013), 'Is the criminal appeal system fit for purpose?', *Criminal Law Week*, Issue 19, 20 May.

Risinger, D. (2007), 'Innocents convicted: an empirically justified factual wrongful conviction rate', *Journal of Criminal Law & Criminology*, 97:761.

Roberts, A. (2012), 'Case comment: Nunn v Chief Constable of Suffolk Constabulary: evidence—prosecution evidence—disclosure', *Criminal Law Review*, 12:968.

Roberts, D. (1993), 'Questioning the suspect: the solicitor's role', *Criminal Law Review*, 368.

Roberts, J. (2012), 'Points of departure: reflections on sentencing outside the definitive guidelines ranges', *Criminal Law Review*, 6:439.

Robertson, G. (2013), *Stephen Ward Was Innocent OK : The Case for Overtur-*

ning His Conviction, London: Biteback Publishing.

Robson, G. (2012), 'Swift and sure justice? Here we go again', *Criminal Law & Justice Weekly*, 7 September.

Roche, M. (1992), Rethinking Citizenship: Welfare, *Ideology and Change in Modern Society*, Cambridge: Polity Press.

Rogers, S. (1899), 'The ethics of advocacy', *Law Quarterly Review*, 15:259.

Romily, S. (1810), *Observations on the Criminal Law of England*, Note D.

Rose, G. (1967), *Special Statistical Survey*, Table 22, in Royal Commission on Assizes and Quarter Sessions, 1966 – 1969, (1971) Cmnd. 4153.

Rose, G. (1971), *Royal Commission on Assizes and Quarter Sessions 1966 – 69. Special Statistical Survey*, London: HMSO.

Roskill, Lord (1986), *Fraud Trials Committee*, London: HMSO.

Rowntree, S. (1901), *Poverty: A Study in Town Life*, London: Macmillan.

Royal Commission on Criminal Justice (RCCJ) (1993), *Report*, Cm 2263, London: HMSO.

Royal Commission on Criminal Procedure (RCCP) (1981), *Report*, Cmnd. 8092, London: HMSO.

Royal Commission on Police Powers and Procedure (RCPPP) (1929), *Report*, Cmd. 3297.

Rozenberg, J. (2014), Lord Chief Justice helps politicians grasp courts' 'hot potato', *The Guardian*, 4 March, 2014.

Rumney, P. (2006), 'False allegations of rape', *Cambridge Law Journal*, 65 (1):12.

Sanders, A. (1979), 'Guilt, innocence and jury acquittals', *Howard Journal of Criminal Justice*, 24: 76.

Sanders, A. and R. Young (2007), *Criminal Justice*, 3rd edn, Oxford: Oxford University Press.

Sanders, A. and R. Young with M. Burton (2010), *Criminal Justice*, 4th edn, Oxford: Oxford University Press.

Sanders, A., L. Bridges, A. Mulvaney and G. Crozier (1989), *Advice and Assistance at Police Stations and the 24-Hour Duty Solicitor Scheme*, London: Lord Chancellor's Department.

Sandham, J. (1983), 'Operation Major: a backward glance', *Probation Journal*, 30:29.

Scanlon, T. M. (1999), *What We Owe to Each Other*, Cambridge MA: Belknap Press.

Scarman, Lord (1981), *The Brixton Disorders*, 10 – 12th April, London: HMSO.

Scheck, B., P. Neufeld and J. Dwyer (2000), *Actual Innocence: Five Days to Execution and Other Dispatches from the Wrongly Convicted*, New York: Doubleday.

Schulhofer, S. (1986), 'Effective assistance on the assembly line', *New York University Review of Law and Social Change*, 14:137.

Schulhofer, S. (1992), 'Plea bargaining as disaster', *Yale Law Journal*, 101: 1979.

Scott, R. and W Stuntz (1992), 'Plea bargaining as contract', *Yale Law Journal*, 101:1909.

Scottish Executive (2003), *Modernising Justice in Scotland: The Reform of the High Court of Justiciary*, Edinburgh: Scottish Government.

Scottish Office (1993), *Improving the Delivery of Justice in Scotland: 1993 Review of Criminal Evidence and Procedure*, Great Britain: Scottish Office.

Scottish Office (1994), *Firm and Fair*, CM 2600, Edinburgh: HMSO.

Scraton, P. (1985), *The State of the Police*, London: Pluto Press.

Scraton, P. (2012), *The Report of the Hillsborough Independent Panel*, HC 581, London: The Stationery Office.

Scraton, P. (2013), 'The legacy of Hillsborough: liberating truth, challenging power', *Race & Class*, 55(2):1.

Seabrook, R. (1992), *The Efficient Disposal of Business in the Crown Court*, London: The General Council of the Bar.

Sedley, S. (2011), *Ashes and Sparks: Essays on Law and Justice*, Cambridge: Cambridge University Press.

Seifman, R. (1980), 'Plea bargaining in England', in W McDonald and J. Cramer (eds), *Plea Bargaining*, Lexington Books: D. C. Heath.

Sentencing Guidelines Council (2007), *Reduction in Sentence for a Guilty Plea:*

Definitive Guideline (Sentencing Guidelines Secretariat, revised July).

Shapiro, D. (1984), 'Should a guilty plea have preclusive effect?', *Iowa Law Review*, 70:27.

Shattuck, P. (1974), 'Law as politics', *Comparative Politics*, 7(1) (October):127.

Shead, C. (2013), 'The decision in Murray v HM Advocate', *Scottish Criminal Law*, February: 93.

Shearing, C. (1981), 'Subterranean processes in the maintenance of power: an examination of the mechanisms coordinating police action', *Canadian Review of Sociology and Anthropology*, 18(3):283.

Sheskin, A. (1981), 'Trial courts on trial: examining dominant assumptions', in J. A. Cramer (ed.), *Courts and Judges*, Beverly Hills, CA: Sage Publications.

Shiner, M. (2012), *Report on the Use of Section 60 of the Criminal Justice and Public Order Act 1994 by the Police*, February, available at: http://www.stop-watch.org/uploads/documents/Shiner_expertwitnessstatement_s60.pdf.

Singh D., S. Marcus, H. Rabbatts and M. Sherlock (2012), *After the Riots—the Final Report of the Riots Communities and Victims Panel*, March.

Skinns, L. (2009), '"I'm a detainee; get me out of here": predictors of access to custodial legal advice in public and privatized police custody areas in England and Wales', *British Journal of Criminology*, 49(3):399.

Skinns, L. (2011), 'The right to legal advice in the police station: past, present and Future', *Criminal Law Review*, 19.

Slater, E. (2012), 'Scrutinising government—a case to answer: The return of the Supergrass', 7 October, The Bureau of Investigative Journalism, available at: http://www.thebureauinvestigates.com/2012/10/07/the-return-of-the-supergrass/.

Smith, D. (1983), *Police and People in London: A Survey of Police Officers*, London: Policy Studies Institute.

Smith, P. and P. Thomas (1985), *Striking Back*, Cardiff: Welsh Campaign for Civil and Political Liberties.

Smith, R. (2011), 'Legal aid in England and Wales: entering the end game', *ILAG Newsletter*, May, available at: http://www.ilagnet.org/newsletter-stories.php?id = 37.

Smith, T. (2013a), 'The "quiet revolution" in criminal defence: how the zealous advocate slipped into the shadow', *International Journal of the Legal Profession*, 20(1):111.

Smith, T. (2013b), 'Trust, choice and money: why the legal aid reform "u-turn" is essential for effective criminal defence', *Criminal Law Review*, 11: 906.

Spector, M. and J. Kitsuse (2001), *Constructing Social Problems*, New Brunswick, NJ: Transaction Publishers.

Stedman Jones, G. (1971), *Outcast London*, Oxford: Clarendon Press.

Stewart Committee Report (1983), *Keeping Offenders Out of Court: Further Alternatives to Prosecution*, 2nd Report, Cmnd. 8958, HMSO.

Steyn, Lord (1997), 'The Weakest and Least Dangerous Department of Government', *Public Law*, 84.

Storch, R. (1976), 'The policeman as domestic missionary: urban discipline and popular culture in northern England 1850 – 1880', *Journal of Social History*, IX:4.

Tata, C. (2007), 'In the interests of commerce or clients? Legal aid, supply, demand, and ethical indeterminacy in criminal defence work', *Journal of Law and Society*, 34(4): 489.

Tata, C. (2010), 'Sentencing and penal decision-making: is Scotland losing its distinctive character?', in H. Croall, G. Mooney and M. Monro (eds), *Criminal Justice in Scotland*, Oxford: Willan Publishing.

Tata, C. and F. Stephen (2006), '"Swings and roundabouts": do changes to the structure of legal aid make a real difference to criminal case outcomes?', *Criminal Law Review*, 46:722.

Thomas, G. C. (2010), 'Two windows into innocence', *Ohio State Journal of Criminal Law*, 7:575.

Thomas, P. A. (1978), 'Plea bargaining in England', The *Journal of Criminal Law & Criminology*, 69(2):170.

Thomas, P. A. (1982), 'Royal Commissions', *Statute Law Review*, Spring: 40.

Thomas, P. A. and G. Mungham (1976), *A Report on the Duty Solicitor Scheme Operating in the Cardiff Magistrates' Court*, Cardiff: University College.

Thomas, P. A. and G. Mungham (1977), 'Duty solicitor schemes: in whose interest?', *New Law Journal*, 127:180.

Thomas, R. M. (1986), 'The British Official Secrets Acts 1911 – 1939 and the Ponting case', *Criminal Law Review*, 491.

Thomas of Cwmgiedd, Lord (2014), 'Reshaping Justice', Speech delivered to JUSTICE, 3 March, available at: http://www.judiciary.gov.uk/Resources/JCO/Documents/Speeches/lcj-speech-reshaping-justice.pdf.

Thompson, E. P. (1971), 'The moral economy of the English crowd in the eighteenth century', *Past and Present*, 50(1): 76.

Thomson, D. (2004), 'Discount of sentencing following a guilty plea', *Scots Law Times*, 1.

Tonry, M. (2004), *Punishment and Politics*, Cullompton: Willan.

Travers, M. (1997a), 'Preaching to the converted? Improving the persuasiveness of criminal justice research', *British Journal of Criminology*, 37:359.

Travers, M. (1997b), *The Reality of Law: Work and Talk in a Firm of Criminal Lawyers*, Aldershot: Ashgate.

Vennard, J. (1982), *Contested Trials in Magistrates' Courts*, Home Office Research Study No.71, London: HMSO.

Verdun-Jones, S. and A. Hatch (1988), *Plea Bargaining and Sentence Guidelines*, Ottawa: Department of Justice Canada.

Von Hirsch, A., A. Bottoms, E. Burney and P-O. Wikstrom (1999), *Criminal Deterrence and Sentence Severity: An Analysis of Recent Research*, Oxford: Hart Publishing.

Walchover, D. (1989), 'Should judges sum up on the facts?', *Criminal Law Review*, 781.

Walker, C. (2002), 'Miscarriages of justice and the correction of error', in M. McConville and G. Wilson (eds), *The Handbook of the Criminal Justice*

Process, Oxford: Oxford University Press.

Walker, C. (2006), 'Case comment: *R. (on the application of Gillan) v Commissioner of Police of the Metropolis* [2006] UKHL 12; [2006] 2 A. C. 307 (HL)', *Criminal Law Review*, August: 751.

Ward, T. (1986), *Death and Disorder*, London: Pluto Press.

White, R. (2008), 'Out of court and out of sight', *Edinburgh Law Review*, 12 (3):481.

Whitton, E. (1988), *The Cartel: Lawyers and their Nine Magic Tricks*, Australia: E&N Whitton.

Wigmore, J. H. (1940), *Treatise on the Anglo-American System of Evidence in Trials at Common Law*, 3rd edn, Boston: Little, Brown.

Williams, C. (2012), 'Britain's police forces: forever removed from democratic control?', available at: http://www.historyandpolicy.org/papers/policy-paper-16.html.

Williams, G. (1960), 'Questioning by the police: some practical considerations', *Criminal Law Review*, 325.

Williams, G. (1961), 'England', *Journal of Criminal Law & Criminology*, 52: 50.

Williams, G. (2009), *Shafted: The Media, The Miners' Strike and the Aftermath*, London: Campaign for Press & Broadcasting Freedom.

Wilmore, G. (1850), *Is Trial By Jury Worth Keeping?*, 2nd edn, London.

Woofinden, B. (1987), *Miscarriages of Justice*, London: Coronet Books.

Worrall, A. (1990), *Offending Women*, London: Routledge.

Wright, R. and M. Miller (2002), 'The screening/bargaining tradeoff', *Stanford Law Review*, 55:29.

Young, J. (2011), 'Ours was a thankless task', *Law Society Gazette*, 3 November.

Young, R. (2008), 'Street policing after PACE: The drift to summary justice', in E. Cape and R. Young (eds), *Regulating Policing: The Police and Criminal Evidence Act 1984 Past, Present and Future*, Oxford: Hart Publishing.

Young, R. and D. Wall (1996), 'Criminal Justice, Legal Aid and the Defence of Liberty', in R. Young and D. Wall (eds), *Access to Criminal Justice*, London: Blackstone Press Ltd.

Zander, M. (1969), 'Unrepresented defendants in the criminal courts', *Criminal Law Review*, 632.

Zander, M. (1971a), 'Unrepresented defendants in magistrates' courts', *New Law Journal*, 122:1042.

Zander, M. (1971b), 'A study of bail/custody decisions in London magistrates' courts', *Criminal Law Review*, 191.

Zander, M. (1972a), 'Unrepresented defendants in magistrates' courts, 1972', *New Law Journal*, 1041.

Zander, M. (1972b), 'Access to a solicitor in the police station', *Criminal Law Review*, 342.

Zander, M. (1974), 'Are too many professional criminals avoiding conviction? A study in Britain's two busiest courts', *Modern Law Review*, 87:28.

Zander, M. (1978), 'The right to silence in the police station and the caution', in P. Glazebrook (ed.), *Re-shaping the Criminal Law*, London: Stevens.

Zander, M. (1991), 'What the annual statistics tell us about pleas and acquittals', *Criminal Law Review*, 252.

Zander, M. (2001), *Lord Justice Auld's Review of the Criminal Courts: A Response*, available at: http://www.lse.ac.uk/collections/law/staff/020publications%20full%20text/zander/auld_response_web.pdf.

Zander, M. (2009), 'Zander on Woolf', *New Law Journal*, 13 March.

Zander, M. and P. Henderson (1993), *Crown Court Study*, Research Study No.19, The Royal Commission on Criminal Justice, London: HMSO.

新闻媒体文章

Ahmed, K. (2000), 'Molester walks free', *The Observer*, 22 October.

Airs, T. (2012), 'Judge slams "blunders" in baby assault case', *Banbury Cake*, 9 April, available at: http://www.banburycake.co.uk/news/9638668.Judge_slams_blunders_in_baby_assault_case/.

BBC News (2009), '[W]e accept that the wrong decision was made not to charge Mr. Mannan at an earlier stage', 5 March.

BBC News (2010), 'CPS apologises to woman over assault case collapse', 7 October.

BBC News (2011a), 'Private detective axe murder case collapses 24 years on', 11 March.

BBC News (2011b), 'Ratcliffe power station protectors cleared on appeal', 19 July.

BBC News (2011c), 'Riot sentence "feeding frenzy" claims anger magistrates', 29 August.

BBC News (2011d), 'Police chiefs in misconduct probe over Kevin Nunes murder', 23 December.

BBC News (2012a), 'Nine men cleared of murdering UDA man Tommy English', 22 February.

BBC News (2012b), 'Met race claim victims "made to suffer," says retiring officer', 9 May.

BBC News (2012c), 'Lynette White: fresh concerns raised over investigation', 13 August.

BBC News (2012d), 'Mark Haddock UVF supergrass trial cost taxpayers £11.5m', 11 October.

BBC News (2012e), 'Attorney general "cannot review" GBH sentence', 20 January.

BBC News (2012f), 'Sex offenders in Yorkshire given police cautions', 18 May.

BBC News (2012g), 'Serco chief executive stands down after scandal', 25 October.

BBC News (2012h), 'David Leggatt jailed for rape and sex assaults on girls in Fife', 19 December.

BBC News (2013a), 'Police chief Dal Babu criticizes ethnic recruitment', 4 February.

BBC News (2013b), 'Timeline: Daniel Morgan axe murder', 21 May.

BBC News (2013c), 'Police corruption: criminals "give officers steroids"', 23 January.

BBC News (2013d), 'Undercover police "used dead children's identities"', 3 February.

BBC News (2013e), 'Colchester General Hospital: police probe cancer treatment', 5 November.

BBC News(2013f), 'Lord Neuberger, UK's most senior judge, voices legal aid fears', 5 March.

BBC News (2013g), 'Cleveland Police deputy chief constable Derek Bonnard sacked', 25 March.

BBC News (2013h), 'Former police officer admits selling stories to Sun', 26 April.

BBC News (2013i), 'Daniel Morgan murder: inquiry to examine "police Corruption"', 10 May.

BBC News (2013j), 'Sir Norman Benison smear claim shocks Lawrence witness', 5 July.

BBC News(2013k), 'Angela England jailed over Conwy false rape allegation', 10 August.

BBC News (2013l), 'Benefit fraud could lead to 10-year jail terms, says DPP', 16 September.

BBC News (2013m), 'Courts failing child sex abuse victims, says NSPCC', 5 October.

BBC News (2013n), 'Stuart Lawrence race complaint against Met upheld', 12 October.

BBC News (2013o), 'Rape case referrals to CPS reach five-year low', 27 October.

BBC News (2013p), 'Crime victims to get voice in court under new code', 29 October.

BBC News (2013q), 'Orgreave miners strike handling referred to IPCC', 16 November.

BBC News (2013r), 'G4S £24.1 m tagging offer rejected by ministers', 19 November.

BBC News (2013s), 'Police fix crime statistics to meet targets, MPs told', 19 November.

参 考 文 献

BBC News (2013t),'Essex policewoman jailed for "rape" lie', 6 December.

BBC News (2014),'Policing "damaged" after Stephen Lawrence report', 6 March.

Berlins, M. (1971a),'Rules now helping guilty will soon go', *The Times*, 8 April.

Berlins, M. (1971b),'Call to ease police questioning methods', *The Times*, 17 July.

Bowcott, O. (2013a),'Legal aid cuts putting huge fraud trial at risk', *The Guardian*, 15 November.

Bowcott, O. (2013b),'Criminal barristers announce half-day refusal to work in legal aid protest', *The Guardian*, 3 December.

Bowcott, O. (2013c),'Solicitors to join walkout over MoJ plans to cut legal aid fees by up to 30%', *The Guardian*, 1 December.

Bowcott, O. (2013d),'Critics of legal aid cuts force Law Society vote', *The Guardian*, 19 November.

Bowcott, O. (2013e),'Lawyers to earn higher legal aid fees for early guilty Pleas', *The Guardian*, 1 November.

Bowcott, O. (2014),'Declining crime rates will "save £80m a year in legal Aid"', *The Guardian*, 13 January.

Bowcott, O. and S. Bates (2011),'Riots: magistrates advised to "disregard normal sentencing"', *The Guardian*, 15 August.

Bowcott, O., P. Walker and L. O'Carroll (2014), 'Courts close across England and Wales as lawyers protest at legal aid cuts', *The Guardian*, 6 January.

Brown, C. (1993),'Howard seeks to placate "angry majority": Home Secretary tells party that balance in criminal justice system will be tilted towards public', *The Independent*, 7 October.

Burrell, I. and J. Benetto (1999),'Police unit to blame for "dozens more injustices"', *The Independent*, 1 November.

Carrell, S. (2014),'Police stop and search rates in Scotland four times higher than in England', *The Guardian*, 17 January.

Clarke, K. (2011),'Punish the feral rioters but address our social deficit too',

The Guardian, 5 September.

Conn, D. (2012), 'Hillsborough investigation should be extended to Orgreave, says NUM leader', *The Guardian*, 21 October.

Davies, C. (1970), 'The innocent who plead guilty', *Law Guardian*, March, pp. 9 – 15.

Dodd, V. (2011), 'Asian people 42 times more likely to be held under terror law', *The Guardian*, 23 May.

Dodd, V. (2012), 'Police marksman was "absolutely certain" Mark Duggan was holding gun', *The Guardian*, 26 September.

Dodd, V. (2013a), 'Minorities stopped disproportionally in decade after Macpherson report', *The Guardian*, 22 April.

Dodd, V. (2013b), 'Former judge to examine role of police corruption in murder investigation', *The Guardian*, 10 May.

Duffin, C. (2013), 'Woman who made a string of false rape allegations is jailed', *The Telegraph*, 9 July.

Dworkin, R. (2006), 'It is absurd to calculate human rights according to a cost-benefit analysis', *The Guardian*, 24 May.

Dyer, C. (2000), 'Making a pact with the devil', *The Guardian*, 30 October.

Express & Star (2009), 'Judge hits out over handling of raid case', 8 May.

Foley, C. (2009), 'Police violence and death: an old story', *The Guardian*, 26 April.

Gibb, F. (2005), 'Courts to reduce time-wasting', *The Times*, 5 April.

Gilligan, A. (2012), 'Have the men in blue crossed the line?', *The Telegraph*, 21 December.

Grice, A. and P. Peachey (2012), 'Lawrence murder: police "corruption" will be investigated', *The Independent*, 10 March.

Halliday, J. (2014), 'Plebgate row: police officer pleads guilty', *The Guardian*, 10 January.

Halpin, T. (1994), 'Judge outraged by CPS plea-bargain', *Daily Mail*, 23 June.

Harper, T. (2014a), 'Revealed: how gangs used the Freemasons to corrupt police', *The Independent*, 13 January.

Harper, T. (2014b), 'The corruption of Britain: UK's key institutions infiltrated by criminals', *The Independent*, 10 January.

Harper, T. (2014c), 'Scotland Yard's rotten core: police failed to address Met's "endemic corruption"', *The Independent*, 10 January.

Hexham Courant (2008), 'Judge criticizes knife case charge', 28 July.

Higham, N. (2014), 'Cabinet papers reveal "secret coal pits closure plan"', *BBC News*, 3 January.

Howard, M. (1993), *The Daily Telegraph*, 7 October.

Hunter, N. (2013), 'Soldier tells how false rape claims ruined his life', *The Northern Echo*, 24 June.

Jennings, A. and P. Lashmar (1990), 'The wall of silence that refuses to fall', *The Guardian*, 13 August.

Kamal, A. (2000), 'Move to ban plea bargains after molester walks free', *The Observer*, 22 October.

Kennedy, H. (2014), 'The David Miranda judgement has chilling implications for press freedom, race relations and basic justice', *The Guardian*, 19 February.

King, M. (2011), 'Crackdown on tax evasion leads to rise in criminal convictions', *The Guardian*, 27 August.

Lakhani, N. (2012), 'Night the row about riot sentencing was reignited', *The Independent*, 16 June.

Law Society Gazette (1970), Comment, March.

Leake, C., M. Delgado and G. Arbuthnott (2010), 'Police have shot dead 33 people since 1995—only two marksmen have ever been named', *Mail Online*, 26 September.

Lewis, P. (2010), 'Blair Peach killed by police at 1979 protest, Met report finds', *The Guardian*, 27 April.

Lissaman, C. (2011), 'Birmingham Six Release Remembered', *BBC News*, 14 March.

Liverpool Echo (2012), 'Judge blasts CPS for "undercharging" thug who smashed glass over drinker's head in Southport pub', 22 August.

MacPherson, H. (1970), 'Is it backroom British justice?', *The Guardian*, 24

February.

Mail Online (2010), 'Police killed Blair Peach during riot three decades ago then launched a cover-up', 28 April.

Mail Online (2012), 'Eleven Met firearms officers deny collusion after admitting writing their statements together in the same room after Mark Duggan shooting', 28 September.

Mancunian Matters (2012), 'Rochdale child sex ring: Crown Prosecution Service apologises to teenage sex victim for "not taking her seriously"', 9 May.

McLagan, G. (2004), 'The last old-style fit-up?', The Guardian, 2 November.

Mullins, A. (2000), 'Elite police squad are jailed for drug deals', The Independent, 5 August.

Narain, J. (2011), 'Judge attacks "absurd" deal that saved serial thief from 4 years' jail', Mail Online, 28 April.

News & Star (2011), 'Carlisle judge criticizes CPS over danger driver charge', 9 July.

News & Star (2012), 'Cumbrian man jailed for brutal attack on his own mum', 5 May.

News of the World (1984), 'Godfather Scargill's mafia mob', 7 October.

Norton-Taylor, R. (2000), 'Pat Poole', The Guardian, 3 October.

Owers, A. (2014), 'Police co-operation lacking in Mark Duggan probe by IPCC', The Guardian (Letters), 14 January.

Payne, T. (2014), 'Brothel-running, child abuse images, and selling firearms among nearly 200 crimes committed by police in last three years', The Independent, 16 January.

Peachey, P. (2013), 'Collapse of Britain's biggest police corruption trial: "No misconduct involved" in Cardiff Three fit-up case', The Independent, 16 July.

Peirce, G. (2011), 'The Birmingham Six', The Guardian, 12 March.

Porter, H. (2013), 'Police corruption is now so rife that radical reform is the only answer', Observer, 20 October.

Rawstorne, T. (2003), '£1.7m crook walks free after plea-bargain deal', *The Daily Mail*, 24 April.
Rogers, S. (2012), 'Homelessness jumps by 14% in a year', *The Guardian*, 8 March.
Rozenberg, J. (2000), 'Plea bargaining ban angers trial judge', *The Telegraph*, 21 November.
Rozenberg, J. (2012), 'Chris Grayling, Justice Secretary: non-lawyer and "on the up" politician', *The Guardian*, 4 September.
Rozenberg, J. (2014), 'Lord Chief Justice helps politicians grasp courts' "hot potato" ', *The Guardian*, 4 March.
Ryder, M. (2014), 'Why so many find the Mark Duggan verdict hard to accept', *The Observer*, 19 January.
Scots Law Times (1980), 15 February.
Shaw, D. (2013a), 'Police chief Dal Babu criticises ethnic recruitment', *BBC News*, 4 February.
Shaw, D. (2013b), 'Lawrence friend Dwayne Brooks "bugged by police" ', *BBC News*, 25 June.
Slater, E. (2012), 'Special report: the return of the supergrass', *The Independent*, 8 October.
Syal, R. (2013), 'Britain's £35bn tax gap is "tip of iceberg", says Margaret Hodge', *The Guardian*, 28 October.
The Daily Mail (1970a), 'MPs protest at "rigged trials" ', 23 February.
The Daily Mail (1970b), 'The case of Stephen Carver', 13 April.
The Daily Mail (1970c), 'The case of Ronald Price', 13 April.
The Daily Mail (1970d), 'Are innocent persuaded to plead guilty?', 13 April.
The Daily Mail (1970e), 'Lawyers to probe plead-guilty court deals', 14 April.
The Daily Telegraph (1970), 'When a judge makes a deal with a barrister', 2 April.
The Daily Telegraph (2010), 'Criminals escape justice due to CPS flaws, says judge', 10 March.
The Guardian (1969), '"Plea bargains" on the way?', 14 October.

The Guardian (2000), 'DPP inquiry into collapse of drugs case', 5 November.

The Guardian (2010), 'DPP apologises to woman failed by courts after sexual assault', 20 September.

The Guardian (2012), 'Police forces confess 944 officers have a criminal record', 2 January.

The Guardian (2013a), 'Welfare fraud and error: how much is the UK losing?', 13 May.

The Guardian (2013b), 'MoJ's misleading evidence on the cost of the legal system', 3 October.

The Guardian (2013c), 'Barristers threaten strike action over cuts to legal aid', 16 November.

The Guardian (2013d), 'PlebGate: police, camera, action', 27 November.

The Independent (2000), 'Elite police squad are jailed for drug deals', 5 August.

The Independent (2013), 'Five police forces investigated over alleged Stephen Lawrence smear campaign', 6 July.

The London Gazette (1990), 'State intelligence', 22 February.

The Observer (2012), 'Justice must be seen to be done in South Wales police scandal', 28 January.

The Sun (1984), 'Scargill's real aim is war', 5 April.

This is Cornwall (2009), 'Judge blasts CPS over savage gang attack case', 24 July.

Tomlinson, S. (2013), 'Britain's newest "underworld king" unmasked after he loses libel claim against Sunday newspaper that labelled him violent and dangerous', Mail Online, 5 July.

Townsend, M. (2012), 'Criminal records of striking miners "should be Erased"', The Observer, 1 December.

Tyler, R. (1970), 'Lord Parker bans court deals', The Daily Mail, 25 April.

Wales Online (2011), 'Judge attacks CPS over sentence for wife beater', 13 June.

Wales Online (2012), 'CPS issues apology after collapse of assault trial', 12

April.

Walker, P. and V. Dodd (2012),'Cleveland police chief sacked for "shameful" misconduct', *The Guardian*, 5 October.

Western Telegraph (2010), 'Judge slams Haverford magistrates for "shambolic" case', 26 May.

White, C. (1973),'I pleaded guilty after court "deal" ', *The Daily Mail*, 13 August.

Young, H. (1992),'In tune with the times', *Guardian Weekly*, 2 August.

电视节目

BBC Television, *Braden's Week*, 21 February 1970.

BBC Television, *Police* (Producer: Roger Graef), 1982.

BBC Television, *Police : Operation Carter. A Different World* (Producer: Roger Graef), 1982.

网址

CRISIS website, available at: http://www.crisis.org.uk/.

'Insurance Fraud Bureau and City of London case collapses', 5 December, 2011, available at: http://www.cisionwire.com/rms/r/insurance-fraud-bureau-and-city-of-london-case-collapses, c9196130.

'Prosecutors criticized for not levelling a more serious charge in racism case', 24 March, 2011, available at: http://www.foreignersinuk.co.uk/news-sos _racism-prosecutors_criticized _for_not_levelling_a_more_serious_charge_in _racism_case_2738.html.

Tooks Chambers website, available at: http://www.tooks.co.uk/.

案例一览表[*]

一、英国案例
United Kingdom Cases

viii A 诉国务大臣
A v Secretary of State [2005] 2 AC 68 ·· 59
阿卜达拉·穆罕默德诉女王等人
Abdalla Mohammed v R et al [2010] EWCA Crim 2400 ················ 164
检察长参考编号为[1998]第 17 号(女王诉斯托克斯)的案件
A-G Ref No 17 of 1998 (*R v Stokes*) [1999] 1 Cr. App. R.(S.)
357, *The Times*, 12 October 1998 ·· 74
检察长参考编号为[1999]第 3 号的案件
A-G Ref No 3 of 1999 [2001] 2 AC 91 ·· 169
检察长参考编号为[1999]第 80—81 号(汤普森和罗杰斯)的案件
A-G Ref Nos 80 and 81 of 1999 (*Thompson and Rodgers*) [2000] 2 Cr.
App. R.(S.) 138 113 ·· 147
检察长参考编号为[2000]第 44 号(普埃弗莱特)的案件
A-G Ref No 44 of 2000 (*Peverett*) [2001] 1 Cr. App. R. 416 136 ········ 141
检察长参考编号为[2000]第 58 号(女王诉威恩)的案件
A-G Ref No 58 of 2000 (*R v Wynne*) (2001) 2 Cr. App. R.(S) 19, CA
··· 113

---

  * 案例一览表中每个案例最后的页码索引是指英文原版书的页码,对应于本译著的页边码。——译者注

检察长参考编号为[2000]第 81 号(女王诉雅各布斯)的案件
A-G Ref No 81 of 2000 (R v Jacobs)(2001) 2 Cr. App. R.(S).16，CA
.... 113

检察长参考编号为[2002]第 8—10 号(女王诉穆哈迈德、女王诉哈比卜和女王诉侯赛因)的案件
A-G Ref Nos 8，9 and 10 of 2002 (R v Mohammed，R v Habib，R v Hussain)[2003] 1 Cr. App. R.(S.) 57 .... 149 - 150

检察长参考编号为[2004]第 19 号的案件
A-G Ref No 19 of 2004 [2004] EWCA Crim 1239 147

检察长参考编号为[2004]第 19 号(布雷特·查尔顿)的案件
A-G Ref No 19 of 2004 (Brett Charlton)[2005] 1 Cr. App. R.(S.) 18
.... 113

检察长参考编号为[2005]第 80 号的案件
A-G Ref No 80 of 2005 [2005] EWCA Crim 3367 97

检察长参考编号为[2005]第 119—120 号的案件
A-G Ref Nos 119 and 120 of 2005 [2006] EWCA Crim 1501 ...... 145 - 146

检察长参考编号为[2006]第 14—15 号(法国人和韦伯斯特)的案件
A-G Ref Nos 14 and 15 of 2006 (French and Webster)[2006] EWCA
Crim 1335 114

检察长参考编号为[2006]第 48 号(女王诉法罗)的案件
A-G Ref No 48 of 2006 (R v Farrow)[2007] 1 Cr. App. R.(S.) 558 114
.... 134

检察长参考编号为[2007]第 44 号的案件
A-G Ref No 44 of 2007 [2007] EWCA Crim 1530 135

检察长参考编号为[2008]第 25—26 号的案件
A-G Refs 25 - 26 of 2008 [2008] EWCA Crim 2665 135

检察长参考编号为[2008]第 49 号(布蕾克)的案件
A-G Ref No 49 of 2008 (Blake)[2009] 1 Cr. App. R.(S.) 109 135

检察长参考编号为[2009]第 6 号的案件
A-G Ref No 6 of 2009 [2009] EWCA Crim 132 .... 134 - 135

检察长参考编号为[2010]第 50 号的案件
A-G Ref No 50 of 2010 [2010] EWCA Crim 2872 135，144 - 5 163

检察长参考编号为[2011]第 82—96 号和第 104—111 号的案件
A-G Ref Nos 82 to 96 and 104 to 111 of 2011 [2012] EWCA Crim 155 ……
……………………………………………………………………………… 153

检察长参考编号为[2012]第 6 号的案件
A-G Ref No 6 of 2011 [2012] EWCA Crim 86 ………………………… 113

检察长参考编号为[2012]第 11—12 号的案件
A-G Ref Nos 11 and 12 of 2012 [2012] EWCA Crim 1119 113 ………… 145

检察长参考编号[2012]第 21—22 号(本杰明·普格和乔丹·纳义夫)的案件
A-G Ref Nos 21 and 22 of 2012 (Benjamin Pugh; Jordan Naaif) [2012]
    EWCA Crim 1806 145 …………………………………………… 153-154

检察长参考编号为[2012]第 26—28 号的案件
A-G Ref Nos 26, 27 & 28 of 2012 [2012] EWCA Crim 2290 ………… 135

检察长参考编号为[2012]第 44 号的案件
A-G Ref No 44 of 2012 [2012] EWCA Crim 2562 …………………… 135

检察长参考编号为第[2012]50—53 号的案件
A-G Ref Nos 50-53 of 2012 [2012] EWCA Crim 2558   139-140

检察长参考编号为[2012]第 61—62 号的文件
A-G Ref Nos 61 and 62 of 2012 [2012] EWCA Crim ………………… 153

检察长参考编号为[2012]第 71 号的案件
A-G Ref No 71 of 2012 [2012] EWCA Crim 3071 …………………… 153

检察长参考编号为[2012]第 73—74 号的案件
A-G Ref Nos 73 & 74 of 2012 [2013] EWCA Crim 23 ……………… 228

阿里·雷扎·萨迪格布尔诉女王
Ali Reza Sadighpour v R [2012] EWCA Crim 2669 (CA) ………… 62

阿斯梅隆诉女王
Asmeron v R [2013] EWCA Crim 435 ………………………………… 152

巴洛贡诉公诉长官
Balogun v DPP [2010] EWHC 799 (Admin) ………………………… 151

CF 诉女王
CF v R [2008] EWCA Crim 994 ……………………………………… 133

凯德诉女王陛下律师
Cadder v HM Advocate [2010] UKSC 43 …………………………… 191

卡耶塔诺诉大都会警署专员
Caetano v Commissioner of Police for the Metropolis [2013] EWHC 375
　　(Admin) ··· 163
凯恩斯等人诉女王
Cairns & Others v R [2013] EWCA Crim 467 146 ················ 225
凯莱等人诉女王
Caley & Others v R [2012] EWCA Crim 2821 ············ 115, 146-147, 225
卡特(量刑评论)案
Carter (*Sentencing Remarks*) [2001] EW Misc 12 (Crown Ct) ············ 22
奇客时尚诉琼斯
Chic Fashions v Jones [1968] 2 QB 299 ······················ 41-42, 55
加尼诉琼斯
Ghani v Jones [1970] 1 QB 693 ···························· 41, 55, 57
哈勒姆诉女王
Hallam v R [2012] EWCA Crim 1158 ·························· 232
赫尔姆斯诉SGB(脚手架)服务
Holmes v SGB Services [2001] EWCA Civ 354 ··················· 170
休斯诉公诉长官
Hughes v DPP [2012] EWHC 606 ······························ 138
杰弗里诉布莱克
Jeffrey v Black [1978] 1 QB 490 ······························ 41
勒德洛诉谢尔顿
Ludlow v Shelton [1938] *The Times*, 3 and 4 February 1938 ··········· 49
马尔科姆诉公诉长官
Malcolm v DPP [2007] EWHC 363 (Admin) ················· 177-178
麦克法登案
McFadden [1975] 62 Cr. App. R. 187 ························· 168
麦克梅尼米案
McMenemy [1962] Crim L. R. 44 ······························· 71
米尔贝里诉女王
Millberry v R [2002] EWCA Crim 2891 ······················ 97
米兰达诉内政部国务大臣以及伦敦大都会警署专员

穆罕默德-霍尔盖特诉公爵
Miranda v Secretary of State for the Home Department and the Commissioner of the Police of the Metropolis [2014] EWHC 255 ················· 250

穆罕默德-霍尔盖特诉公爵
Mohammed-Holgatev Duke [1983] 3 All ER 526, CA. ················· 54

莫斯诉麦克拉克兰
Moss v McLachlan [1938] *The Times*, 29 November 1984 ················· 14

南丁格尔案
Nightingale (13 March 2013, CA No 1206575 D5) ················· 124

诺兰与霍华德诉女王
Nolan and Howard v R [2012] EWCA Crim 671 ················· 93,133

纳恩诉萨福克警察局局长
Nunn v Chief Constable of Suffolk [2012] EWHC 1186 (Admin) ········ 59

P. 福斯特(货运)有限公司诉罗伯茨
P Foster (Haulage) Ltd v Roberts [1978] 2 All ER 751 ················· 62

女王诉 A(人名代号)
R v A [2010] EWCA Crim 2913 ················· 227

女王诉阿拉加戈、帕特尔和汉农(量刑评论)
R v Alagago, Patel and Khanom (Sentencing Remarks) (25 August 2011) (Crown Ct) ················· 23

女王诉埃拉戴斯
R v Alladice [1988] 87 Cr. App. R. 380 ················· 46-47

女王诉艾伦
R v Allen [1977] Crim. L. R. 163 ················· 40

女王诉安妮·麦吉
R v Anne McGee [2012] EWCA Crim 613 ················· 150

女王诉阿努阿尔·布哈杜
R v Anouar Bouhaddou [2012] EWCA Crim 1006 ················· 135

女王诉安东尼·皮尔斯和安德鲁·丹尼尔·威廉·加洛威
R v Anthony Pearce, Andrew Daniel William Galloway [2013] EWCA Crim 808 ················· 4

女王诉应用语言解决方案有限公司
R v Applied Language Solutions Ltd [2013] EWCA Crim 326 ················· 102

女王诉奥古斯特
R v Auguste [2003] EWCA Crim 3329 …………………………… 150
女王诉阿特金森
R v Atkinson [1978] 2 All ER 460 ……………………… 76 - 77, 83 - 84
女王诉奥斯汀
R v Austin [2013] EWCA Crim 1028 …………………………… 243
女王诉班菲尔德与班菲尔德
R v Banfield & Banfield [2013] EWCA Crim 1394 ………………… 132 - 133
女王诉银行
R v Banks [1917] 12 Cr. App. R. 74 …………………………… 220
女王诉巴克夏等人
R v Barkshire & Ors [2011] EWCA Crim 1885, CA ………… 93, 226, 239
女王诉巴恩斯
R v Barnes [1970] 55 Cr. App. R. 100 ………………………… 121
女王诉贝斯
R v Bass [1953] 37 Cr. App. R. 51 …………………… 43, 56, 218
女王诉巴瑟斯特
R v Bathurst [1968] 2 QB 99 …………………………………… 46
女王诉巴赫曼
R v Behman [1938] The Times, 28 July 1967 …………………… 70
女王诉本特利
R v Bentley [1998] EWCA Crim 2516 …………………………… 48
女王诉贝伦斯等人
R v Berens & Others [1865] 176 E. R. 815 ……………………… 128
女王诉贝斯威克
R v Beswick [1996] 1 Cr. App. R. (S.) 343, CA ……… 113, 136, 143 - 144
女王诉巴蒂
R v Bhatti [2000] All ER (D) 2353 ……………………………… 62
女王诉伯德
R v Bird [1978] Crim. L. R. 237 ……………………… 74, 79, 83
女王诉布莱克肖
R v Blackshaw [2011] EWCA Crim 2312 ……………… 18, 21, 23 - 24

女王诉博尔

R v Boal [1992] 95 Cr. App. R. 272 …………………………………… 62，163-164

女王诉博德金

R v Bodkin [1863] 9 Cox C. C. 403 …………………………………………… 230

女王诉布斯和琼斯

R v Booth and Jones [1910] 5 Cr. App. R. 177 ……………………… 37，55，150

女王诉博伊德

R v Boyd [1980] 2 Cr. App. R. (S.) 234 ………………………………………… 84

女王诉布拉肯伯里

R v Brackenbury [1893] 17 Cox C. C. 628 …………………………………… 37

女王诉布里尔顿

R v Brereton [2012] EWCA Crim 85 ………………………………………… 140

女王诉布鲁克

R v Brook [1970] Cr. L. R. 601 ………………………………………………… 74

女王诉布朗

R v Brown [1994] 1 AC 212 ………………………………………………… 176

女王诉布朗

R v Brown [2006] EWCA Crim 141 ………………………………………… 241

女王诉布莱恩特

R v Bryant [2005] EWCA Crim 2079 ………………………………………… 177

女王诉 C（人名代号）

R v C [2005] EWCA Crim 3533 ……………………………………………… 133

女王诉凯恩

R v Cain [1976] Cr. L. R. 464；(1976) *The Times*，23 February 1976
………………………………………………………………… 74，79，82-83，121

女王诉卡特等人（量刑评论）

R v Carter & Others(*Sentencing Remarks*) [2011] EW Misc 12
(16 August 2011) (Crown Ct). ……………………………………………… 22-23

女王诉 CCRC［一方当事人为皮尔逊］

R v CCRC ex parte Pearson[2000] 1 Cr. App. R. 1414 …………………… 3-4

女王诉查班

R v Chaaban [2003] EWCA Crim 1012 95, …………………………… 169-170

女王诉钱德勒

R v Chandler [1976] 3 All ER 105 ·· 39

女王诉钱尼

R v Chaney [2009] EWCA Crim 52 ·· 133

女王诉蔡特斯

R v Chaytors [2012] EWCA Crim 1810 ·· 115

女王（根据公诉长官的申请）诉乔利（地名）的法官们

R（on the application of the DPP）v Chorley Justices [2006] EWHC 175 ···
·· 167

女王诉科

R v Coe [1969] 1 All ER 65 ··· 104

女王诉科尔

R v Cole [2008] EWCA Crim 3234 ·· 149

女王诉科尔

R v Cole [2013] EWCA Crim 1149 ·· 243

女王诉科丁利

R v Cordingley [2007] EWCA Crim 2174 ···································· 149

女王诉科尼利厄斯

R v Cornelius [2012] EWCA Crim 500 ·· 133

女王诉科斯滕

R v Costen [1989] 11 Cr. App. R.（S.）182 ····························· 84，114

女王诉法庭和顾

R v Court and Gu [2012] EWCA Crim 133 ································· 135

女王诉卡伦

R v Cullen [1985] Cr. L. R. 107 ··· 74

女王诉戴

R v Day [2003] EWCA Crim 1060 ··· 174

女王诉迪莱

R v Delay [2006] 170 JP 581；[2006] EWCA 1110 ······················· 178

女王诉反严重敲诈犯罪办公室主任（一方当事人为史密斯）

R v Director of the Serious Fraud Office, ex parte Smith [1993] AC 1 ···
·· 229

女王诉道蒂
R v Dowty [2011] EWCA Crim 3138 ……………………………………… 140
女王诉达德利
R v Dudley（*Stephen Paul*）[2012] C. L. R. 230 …………………… 113
女王诉埃克尔斯
R v Eccles [1978] Cr. L. R. 757 ……………………………………………… 74
女王诉爱德华兹
R v Edwards [1991] 1 WLR 207 …………………………………………… 243
女王诉埃利斯
R v Ellis [2013] EWCA Crim 213 ……………………………………………… 19
女王诉恩索尔
R v Ensor [2009] EWCA Crim 2519；[2010] 1 Cr. App. R. 18 ………… 179
女王（弗思）诉埃平的法官们
R（*Firth*）*v Epping Justices* [2011] EWHC 388 (Admin)；[2011]
　　1 WLR 1818 ………………………………………………………………… 179
女王诉加文
R v Gavin [1885] 15 Cox C. C. 656 ………………………………………… 37
女王（吉兰）诉大都会警署专员（2003）（2004）
R（*Gillan*）*v Commissioner of Police of the Metropolis* [2003]
　　EWHC 2545（Admin）
R（*Gillan*）*v Commissioner of Police of the Metropolis* [2004]
　　EWCA Civ 1067；[2005] QB 388 ……………………………………… 30 – 31
女王（吉兰）诉大都会警署专员（2006）
R（*Gillan*）*v Commissioner of Police of the Metropolis* [2006]
　　UKHL 12；[2006] 2 AC 307 28 …………………………………………… 32
女王诉吉尔伯特
R v Gilbert [1978] 66 Cr. App. R. 237 ……………………………………… 49
女王诉格里森
R v Gleeson [2003] EWCA Crim 3357 …………………………………… 173
女王诉古丁斯
R v Goodings [2012] EWCA Crim 2392 ………………………………… 139
女王诉古德伊尔

R v Goodyear [2005] EWCA Crim 888 ···
················· 94 - 101, 110, 116, 120 - 126, 205, 225
女王诉格拉夫顿
R v Grafton [1993] 96 Cr. App. R. 156 ·································· 220
女王诉格莱斯
R v Grice [1977] 66 Cr. App. R. 167 ······························ 74, 77
女王诉 H(人名代号)
R v H [2010] EWCA Crim 1931 ··································· 147 - 148
女王诉哈克尼
R v Hackney [2013] EWCA Crim 1156 ······················· 225
女王诉霍尔
R v Hall [1968] 52 Cr. App. R. 528 66 ······················· 78
女王诉哈珀
R v Harper [1967] *The Times*, 7 October 1967 ····················· 70, 72
女王诉哈珀-泰勒
R v Harper-Taylor [1991] R. T. R. 76 ····················· 76, 79 - 80, 83
女王诉哈珀-泰勒和巴克
R v Harper-Taylor and Bakker [1988] 138 NJL 80 ······················· 79 - 80
女王诉黑斯廷斯案
R v Hastings [1996] 1 Cr. App. R. (S.) 167 ·························· 84
女王诉霍尔切斯特等人
R v Holchester & Others [1868] Cox C. C. 226 ······················ 128
女王诉霍林顿和埃曼斯
R v Hollington and Emmens [1986] Cr. L. R. 270 ················· 85
女王诉霍顿和弗朗西奥希
R v Houghton and Franciosy [1979] 68 Cr. App. R. 197 ············ 39, 50, 55
女王诉豪威尔
R v Howell [1981] 73 Cr. App. R. 31, CA ····························· 13
女王诉豪威尔
R v Howell [1978] Cr. L. R. 239 ···································· 74
女王诉艾博里
R v Ibori [2013] EWCA Crim 815 ·································· 225

女王诉英斯

R v Inns [1974] 60 Cr. App. R. 231 …………………… 74, 79-81, 83, 121

女王诉 JA

R v JA [2012] EWCA Crim 1156 ………………………………… 225

女王诉詹姆斯

R v James [1990] Cr. L. R. 815 ………………………………… 75

女王诉贾维斯

R v Jarvis [2008] EWCA Crim 488 ……………………………… 179

女王诉詹金斯

R v Jenkins [1986] 83 Cr. App. R. 152 ………………………… 128

女王诉伊斯尔

R v Jisl [2004] EWCA Crim 696 ………………………………… 170

女王诉乔纳森·多德

R v Jonathan Dodd [2013] EWCA Crim 660 …………………… 133

R v Jones [2003] 1 AC 1 ………………………………………… 150

女王诉乔夫等人

R v Joof & Others [2012] EWCA Crim 1475 ………… 93, 237-238

女王诉凯利

R vKeily [1990] Cr. L. R. 204 …………………………………… 74

女王诉克里根

R v Kerrigan [1993] 14 Cr. App. R. (S.) 179, CA ……………… 113

女王诉金奈尔德

R v Kinnaird [2013] EWCA Crim 715 ………………………… 243

女王诉奈特和泰尔

R v Knight andThayre [1905] 20 Cox C.C. 711 ………………… 37

女王诉库拉

R v Kulah [2007] EWCA Crim 1701 …………………………… 113

女王诉兰迪

R v Landy [1995] 16 Cr. App. R. (S.) 908 …………………… 84-85

女王诉劳伦斯

R v Lawrence [2013] EWCA Crim 1054 ……………………… 134

R 诉勒穆萨特夫

R v Lemsatef [1977] 2 All ER 835; [1997] 1 WLR 812 ·············· 40,56
女王诉卢埃林
R v Llewellyn [1978] 67 Cr. App. R. 149 ············· 74-77, 79, 83
女王诉洛佩兹
R v Lopez [2013] All ER (D) 193 (Sep) ············ 102-103, 150-51
女王诉曼斯菲尔德的法官们
R v Mansfield Justices [1985] QB 613 ························ 14-15
女王诉马迟
R v March [2002] EWCA Crim 551 ························ 137-138
女王诉玛特塔等人
R v Mateta et al. [2013] EWCA Crim 1372 ···················· 164-165
女王诉麦克斯韦
R v Maxwell [2010] UKSC 48 ··············· 58, 236-237, 239
女王诉麦基尔肯尼等人
R v McIlkenny & Ors [1991] 93 Cr. App. R. 287 ··················· 176
女王诉麦克法登
R v McFadden [1975] 62 Cr. App. R. 187 ························ 168
女王诉米克
R v Mick [1863] 3 F. & F. 322 ································· 37
女王诉米尔扎
R v Mirza [2004] 1 AC 1118 ·································· 59
女王诉穆森
R v Musone [2007] 1 WLR 2467; [2007] EWCA Crim 1237 ······ 178-179
女王诉迈尔斯
R v Myers [1996] 1 Cr. App. R. (S.) 187, CA ···················· 113
女王诉纳尔逊
R v Nelson [1967] 1 All ER 358 ························· 121, 124
女王诉纽厄尔
R v Newell [2012] EWCA Crim 650 ···························· 250
女王诉纽曼
R v Newman [2010] EWCA Crim 1566 ·························· 113
女王诉牛顿

R v Newton [1983] 77 Cr. App. R. 13，CA ················ 113
女王诉诺瑟姆
R v Northam [1968] 52 Cr. App. R. 97 ················ 49
女王(根据皇家检控署的申请)诉诺维奇治安法院
R（on the application of Crown Prosecution Service）v Norwich Magistrates' Court [2011] EWHC 82（Admin）·········· 175
女王诉皮斯
R v Peace [1976] Cr. L. R. 119；*The Times*，28 November 1975，
 CA ·· 80，121
女王诉佩尔蒂埃
R v Pelletier [2012] EWCA Crim 1060 ··················· 133
女王诉彭纳尔
R v Penner [2010] EWCA Crim 1155 ····················· 175
女王诉皮特曼
R v Pitman [1990] R. T. R. 70 ·················· 74，76，80
女王诉普利默
R v Plimmer [1975] 61 Cr. App. R. 264 ················ 74-75
女王诉普拉格
R v Prager [1972] 1 All ER 933 ··························· 38
女王诉普迪科
R v Puddick [1865] 176 ER 662 ··························· 220
女王诉奎蒂
R v Quartey [1975] Crim. L. R. 592 ······················ 74
女王诉 R（某青少年）
Regina v R（a Juvenile） [1992] *The Times*，16 January 1992 ······ 85
兰德尔诉女王
Randall v R [2002] 2 Cr. App. R. 17（PC）·········· 220，250
女王诉罗森
R v Rawson [2013] EWCA Crim 9 ······················· 115
女王(根据梯尼翁的申请)诉雷丁刑事法院
R（on the application of Tinnion）v Reading Crown Court [2009]
 2930 EWHC（Admin）(DC) ································· 178

女王诉罗奇福德
R v Rochford [2010] EWCA Crim 1928 ·········· 175, 177
女王诉罗林斯
R v Rollings [2012] EWCA Crim 86 ··············· 150
女王诉赖安
R v Ryan [1978] 7 Cr. App. R. 177 ·················· 77
女王诉桑
R v Sang [1979] 2 All ER 1222 ······················ 55
女王诉桑格拉和塔哈尔
R v Sanghera and Takhar [2012] EWCA Crim 16 ······ 177
女王诉塞登
R v Seddon [2007] EWCA Crim 3022 ··············· 113
女王诉希尔兹
R v Shields [2011] EWCA 2343 ·············· 133, 163
女王诉辛普森(院长)
R v Simpson (Dean) [2009] EWCA 423 ············· 114
女王诉希纳·雅迪
R v Sina Jaddi [2012] EWCA Crim 2565 ············ 164
女王诉史密斯
R v Smith [1990] 90 Cr. App. R. 413; [1990] Criminal L. R. 354 ··· 76, 149
女王诉史密斯(PA)
R v Smith (PA) [1986] 8 Cr. App. R. (S.) 169 ············· 113
女王诉史密斯
R v Smith [2011] EWCA Crim 1098 ················ 149
女王(根据劳森的申请)诉斯塔福德郡治安法院
R (on the application of Lawson) v Stafford Magistrates' Court [2007] EWHC 2490 ·························· 168
女王(根据佩恩的申请)诉南莱克兰治安法院
R (on the application of Payne) v South Lakeland Magistrates' Court [2011] EWHC 1802(Admin) ················ 175
女王诉斯蒂芬·金
R v Stephen King [1978] Crim. L. R. 632 ············ 40

xiii

女王诉斯托克
R v Stocker [2013] EWCA Crim 1993 ······················· 132

女王(罗宾逊)诉萨顿科尔德菲尔德治安法院
R (Robinson) v Sutton Coldfield Magistrates' Court [2006]
4 All ER 1029 ·· 178

女王诉 SVS 事务律师
R v SVS Solicitors [2012] EWCA Crim 319 ·················· 178

女王诉塔尔博特
R v Talbot [2013] CLW/13/3/3 ································· 152

女王诉陶勒拉
R v Tolera [1999] 1 Cr. App. R. 29,CA ················ 113,134

女王诉塔弗尔
R v Tougher [2001] 3 All ER 463 ······························· 62

女王诉特纳
R v Turner [1970] 54 Cr. App. R. 352;(1970) 2 QB 321
············ 66-73,121,125-126,156-157,205,218-220,249,251

女王诉图埃姆洛(量刑评论)
R v Twemlow (Sentencing Remarks) [2011] EW Misc 14 (Crown Ct) ··· 23

女王诉尤娜
R v Unah [2011] EWCA Crim 1837 ······················ 151-152

女王诉安德伍德
R v Underwood [2005] 1 Cr. App. R. 89 ······················ 55

女王(凯利)诉沃利治安法院
R (Kelly) v Warley Magistrates' Court [2008] 1 Cr. App. R. ········· 179

女王诉怀特
R v White CLW/12/20/17 ·· 152

女王诉威廉
R v William [2013] EWCA Crim 1262 ························ 243

女王诉威尔逊
R v Wilson [2011] EWCA Crim 16 ····························· 93

女王诉威尔逊(保罗·安东尼)
R v Wilson (Paul Anthony) [2012] Criminal L. R. 560 ······· 114

女王诉温特弗拉德
R v Winterflood [1979] 68 Cr. App. R. 291 ………………… 74-75, 77
女王诉沃斯
R v Warth [1991] 93 Cr. App. R. 187 ……………………………… 78
女王诉瓦塔姆
R v Wattam [1952] 36 Cr. App. R. 72 ……………………………… 49
荣德尔诉沃斯利
Rondel v Worsley [1969] 1 AC 191 ………………………………… 166
史密斯案
Smith [1989] Crim. L. R. 900 …………………………… 74, 76, 79
苏雷马诺夫案
Suleimanov [2013] EWCA Crim 32 ………………………………… 22
桑顿诉皇家检控署
Thornton v Crown Prosecution Service [2010] EWCA 346 ……… 113
汤布林诉通用灯泡有限公司
Tombling v Universal Bulb Co. Ltd [1951] 2 TLR 289 ………… 172
沃尔明顿诉公诉长官
Woolmington v DPP [1935] AC 462 ………………………………… 46

二、英国未经报道的案例
Unreported United Kingdom Cases

女王诉戴维斯
R v Davis [1978] Unreported (4138/R/77) …………… 74, 76-77
女王诉多塞特
R v Dossetter [1999] Unreported (9804926/X3-9805271/X3-9805038/X3) …………………………………………… 74, 76, 83
女王诉艾萨
R v Essa [2009] 5 Archbold News 2 CA, Unreported, 14 January 2009
……………………………………………………………………………… 177
女王诉菲利普斯

R v Phillips [1976] Unreported (2459/B/75) ……………… 84
女王诉普拉萨德
R v Prasad [1976] Unreported (362/C/76) ……………… 79
女王诉奎蒂
R v Quartey Unreported (4936/A/74, 314/B/75) ………… 79
女王诉里卡多
R v Ricardo [1976] Unreported (2243/A/74) ……………… 78
女王诉沃灵－戴维斯
R v Warring-Davies [1978] Unreported (5854/C/77) …… 74, 76
威廉姆斯与威廉姆斯案
Williams and Williams [1975] Unreported (5166/C/74) ……… 78

三、苏格兰的案例
Scotland Cases

巴尔戈万诉女王陛下律师
Balgowan v HM Advocate [2011] SCCR 143 ……………… 201, 209
杜普鲁伊等人诉女王陛下律师
Du Plooy and Ors v HM Advocate (2005 JC1) …… 197-198, 204-206, 214
柯林·罗斯诉女王陛下律师
Colin Ross v HM Advocate [2013] HCJAC 111 ……………… 215
多尔蒂诉女王陛下律师
Doherty v HM Advocate [2012] HCJAC 106 ……………… 209
格默尔等人诉女王陛下律师
Gemmell and Ors v HM Advocate [2011] HCJAC 129 ………………………………………… 197-199, 201-204, 206-207, 209
乔治·杰拉德·多尔蒂诉女王陛下律师
George Gerald Doherty v HM Advocate [2012] HCJAC 106 …… 209
乔治·杰拉德·奥塔韦诉尼斯比特
George Gerald Ottaway v Nisbet [2012] HCJAC 36 ……………… 210
女王陛下律师诉贝尔

HM Advocate v Bell [1995] S.L.T.350 ·········· 210
女王陛下律师诉格林汉姆
HM Advocate v Graham [2010] HCJAC 50 197 ·········· 214
女王陛下律师诉詹姆斯·伊斯特
HM Advocate v James East [2013] HCJAC 124 ·········· 215
女王陛下律师诉李·麦克纳马拉
HM Advocate v Lee McNamara [2012] Scot HC HCJAC 54 ··········
·········· 198, 208-209
女王陛下律师诉利泰尔(亚当)
HM Advocate v Lyttell (Adam) [2012] Scot HCJAC 72 ·········· 209
女王陛下律师诉 Q
HM Advocate v Q [2013] HCJAC 23 ·········· 210
哈金与阿诺尔诉(福尔柯克与阿诺尔)地方检察官
Harkin & Anor v Procurator Fiscal, Falkirk & Anor [2012] Scot HC
HCJAC 100 ·········· 201, 209
詹姆斯·图赫诉检察总长
James Tough v HM Advocate [2012] HCJAC 119 ·········· 209-210
哈里奇诉女王陛下律师
Khaliq v HM Advocate [1984] SSCR 212 ·········· 193
利斯诉女王陛下律师
Lees v HM Advocate [2012] HCJAC 143 ·········· 209
卢克辛克莱诉(斯特兰拉尔)地方检察官
Luke Sinclaire v Procurator Fiscal, Stranraer [2013] HCJAC 65 ·········· 193
麦克唐纳诉阿伯丁市地方检察官
MacDonald v Procurator Fiscal Aberdeen [2010] HCJAC 36 ·········· 190
里迪诉女王陛下律师
Reedie v HM Advocate [2005] HCJAC 55 ·········· 193
肖恩·厄内斯特·迪万诉(敦提市)地方检察官
Shawn Ernest Divin v Procurator Fiscal, Dundee [2012] HCJAC 82 ·········· 209
斯彭斯诉女王陛下律师
Spence v HM Advocate 2008 JC 174 ·········· 197, 206-207, 211-212, 214
斯蒂芬·默里诉女王陛下律师

Stephen Murray v HM Advocate [2013] SCL 243 ……………… 209-212
史蒂文·麦克阿瑟诉女王陛下律师
Steven McArthur v HM Advocate [2013] HCJAC 121 …………… 215
斯特拉森诉斯隆
Strathern v Sloan [1937] JC 76 ……………………………………… 190
斯特朗霍恩诉麦克劳德
Strawhorn v McLeod [1987] SCCR 413 25 ……………………… 193, 198
威沙特诉女王陛下律师
Wishart v HM Advocate [2013] HCJAC 116 ……………………… 215

四、欧洲人权法院案例
European Court of Human Rights Cases

xv 巴贝拉、迈希格和哈瓦尔多诉西班牙(政府)
Barbera, Messegue and Jabardo v Spain [1989] 11 EHRR 360 …………… 3
吉兰和昆顿诉英国(政府)
Gillan and Quinton v United Kingdom [2010] 50 EHRR 45 …… 32, 34-35
考夫曼诉比利时(王国政府)
Kaufman v Belgium [1986] 50 DR 98 ………………………………… 170

五、其他国家法院的案例
Other National Court Cases

1. 澳大利亚(Australia)

卡梅伦诉女皇
Cameron v The Queen [2002] 209 CLR 339; 187 ALR 65 ……… 202-203
马尔卡里安诉女王
Markarian v R [2005] HCA 25 ……………………………………… 205
女王诉香农
R v Shannon [1979] 21 SASR 442 …………………………………… 202-203

希甘图诉女皇
Siganto v The Queen [1998] 194 CLR 656 ·················· 203

2. 泽西(由枢密院判决的案件)Jersey (Decided by the Privy Council)
米歇尔诉女皇
Michel v The Queen [2009] UKPC 41; [2010] 1 Cr. pp. R. 24;
　　[2010] 1 WLR 8 ·· 220

相关法律一览表

一、法律法规
Statutes

《保释法》(1976) Bail Act 1976 …………………………………… 9
《刑事司法法》(1967) Criminal Justice Act 1967 ……………… 167
《刑事司法法》(2003) Criminal Justice Act 2003 ………………
………………………………………… 45, 47, 60 – 61, 89, 226
《刑事司法与移民法》(2008) Criminal Justice and Immigration Act 2008 …
………………………………………………………………… 167
《刑事司法与公共秩序法》(1994) Criminal Justice and Public Order
   Act 1994 ……………………………… 60, 89 – 90, 167, 220
《刑法法(案)》(1977) Criminal Law Act 1977 ………………… 45
《(苏格兰)刑事诉讼程序等(改革)法》(2007) Criminal Proceedings Etc.
   (Reform) (Scotland) Act 2007 ……………………………… 213
《刑事程序与侦查法》(1996) Criminal Procedure and Investigations
   Act 1996 …………………………………………… 167, 173
《(苏格兰)刑事程序法》(1995) Criminal Procedure (Scotland) Act 1995
   ……………………… 195 – 197, 201 – 202, 204 – 205, 207 – 208
《(苏格兰)刑事程序法》(2004) Criminal Procedure (Scotland) Act 2004 …
………………………………………………………………… 196
《法律援助、量刑与惩罚犯罪法》(2012) Legal Aid, Sentencing and
   Punishment of Offenders Act 2012 ………………………… 181

《警察与刑事证据法》(1984)　Police and Criminal Evidence Act 1984 ······ 60
《恐怖预防法》(1989)　Prevention of Terrorism Act 1989 ············ 60 - 61
《保护自由法》(2012)　Protection of Freedoms Act 2012 ················ 29
《公共秩序法》(1936)　Public Order Act 1936 ························· 13 - 15
《(打击)严重有组织的犯罪与警察法》(2005)　Serious Organised Crime
　　and Police Act 2005 ··· 61, 236
《反对恐怖主义法》(2000)　Terrorism Act 2000 ···················· 29 - 31
《青年与刑事证据法》(1999)　Youth and Criminal Evidence Act 1999 ··· 226

二、法定文件
Statutory Instruments

《刑事程序规则》　Criminal Procedure Rules ·······························
················· 47, 167 - 172, 178 - 179, 181, 251

三、公约与条约
Conventions and Treaties

《欧洲人权公约》　European Convention on Human Rights ········ 19, 50
《欧洲人权公约》第 5 条 (Article 5) ···························· 33 - 34
《欧洲人权公约》第 6 条 (Article 6) ···························· 2 - 3, 169

索 引[*]

A

Adams, J. 71
J. 亚当斯
Administrative Directions 40, 53
《[法官裁判规则]管理实施细则》
Adversary system
对抗制
 advantages of 82-83, 220-221
 [对抗制的]优点
 dangers to 48-49, 216, 253-254
 [对抗制的]危害
 factual vs. legal guilt 5, 47
 事实犯罪与法律犯罪
 purpose of 4-6, 82, 220-221
 [对抗制的]目的
 shadow system, implications of 216-218, 253-254
 影子制度的影响
Alge, Daniele 159, 187-188
丹尼尔·阿尔格
Alschuler, Albert 3
艾伯特·阿尔舒勒

---

[*] 本索引页码为英文原书页码,对应于本译著的页边码。——译者注

索　引

Ashworth, A. 23 – 24, 55, 97, 178, 244
A. 阿什沃思
Asian minorities *see* black and ethnic minorities
亚裔少数民族　参见：黑人与少数民族
Attorney-General's Guidelines on the Acceptance of Pleas and the Prosecutor's Role in the Sentencing Exercise (2009) 134
《检察长关于接受[被告人认罪]答辩请求的指导准则以及检察官在量刑时的作用》(2009)
Auld Report on Criminal Courts (2001)
《奥尔德关于刑事法院的调查报告》(2001)
　　on advance indication of sentencing 120, 128
　　关于事先作出量刑意见
　　on 'cracked' trials 93 – 94, 116 – 118
　　"戛然而止"的审判
　　on defence role 165, 167 – 170, 173 – 175
　　关于辩方的角色
　　on innocent defendant problem 118 – 119
　　关于无辜被告人的问题
　　on judicial miscarriages of justice 241
　　司法[审判]不公
　　on plea bargaining
　　关于辩诉交易
　　　　cost savings from 113, 222 – 226
　　　　[关于辩诉交易的]节约成本
　　　　justifications for 221 – 226
　　　　[关于辩诉交易的]正当性
　　　　and over-charging or charge reductions 137
　　　　[关于辩诉交易]与过分指控或减少指控
　　　　sentencing discounts 91 – 94, 116
　　　　[关于辩诉交易的]量刑折扣
　　political influences on 93 – 94
　　[《奥尔德关于刑事法院的调查报告》的]政治影响

on prosecution role 128-129,154

[《奥尔德关于刑事法院的调查报告》]关于控方的角色

purpose 90-93,221

[《奥尔德关于刑事法院的调查报告》的]目的

recommendations 90-92

[《奥尔德关于刑事法院的调查报告》提出的]建议

and rights of suspects 249-251

[《奥尔德关于刑事法院的调查报告》]与犯罪嫌疑人的权利

on standard of proof 92-93

[《奥尔德关于刑事法院的调查报告》中]关于证明的标准

B

Balbus, Isaac 7,10,24,252

艾萨克·巴尔巴斯

Baldwin, John 109

约翰·鲍德温

Ball, R. 18

R. 鲍尔

Bar Council

出庭律师公会

 disciplinary functions 168

 [出庭律师公会的]惩戒职能

 on legal aid costs 183

 关于法律援助的费用

 on public defender reform proposals 185

 关于公设辩护人改革的建议

Barristers *see also* defence counsel

出庭律师 又可参见:辩护律师

 discipline 168

 [出庭律师的]行为准则

 judicial relationships 217

 [出庭律师的]司法关系

Masonic influences on 218 – 219

[对出庭律师的]共济会式的影响

shadow structure, implications for 217 – 218

影子结构[出庭律师]的影响

technical competence challenges 163 – 165

对[出庭律师]技术能力的质疑

Benefits fraud and denigration of innocence 231 – 232

福利诈骗以及对无辜者的诋毁

Bentham, Jeremy 199 – 201

耶利米·边沁

Bentley, Derek 48

德里克·本特利

Birkett, Lord 172

伯基特大法官

Birmingham, publicdisorder see Urban Disorder (2011)

伯明翰的公众骚乱　参见：城市秩序混乱(2011)

Birmingham Six 50 – 52, 57 – 58

伯明翰六被告人案

Black and ethnic minorities

黑人与少数民族

  innocence, derogation of 230 – 232

  对[黑人与少数民族]无辜者的诋毁

  and institutional racism 119 – 120

  与体制性的种族主义[问题]

  jury trials, choice of 119 – 120

  选择陪审团参与的审判

  police stop and search trends 17 – 18, 32, 34 – 35, 120, 250

  警方的拦截与搜查趋势

  sentencing discounts 119

  量刑折扣

Blackstock, J.E. 157, 159, 161

J.E.布莱克斯托克

Block，B. 109
B. 布洛克
Blumberg，A. 244 – 245，252
A. 布隆伯格
Bonomy, Lord 195 – 196
博诺米大法官
Bottoms，A. 62 – 64
A. 博顿斯
Boulton，William 166
威廉·博尔顿
Bowcott，Owen 124
欧文·鲍科特
Braden's Week (TV programme) 66 – 69
《布莱登每周电视秀》(电视节目)
Bridges，Lee 24，99，117 – 118，124 – 125，185，220 – 221
李·布里奇斯
Bridgewater Four 51 – 52，58
布里奇沃特四被告人案
Brooks，Dwayne 231
德怀恩·布鲁克斯
Burden of proof
举证责任
 beyond reasonable doubt 5 – 6
 排除合理怀疑
 principle 5 – 6，46 – 47
 ［举证责任］原则
 and right to silence 46 – 47
 ［举证责任］与沉默权
 in road traffic offences 167
 在道路交通犯罪中［的举证责任］
 and state-induced guilty pleas 226 – 228
 ［举证责任］与国家诱导的被告人认罪答辩

索　引

Burton, F.53, 247
F.伯顿

C

Cape, E.124
E.凯普
Cardiff Three 52
加的夫三被告人案
Carlen, P.53, 247
P.卡伦
Carter Inquiry on legal aid (2006) 123 – 124
《卡特关于法律援助的调查报告》(2006)
Case-load hypothesis 223
案件数量假设
Case management 178 – 179, 181
案件管理
Caution rule
警告规则
　　abolition, basis for 48 – 49
　　废除［警告规则］的依据
　　conditional cautions 131
　　附条件的警告
　　and public interest 131
　　［警告规则］与公共利益
　　purpose of 38
　　［警告规则的］目的
Cecil Leon, Henry 78
亨利·塞西尔·里昂
Central Fraud Group 127
中央欺诈案件侦破组
Choongh, S.159
S.崇恩

Conduct and Etiquette at the Bar (1953) 166
《律师界行为举止与礼仪》(1953)
Confait, Maxwell 40 – 41, 53 – 54, 233
麦克斯韦尔·孔费
Confessions
[认罪]供述
  admissibility of
  [认罪供述的]可采性
    and access to legal representation 40 – 41
    [认罪供述]与获得律师代理
    under *Judges' Rules* 38 – 39, 49
    根据《法官裁判规则》[规定的认罪供述]
  extorted, protection from 37, 49 – 51
  保护[被告人免遭]刑讯逼供
  and Police coercion 37 – 38, 43, 49 – 51, 64
  [认罪供述]与警方强迫[被告人认罪的]行为
  untrue confessions
  虚假供述
    and Bentham's theory of punishment 200 – 201
    [虚假供述]与边沁的刑罚论
    guilty-plea sentence discounts, influence on 199 – 201
    [虚假供述对]认罪答辩量刑折扣的影响
Conspiracy *see* corruption and conspiracy
密谋,阴谋 参见:腐败与密谋
Cook, Donald 73
唐纳德·库克
Corruption and conspiracy, in Police Procedure
在警务程序中腐败与密谋
  alarm signals 242 – 243
  预警信号
  code of silence 239
  沉默守则

criminal infiltration 240－241

刑事渗透

and failure to act 237－239

与不作为

investigations 44，234，240－241

侦查

judicial treatment of 239－240

司法机构[对警方腐败与密谋]的对待

non-disclosure 239－240，243

保密

perjury 42－43，48，50－51，56，218，232，237－240

伪证

protected witnesses, treatment 236－237

对待受到保护的证人

quashed convictions 241

撤销判决

systemic corruption 234－239

系统性（或体制性）的腐败

whistleblowers 240

检举人,告密者

Court of Appeal

上诉法院,上诉法庭

appeal delays and miscarriages of justice 51－52

上诉延误与司法不公

'clean hands' approach 219

"廉洁清白的"策略

empty protestations 76

空洞的声明

sentencing practices, compared with lower courts 249

[上诉法院]与下级法院对比的量刑实践

'Cracked' trials

"戛然而止的"[法庭]审判

Auld Report on 93–94, 116–118
《奥德[关于"戛然而止的"法庭审判]的调查报告》
causes of 98–103
"戛然而止的"[法庭]审判的原因
　　deliberate 121–122, 159
　　故意的"戛然而止的"[法庭]审判
　　HMCPSI evidence of 107–108, 110
　　女皇陛下皇家检控署监察局["戛然而止的"法庭审判]的证据
　　late plea notification 100–101
　　较迟的认罪答辩的通知
　　prosecutorial errors and inefficiency 105–110
　　控方的错误与低效
and cost-efficiency 104–110
["戛然而止的"法庭审判]与成本效益
Crown Court Study on 101–106, 109–110
刑事法院关于["戛然而止的"法庭审判]研究
definition 98
["戛然而止的"法庭审判的]定义
influences on
[对"戛然而止的"法庭审判的]影响
　　defendant decision-making 100–103
　　被告人的决定[对"戛然而止的"法庭审判]影响
　　prosecution case preparation 103–104
　　公诉案件准备[对"戛然而止的"法庭审判的]影响
state-induced guilty pleas 98–110
国家诱导的被告人认罪答辩
problems caused by 89
["戛然而止的"法庭审判]产生的问题
and time wasting 103–110
["戛然而止的"法庭审判]与时间浪费
trends 98–100, 106–107
["戛然而止的"法庭审判的]趋势

Criminal inquiries
刑事调查
    appeal delays and miscarriages of justice 52 - 53
    上诉延误与司法不公
Criminal justice system, generally see also criminal process, theory of adversary system
刑事司法制度,总体上又可参见:刑事程序、对抗制理论
    advantages of 82 - 83, 220 - 221
    [刑事司法制度的]优点
    dangers to 48 - 49, 216, 253 - 254
    [对刑事司法制度的]危害
    factual vs. legal guilt 5, 47
    事实上有罪对法律上有罪
    purpose of 4 - 6, 82, 220 - 221
    [刑事司法制度的]目的
    shadow system, implications of 216 - 218, 253 - 254
    影子制度的影响
    criminal offences, law reform proposals 45 - 46
    关于刑事犯罪的法律改革建议
    political purpose 53
    [刑事司法制度的]政治目的
Criminal Law Revision Committee Eleventh Report (1972) 28, 45, 49
《刑事法修订委员会第十一份报告》[证据](1972)
Criminal Procedure Rules Committee 94
刑事程序规则委员会
Criminal process, theory of
刑事诉讼理论
    bureaucratic justice 244 - 245, 252
    官僚司法
    courtroom workshops model 245, 252 - 53
    法庭"车间"[工作坊]模式
    disciplinary justice model 247 - 251

惩戒性司法模式
Judges' Rules, influence on 244 – 245
《法官裁判规则》[对刑事诉讼理论]的影响
and judicial dissent 248 – 249
与司法异议
managerialism 245 – 246
管理主义
perspectives on 244
[刑事诉讼理论的]不同角度
quasi-inquisitorial justice 246 – 247
准纠问式司法

Criminals
罪犯
infiltration of Police by 240 – 241
[罪犯对]警方的渗透
profiling 28 – 29
[罪犯的]貌相[分析]
Stereotyping
[对罪犯的]成见或称规定型
innocence, denigration of 230 – 32
对无辜者的诋毁
and institutional racism 119 – 120
与体制性的种族主义[问题]
jury trials, choice of 119 – 120
选择陪审团参与庭审
police stop and search trends 17 – 18, 32, 34 – 35, 120, 250
警察拦截与搜查趋势
stigmatisation 116
[对罪犯的]侮辱

Cross-examination
交叉询问，质证
under *Judges' Rules* 38 – 39

根据《法官裁判规则》规定[的交叉询问]
and Police collaboration 42 – 44
与警方的合作
purpose 42，82
[交叉询问的]目的
restrictions on 167 – 168，243
[关于交叉询问的]限制
and right to fair trial 2 – 3
与公正审判权

Crown Court Study (1993) 88 – 89
《刑事法院研究》(1993)
 on costs of trials and inefficiency 112 – 114
 关于审判成本与低效
 on 'cracked' trials 101 – 106，109 – 110
 关于"戛然而止的"法庭审判

Crown Prosecution Service
皇家检控署
 and guilty-plea development 154
 [皇家检控署]与认罪答辩的发展
  Attorney General's guidelines on pleas and sentencing 134
  《检察长关于接受[被告人认罪]答辩请求的指导准则以及检察官在量刑时的作用》
  challenges 129 – 132
  挑战(或质疑)
  and factual basis of bargain 143 – 146
  与交易的事实依据
  independence of 147 – 148
  [与认罪答辩的发展]独立性
  over-charging 136 – 137
  过分指控
  political context 129 – 132
  政治环境

and public interest 131
与公共利益
technical competence 132–136
技术能力
under-charging 136–143
低于标准的指控
organisation structure 127–128
组织结构
role of 128–129
［皇家检控署在被告人认罪答辩中的］角色

D

Dawes，W. 101–102
W. 道斯
de Menezes，Jean Charles 233
吉恩·查尔斯·德·梅内塞斯
Defence counsel
辩护律师
 challenges for
 辩护律师面临的挑战
  contempt of court 175，180
  蔑视法庭
  guilt, presumption of 158–159
  ［辩护律师对被告人的］有罪假设
  legal aid funding restrictions 159
  法律援助资金的限制
  prosecution gaps 176–178
  起诉的差距
  technical competence 173–175
  技术能力
 general principles 156–157
 一般原则

  attitudes and behaviour towards clients 158 – 162
  对待当事人的态度与行为
  case management 178 – 179, 181
  案件管理
  'Charter for Counsel' 180
  《律师章程》
  persuasion, role of 172
   [辩护律师]说服[被告人认罪]的作用
  obligations
  [辩护律师的]义务
   historical position 166 – 167
   [辩护律师的义务:]历史性立场
   reform proposals 165, 167 – 170, 173 – 175
   [辩护律师义务的]改革建议
  role restructuring 165 – 181
  [辩护律师的]角色转型
   Auld Report proposals 165, 167 – 170, 173 – 175
   奥德的调查报告[关于辩护律师角色转型]的建议
   background 165 – 167
   [关于辩护律师角色转型的]背景
   truth-seeking role development 170 – 74
   [关于辩护律师在]寻求真理方面的角色的发展
Defendants, innocent 118 – 119
无辜的被告人
Dell, S. 63
S. 戴尔
Denning, Lord 119, 172, 233
丹宁大法官
Devlin, Mr Justice 230
德夫林大法官
Director of Public Prosecutions (DPP) 127 – 128
公诉长官

Drury, J. 18
J. 特鲁里
Du Cann, R. 156
R. 杜·卡恩
Duggan, Mark 16 – 17, 43 – 44
达根·马克
Dworkin, Ronald 5 – 6, 222
罗纳德·德沃金

E

Edwards, A. 246
A. 爱德华兹
Eisenstein, J. 245, 252
J. 艾森斯坦
Ellison Report on death of Stephen Lawrence (2014) 58, 230 – 231, 235, 238, 240 – 241
《埃利森关于斯蒂芬·劳伦斯死亡的报告》(2014)
Ethnic minorities *see* black and ethnic Minorities
少数民族　参见：黑人与少数民族
Evaluation of the Public Defender Service (2007) 185
《公设辩护人服务的评估[报告]》(2007)
Evans, Timothy 52
蒂莫西·埃文斯

F

Fairtrial *see* right to fair trial
公正审判　参见：公正审判权
Firm and Fair (White Paper, Scotland, 1994) 195
《坚定与公正》(苏格兰白皮书，1994)
Fiscal fines 213 – 214
财政罚款
Fisher Inquiry (1977) 40 – 41, 52 – 53, 233

《费希尔的调查[报告]》(1977)

Flying Squad

警察机动[分]队

  corruption in 235 – 236

  [警察机动分队中的]腐败

Formal legal rationality

形式法律理性

  abnormal situations, legal treatment during

  [形式法律理性]在法律处理[案件]期间的异常情形

    legal principles 6 – 7

    法律原则

    media role in 12 – 13, 16, 19

    媒体在形式法律理性中的角色

    Miners' Strike (1984) 13 – 16

    矿工大罢工(1984)

    normal cases, courts' responses to 24 – 25

    法院对常规案件的回应

    Operation Major (1980s) 8 – 12

    主要[打击]行动(20世纪80年代)

    and restoring order 7

    与恢复秩序

    Urban Disorders (2011) 16 – 24

    城市骚乱(2011)

    US Black Ghettos (1960s) 7

    美国黑人区(20世纪60年代)

  adversary system

  对抗制

    advantages of 82 – 83, 220 – 221

    [对抗制的]优点

    dangers to 48 – 49, 216, 253 – 254

    [对对抗制的]危害

    factual vs. legal guilt 5, 47

事实上有罪对法律上有罪
  purpose of 4-6，82，220-221
    [对抗制的]目的
    shadow system, implications of 216-218，253-254
    影子制度的影响
  principles, generally 5-6
  总体上的原则
  rights and principles 2
  权利与原则
    historical development 27-28
    [权利与原则的]历史发展
    judicial limitation of 48-49
    [权利与原则的]司法局限性
Foucault, M. 251
M. 福柯
Francis, Peter 231
彼得·弗朗西斯
Franey, R. 11
R. 弗雷尼
Fraud Trials Committee (1986) 45
诈骗[案件]审判委员会(1986)
Freedom of access to judiciary
[案件]进入司法机构的自由
  and state-induced guilty pleas
  与国家诱导的被告人认罪答辩
    and defendants' choice 120-124，218-219
    与被告人的选择
    legitimacy 70-71，73，219-220
    [国家诱导的被告人认罪答辩的]合法性
Freedom of individual
个人自由
  Infringement

违反(或侵犯)[个人自由]
 and anti-terrorism 29
  与反恐怖主义
 justification for 3-5
  [违反个人自由规定的]正当性
 and Police collaboration 42-44
  与警方合作
 and Police rights of seizure 41-42
  与警察扣押权
 prohibition 4
  禁止[个人自由]
 principles, generally 36-37
  总体上,各项原则
Frey, Ronald 2
 罗纳德·弗雷
Fuller, L. 65, 156
 L. 富勒

G

The Gateway to Justice (2011) 131
《通往正义之门》(2011)
Genders, E. 99
E. 珍德斯
Goddard, Lord 48
戈达德大法官
Goodyear guidelines 94-98, 123-124
古德伊尔案的指导方针
Grayling, Chris 183-186
克里斯·格雷灵
Gross, Rt Hon LJ 177-178
格罗斯大法官
Guildford Four 52, 57-58, 235

吉尔福德四被告人案
Guilt, generally *see also* burden of Proof
有罪,总体上又可参见:举证责任
    admission of, first reasonable opportunity for 115, 207
    第一次承认[有罪]的合理机会
    factual vs. legal guilt 5, 47
    事实上有罪对法律上有罪
    and moral harm 5-6
    与道德危害
Guilty pleas, generally *see also* state-induced guilty pleas
认罪答辩,总体上又可参见:国家诱导的[被告人]认罪答辩
    in Court Martial cases 124
    军事法庭案件[的认罪答辩]
    definition 62
    [认罪答辩的]定义
    purpose 10
    [认罪答辩的]目的
    trends 62-63, 217
    [认罪答辩的]趋势

H

Hall, A. 226, 246
A. 霍尔
Hallsworth, S. 18-19
S. 霍尔斯沃思
Halpin, Tony 139
托尼·哈尔平
Hamilton, Alexander 1
亚历山大·汉密尔顿
Harries, R. 112
R. 哈里斯
Henderson, P. *see Crown Court Study*

索　引

P. 亨德森　参见:《刑事法院研究》

Henham, R. 99, 217

R. 恒汉姆

Heumann, M. 245

M. 休曼

Hillsborough Disaster 239

希尔斯堡惨案

Hillyard, Paddy 14-15

帕迪·希利亚德

HMCPSI Reports

女王陛下皇家检控署监察局的各项报告

　　on case discontinuance trends 224

　　　案件中止趋势

　　on 'cracked' trials 107-108, 110

　　　关于"戛然而止的"法庭审判

　　on performance of prosecution advocates 103-1104, 106-110, 129-130, 136

　　　关于控方律师的表现

Hodgson, J. 6, 245-246

J. 霍奇森

Hoffman, L. 48, 54

L. 霍夫曼

Homelessness 1, 8, 11 *see also* Operation Major (1980s)

　　无家可归　又可参见:主要[打击]行动(20世纪80年代)

Humanrights, generally *see also* individual rights

　人权,总体上又可参见:个人权利

　　and stop and search powers 29-31

　　　与拦截和搜查权

Hutchinson-Foster, Kevin 44

凯文·哈钦森-福斯特

Hyde, J. 181

J. 海德

I

Inconsistent pleaders 63–64
前后认罪态度不一致的答辩人
Independent Police Commission Investigations
独立警察委员会的调查
    on CPS inefficiencies 130
    [独立警察委员会]关于对皇家检控署低效[的调查]
    limitations 55, 236
    局限性
    on Police conspiracy and corruption 231, 234–235
    [独立警察委员会关于]警察阴谋与腐败[的调查]
    powers and resources 234–235
    权力与资源
    witness refusal to answer during 44
    证人拒绝[在独立警察委员会调查期间]回答问题
Ineffective trials
无效审判
    cost-effectiveness, relevance of 111–112
    成本效益[与无效审判]的相关性
    trends 110–111
    [无效审判的]趋势
Innocence *see also* burden of proof; guilt
清白，无辜　又可参见：举证责任；有罪
    'however innocent,' interpretation 117–118, 229–230
    对"无论如何都属于无辜"的解读
    inconsistent pleaders 63–64
    前后认罪态度不一致的答辩人
    innocent defendants 117–119
    无辜的被告人
    institutional denigration of 229–232
    [对无辜者]体制性的贬低

and media stereotyping 230-231
与媒体的刻板印象
and punishment, justification for 229-232
与刑罚的正当性
subjugation of risk to innocent 228-229
克服带给无辜者的风险
Investigations
  into plea-bargaining
  对辩诉交易的调查
    by JUSTICE 69-70, 253
    司法正义[人权与法律改革]组织[对辩诉交易的调查]
    by Law Society 69-70
    律师协会[对辩诉交易的调查]
  into Police corruption 44, 240-241
  对警察腐败的调查
  profiling, role in 28-29
  调查对貌相[分析]的作用
  into tax evasion 10-11
  [对]逃税[的调查]

J

Jacob, H. 245, 252
H. 雅各布
James Committee on distribution of business between Crown Court and Magistrates' Court (1975) 45, 251
关于刑事法院与治安法院之间业务分配的詹姆斯委员会(1975)
Jarrett, Cynthia 18, 43
辛西娅·贾勒特
John Harris Memorial Lecture (2011) 148-149
约翰·哈里斯纪念讲座(2011)
Judges' Rules
《法官裁判规则》

Administrative Directions 40, 53
《[法官裁判规则]管理实施细则》
arrest and custodial powers 38－39
逮捕与监禁权
confessions, admissibility of 38－39, 49
[被告人]认罪供述的可采性
criticism of 48, 217－218
[《法官裁判规则》的]批评
cross-examination 38－39
交互询问
historical background 37, 53
[《法官裁判规则》的]历史背景
as implied recognition of Police authority 54
[《法官裁判规则》]作为默认警方的权威
influence of 59－60, 248－249
[《法官裁判规则》的]影响
interpretation 39－40, 53
[《法官裁判规则》的]解释
judiciary, influences on 248－249
[《法官裁判规则》]对司法机构的影响
legitimacy of 53－54
[《法官裁判规则》]的合法性
non-compliance, implications 38
[《法官裁判规则》]对不遵守行为的影响
purpose 37－38, 248－249
[《法官裁判规则》的]目的
reasonable suspicion 38
合理怀疑
right to legal advice 39－41
获得法律意见的权利
right to silence 39－41, 49
沉默权

suspects' rights, influences on 39 – 41, 49, 249

[《法官裁判规则》对]嫌疑人权利的影响

judiciary

司法机构

  generally

  总体上

    discourtesy 149 – 150

    [司法机构的]无礼

    independence of 148 – 149

    [司法机构的]独立

    legal understanding, lack of 150 – 51

    [司法机构]缺乏对法律的理解

    public confidence in 1, 233 – 234, 247 – 248

    公众[对司法机构]的信任

  Police corruption, treatment of 239 – 240

  [司法机构]对待警察腐败[的行为]

  prosecution role

  [司法机构的]公诉角色

    adherence to rules 149 – 150

    遵守规则

    judicial oversight, failure of 148 – 155

    司法监督的失败

    misdirection 149 – 151

    错误的指示[方向]

    as protection mechanism in 148 – 149

    作为保护机制

  sentencing practices

  量刑实践

    dissent opportunities 248 – 249

    [量刑实践表达]分歧意见的机会

  and state-induced guilty pleas

  与国家诱导的被告人认罪答辩

and defendants' choice 120-124, 218-219
　　与被告人的选择
　　judge-initiated bargaining 74-75
　　法官发起的[辩诉]交易
　　judicial oversight, legal failures during 148-154
　　司法监督的法律失误
　　legitimacy of 70-71, 73, 219-220
　　[司法机构与国家诱导的被告人认罪答辩的]合法性
　　in Scotland, role of judicial
　　司法机构在苏格兰的作用
　　discretion 194-195
　　自由裁量权
Junius 251
朱尼厄斯
JUSTICE
司法正义[人权与法律改革]组织
　　plea-bargaining investigations 69-70, 253
　　对辩诉交易的调查
Justice for All(White Paper, 2002) 93-94, 116-117
《为了所有人的正义》(白皮书,2002)

K

Kaldor-Hicks economic efficiency theory 203-204
卡尔多-希克斯经济效率理论
Kennedy, Ludovic 51
卢多维奇·肯尼迪
King, M. 11
M. 金
Kiszco, Stefan 52
斯蒂凡·基斯科

L

Lacey, Nicola 233-234

索　引

尼古拉·雷斯
Laity，Louis Paul 66 – 68
莱蒂·路易斯·保罗
Law Society 292
事务律师协会
　　plea-bargaining investigations 69 – 70
　　对辩诉交易的调查
　　on public defender reform proposals 185
　　关于公设辩护人改革的建议
Lawrence，Stephen 58，230 – 231，235，238，240 – 241
斯蒂芬·劳伦斯
Lea，J.18 – 19
J.李
Legal advice/representation
法律意见/律师代理
　　and confessions，admissibility of 40 – 41
　　与认罪供述的可采性
　　in Operation Major (1980s) 9 – 10
　　在主要[打击]行动(20世纪80年代)中[的法律意见/律师代理]
　　right to 46 – 47
　　有权[获得法律意见/律师代理]
　　　extension of 61
　　　权利的延伸[适用]
　　　under *Judges' Rules* 39 – 41
　　　根据《法官裁判规则》规定[获得法律意见/律师代理的权利]
Legal Aid
法律援助
　　income thresholds 186 – 187
　　收入门槛[条件]
　　as market product，implications of 187 – 188
　　[法律援助改革作为]市场产品的影响
　　Reforms

改革

  competitive tendering, challenges of 184 – 186

  [对法律援助改革的]公开竞标的质疑

  criticisms of 184 – 187

  [对法律援助改革的]批评

  financial implications 183 – 184, 186 – 188

  [法律援助改革的]财政影响

  guilty plea trends, potential impact on 187 – 188

  [法律援助改革对]认罪答辩趋势的潜在影响

  implications for justice 181 – 183, 186 – 188

  [法律援助改革]对司法的影响

  as managed consolidation 184 – 185

  [法律援助改革]作为管理整合

  purpose 181 – 182

  [法律援助改革的]目的

Legitimacy

合法性

  moral basis 2

  [合法性的]道德基础

  need for 220 – 221

  [合法性的]需要

  of Police, *Judges' Rules* role in establishment 37 – 38, 53 – 54

  《法官裁判规则》在确定警察[行动]合法性的作用

  and purpose of criminal courts 6 – 7

  与刑事法院的目的

Leigh, L. 131, 163

L. 利

Levitt, Alison 227

艾莉森·莱维特

Lippke, Richard 3

理查德·利普克

Liverpool, publicdisorder *see* Urban Disorder (2011)

利物浦的公众骚乱 参见:城市骚乱(2011)
Luton Post Office Murder case 51
卢顿邮局谋杀案

M

McBarnet, Doreen 39, 42, 54
多琳·麦克巴尼特
McClean, J. 62 - 64
J. 麦克莱恩
McEwan, Jenny 175, 178, 245, 247
珍妮·麦克尤恩
Magistrates Courts
治安法庭
 charge-bargaining trends 136
  指控罪名交易的趋势
Maguire Six 52
马奎尔六被告人案
Manchester, public disorder *see* Urban Disorder (2011)
曼彻斯特的公众骚乱 参见:城市骚乱(2011)
Martin-Sperry, David 242 - 243
大卫·马丁-斯佩里
Masons, influences of 218 - 219
"共济会"[对治安法院]的影响
Media
媒体
 institutional denigration by 230 - 231
  [媒体]对体制性的诋毁
 Miners' Strike (1984), role in 13, 16
  [媒体在]矿工大罢工(1984)的作用
 Operation Major (1980s), role in 12
  [媒体在]主要[打击]行动(20世纪80年代)的作用
 plea bargaining, disclosure of 66 - 69

辩诉交易的公开(或披露)
public relations role 12
[媒体在]公共关系的作用
Urban Disorders (2012), role in 19
[媒体在]城市骚乱的作用(2012)

Miller, J. 112, 234
J. 米勒

Millhench, Ronald 40
罗纳德·米尔恩希

Miners' Strike (1984)
矿工大罢工(1984)
 intercept policy 13 – 14
 拦截政策
 media role 13, 16
 媒体的角色
 prosecution strategies 13 – 16
 起诉(或公诉)策略
 state-induced guilty pleas, role of 15 – 16
 国家诱导的被告人认罪答辩的作用(或角色)

Miscarriages of justice
司法不公
 Auld Report on 241
 奥尔德[关于司法不公]的考察报告
 court distancing from 59
 法院远离司法不公
 and Court of Appeal delays 51 – 52
 与上诉法院的延误
 and criminal inquiries 52 – 53
 与刑事调查
 displacement practices 57
 转移法实践
 individuation practices 57

个案化实践
legitimation practices 56
合法化实践
and public confidence 1,233 - 234,247 - 248
与公众的信任
and Royal Commission on Criminal Justice (1993) 87 - 88,233 - 234
与皇家刑事司法委员会(1993)
treatment challenges 56 - 57
对待[司法不公的]质疑
Mitchell,B.21
B.米切尔
Modernising Justice in Scotland (2003) 196
《苏格兰司法的现代化》(2003)
Moody,S.191 - 192
S.穆迪
Moral rights
精神权利
  infringement, justification for 3 - 4
  侵犯[精神权]的正当性
  moral harm and guilt 5 - 6
  道德危害与有罪
  and right to fair trial 2 - 3
  与公正审判权
Morgan,Daniel 239 - 240
丹尼尔·摩根
Morton,J.42 - 43
J.莫顿
Mungham,Geoff 64
杰夫·蒙汉姆

N

Neuberger,Lord 187 - 188

纽伯格大法官[勋爵]
A New Approach to Tackling Offending in Communities Needed (2011) 131
《[刑事司法联合检查报告:]解决社区犯罪所需的新方法》(2011)
Newman, Daniel 157, 159-62
丹尼尔·纽曼
Newton hearings
牛顿案听证会
 and sentencing discounts 96, 113, 115, 136, 225
 与量刑折扣
NHS Care Quality Commission 130-31
英国国民健康保险制度护理质量委员会
Nicholson, D. 171
D. 尼科尔森
Not proven verdicts, in Scotland 230
苏格兰证据不足[无法定罪]的判决

O

Open-door policy 70-71
"开门[讨论的]"政策
Operation Major (1980s)
主要打击行动(20世纪80年代)
 arrest, legal basis for 9
 逮捕的法律依据
 emergency court procedures 9-10
 紧急法庭程序
 impact on law enforcement reputation 11-12
 对执法[部门]声誉的影响
 legal justifications 12
 法律正当性
 legal representation, access to 9-10
 获得法律代理
 media role 12

媒体的角色
　　sentencing strategies 9-10
　　量刑策略
Operation Swamp 81 29
沼泽行动
Orwell，G.123
G.奥威尔

P

Padfield，Nicola 185
尼古拉·帕德菲尔德
Peach，Blair 218，232
布莱尔·皮奇
Percy-Smith，Janie 14-15
詹妮·珀西-史密斯
Perjury
伪证[罪]
　　by Police 42-43，48，50-51，56，218，232，237-240
　　警察[作伪证]
Plea bargaining，generally see also state-induced guilty pleas
辩诉交易，总体上又可参见：国家诱导的被告人认罪答辩
　　counsel-initiated bargaining 74
　　[辩护]律师启动的[辩诉]交易
　　definition 1
　　定义
　　judge-initiated bargaining 74-75
　　法官启动的[辩诉]交易
　　justifications for 221-222
　　正当性
Pleas and Case Management Hearings 112-113
抗辩和案件管理听证会
Plebgate 182

庶民门［事件］
Police, generally
警察，一般
　corruption and conspiracy
　腐败与密谋
　　alarm signals 242－243
　　预警信号
　　code of silence 232, 239
　　沉默准则
　　collaboration 42－44
　　［警察之间的］合作
　　criminal infiltration 240－241
　　刑事渗透
　　failure to act 237－239
　　不作为
　　illegality, attitudes to 27－28, 50－51
　　对违法行为的态度
　　investigations into 44, 234－235, 240－241
　　［对警方腐败与密谋的］调查
　　judicial treatment of 233－234, 239－240
　　司法机构对待［警方的腐败与密谋］
　　non-disclosure 239－240, 243
　　保密
　　oversight mechanisms, limitations of 55
　　监督机制的局限性
　　perjury 42－43, 48, 50－51, 56, 218, 232, 237－240
　　伪证罪
　　protected witnesses, treatment 236－237
　　对待受到保护的证人
　　and public confidence 58, 233－234
　　与公众的信任
　　quashed convictions 241

撤销定罪
    to secure convictions, justifications for 233 – 234
    确保定罪的正当性
    systemic causes 57 – 58, 234 – 239
    体制性的原因
    whistleblowers 240
    告密者,检举人
  discretion, role of 27 – 28
    自由裁量权的作用
  Masonic influences on 218 – 219
    共济会的影响
  political power of 182
    政治权利
  profiling, role of 28 – 29
    貌相的作用
  and public confidence 58, 233 – 234
    与公众信任
Police powers
警察权
  cross-examination 42, 82, 167
    交叉询问
    and collaboration 42 – 44
      与合作
  custodial detention 60 – 61
    监禁拘留
  Generally
  一般
    background 36 – 37
      背景
    caution, purpose of 38
      警告的目的
    as justification for new law 54 – 55

作为新法的正当性
　　legitimacy 53 – 54
　　合法性
　　political influences on 60 – 61
　　政治影响
　　as sources of law 54
　　作为法律渊源
Judges' Rules
《法官裁判规则》
　　Administrative Directions 40, 53
　　《[法官裁判规则]管理实施细则》
　　arrest and custodial powers 38 – 39
　　与逮捕和监禁权
　　confessions, admissibility of 38 – 39, 49
　　认罪供述的可采性
　　criticism of 48, 217 – 218
　　[对《法官裁判规则》]的]批评
　　cross-examination 38 – 39
　　交叉询问
　　historical background 37, 53
　　[《法官裁判规则》的]历史背景
　　influence of 59 – 60
　　[《法官裁判规则》的]影响
　　interpretation 53
　　[对《法官裁判规则》的]解读
　　interpretative guidance 39 – 40
　　[对《法官裁判规则》的]解释性指导意见
　　judiciary, influences on 248 – 249
　　司法部门的影响
　　legitimacy of 53 – 54
　　[《法官裁判规则》的]合法性
　　non-compliance, implications 38

不遵从[《法官裁判规则》]的影响
and Police authority, implied recognition of 54
 与默认警察的权威性
purpose 37 – 38, 54, 248 – 249
[《法官裁判规则》的]目的
reasonable suspicion 38
 合理怀疑
right to legal advice 39 – 41
 获得法律咨询的权利
right to silence 39 – 41, 49
 沉默权
suspects' rights, influences on 39 – 41, 49, 249
 对犯罪嫌疑人权利的影响
necessity for 55
[《法官裁判规则》的]必要性
and prevention of terrorism
 与预防恐怖主义
influence of 60 – 61
[《法官裁判规则》与预防恐怖主义的]影响
reasonable suspicion 29, 60
 合理怀疑
search and seizure 41 – 42
 搜查与扣押
stop and search 28 – 36
 拦截与搜查
amongst black and ethnic minorities 17 – 18, 32, 34 – 35, 120
 黑人与少数民族
and anti-terrorism 29 – 30
 与反恐主义
concerns regarding 34 – 36
[对拦截与搜查的]担心
and ECHR 30, 33 – 34

与《欧洲人权公约》

excessive and indiscriminate use of 29-30

过度与歧视性滥用［拦截与搜查］

illegal use of 30

［拦截与搜查的］非法使用

and public safety 31-32

与公共安全

and reasonable suspicion 29,60

与合理怀疑

and right to liberty 33-34

与自由权

and right to privacy 33

与隐私权

safeguards, limitations of 30-32

保护措施的局限性

trends 17-18,32,34-36

趋势

Price, Ronald 69

罗纳德·普里斯

Profiling, role in Police investigations 28-29

貌相［分析］在警方侦查中的作用

Prosecution

起诉,公诉

 CPS role in guilty-plea bargains development 154

 皇家检控署在认罪答辩交易发展中的作用

  Attorney General's guidelines on pleas and sentencing 134

  《检察长关于［被告人］认罪和量刑的指导准则》

  challenges 129-132

  挑战

  and factual basis of bargain 143-146

  与交易的事实依据

  general role of 128-129

一般角色
    independence of 147-148
    独立
    organisation structure 127-128
    组织结构
    over-charging 136-137
    过分指控[罪行]
    political context 129-132
    政治环境
    and public interest 131
    与公共利益
    and technical competence 132-136
    与技术能力
    under-charging 136-143
    低于标准进行指控
Director of Public Prosecutions (DPP) role 127-128
公诉长官的角色
Judicial role in guilty-plea bargains development
司法机构在认罪答辩交易发展中的作用
    adherence to rules 149-150
    遵守规则
    judicial oversight, failure of 148-155
    司法监督的失败
    misdirection 149-151
    错误的指示
    as protection mechanism in 148-149
    作为保护机制
Public confidence
公众的信任
    in judiciary 1, 233-234, 247-248
    公众对司法机构的信任
    and Police malpractice 58

与警方的不当行为
reasons for 1-2
[公众信任的]原因
Public interest justification
公共利益正当性
 caution rule 131
 警告规则
 for guilty-plea bargaining, in Scotland 202
 苏格兰有关认罪的辩诉交易
Punishment, generally
刑罚,一般
 Bentham's theory of 200-201
 边沁[的刑罚]理论
 justification for 4-5, 199, 229-232
 [刑罚的]正当性
 principles of 200-201
 [刑罚的]原则
 untrue confessions, influence of 199-201
 虚假招供[对刑罚]的影响

R

Rape, false allegations 227-228
错误的强奸控诉
Reasonable suspicion
合理的怀疑
 and prevention of terrorism 29, 60
 与恐怖主义的预防
 and stop and search powers 29, 60
 与拦截搜查权
Redmayne, M. 55, 97, 178, 244
M.雷德梅因
Reid, Lord 166

里德大法官
Remorse, relevance in 72, 84 - 85, 120
悔恨[犯罪]的关联性
 in Scotland 201
 在苏格兰[有关被告人悔恨犯罪的关联性]
Rhodes, D. 124
D. 罗兹
Richardson, James 152, 172, 248
詹姆斯·理查森
Right to equal treatment 5 - 6
平等待遇权
Right to fair trial 220
公正审判权
 and case-load hypothesis 223
 [公正审判权]与案件数量假设
 general principle under ECHR 2 - 3
 根据《欧洲人权公约》规定的[公正审判权的]一般原则
 and trial by jury 3 - 4
 [公正审判权]与陪审团[参与]的审判
Right to legal advice/representation 46 - 47
获得法律咨询/代理的权利
 extension of 61
 [被告人获得法律咨询/代理的权利]延伸适用
 under *Judges' Rules* 39 - 41
 根据《法官裁判规则》规定的[被告人获得法律咨询/代理的权利]
Right to liberty
自由权
 general legal principles 36 - 37
 [自由权的]一般法律原则
 and stop and search powers 33 - 34
 [自由权]与拦截和搜查权
Right to privacy 33

隐私权
Right to silence 220
沉默权
    and burden of proof 46 – 47
    与举证责任
    under *Judges' Rules* 39 – 41
    根据《法官裁判规则》[规定的沉默权]
    law reform proposals 45，48 – 49
    法律改革建议
Roberts，Andrew 59
安德鲁·罗伯茨
Roberts，J. 21，23，59
J. 罗伯茨
Robertson，G. 72，254
G. 罗伯森
Romily，S. 91
S. 罗米利
Rose，G. 63
G. 罗斯
Royal Commission on Criminal Justice (1993)
皇家刑事法委员会(1993)
  on defendant-decision making
  关于被告人作出的决定
    influences on choice of guilty pleas 100 – 102
    对认罪答辩选择的影响
  on miscarriages of justice 233 – 234
  关于司法不公
    proposals for restrictions on state-induced guilty pleas 88 – 89
    国家诱导的认罪答辩限制条件的建议
    purpose 87 – 88
    [设立皇家刑事法委员会的]目的
    on sentencing system injustices 117

关于量刑制度不公
Royal Commission on Criminal Procedure (1981) 75
皇家刑事程序委员会(1981)
Royal Commission on Police (1962) 53
皇家警察委员会(1962)
Royal Commission on Police Powers and Procedure (1929) 36-37
皇家警察权力与程序委员会(1929)
    balance strategy 54-55
    平衡策略
    and right to silence 48-49
    与沉默权
Rozenberg, J. 76
J. 罗森贝格

S

Sanders, Alison 182, 244
艾莉森·桑德斯
Scanlon, T. M. 65
T. M. 斯坎伦
Scotland
苏格兰
    not proven verdicts, trends 230
    无法证明[罪行成立]的判决趋势
    sentencing practices, generally 249
    量刑实践,总体上
    state-induced guilty pleas
    国家诱导的被告人认罪答辩
        case cost comparisons, relevance of 201-204
        案件成本对比的关联性
        as charge bargaining 191
        作为指控罪名交易
        comparative role of 25-26, 190

[国家诱导的被告人认罪答辩]对比的角色
discretion vs. policy debate 204 – 208, 210 – 212, 214 – 215
自由裁量权对政策辩论
fiscal fines 213 – 214
财政罚款
fixed fees system, impact 192
固定收费制度的影响
guidelines, need for 207 – 208
指导准则的需要
higher court criticisms of 193 – 195
上级法院的批评意见
informal procedures 190 – 192
非正式程序
judicial discretion, role of 194 – 195
司法自由裁量权的角色
Lord Justice General's Practice Note 196 – 197
《最高法院院长实践指导意见》
in lower courts 190 – 192, 212 – 214
在下级法院的国家诱导的被告人认罪答辩
in minor cases, as alternatives to prosecution 212 – 214
在轻微案件中替代公诉的手段
official promotion of 192 – 199
正式促进[国家诱导的被告人认罪答辩]
partial pleas 191
部分[认罪]请求
policy development 197 – 199, 201 – 204, 206 – 207, 209 – 212
政策发展
practical aspects, emphasis on 208 – 210
强调实用性[的方面]
public interest justification 202
公共利益的正当性
remorse, relevance of 201

悔恨［犯罪］的关联性
　　risks, judicial management of 206-208
　　风险的司法管理
　　sentence discount recording 197
　　量刑折扣记录
　　statutory basis for 190, 195-199
　　［国家诱导的被告人认罪答辩的］法定依据［或基础］
　　time of plea, relevance of 207
　　请求认罪［答辩］时间的关联性
　　trends 192
　　趋势
　　utilitarian justification 198-201
　　功利主义的正当性
　　withdrawal conditions 193
　　撤回案件（撤诉）的条件
　stop and search trends 34
　　拦截与搜查趋势
Scraton, P. 231
P. 斯克雷顿
Seabrook Committee on Crown Court Business (1992) 98, 101, 104, 225
西布鲁克刑事法院业务委员会（1992）
Search and seizure 41-42
搜查与扣押
Seifman, R. 64
R. 塞夫曼
Sentence discounts
量刑折扣
　　and *Newton* hearings 96, 113, 115, 136, 225
　　与牛顿案那样的听证会
　　Royal Commission on Criminal Justice (1993) 88-89
　　［关于量刑折扣的］皇家刑事司法委员会（1993）
　　Scottish court views on 206-208

苏格兰法院[关于量刑折扣的]观点
 state-induced guilty pleas as 72 - 73, 84 - 85
 国家诱导的被告人认罪答辩作为[量刑折扣的结果]
  admission of guilt, time of 115, 207
  [被告人]承认有罪的时间
  advantages, evidence of 112
  优势[地位]的证据
  burden of proof, influence on 226 - 228
  对举证责任的影响
  case-load hypothesis 223
  对案件数量的假设
  cost-efficiency justification 112 - 115, 222 - 226, 228 - 229, 245 - 246, 251
  成本效益的正当性
  as lowest possible sentence 228 - 229
  作为最低可能的量刑
  victims and witnesses, impact on 226 - 228
  对被害人和证人的影响
Sentencing Council 94, 113
量刑委员会
Sentencing Guidelines
量刑指南
 on custodial sentences for non-guilty pleas 135
 关于对不认罪答辩判处监禁刑[的量刑指南]
 departure from, in abnormal circumstances 22 - 23
 在异常情况下[对量刑指南]的背离
 lower courts development of 23
 下级法院[对量刑指南]的发展
 on the reduction of sentences for
 关于减刑[的量刑指南]
 guilty pleas 94, 114 - 115, 197, 223
 认罪请求,认罪答辩

on time of admission of guilt 115
   关于认罪的时间
Sentencing Guidelines Council 94, 113
   量刑指导委员会
Serious Crime Group 127
   严重犯罪案件侦破组
Shattuck, Petra 24
   佩特拉·沙特克
Sheskin, A. 252
   A. 舍斯金
Silence *see* right to silence
   沉默　参见:沉默权
Solicitors *see also* defence counsel
事务律师　参见:辩护律师
   attitudes and behaviour towards clients 158－162
   对待当事人的态度与行为
   presumption of guilt by, trends 158－159
   假设[当事人]有罪的趋势
   technical competence challenges 157－162
   技术能力的挑战
Special Demonstration Squad 231
[伦敦大都会警察厅]特别示范分队
Standard of proof
举证责任
   Auld Review on 92－93
   奥尔德[关于举证责任]的观点
   civil standard of 5, 52－53, 233
   [举证责任的]民事标准
   role of 2－3
   [举证责任的]作用
Standing Accused (1994) 158－162
《站立的被告人》(1994)

State-induced guilty pleas
国家诱导的被告人认罪答辩
 burden of proof, influence on 226 – 228
 举证责任［对国家诱导的被告人认罪答辩］的影响
 choice
 ［国家诱导的被告人认罪答辩］选择
  admission of guilt, first reasonable opportunity 115, 207
  第一次认罪的合理机会
  coercion, relevance of 116 – 117
  强迫［国家诱导的被告人认罪答辩］的关联性
  and freedom of access to judge 120 – 124, 218 – 219
  访问（或拜见）法官自由
  inconsistent pleaders 63
  认罪态度前后不一致的答辩人
  influences on 64
  ［国家诱导的被告人认罪答辩的］影响
  and innocent defendant problem 118 – 119
  与无辜被告人的问题
  pre-trial procedure, potential influences on 105 – 106
  ［国家诱导的被告人认罪答辩］对审前程序的潜在影响
  studies of 63 – 64
  ［对国家诱导的被告人认罪答辩的］研究
  tactical motives 115 – 118
  ［国家诱导的被告人认罪答辩的］战术动机
 cost-efficiency justification 112 – 115, 222 – 226, 228 – 229, 245 – 246, 251
 成本效益的正当性
  and case-load hypothesis 223
  与案件数量假设
  committal proceedings, abolition of 223 – 225
  庄严诉讼程序的废除
  legitimacy 83 – 85, 94
  合法性

counsel-initiated bargaining 74
律师发起的交易
defence lawyers status, influence on 125
对辩护律师地位的影响
emergence of
国家诱导的被告人认罪答辩的出现(或浮现)
  Auld Report (2001), influence on 90 – 94
  《奥尔德的调查报告》(2001)的影响
  and 'cracked' trials 98 – 110
  [国家诱导的被告人认罪答辩]与"戛然而止的"法庭审判[的出现]
  'culture change,' influence of 95
  "文化变革"的影响
  and denigration of defendant 114 – 120, 251
  与诋毁被告人
  Goodyear guidelines 94 – 98
  古德伊尔案的指导意见
  and 'ineffective' trials 110 – 112
  与"无效"审判
  Justice for All (White Paper 2002) 93 – 94
  《为了所有人的正义》(白皮书,2002)
  Royal Commission on Criminal Justice (1993), influence on 87 – 89
  关于皇家刑事司法委员会(1993)的影响
  Seabrook Committee (1992) 98, 225
  西布鲁克委员会 (1992)
and trial cost efficiency 112 – 115, 222 – 226
与审判费用的效益
importance 65 – 66
[国家诱导的被告人认罪答辩的]重要性
judicial oversight
司法监督
  distancing 120 – 124
  远离司法监督

freedom of access to judge 70-71, 73, 219-220
访问(拜访)法官的自由
judge-initiated bargaining 74-75
法官启动的交易
legal failures during 148-154
在司法监督期间的法律失误
refuge from judicial coercion 72
作为避免采取司法强制的措施
late notification 100-101
较晚告知
legitimacy
合法性
    as administrative efficiency 83-85, 94
    [合法性作为]行政效率
    and balance of interests 222-226
    与利益平衡
    challenges of 65-66
    [合法性的]挑战
    as contradiction of adversarial justice 82-83
    作为对抗式司法的矛盾 82-83
    Court of Appeal protestations 76
    上诉法院的声明
    as customary practice 75-76
    合法性作为习惯性的做法
    and defendant's freedom of choice 72-73
    与被告人的选择自由
    and defendants' justice, challenges to 80-82
    与被告人对司法的挑战
    developments in 83-6
    [在合法性方面的]发展
    five consequences approach 73
    五种后果的方式

four deceptions approach 71-72
　　四种欺骗手段
　　and freedom of access to judge 70-71,73,120-124,218-220
　　与访问(拜访)法官的自由
　　media focus on 68-70
　　媒体[对合法性的]关注
　　procedural challenges 77-80
　　程序性的挑战(或质疑)
　　as refuge from judicial coercion 72
　　作为避免采取司法强制的措施
　　remorse, relevance of 72,84-85,120
　　悔恨[犯罪]的关联性
　　and sentence discounting 72-73,84-85
　　与量刑折扣
　　three freedoms approach 70-71
　　三种自由方法
as lowest possible sentence 228-229
作为最低可能性的刑期
media focus on 66-69
媒体[对合法性的]关注
in Scotland
苏格兰
　　case cost comparisons, relevance of 201-204
　　案件成本比较的关联性
　　as charge bargaining 191
　　作为指控的交易
　　comparative role of 25-26,190
　　对比的角色
　　discretion vs. policy debate 204-208,210-212,214-215
　　自由裁量权对政策辩论
　　and fiscal fines 213-214
　　与财政罚款

fixed fees system, impact 192
固定收费制度的影响
guidelines, need for 207-208
指导准则(纲要)的需要
higher court criticisms of 193-195
[苏格兰]上级法院的批评
informal procedures 190-192
非正式程序
judicial discretion, role of 194-195
司法自由裁量权的作用
Lord Justice General's Practice Note 196-197
《最高法院院长实践指导意见》
in lower courts 190-192, 212-214
在下级法院
in minor cases, as alternatives to prosecution 212-214
在未成年案件中作为公诉的替代手段
official promotion of 192-199
正式促进
partial pleas 191
部分[认罪]请求
policy development 197-199, 201-204, 206-207, 209-212
政策发展
practical aspects, emphasis on 208-210
对实用性的强调
public interest justification 202
公共利益的正当性
remorse, relevance of 201
悔恨[犯罪]的关联性
risks, judicial management of 206-208
风险的司法管理
sentence discount recording 197
量刑折扣记录

statutory basis for 190, 195 - 199
[国家诱导的被告人认罪答辩的]法定依据
time of plea, relevance of 207
[认罪]请求时间的关联性
trends 192
趋势
utilitarian justification 198 - 201
功利主义的正当性
withdrawal conditions 193
撤回案件(撤诉)的条件
as sentence discounting 72 - 73, 84 - 85
作为量刑折扣
 admission of guilt, time of 115, 207
 承认有罪的时间
 advantages, evidence of 112
 证据的优势
 burden of proof, influence on 226 - 228
 举证责任的影响
 case-load hypothesis 223
 案件数量假设
 cost-efficiency justification 112 - 115, 222 - 226, 228 - 229, 245 - 246, 251
 成本效益的正当性
  as lowest possible sentence 228 - 229
  [量刑折扣作为]最低可能性的刑期
  victims and witnesses, impact on 226 - 228
  [量刑折扣]对被害人和证人的影响
trends 62 - 63, 217
趋势
in Scotland 192
在苏格兰
utilitarian justification 198 - 201

功利主义的正当性
victims and witnesses, impact on 226 – 228
对被害人和证人的影响
Stephen, F. 192
F. 斯蒂芬
Steyn, Lord 1, 59, 157
斯泰恩大法官
Stop and search Powers
[拦截与搜查的]权力
 and anti-terrorism 29 – 30
 与反恐主义
  concerns regarding 34 – 36
  [对有关拦截与搜查权的]关注
  and ECHR 30
  [拦截与搜查权]与《欧洲人权公约》
  excessive and indiscriminate use of 29 – 30
  [拦截与搜查权的]过度滥用
  illegal use of 30
  非法使用[拦截与搜查权]
  and public safety 31 – 32
  [拦截与搜查权]与公共安全
  and racial discrimination 32 – 33, 120
  [拦截与搜查权]与种族歧视
  and reasonable suspicion 29, 60
  [拦截与搜查权]与合理怀疑
  and right to liberty 33 – 34
  [拦截与搜查权]与[个人的]自由权
  and right to privacy 33
  [拦截与搜查权]与[个人的]隐私权
  safeguards, limitations of 30 – 32
  有关保护措施的局限性
 trends

趋势
    in black and ethnic minorities 17 – 18，32，34 – 35，120
    在黑人与少数民族[中的趋势]
    generally 34 – 36
    总体上[的趋势]

Supergrasses 236
向警方告密的人
Swift and Sure Justice：The Government's Plans for Reform of the Criminal Justice System（White Paper，2012）228
《快速而又有把握的司法：政府改革刑事司法制度的计划》（白皮书，2012）

T

Tata，C. 192
C. 塔塔
Tax evasion, investigation trends 10 – 11
逃税的侦察趋势
Terrorism, prevention of
反恐主义预防
    Police stop and search powers 29 – 32，60 – 61
    警方的拦截与搜索权
Thomas，Phil 64
菲尔·托马斯
Thomson，D. 112
D. 汤姆森
Tombs，J. 191 – 192
J. 图姆斯
Tomlinson，Ian 230 – 231
伊恩·汤姆林森
Tottenham Three 52，57 – 58
托特纳姆三被告人案
Transforming Legal Aid：Delivering a More Credible and Efficient System（2013）184

《法律援助的转型：关于提供更可靠和更高效的制度》(2013)
Treacy, Rt Hon LJ 177-178
特里西大法官
Trial by jury
陪审团参与的审判
 ethnic minorities choice of 119-120
 少数民族[被告人]的选择[陪审团参与的审判]
 guilty pleas, influence on 62
 [陪审团参与的审判]对[被告人]认罪答辩的影响
 jury nobbling 45-46
 陪审团的欺骗行为
 principles behind 3-4
 [陪审团参与的审判]背后隐含的原则
 reform of 251
 [陪审团参与的审判]改革
Trials, generally *see also* 'cracked' trials
审判　总体上又可参见："戛然而止的"法庭审判
 case discontinuance trends
 案件中止的趋势
 committal proceedings, proposed abolition 223-225
 提议废除庄严诉讼
 cost-efficiency arguments 112-115, 222-226, 228-229, 245-246
 [审判]成本效益的论点
 costs of, in serious crime cases 183
 重大犯罪案件的[审判]成本
 fraud trials, law reform 45-46
 有关诈骗案件审判的法律改革
 ineffective trials 110-112
 无效审判
 judge-only trials, law reform proposals 45-46
 关于仅有法官参与审判的法律改革建议
 Police evidence, faith in 50-51

警方证据的信任
as public events 6
［审判］作为公共事件
summing-up 50－51
结案陈词，总结

U

UK Global Law Summit (2015) 186
英国全球法律峰会(2015)
United States
美国
    plea bargaining, State prohibition policy influences on 112
    国家禁止政策对认罪答辩的影响
Urban Disorder (2011)
城市骚乱(2011)
    background 16－18
    ［城市骚乱的］背景
    media role 19
    媒体［在城市骚乱中］的角色
    prosecution strategies 17－18, 21－23
    ［针对城市骚乱的］起诉策略
    public protection emphasis 17－19
    对保护公众的强调
    public support 21－22
    公众支持
    sentencing strategies 19－22
    量刑策略
    stop and search in ethnic communities 17－18
    在［少数］民族社区的拦截与搜查

V

Victims and witnesses

被害人和证人
 'cracked' trials, impact on 89
 "戛然而止的"法庭审判的影响
 pressures on 227 – 228
 关于被害人与证人的压力
 state-induced guilty pleas, impact on 226 – 228
 对国家诱导的被告人认罪答辩的影响
 symbolism of 227 – 228
 [被害人和证人的]象征

W

Walker, C. 32
C. 沃克
Wallis, Keith 182
基思·沃利斯
Warrants
授权,批准,许可证
 search and seizure restrictions 41 – 42
 搜查与扣押限制
West Midlands Serious Crime Squad
西米德兰兹郡重案(侦破)组
 survey of wrongful convictions by 242 – 243
 对西米德兰兹郡重案(侦破)组错误定罪行为的调查
Williams, Glanville 38 – 39
格兰维尔·威廉姆斯
Wilmore, G. 223
G. 威尔莫尔
Witnesses *see* victims and witnesses
证人　参见:被害人与证人
Woolf Reforms of Civil Justice (1996) 94, 169
《伍尔夫的民事司法改革》(1996)
Wright, R. 112

R.赖特

Y

Young, R. 244 – 245
R.杨

Z

Zander, Michael 39 – 40 *see also Crown Court Study*
迈克尔·赞德 又可参见:《刑事法院研究》

术语一览表[*]

A

Aberration	过失	3P77
Abrogation	取消,废除	2P45
Access to justice	实现正义	6P187f
Acquittal	宣判无罪	1P3
Addendum	补充	4P112
Adjudication	裁判,裁决,判决	1P2
Adjudicative tribunal	审判庭,裁判法庭	1P3
Administration of justice	司法管理,司法行政,司法执法	1P18
Administrative Directions	《管理实施细则》	2P40
Admissibility of evidence	证据的可采性	3P82
Advance indication of sentence	事先表明的量刑意见	4P95
Adversarial justice	对抗制司法	1P3
Adversary system	对抗制,对抗式制度	1P5
Adverse inference	逆向推论,不当推论	2P47
Advocate	(辩护)律师	1P19

[*] 本术语一览表第三栏的页码指示为,第一个数字为第几章的标示,P 为页码,之后的数字为英文原文第一次出现的页码,f 是指脚注。——译者注

Affray	聚众斗殴罪	3P69
Age of retrenchment	紧缩的时代	8P253
Aggravated assaults	严重殴打	7P213
Aggravating factor	加重(处罚)因素	4P117
Aggregate justice	聚合式司法	1P12
Aggregate means	整体方式	3P65
Aggregate punishment	整体性的处罚	1P10
Alibi	不在犯罪现场	3P80
Allegation	指控,声称	3P66
Anecdotal report	零星报道	2P30
Aphorism	名言	2P41
Appellant	上诉人,申诉人	1P18
Appurtenances	配套措施	4P114
Area Manager	地区管理者	5P130
Arrest	逮捕,拘留,羁押	1P4
Arson	纵火(罪)	1P17
Assistant Chief Constable	警察局长助理	8P237f
Assistant Chief Officer	首席指挥官助理	8P234f
Associate prosecutors	副检察官	5P130
At a first diet	预审,初审	7P207
Attorney-General(A-G)	总检察长	5P128
Auld Report	《奥尔德的调查报告》	4P90
Autonomy	自主权,自治	1P2
Autrefois acquit	曾就同一罪行成功地被判无罪	4P108f
Autrefois convict	曾就同一罪行被定罪	4P108f

B

Backdoor justice	秘密司法	8P219
Backstairs deal	幕后交易	3P69
Bail Act	《保释法》	1P11
bandwagon	时髦的方式,流行趋势	0Pvi
Bar Committee	[大律师公会]律师委员会	4P77f
Bar Committee of the Senate of the Four Inns of Court and the Bar	法律学院与律师业评议会律师委员会	5P128
Bar Council	[英国]出庭律师公会	3P73
Bargaining	协商,交易	3P74
Barrister	出庭律师,大律师	3P63
Bedrock idea	未经证实的基本观点	4P119
Benefit of the doubt	从(案件)疑点中受益	4P91
Best Value Tendering (BVT)	最佳价值竞标	6P185
Beyond reasonable doubt	排除合理怀疑	1P5
Bind over	具结保证的要求	4P99
Black arts	蛊惑人心的巫术	8P218
Blandishment	哄骗	8P217
Blockade	障碍物	1P13
Book-burning	焚书(行为)	8P249
British Section of the International Commission of Jurists (JUSTICE)	国际法学家委员会英国分会	3P69
Bulletproof	刀枪不入	2P43
Burden of proof	举证责任	1P5
Burglary	盗窃	1P17

C

Cardiopulmonary resuscitation (CPR)	心肺复苏术	6P180
Care Quality Commission	医护质量委员会	5P130f
Case Management in the Crown Court	《刑事法院案件管理》	6P178
Case momentum	案件势头，案件的发展趋势	4P99
Case shedding	案件处理	8P228
Caution	警告（措施）	2P38
Central Criminal Court	中央刑事法院	3P79f
Central Fraud Group	中央欺诈案件侦破组	5P127f
Centralization	集权化	2P38
Charge bargaining	指控罪名的交易	4P120
Chief Constable	警察局局长	2P37
Chief Crown Prosecutor	首席检察官	5P127
Chief Inspector	总督察	5P129f
Chief Justice	首席大法官	2P37
Chief Police Officer(s)	警察局长	2P44
Chief Prosecutor	首席检察官	3P76
Civil disturbance	骚乱	2P36
Civil Justice Rules	《民事司法规则》	6P169
Civil remedies(remedy)	民事救济	2P55
Claimant	申请人，原告	1P8
Clear-up rate	结案率	7P202
Collateral damage	附带损害	4P118
Commodification	商品化	4P126

Common law	普通法，英美法	1P13
Competing interests	数种相互竞争的利益	8P244
Complications	难题	4P125
Conditional order	有条件的命令	7P213f
Conduct and Etiquette at the Bar	《律师界行为举止与礼节》	6P166
Confession	认罪供述，认罪口供，自白（证据）	2P38
Consequentialist argument	后果主义论	4P104
Consequentialist thinking	结果主义思维	8P229
Contra-indicative	明显处置不当的	8P217
Convention Relating to the Status of Refugees	《联合国关于难民身份的公约》	6P164
Conviction	定罪，信心，信念	1P3
Co-opt	配合	4P114
Co-option	配合，选择合作	6P165
Coordinates	坐标	8P225
Copycat	盲目模仿	1P20
Core Quality Standards Monitoring (CQSM)	核心质量标准监测	4P107
Cost-benefit analysis	成本效益分析	7P207f
Cost-efficiency	成本效益	8P245
Cost-efficient	符合成本效益	4P87
Cost-savings benefits	成本节约效益	7P207f
Counsel for the Crown	代表控方的皇家律师	3P75
Court Act	《法院法》	6P169
Court of Appeal	上诉法院，上诉法庭	1P18

Court of Criminal Appeal	刑事上诉法院	2P43
Court reporter	法院书记官	4P91
Courts Act	《法院法》	4P94
CPS Advocacy StrategyProgramme	《皇家检控署辩护策略方案》	5P129
CPS Direct	皇家检控署直属区	5P127f
Cracked trials	戛然而止的庭审	4P89
Cri de coeur	强烈[的]抗议	8P225
Crime and Disorder Act	《反犯罪与骚乱法》	5P133
Criminal and Procedure Investigation Act	《刑事与程序侦查法》	2P47
Criminal Appeals Act	《刑事上诉法》	5P134
Criminal Bar Association (CBA)	刑事律师协会	6P158f
Criminal Cases Review Commission (CCRC)	刑事案件评估委员会	6P165
Criminal charge	刑事指控	1P2
Criminal damage	刑事毁坏	1P19
Criminal Defense Service Direct (CDS Direct)	刑事辩护直接服务机构	4P124
Criminal Investigation Department(CID)	刑事侦查部门	8P218f
Criminal justice	刑事司法	1P1
Criminal Justice Act	《刑事司法法》	2P45
Criminal Justice and Immigration Act	《刑事司法与移民法》	6P167
Criminal Justice and Public Order Act (CJPOA)	《刑事司法与公共秩序法》	2P35

Criminal justice	刑事司法	1P5
Criminal Law Act	《刑事法》	2P45
Criminal Law Revision Committee	刑法修订委员会	2P45
Criminal Law Solicitors Association（CLSA）	刑事法初级律师协会	6P158
Criminal offence	刑事犯罪,刑事罪行	1P2
Criminal Procedure and Investigations Act	《刑事程序与侦查法》	6P167
Criminal Procedure Rules（CPR）	《刑事程序规则》	2P47
Criminal proceedings	刑事审判程序,刑事程序	2P58
Criminality	犯罪行为	1P19D
Cross-examination	交叉询问	2P38
Crown Court Study	《刑事法院研究》	4P101
Crown Court	刑事法院	1P22f
Crown Office and Fiscal Service	皇家办公室与[地方]检察官检控署	7P213
Crown Office and Procurator Fiscal Service	皇家办公室与地方检察官检控署	7P191f
Crown Office	皇家办公室	7P192
Crown Prosecution Service（CPS）	皇家检控署	4P99
Crystallisation	固化过程	6P179
Culpability	可追责性、罪责,有罪性	1P24
Custodial sentence	监禁刑	1P10
Customs and Excise Act	《关税与消费税法》	2P56
Cynicism	犬儒主义	4P119

D

De facto	事实上的	1P1
Defence Bar	辩护律师(界)	3P86
Defence counsel	辩护律师	2P44
Defence statement	答辩陈述,答辩书	4P102
Department of Constitutional Affairs (DCA)	宪政事务部	4P124
Department of Health and Social Security (DHSS)	卫生与社会保障部	1P8
Deprivation	匮乏	8P244
Deputy Chief	副局长	8P234f
Detention	拘留,羁押	1P4
Detention Centre	拘留中心	3P67
Deviants	违规操作者	3P77
DHSS Benefit Office	卫生与社会保障部福利办公室	1P8
Diffuse support	广泛的支持	1P1
Director of public prosecutions (DPP)	公诉长官	1P8f
Discontinuance (Thematic Review)	《(专题审查)中止审理报告》	8P224f
Disempowerment	去除权利	6P165
Disorder	骚乱,混乱	1P7
Displacement	转移法,替换法	2P56
Distributive justice	分配式正义	2P53
Divisional Court	地区法院	1P14
Dogmatic	僵化教条的	0Pvi

Domestic assault	家庭暴力	5P144
Driving factor	驱动因素	4P101f
Duty solicitor call centre	值班律师呼叫中心	4P124
Duty solicitor	值班律师	6P164

E

Early Guilty Plea Scheme	《(被告人)早期认罪计划》	8P222f
Electronic surveillance	电子监控	1P55
Encomium	赞美词,颂词,极度颂誉之词	2P45
Entitlements	资格	4P115
Equality and Human Rights Commission(EHRC)	平等与人权委员会	1P17f
European Court of Human Rights (ECtHR)	欧洲人权法院	2P34
Equanimity	平和,镇静	0Pvii
Ethnographic studies	人类学研究	6P159
Evaluation of the Public Defender Service	《公设辩护人服务评估报告》	6P185
Examine	询问,讯问,审查	1P2

F

Face value	表面价值	4P104
Facebook	脸书	1P18
Fair and public hearing	公平与公开的审讯	1P2
Fait accompli	既成事实	5P148

Fanfaronade of jury trial	夸夸其谈的审判团审判	8P216
Feral underclass	野蛮的社会下层阶级	1P18
Fiddlers	弄虚作假者	1P12
Financial carnage	财政灾难	8P226
Fire Precautions Act	《火灾预防措施法》	6P163
Firearms Act	《枪支管制法》	5P134
Fiscal crisis	财政危机	1P25
Fiscal	检察官们	7P192
Fishing expedition	非法调查	2P41
Flying Squad Officers	警察机动队警官	8P235f
Fondling	爱抚	5P144
Forced labour camp	强制的劳动集中营	8P252
Formal legal rationality	形式法律理性	1P2
Formulation	程式化规定	4P91
Fraud Trials Committee	诈骗案件审判委员会	2P45
Frenzied sentencing	疯狂宣判	1P19
Full committal proceedings	完全交付审判的诉讼程序	8P223
Full Court	合议庭	4P94

G

G4S Secure Solutions	G4S 士瑞克保全公司	6P184
Garden Court barristers	花园法庭大律师	8P235f
Gazette	《公报》	3P69
General principle	总体原则,一般原则	1P5
Gospel-giver	福音的给予者	8P221

Graduated Fee Scheme	渐进收费方案	6P181
Grassing	密告	6P174
Grievous Bodily Harm (GBH)	致人重伤	5P142
Group justice	集体性司法	1P14
Guilty plea	有罪答辩,认罪答辩,认罪请求	1P10

H

Habitus	惯习	4P93
Half a loaf	半个面包式的	5P154
Hardcore	中坚分子	1P18
Hashtag	标签式	7P214
Headline	新闻标题	3P68
Her Majesty's Crown Prosecution Service Inspectorate (HMCPSI)	《女皇陛下皇家检控署监察局报告》	4P103
Her Majesty's Revenue & Customs	女皇陛下税务与海关总署	5P127f
Her Majesty's Courts and Tribunals Service (HMCTS)	皇家法院与裁判所服务署	4P102f
Heresy	异端思想	8P248
High-handed	独断专行的	0Pvi
HM Inspectorate of Constabulary	皇家警督	2P35
Hold water	漏洞百出	5P150
Homage	象征性敬意	4P115
Home Affairs Select Committee	议会下议院内务特别委员会	2P32
Home Office	内政部	1P20

Home Secretary	内政大臣	2P30
House of Lords	上议院	2P33
Hypocritical posture	言不由衷的立场	8P216

I

Identity Cards Act	《身份证管理法》	6P164
Indecent assault	猥亵罪	3P71
Independent Police Complaint Commission(IPCC)	独立警察投诉委员会	2P44
Indicia	共同点	8P246
Indictment	起诉书	2P35
Individual freedom	个人自由	2P28
Individuality	个别,个别性,差异性	7P203
Individuation	个案化	2P56
Inducement	诱导,诱供	1P10
In-house advocates	机构内部的律师	4P103
Innocent	无辜的,无罪的	1P2
Inquisitorial system	纠问式制度	8P253
Inspectorate	监察局	4P106
Instinctive synthesis	本能合成	7P205
Intellectual history	思想史	4P98
Intelligentsia	知识分子	4P123
Intercept policy	拦截政策	1P14
Interest of Justice	司法公正,司法利益	1P21
Intimate sample	(犯罪嫌疑人的)体内样本	1P5
Investigation	侦查,调查	1P15f

J

Judges' Rules	《法官裁判规则》	2P37
Judicial and Court Statistics 2011 for England and Wales	《英格兰和威尔士司法与法院数据统计（2011）》	4P98
Judicial Executive Board	司法执行委员会	6P185f
Judicial Office	法院司法事务办公室	1P20
Judicial practice	司法实践	1P23
Judiciary	司法机构，司法机关	1P1
Jury	陪审团	1P3
Jury trial	陪审团参与的审判	2P45
Justice secretary	司法大臣	1P17
Justice for All	《为了所有人的正义》	4P93
Justices of the peace	治安法官	7P197f
Justifications	正当性，合理性	3P65

K

| Knock-down sentence | 不可抗拒的量刑 | 5P136 |

L

Law Society	英国事务律师协会	3P68
Lay bench	非专业法官	1P20
Leading judge	主审法官	2P45
Lead-weighted leather sticks	铅皮棍棒	8P217f
Leather-encased truncheons	皮革包裹的警棍	8P217f
Legal actor	法律行为人	1P2

Legal advice	法律意见,法律建议	1P9
Legal Aid Agency(LAA)	法律援助机构	4P124f
Legal Aid, Sentencing and Punishment of Offenders Act(LASPO)	《法律援助、量刑与惩罚罪犯法》	4P123f
Legal culture	法律文化	2P59
Legal formalism	法律形式主义	2P27
Legal order	法律秩序	1P2
Legal profession	法律职业,律师界	2P41
Legal representation	法律代理	1P9
Legal Services Commission	法律服务委员会	4P123f
Legitimacy project	合法化工程,合法性工程	3P66
Legitimacy	合法性	1P1
Limbo	不稳定状态	2P39
Listing Office	案件管理办公室	5P153
London Criminal Courts Solicitors Association(LCCSA)	伦敦刑事法院律师协会	6P158
London's Metropolitan Police	伦敦大都会警区	1P21
Looting	抢劫	1P17
Lord Advocate	检察总长,总检察长	7P191f
Lord Chancellor	大法官,司法大臣	4P90
Lord Chancellor's Department	上议院大法官部	4P100
Lord Justice General's Practice Note	《最高法院院长实践指导意见》	7P196
Lord	勋爵,[英国]大法官	1P1

M

Magistrate's court	治安法院	1P3
Magistrate	治安法官	2P43
Magna Carta	大宪章	2P27
Malpractice	错误的做法，不当的行径（行为）	2P51
Managed consolidation	管理整合	6P184
Managing clerk	事务律师助理	3P78
Matrix	分类模式	4P93
Members of the Parliament（MP）	议员	3P68
Metaphysical	形而上学	7P203
Metropolitan Police Authority（MPA）	伦敦大都会警察管理局	8P233f
Metropolitan Police Service（MPS）	伦敦大都会警察厅	2P30
Miscarriage of justice	司法不公（常指冤假错案）	2P52
Mischief	有损害制度的做法	4P98
Miscreant	歹徒	1P21
Misuse of Drugs Act	《反滥用毒品法》	5P150
Mode of trial	审判模式，审判方式	2P46
Momentum	发展趋势	6P175
Moral precepts	道德准则	1P12
Morass	困境	8P250f

N

National Audit Office(NAO)	国家审计办公室	4P111

National Centre for Social Research	全国社会研究中心	1P20
National Health Service (NHS)	英国国民医疗服务署	5P130f
National Mineworkers Union	全国矿工工会	1P13
Nobbling	贿赂诈骗	2P46
Non-custodial sentence	非监禁刑	3P70
Non-derogable	非减损性	1P3
Non-prescriptive guidance	非规范性指南	7P206
Non-prosecution	不起诉	5P131
Normative-justificatory authority	规范且正当的权威	1P1
Nugatory	形同虚设	2P29

O

Obiter dictum	判决附带意见	7P209
Obligation of disclosure	[证据]披露义务,展示义务	6P177
Observations	评论,意见,观察发现	3P60
Official discourse	官方话语	2P28
Official Reports	正式报告	8P225
Old boy	老同学,校友,老同事	3P67
On the papers	书面形式	8P224
Onus of proof	举证责任	2P46
On-watch	警戒	1P17
Opt out	选择退出	7P214
Order of the Court	《法庭指令》	6P168
Over-claiming	过分申领	1P8

Overflowing wailing wall	"拥挤的哭墙"式解决方式	8P224
Overriding objective	首要目标	6P168

P

Paraphernalia	复杂程序	7P197
Pathological	病理上的	4P93
Penalty Notices for Disorder	《违规处罚通知书》	4P120
Perception	感性认识	6P160
Performance indicator	绩效指标	8P252
Perjury	伪证	2P42
Persistent offender	惯犯	7P214
Petitio principii	循环论证	4P116
Picket lines	警戒线	1P13
Plea and case management hearing (PCMH)	答辩与案件管理听证会	4P102
Plea bargaining	辩诉交易	0Pvii
Plea before venue	进入审判场所之前的认罪答辩	4P94
Plea-changing process	改变答辩态度的过程	3P64
Plebgate	庶民门	6P182f
Point of law	法律问题	6P173
Police Act and Criminal Evidence (PACE)	《警察与刑事证据法》	2P38
Police Complaints Authority	警察事务投诉署	2P55
Police Complaints Board	警务投诉委员会	2P55
Police Federation	警察联合会	2P44

Police officer	警务人员,警官	1P8
Police operation	警方的行动	1P4
Police station	警察局,警局	2P40
Political legitimacy	政治合法性	2P28
Politics of indeterminacy	政治问题	8P251
Practice Direction	《实践指导意见》	3P82
Practice Directions and Attorney-General's Guidelines	《实践指示与检察长的准则》	4P112
Predatory sex offender	掠夺式性犯罪者	5P136
Preliminary hearing	预审,初步审理	4P112
Prestidigitation	伎俩	4P123
Presumption of guilt	有罪推定(原则)	3P73
Presumption of innocence	无罪推定(原则)	1P5
Pretence	幌子	8P250
Prevention of Terrorism Act	《恐怖主义预防法》	2P60
Price Competitive Tendering (PCT)	《竞争性价格投标》	6P186
Principal	委托人	3P71f
Principle of equality of arms	平等武装原则	6P176f
Probation officer	缓刑监督官	1P9
Procrustean	一刀切	5P138
Procurator fiscal	地方检察官	7P190
Profile	貌相,外形	2P30
Pro-forma evidence	形式性证据	1P10
Prosecution of Offences Act	《起诉犯罪法》	5P127

Protean design	千变万化的设计	6P179
Protestations	声明	3P76
Protraction	延长	6P176
Pseudo-ideology	伪装思想	6P189
Public confidence	公众信任	1P1
Public disorders	公共骚乱	1P24
Public Order Act	《公共秩序法》	1P14
Public outrage	民愤	1P21
Public trial	公开审判	1P25

Q

Quasi-judicial function	准司法职能	7P213
Question(ing)	讯问,盘问,询问	2P38

R

Rationale	理由,理论基础或依据	1P2
Reasonable suspicion	合理怀疑	2P38
Reasoned argument	合理论证	3P65
Reasoned judgment	有说理的判决	1P2
Recharacterisation	再塑造,重新描述	4P120
Recorder	刑事法院的法官	1P23
Regional variations	地域变化	4P99
Registrar	记录员	3P78
Rehearsal	预演彩排	1P8
Remorse(ful)	悔恨,后悔	3P71

Reparation	赔偿	4P118
Respondent	被告人	7P209
Retribution	报复	4P118
Reviewer	审查者	4P107
Revolts	暴乱,叛乱	1P7
Rhino whip	犀牛长鞭	8P217f
Right to a fair trial	公正审判权	1P2
Right to liberty	自由权	1P2
Right to privacy	隐私权	1P2
Right to silence	沉默权	2P27
Road Safety Act	《道路安全法》	6P167
Robes	法袍	8P219
Robust advice	稳健的建议	4P121
Rolling authorisation	滚动性授权	2P31
Royal Commission on Criminal Justice(RCCJ)	《皇家刑事司法委员会的报告》	4P87
Royal Commission on Criminal Procedure (RCCP)	皇家刑事程序委员会	3P75
Royal Commission on Police Powers and Procedure(RCPPP)	皇家警察权力与程序委员会	2P36
Royal Commission on the Police	皇家警察事务委员会	2P53
Royal Courts of Justice and Petty France	皇家司法院	8P250
Rubber stamping	橡皮图章式	2P33
Rule of law	法治	2P27
Rule(s) of evidence	证据规则	2P49

S

Scotland Yard	苏格兰场	8P228f
Scottish Law Commission	苏格兰的法律[改革]委员会	8P230f
Scrapes	擦伤	2P50
Scratch marks	划伤	2P50
Scrawls	疤痕	2P50
Sea-change	巨大改变,重大变革	0Pvi
Secretary of State	国务大臣	2P31
Security Service	安全局	8P250f
Senate of the Inns of Court and the Bar	法律学院与律师业评议会	6P168
Sensitive Policing Unit	机密警务部门	8P237
Sentence discount	量刑折扣	3P72
Sentence indication	量刑意见	3P80
Sentence induce menu	量刑核减清单	4P97f
Sentence-bargaining	量刑交易,量刑协商	3P63
Sentencing	量刑	0Pvi
Sentencing Advisory Panel	量刑咨询委员会	4P97
Sentencing Council	量刑委员会	1P21
Sentencing enhance-menu	可增加量刑的事实与情形选择	1P22
Sentencing Guidelines Council	量刑指导委员会	4P94
Sentencing guidelines	量刑指南,量刑指引	1P20
Serious & Organised Crime Agency	英国严重与有组织犯罪调查署	5P127f
Serious Crime Group	严重犯罪案件侦破组	5P127f

Serious Fraud Office	英国反严重欺诈[案件]办公室	6P184f
Serious Organised Crime and Police Act (SOCPA)	《严重的有组织犯罪与警察[侦查]法》	2P61
Sexual assault	性侵(犯)	7P210
Shelling exercise	剥壳(式)练习法	8P253
Sheriff Court	治安法院	7P19
Sheriff Solemn proceedings	庄重诉讼程序	7P192
Sheriff	行政司法官	7P190f
Snatch squad	追捕队	1P14
Social crisis	社会危机	1P25
Social disabilities	社会功能障碍	8P244
Solicitor General for Scotland	副总检察长	8P226f
Solicitors	事务律师,小律师	1P9
Spanking	掌掴	5P144
Special Patrol Group (SPG)	特别巡逻组	8P217f
Speedy administration of justice	快速司法审判	1P18
Sporting theory of justice	司法竞技理论	4P93
Sporting Theory	竞技理论	6P165
Spy operation	隐蔽的行动	8P230
State officials	国家司法人员,国家官员	0Pvii
State-induced guilty plea	国家诱导的被告人认罪答辩	0Pvi
Step-change	重大变革	4P95
Stop and search	拦截与搜查	2P28
Strong terms	强硬措辞	4P121
Style of judging	判决风格	8P252

Subaltern status	贱民地位	4P98
Summary proceedings	简易审理程序	7P192
Supergrasses	向警方告密者	8P236
Superintendent	警长	2P44
Supplicant	求助者,恳求者	6P189
Surrender to custody	主动归押	1P11
Suspended sentence	缓刑	1P10f
Swindler	诈骗犯	1P12
System-imperative	势在必行的制度	3P72

T

Tactical manoeuvre	战术策略	2P47
Tactical manoeuvrings	战术策略	4P125
Tapping	轻拍	5P144
Telephone tapping	电话窃听	1P5
Terms of reference	职权范围	2P55
The Crown	王国政府	7P194
Theatre of justice	正义的舞台	7P199
Theft Act	《反盗窃法》	1P11
Third party	第三方	1P3
Tipping point	临界点	4P101f
Transforming Legal Aid: Delivering a More Credible and Efficient System	《法律援助的转型:关于提供更可靠和更高效制度的建议》	6P184
Trial model	审判模式,庭审模式	2P27

Tribunal	法庭	1P2
Typologies	类型	2P30

U

UK Borders Agency	英国边境管理局	5P127f
Ultimatum	最后通牒	8P219
Umpireal figure	裁判者的形象	5P147
Uncompromisingly pro-prosecution	毫不妥协地亲近控方的立场	6P176
Undercover operatives	卧底特工	1P8
Underclass	下层社会	4P116
Under-Secretary of State for Scotland	副国务大臣	7P205f
Unintelligent	无知的	0Pvi
Unintelligible	含糊不清的	0Pvi
Unique character	独特性	8P249
Unitary system	单一制	8P253
Utilitarian value	功利主义价值	7P198

V

Victim Impact Statements	《被害人影响评估报告》	5P140
Victims' Code	《被害人[保护]法》	8P227
Virtual judge	虚拟法官	8P219
Visitor's Book	《访客登记簿》	3P79f
Volte-face	态度大转弯	4P97

W

Warning	告诫	5P131
Watchdog	监督部门	8P234
West Midlands Serious Crime Squad	西米德兰兹郡重案组	8P217
Whispering campaigns	诽谤性运动	8P232
Whispering campaign	诽谤造谣	2P57
Whistleblower	举报人	8P227f
Wigs	假发	8P219
Woman Police Constable (WPC)	女警官	8P236
Wooden staves	木板	8P217f
Writing in the Federalist	《联邦党人文集》	1P1
Wrongful conviction	错判,错误的定罪	1P3

Y

Young offenders' institution	青少年犯罪羁押机构	5P135
Youth and Criminal Evidence Act	《青年与刑事证据法》	8P226f

图书在版编目(CIP)数据

英国的刑事法官：正当性、法院与国家诱导的认罪答辩/(英)麦高伟,(英)路加·马什著；付欣译.—北京：商务印书馆,2018
ISBN 978-7-100-16131-2

Ⅰ.①英… Ⅱ.①麦… ②路… ③付… Ⅲ.①刑事诉讼—司法制度—研究—英国 Ⅳ.①D956.152

中国版本图书馆CIP数据核字(2018)第109253号

权利保留,侵权必究。

英国的刑事法官
正当性、法院与国家诱导的认罪答辩
〔英〕麦高伟 路加·马什 著
付 欣 译
马庆林 冯卫国 校

商 务 印 书 馆 出 版
(北京王府井大街36号 邮政编码100710)
商 务 印 书 馆 发 行
北京市艺辉印刷有限公司印刷
ISBN 978-7-100-16131-2

2018年7月第1版	开本 880×1230 1/32
2018年7月北京第1次印刷	印张 17⅜

定价：86.00元